Accounting and Financial Management
Textbook Series

河南省"十四五"普通高等教育规划教材

会 计 与 财 务 管 理 系 列 教 材

公司理财学

主 编 常法亮 李连华
副主编 焦永梅 任彦燕

厦门大学出版社 国家一级出版社
XIAMEN UNIVERSITY PRESS 全国百佳图书出版单位

图书在版编目(CIP)数据

公司理财学/常法亮,李连华主编.—厦门:厦门大学出版社,2021.7
ISBN 978-7-5615-8228-2

Ⅰ.①公…　Ⅱ.①常…　②李…　Ⅲ.①公司—财务管理　Ⅳ.①F276.6

中国版本图书馆 CIP 数据核字(2021)第 102358 号

出 版 人	郑文礼
责任编辑	许红兵
美术编辑	张雨秋
技术编辑	朱 楷
出版发行	厦门大学出版社
社　　址	厦门市软件园二期望海路 39 号
邮政编码	361008
总　　机	0592-2181111　0592-2181406(传真)
营销中心	0592-2184458　0592-2181365
网　　址	http://www.xmupress.com
邮　　箱	xmup@xmupress.com
印　　刷	厦门兴立通印刷设计有限公司
开本	787 mm×1 092 mm　1/16
印张	24.5
字数	494 千字
版次	2021 年 7 月第 1 版
印次	2021 年 7 月第 1 次印刷
定价	58.00 元

本书如有印装质量问题请直接寄承印厂调换

厦门大学出版社
微信二维码

厦门大学出版社
微博二维码

前　言

　　本书是为会计、财务管理和其他经济管理类专业学生编写的教科书,同时也可以作为企业在职财务人员学习参考之用。

　　目前国内公司理财学(有的称为财务管理)方面的教材比较多。总体上有两种类型:一是由原来工业企业财务管理演化而来的,这类教材比较强调财务管理的计划与控制职能;二是在国外同类教材基础上改编而来的,这类教材通常比较重视金融创新工具的应用。我们感到,上述教材在教学实践中普遍存在着如下问题:(1)内容上与管理会计学、成本会计学存在较多重复(如投资决策、成本预算与控制等);(2)重理论阐述而少案例分析,不利于学生应用与实践能力的培养;(3)没有充分体现最新的公司理财发展趋势,内容上较为滞后;(4)重视资金与资产的管理技能与方法,而对于具有战略影响意义的财务谋划和资本运营则少有顾及,没有体现出财务管理的宏观视野和运筹能力。

　　基于以上情况,为了满足教学需要,我们本着内容体系整合优化的基本思想,组织一线教师编写了这本《公司理财学》教材。本教材与现行同类教材相比,具有如下特点:

　　第一,反映出财务管理的最新趋势和前沿知识。目前,财务管理正从资金与资产管理的运行层面向企业资源竞争优势的战略谋划方向转变,与此相应,本教材介绍了扩张战略的资本运营策略与收缩战略的资本运营策略,打通了业务操作技能与战略谋划布局之间的联系,有利于培养学生的战略思维和谋划能力。

　　第二,合理整合、划分公司理财学与管理会计学、成本会计学及内部控制学等相关课程之间的知识边界,避免相互交叉重叠,有利于提高教学效率,同时又体现出不同课程知识体系各自的侧重。

　　第三,体例结构合理。本教材每章有教学目的、教学内容、思考题、练习题及案例分析等,形成一个要素齐全、结构合理的教学体例,既便于教师施教,也便于学生自学。

　　本教材由常法亮教授、李连华教授担任主编,焦永梅、任彦燕担任副主编。各章具体分工如下:常法亮拟定编写大纲及章序结构并编写第一、第八章;李连华编写第九、十、十一章;焦永梅编写第四、五章;任彦燕编写第二、三、十二章;王璺编写第六、七章。

　　由于时间仓促,书中难免存在不妥与疏漏之处,敬请读者批评指正。

作者

2021 年 1 月

目 录

第一章　　　　　　　　　　　　　　　　　　　总　论

💡 **学习目的**

　　本章主要介绍公司理财学的产生与发展历程、目标定位及特征、主要内容及其他学科的关系等。通过学习，对《公司理财学》的知识结构及课程目标有一个总体了解，为后面章节的学习奠定基础。

第一节　公司理财学的产生与发展

一、公司理财学的产生

　　公司理财学（又通常被称为"公司理财""财务管理"），作为一种管理手段已经有很长的发展历史。可以说，自从人类社会有了劳动剩余，就有了对财物的保管、分配等初始的基本的公司理财活动。只是这时候的公司理财是一种综合性管理活动，包含了目前所说的物流管理、会计管理、财政管理等相关学科的内容。在公司理财学发展的初始阶段，中国在相当长的时期内是领先于世界的。中国古代先哲们的理财思想及其所采用的理财方法，是中国古代文明的重要组成部分。然而，由于在重农抑商的经济环境下工商业的发展受到限制，中国一直到近代都未能实现机器化的大规模生产及建立起相对发达的资本市场体系，从而使得建立在机器化生产与资本市场基础上的现代意义上的公司理财学学科一直没有在中国本土得以产生与发展起来。

　　现代意义的公司理财学是在19世纪末于西方社会尤其是英、美国家发轫与成熟起来的。其产生与发展主要源自三个动力：一是机器生产代替手工生产，以及跨地区、跨国经营等企业规模扩张所引起的对融资管理的需求；二是资本市场（股票市场、债券市场等）发展以及金融工具变化对公司理财学的带动；三是企业之间的激烈竞争对公司理财学造成的发展压力。历史上看,正是这三股动力,像三个车轮一样推动着公司理财从最初的简单融资到后来的内部控制、投资管理,再到目前更为复杂的资本经营及战略管理,由低级到高级,由简单到复杂,一步步走向成熟与完善。与此同时,许多公司在组织结构体系设计上开始设立专门的财务部,以便从事资金的筹集、成本控制、投资选择、盈余分配等工作,公司理财自此从原本依附于其他管理部门的状态中独立出来,并逐渐成为企业管理中一个至关重要的职能部门。相应的,公司理财学也由从前不为人们重视,而逐渐发展成为人们从事工商管理活动时必须修读的一门重要学科。

二、公司理财学的发展阶段及其主要特征

公司理财学从其作为一个独立学科发展至今,已经历时近 100 年时间。在这一发展过程中,其主要经历了如下几个发展阶段:

(一)以筹资为中心的理财阶段

企业规模无论大小,资金短缺是其发展过程中经常遇到的难题,而且这一问题至今仍然是中外企业发展过程中面临的瓶颈问题。从现代公司理财学的产生动因来说,其最初的使命就是负责筹集资金以满足企业发展扩张的需要。可以说,筹集资金是公司理财学最原始的职能,也是其得以产生并在今后能不断发展的最根本的经济原因。

在公司理财学的发展历史上,20 世纪 30 年代之前基本上属于以筹资为重心的发展阶段。至于这一阶段开始于何时,目前一般向前追溯到 15、16 世纪。因为在这一时期,地中海沿岸的一些商业城市,如威尼斯、热那亚等出现了大量股份化的商业组织,并由此导致了对资金需求量进行合理预测,以及对资本进行恰当配置的管理问题。但是,这时候由于企业规模还比较小,对资金的需求量总体上还不大,而且筹资手段和渠道也比较单一,因此,企业的资金筹集工作主要依附于商业经营管理活动,并没有成为一个专门化的管理职业。

20 世纪初,资本主义国家科学技术发展及一系列新的生产工艺技术的出现,使得工商企业获得了快速发展。在企业组织形式上,股份公司逐渐占据主导地位,成为主要的企业形式。这些发展变化使得企业的资金需要量急剧增长,能否筹集到资金以及通过何种方式筹集资金,已经成为大多数企业关注的焦点问题。这种情况下,筹资职能的重要性增强,并开始从原来依附于企业管理的状态中独立出来,成为一个新的独立的管理部门——财务部。现代意义上的公司理财活动也随之产生。

这时候,虽然发达国家的金融市场如股票市场、债券市场等已粗具规模,各种金融机构如投资银行、商业银行、储蓄银行、保险公司和信托贷款公司的发展相对比较成熟,但是由于法规制度不健全,财务信息缺乏可靠性,股票买卖经常被少数知情者所

控制,股价常常大起大落,投资者裹足不前,个人储蓄资金在转化为企业投资时仍然存在着很多障碍。因此,这一时期,公司理财学的重点是:(1)研究与公司成立、证券发行以及公司兼并、合并等相关的法律性事务,为企业筹资服务;(2)注重比较各种筹资方式的特点,帮助企业在资本成本最小的目标要求下选择合适的筹资形式。

理论是实践的反映。随着公司理财学职能的专业化及筹资管理的重要性增加,有关公司理财学的理论研究也取得了显著的成就。1897年,美国著名学者格林(Green)出版了《公司财务》,详细阐述了公司资本的筹集问题,该书被认为是最早的财务学领域的著作。1910年,米德(Meade)出版了《公司财务》,主要研究公司如何有效地筹集资金,该书为现代财务理论的形成奠定了基础。1920年,S·大明出版了《公司财务理论》,比较全面地论述这一时期公司理财的各种观点,可以说是该时期的代表之作。

(二)以内部管理为重心的理财阶段

在以筹资为重心的理财阶段,公司理财学的主要目标是筹集资金。但相对忽视了对企业资金使用的控制和管理,不讲求资金的使用效果。所以,有时企业尽管筹集到足够的资金,但由于缺乏对资金使用的良好控制与管理,企业仍然无法实现持续健康的发展,甚至个别企业最终陷入破产倒闭的境地。20世纪30年代的经济大萧条,使人们认识到在激烈的竞争中要维持企业的生存与发展,公司理财学的主要目标不仅是筹措资金,同时还要采用科学的方法促使所筹集的资金在企业内部得到最经济、最有效的运用,以最大限度地提高资金使用的效果。因此,在这种背景下,公司理财学的关注重点逐渐从筹集资金转向了企业的内部管理与内部控制。公司理财开始进入了"以内部控制为重心"的管理阶段。

这一时期,公司理财学的理念与内容发生了较大变化:(1)公司理财学不仅要筹集资金,而且要进行有效的内部控制与管理,保证资金得到最有效的使用;(2)人们开始意识到公司理财是与供应管理、生产管理、销售管理等相并列的管理活动,而且由于公司理财以资金为管理对象,从而更加具有综合性;(3)对资本的控制需要借助于各种定量的方法,因此有关存货管理、应收账款管理、固定资产管理的数学模型和方法逐渐出现,并得到了广泛应用;(4)根据国家的法律、法规以及企业自身生产经营特点制订财务政策,成为公司理财的重要工作内容。

理论研究方面,这一时期,重要的公司理财学论著有:(1)美国的洛弗(W.H. Lough)出版了《企业财务》一书,首先提出公司理财学需要在筹集资金之外对资金的周转与使用进行有效管理的观点,拓展了公司理财的范围;(2)英国学者罗斯(T.G. Rose)出版了《企业内部财务论》,强调企业内部公司理财的重要性,认为资本的有效运用才是公司理财学的中心。

(三)以投资为重心的理财阶段

第二次世界大战之后,企业规模不断扩大,生产经营日趋复杂,市场竞争更加激烈。企业为了在竞争中维持生存和发展,越来越关注企业的经营和发展方向。相应的,公司理财学的重心从资产负债表的右方即资本一侧转到了资产负债表的左侧,即公司资产一侧,焦点开始转向公司的资产配置和资产的投资。投资决策与管理开始逐渐成为企业公司理财学的首要问题,而筹集资金则相对退到了次要位置。

这一时期,公司理财学的主要特征是:(1)资产负债表的左边即资产项目的管理引起财务人员的重视,其中尤其是现金管理、应收账款管理、存货管理,更是日常公司理财学的焦点;(2)投资管理成为公司理财学的重要内容,并且创立了一套由"项目提出→项目评价→项目选择→项目实施"组成的科学的决策程序与方法,投资回收期、资产投资报酬率、净现值法、现值指数法等投资评价方法得到广泛的应用;(3)风险管理引起关注,建立了系统的投资风险、货币时间价值等相应的评价方法。

20 世纪 50 年代是公司理财学发展中的一个重要分水岭。公司理财学在这一时期取得了很多重大的研究突破。理财学开始从单纯的微观分析走向微观分析与宏观分析相结合,从一门简单的技术性学科逐步发展成一门包含有丰富的理论与方法的完整学科,并成为现代管理理论的重要组成部分之一。实际上,我们今天所见到的管理理论和管理方法大都形成于这一时期。其中著名的财务研究论著有:(1)马科维茨(H. M. Markowitz)1952 年发表的《组合选择》和 1959 年发表的《证券组合选择:有效的分散化》,提出了资产组合选择与风险管理的问题;(2)1958 年莫迪格莱尼(Franco Modigliani)和米勒(Merto H. Miller)在《美国经济评论》上发表《资本成本、公司财务和投资理论》的论文,提出著名的 MM 理论,该理论后来在 1963 年得到进一步修正与完善,莫迪格莱尼和米勒也因为在资本结构理论上的研究成就而分别于 1985 年和 1990 年获得诺贝尔经济学奖;(3)1964 年,夏普(William Sharpe)、林特纳(John Lintner)和莫森(Jan Mossin)在马科维茨基础上,进一步系统地阐述了资产组合中风险与收益的关系,并建立了著名的资本资产定价模型(CAPM);(4)20 世纪 70 年代,斯蒂格利兹和诺斯利用信息经济学中的非信息对称理论对资本结构问题进行模拟与研究,并由此将公司理财学研究与代理理论、控制权理论、财务契约理论结合在一起,开辟了财务理论研究的新领域。

(四)以资本运作为重心的理财阶段

该阶段主要开始于 20 世纪 80 年代。在这一时期,随着市场经济发展特别是资本市场的发展,企业管理开始从生产经营向资本经营转变,兼并、收购、资产重组等成为企业经营管理的重要问题。与此相应,公司理财学也开始关注资本经营问题,并进一步朝着综合化的方向发展。这一阶段,公司理财学的主要特点是:(1)其范围不断拓展,已经突破了资金管理的范围,逐渐涉及更多的非资金领域的管理问题。(2)重视企业控制权及其运动,以及相应的企业并购、分离、剥离、控股、接管防御等。(3)公司税收、个人税收成为公司理财学的新课题,如何合理地进行税务安排,成为公司投资决策、股利分配决策时重要考虑的因素,有关公司税务策划的研究开始出现。(4)关注物价变动对公司理财的影响。世界普遍性的通货膨胀对公司理财会产生多方面的影响。物价上涨可能造成企业的信贷资金利率不断上升,提高企业资金成本,致使企业利润虚增;同时,也会加剧公司的生产经营的不确定性,增大投资和融资风险。因此,研究通货膨胀对财务活动的影响和在财务融资、投资、营运资金运作等方面的反通货膨胀的财务策略,以实现企业健康、持续发展,成为公司理财的一个基本任务。(5)外汇风险与规避开始进入公司理财的管理领域。20 世纪 80 年代之后,企业经营与财务活动的国际化趋势不断加快,跨国经营与结算、跨国融资、跨国投资等已经成为很多企业日常的经营管理事务。在此背景下,公司理财学的触角也开始不断拓展,出现了愈加国际化的特点,研究国际惯例与各国法律对财务运作的影响、外汇风险防范、国际投资与筹资、跨国公司营运资金管理、国际纳税与避税等成为公司理财的重要工作内容。(6)公司理财学与新信息技术进一步融合和渗透,公司理财学的领域不断拓展,管理手段更加多样化。近几年,大数据、人工智能、云计算信息技术的飞速发展,带来了新的商务模式,拓展了公司理财学范围与管理方式。伴随着电子信息技术的发展,电脑、INTERNET 已经渗入人们生活与企业管理的每一个角落,电子商务与公司理财学相结合,延伸出很多新的管理领域和问题。网络财务、网上理财财务机器人已经成为公司理财必须面对的新问题。可以预见,这将是公司理财中最具有创新意义的新领域。

通过透视公司理财的发展历程可以看出,公司理财在其发展中经历了一个由低级到高级、由简单到复杂、由单一到综合的变化与演变过程。随着社会经济环境的变化和企业管理的发展,公司理财学也在相应地发生变化和发展。公司理财重心的转移与演变,其实正是企业管理重心转移与人们的管理思想变化的直接反映。公司理财学正是在这一进程中逐步发展,并走向成熟和完善。

第二节　公司理财学的目标

企业是按照市场要求自主组织生产经营活动,以提高经济效益、劳动生产效率并实现资产保值与增值为目的的经济组织。公司理财是企业管理的重要组成部分,因此公司理财学的目标除受公司理财学自身特点影响外,还受企业管理总目标的制约和影响。

一、企业管理的目标

企业作为一个以营利为目的的经济组织,其目标是多方面、多层次的。从经济目标来说,可以把企业管理的目标按照由低至高划分为三个层次。

(一)生存目标

在市场经济条件下,企业一旦成立,就必然面临着其他企业的竞争。这种竞争的存在,尤其是残酷的市场竞争的存在,是对企业生存的最大威胁。企业如果不能在竞争中站稳脚跟,生存下去,则所有其他的目标追求都将付诸东流。在企业生产经营过程中,影响其生存的主要因素通常来自两个方面。一是长期的经营亏损。这意味着企业在较长的时间内付出的货币不能从其获得的收入中得到充分的补充,企业缺乏资金用于购买新的生产要素进行继续再生产,最后只好关门倒闭。其实,这种情况下,企业的生存已经没有经济意义。因为企业的目的就是取得盈利,为投资人带来投资回报。一旦它长期不能盈利,为了防止亏损增加、损失扩大,终止其生存应是最合理的选择。二是不能按时偿还债务。企业在经营过程中,为了满足生产经营发展对资金的需要,通常会从银行及其他债权人那里借入部分资金。这些资金一般都有使用的期间限制,到期时企业必须还本付息。如果企业到时不能偿还债务,按照法律规定,债权人就可以通过法律手段强制企业进行破产清算,或者对企业进行接管,尽管企业可能是盈利的。后一种情况下,企业可能会继续存在下去,但是其所有权已经转移。对原企业的所有者来说,企业实际上也就不存在了。

公司理财是企业管理的重要组成部分,因此,其首要任务就是要保证企业能够生存下去。这要求财务人员要做好增收节支、降低成本等工作,促使企业盈利,同时还要对资金周转进行合理的调控,以保证能按时偿还到期的债务。

(二)发展目标

在竞争环境中,企业的生产经营活动犹如"逆水行舟",不进则退。一个企业如果不能发展,不能提高产品质量和服务质量,不能扩大自己的市场份额,就会被其他企业排挤出市场,以致最终走向衰亡。

企业的发展主要表现为产销量的增加,以及产品或服务质量的提高。因此,企业发展的根本措施就是更新设备、技术和工艺,不断增加产量,提高质量,而这些都要求企业不断投入资金。企业的发展最终离不开资金的支持。财务作为对资金进行管理的专业部门,理所当然地应该筹集到企业发展所需要的资金,以促使企业不断发展壮大。

(三)盈利目标

创立企业的根本目的是盈利。尽管企业在经营过程中存在着改善职工生活、改善劳动条件、提高产品质量、减少环境污染等多重目标,但是,其最综合、最根本的目标是实现盈利。企业有了充足的利润,才可能生存下去,也才能有充分的财力去追求和实现其他的目标。

从财务上看,企业盈利就是使资产获得超过其投资的回报。因此,要想实现盈利,途径无非两条:增加收入和降低资金消耗。在企业管理中,销售业务通常由销售部门直接管理,财务部门对销售业务的促进更多时候是间接性的。但是,作为对资金管理的主要部门,财务人员肩负着降低资金消耗的重要职责和任务。为了促使企业实现盈利,财务部门应该通过合理安排和调度,减少资金的消耗和浪费,保证企业的资金能够得到最合理、最经济的使用。

二、公司理财学的目标及其特征

公司理财学的目标又称为公司理财的目标,是指企业进行财务活动所要达到的根本目的,是评价财务活动是否合理、是否具有效率的标准,它决定着公司理财行为的指向。从本质上说,公司理财学的目标是公司理财中主观愿望与客观规律、公司理财的主体与公司理财学对象、公司理财中内外条件等一系列矛盾相互作用的结果,是各种矛盾的聚合点和综合表现。从博弈论的角度看,公司理财学的目标实际上是企业经营活动中各有关方面进行博弈的结果,是各方利益协调与平衡的产物。通常,公司理财学的目标具有如下特征:

(一)整体性

公司理财学是企业管理的一个组成部分,因此公司理财学的目标必须服从于企业的整体发展战略和发展规划,与其他各种管理的目标具有协调性和整合力。

(二)多元性

公司理财学的目标是多元性的。企业具有多种属性,从经济上看,其既是一个经济组织,但同时又具有社会性,与企业职工、政府部门、社区公众等存在着各种各样的经济联系。这决定了公司理财学除追求经济利益目标外,还必然追求某一些非经济目标,如治理环境污染,保持美洁的社区环境,改善工作和生活条件,促进职工的身心健康等。但在这些目标中,追求经济目标是第一位的,其他目标都是在这一目标的基础上延伸出来的。企业只有在经济目标实现后,才能追求其他非经济目标。在现实中,我们很难设想一个长期亏损的企业有能力去实现改善职工生活、美化环境等社会性的目标。

(三)层次性

公司理财学目标的层次性是指财务目标按一定标准可以划分为若干层次。财务目标之所以具有层次性,主要是因为公司理财学的内容具有多层次性,公司理财学内容的层次性和细分化使财务目标由整体目标和具体目标两个层次构成。整体目标是指一般财务目标,在财务目标中处于支配地位,决定着整个公司理财活动的发展方向,是公司理财学活动的出发点和归宿点;具体目标是指在整体财务目标的制约下,从事某一特定性的财务活动如筹集资金、对外投资等所要达到的目标,这些目标处于被支配地位,是对整体财务目标的必要补充和具体化。

(四)阶段性

阶段性是指公司理财学在制定与实施过程中具有时段限制。按照财务目标的时段长短,可以把财务目标分为长期目标、中期目标和短期目标三类。其中,长期目标是财务总体目标实施全过程所要达到的总体结果;中期、短期目标则是在长期目标实施过程中所要达到的阶段性目标,任何长期目标都是由若干个中、短期目标构成的。

(五)定量性

财务目标是评价和衡量财务活动的合理性和效率好坏的标准。因此,财务目标的提出,必须要有量化指标,即有具体的数字表达,否则目标不具体,就很难落实到实际的管理工作中。

三、公司理财学的一般目标

一般目标是全部财务活动实现的最终目标,它是企业开展一切财务活动的基础和归宿。从根本上讲,财务的一般目标主要取决于两个因素:企业的整体目标和公司理财学的特点。其中,企业的整体目标对财务目标起着决定性的影响,因为公司理财学的目标在方向上不能偏离企业的整体目标取向,必须与企业的整体目标方向相一致。而公司理财学的特点则决定了财务目标的边界和范围。财务目标必须在公司理财学的范围内,符合公司理财学的特点,才具有可实施性。否则,假如把废品率作为公司理财学的目标,显然不具有可行性。因为其超出了公司理财学的范围,与公司理财学的特点不相符合。

理论是对实践的总结。在对公司理财学的一般目标进行理论归纳和总结时,由于人们的价值取向、观察问题和理解问题的角度不同,使得在公司理财学的一般目标上出现了多种理论观点。概括起来,主要有:

(一)利润最大化

该观点认为,在企业的投资预期收益确定的情况下,公司理财行为应朝着有利于企业利润最大化的方向发展。即尽量使利润的增速最快、量值最大。利润最大化是西方微观经济学的理论基础,是西方经济理论中最传统、最古典的一个观点。经济学家以往都是以利润最大化这一概念来分析和评价企业行为和业绩的。这种观点的理论基础是亚当·斯密、大卫·李嘉图和马歇尔的古典经济理论。

在市场经济环境中,投资者开办企业的最终目的是追求经济利益。利润额是企业一定期间的全部收入扣除全部成本费用之后的差额,在性质上是企业经济利益的集中表现。因此,公司理财学以利润最大化作为自己的目标取向,具有一定的合理性。因为它可以引导公司理财人员,增加收入、降低成本和费用,从而使企业的经济效益和股东投资回报不断增长。而且利润还是企业交纳所得税和提取公益金的基础,只有实现最大的利润,企业才能向国家交纳比较多的税金,才能提取比较多的公益金以改善职工的生活条件。另外,利润又是企业补充资本公积、扩大经营规模的源泉。同时,利润最大化观点最容易被人们理解、接受,浅显通俗。这也是它的一个显著优点。

然而,以利润最大化作为公司理财学的目标也存在如下缺点:(1)利润最大化是一个绝对指标,没有考虑企业的投入与产出之间的关系;(2)利润最大化没有考虑利润实现的时间性,没有考虑货币时间价值因素;(3)利润最大化没有考虑风险因素,这可能会导致企业财务决策与控制不顾风险的大小而盲目地追求最大的利润;(4)利润最大化可能导致企业财务决策行为的短期化倾向,即只顾片面追求利润的增加,而不考虑企业长远、持续的发展。

(二)资本利润率最大化

资本利润率是利润额与资本额(资本金或净资产)的比率,在股份公司中就是每股利润,即每股盈余,是利润与普通股股数的对比值。这里的利润额一般是税后净利润。资本利润率最大化观点认为,所有者或股东是企业的出资者或投资者,他们投资的目标是取得资本收益,表现为税后净利润(可以用来分配的利润)与出资或股份数(普通股)的对比关系,而不纯粹是利润总额。该目标作为公司理财学的目标取向,其明显的优点是:首先,这里的收益额具有时间概念,它是指特定时间内(通常是一年)所获取的收益额;其次,它把企业实现的利润额同投入的资本或股本数进行对比,即用相对比率来衡量投资回报水平的高低,可以在不同资本规模的企业或期间之间进行比较,揭示其盈利水平的差异。该观点的局限性在于,没有充分体现未来获取收益的风险性,容易导致过分关注收益而忽视潜在的风险,从而使得风险失控。再者,每股利润额与股本额成反比关系,如果企业为了追求每股利润额最大,而降低股本增加负债,也会导致企业资本结构失衡、财务状况恶化,甚至出现财务危机。

(三)每股市价最大化

这种观点主要是针对上市公司提出来的。该观点认为,就上市公司而言,公司理财学的目标是使企业的股票在市场上能有良好的表现,即股票市值最高。这种观点既考虑了企业本身的风险程度,又考虑了现有的和潜在的投资者对每股收益的数量和时间的预期。这是因为股票(指普通股)的市场价格,代表着所有的资本市场参与者对该股票发行企业价值的客观判断和评价。这种判断和评价,比较全面、充分地考虑了企业现时和未来的获利能力、时间因素、风险程度以及与股票市价有关的其他因素。这使得该观点与上述其他观点相比具有更大的客观性。然而,它也存在不足之处:股票市价毕竟只是企业外部资本市场参与者的客观评价,是他们对企业经营业绩大小的看法,而且在一个不成熟的或者投机性的资本市场中,股票市价经常会受到非经济因素的很大影响。如果以每股市价最大化作为公司理财学的目标,可能对公司理财的业绩做出不恰当的评价。

(四)股东财富最大化

该观点认为,公司理财学的目标就是通过财务上的合理经营,为股东带来最多的财富。在股份经济条件下,股东财富一般由其所拥有的股票数量和股票市场价格两个因素来决定,当股票数量一定时,如果股票价格达到最高,则股东的财富就能达到最大。所以,股东财富最大化,又演变为前述每股市价最大化。西方一些财务学者认为,在运行良好的资本市场里,股东财富最大化目标可以理解为最大限度地提高现在的股票价格。

与利润最大化目标相比,股东财富最大化目标有其积极的方面,这是因为:(1)股东财富最大化目标考虑了风险因素的影响,因为风险的高低会对股票价格产生重要的影响;(2)股东财富最大化在一定程度上能够克服企业在追求利润上的短期行为,因为不仅是当前的利润会影响股票价格,未来预期利润也会对企业股票价格产生重要影响;(3)股东财富最大化目标比较容易量化,便于考核和奖惩。

该观点与每股市价最大化目标相比,具有一定的相似性,即都以现实价值和市场价值作为确定财务目标的基础。区别只是,每股市价最大化强调的单位价格,而股东财富最大化强调的则是总量指标。但是应该看到,股东财富最大化也存在一些缺点:(1)它只强调股东的利益,而对企业其他关系人的利益则重视不够,容易导致股东利益与其他利益关系人的利益发生冲突;(2)该目标与每股市价最大化一样,都会受市场中投机因素或非经济因素的影响,从而使得对财务业绩的评价可能失实。

(五)企业价值最大化

企业价值最大化是指通过企业财务上的合理经营,采用最优的财务政策,充分考虑货币的时间价值、风险与报酬的关系,在保证企业长期稳定发展的基础上,使企业总价值达到最大。这一目标的基本思想是将企业长期稳定发展、持续的获利能力放在首位。

企业价值,简而言之,就是指企业本身值多少钱。企业价值的观点表明,企业虽不是一般意义上的商品,但也可以被买卖。要买卖,就必须对企业进行价值评价,通过价值评价来确定企业的市场价值或者企业价值。所以,企业价值在某种意义上就是指对企业的评估价值。在对企业评价时,通常情况下,看重的并不是企业已经获得的利润水平,而是企业未来期间的获利能力。因此,企业价值在计量时不等于企业资产的账面总价值,而是企业全部资产的市场价值,即企业有形资产和无形资产的市场价值,反映了企业潜在或预期的获利能力。投资者在评价企业的价值时,一般是以预期投资时间为起点,将企业的未来收入按预期投资时间以同一口径进行折现。因此,这种计算办法已经考虑了货币的时间价值以及风险问题。企业所得的收益越多,实现收益的时间越近,应得的报酬越是确定,则其折现价值就越大,即企业的价值或股东财富越大。另外,该观点还强调在企业价值增长中要满足各相关利益者(stakeholders)的要求。按照最新的企业理论,企业是所有相关利益者的集合体,是为了这一集合体各方的利益而进行经营活动的。因此,这一集合体的各方都被认为是企业利益的贡献者和分享者,企业在为股东谋求利润,追求可持续发展时,应该考虑其他相关利益者的利益;否则,股东自身的利益也会受损。

企业价值最大化的具体内容包括以下几个方面:(1)强调风险与报酬的均衡,将风险限制在企业可以承担的范围之内;(2)努力营造与股东之间的利益协调关系,培养长期投资的股东;(3)关心本企业职工利益,创造优美和谐的工作环境;(4)不断加强与债权人的联系,重大财务决策请债权人参加讨论,以便与资金供应者建立可靠的经济关系;(5)关心客户的利益,在新产品的研制和开发上有较高投入,不断推出新产品来满足顾客的要求,以便保持销售收入的长期稳定增长;(6)注重企业信誉和企业形象的宣传;(7)关心政府政策的变化,争取参与有关政策的制定,以便争取出现对自己有利的法律、法规。

企业价值最大化与前述其他财务目标相比,其最大缺点在于比较抽象,对目标量化比较困难,从而在实施时会遇到一些难题。然而,其优点同样比较明显:该观点在对财务目标衡量时考虑得比较全面,更能体现公司理财学的目标,揭示企业市场认可的价值。所以在西方国家企业价值最大化通常被认为是一个较为合理的公司理财学目标。我国目前正在大力发展市场经济,应该说这一目标对我们具有较大的借鉴意义,可以确定为我国企业公司理财学的一般目标。为了趋利去弊,该目标在运用时,必须注意如下问题:(1)对于股票上市公司来说,虽然通过股票价格的变动能够揭示企业的价值,但是股价是受多种因素影响的结果,股价的变化不一定都能揭示企业的获利能力,只有长期的发展趋势才能相对准确地揭示企业的价值。同时,由于很多公司采用"环形"持股的方式,相互持股,以便控股或稳定购销关系,因此,其对股价的变化并不敏感,对股票价值最大化目标没有足够的兴趣。(2)对于非上市企业而言,只有在对企业进行专门评价(如资产评估)的基础上,才能真正确定其价值;但在评估企业的资产时,由于受评估标准和评估方法的影响,这种评估不易客观和准确,这也导致企业价值确定的困难。因此,在选择评估标准和方法时需要合理、科学。

四、公司理财学的具体目标

公司理财学的具体目标,是公司理财学一般目标的延伸。其主要取决于公司理财学的具体内容和业务要求。通常,不同的公司理财学内容,其具体目标也会有所不同。结合公司理财学的具体内容,其目标可以概括为以下几个方面:

(一)筹资管理目标

为了保证企业生产经营活动的正常进行,以及扩大生产经营规模,企业在生产经营过程中必须具有一定数量的资金。企业的资金可以从多种渠道、采用多种方式来筹集。一般情况下,不同来源的资金,其可用时间的长短、附加条款的限制、资金成本的大小以及资金的风险等都不相同。因此,企业筹资的具体目标就是:(1)筹集到足够数量的资金,以满足生产经营需要;(2)争取使筹资成本和资金成本最低;(3)合理安排企业的资金渠道和筹资结构,降低资金使用风险。

(二)投资管理目标

投资是对企业资金的投放和使用。目前该项工作更多情况下是在财务部门完成的。企业的投资通常包括对内投资和对外投资两个方面。无论对内投资还是对外投资,都是为了获取利润,取得投资收益。企业在投资的同时,必然会遇到投资项目可能成功或失败,投资可能收回也可能收不回,投资可能赚钱也可能赔钱的情况。公司在投资时,应该实现如下具体目标:(1)确保投资的成功率;(2)降低投资的风险。如果投资风险不能有效控制,则应该保证投资项目具有比较高的预期投资利润率,以实现收益与风险的相互均衡。

(三)营运资金管理目标

企业的营运资金是为满足企业日常营业活动要求而垫支的资金。营运资金的周转与生产经营周期具有一致性。在一定时期内,资金周转越快,就越是可以利用相同数量的资金,生产出更多的产品,取得更多的收入,获得更多的报酬。因此,企业营运资金管理的目标就是:(1)合理使用资金,加速资金周转,不断提高资金利用效果;(2)保证资金运转的顺畅与效率,对资金收支的数量、时间进行合理的安排,确保到期的债务能有足够的资金进行还债。

(四)利润分配管理目标

利润分配就是将企业取得的收入和利润在企业与相关各方之间进行分配。这种分配不仅涉及各利益主体的经济利益,而且涉及企业的现金流出量,从而影响企业财务的稳定和安全性。同时,不同的分配方案也会影响企业的价值。公司理财学在这一管理活动中,需要达到如下目标:(1)确定合理的分配比例,合理的分配比例应该是在企业利益与有关各方利益、眼前利益与未来利益之间取得最佳的平衡;(2)筹措必要的资金,以保证在利润分配时,能有足够的资金进行支付而不影响企业正常的生产经营活动。

(五)战略管理目标

目前,公司理财学已经越来越多介入企业战略管理之中,在个别企业甚至财务部门已主导着战略管理工作。公司理财学在战略管理方面,其需要达到的具体目标是:(1)正确选择与定位对企业的发展战略;(2)根据发展战略的基本定位,进行资本收购、资产重组等工作,以促使企业的发展战略得到落实与实施。

五、公司理财学目标与企业的社会责任

　　企业的公司理财学目标是多元化的。在财务目标选择与实施时,财务部门需要考虑社会责任的因素,以便使财务目标与企业的社会责任能够协调和统一。这要求,当企业选择以企业价值或股东财富最大化为财务目标时,还必须考虑整个社会是否受益;或在实现其财务目标过程中,要考虑是否履行了必要的社会责任。从这个意义上讲,财务目标可以分为以获取最大收益为中心的经济目标和以承担社会责任为目标的社会责任目标。经济目标有上述的利润最大化、市价最高、股东财富最大化以及企业价值最大等。这是财务目标的主体。社会责任目标则表明企业在追求经济利益的同时需要尽到的社会责任。这些责任主要包括:保护消费者的利益;付给职工公平合理的工薪,对员工进行必要的就业培训,实行公正的招聘办法;保护环境,控制污染,支持社会公益事业等。目前在人们的社会意识、环境意识日益高涨的时代,越来越多的人认为股东财富的积累和公司自身的生存都将取决于它是否履行其社会责任。如果一个企业只顾自身的效率和盈利性而无视社会利益,其追求利润的目标最终也将难以实现。如在西欧一些国家,公众已经开始抵制那些环境记录差、社会道德低的企业生产的产品。

　　一般情况下,经济目标与社会责任目标是基本一致的。这是因为:(1)为了实现经济目标,企业必须生产出符合社会需要的产品,这不仅可以满足消费者的需求,而且也实现了企业产品的价值;(2)为了实现经济目标,企业必须不断引进与开发新技术,拓展企业经营规模,这样就会增加就业机会,不断提高员工素质;(3)为了实现经济目标,企业必须不断扩大销售,必须把产品销售给顾客,提供高效率和周到的服务。

　　应该看到,尽管经济目标与社会责任目标在总体上具有一致性,但是在局部或某个时期,二者仍然可能存在着一定的冲突。这就要求财务人员进行必要的协调,以便寻找企业利益与社会利益的结合点,使企业利益和社会公众利益实现双赢。

第三节　公司理财学的内容

　　公司理财学与其他职能管理,如生产管理、销售管理等的主要区别在于其特定的管理对象和管理内容。总体上,公司理财学主要是围绕着资金流转(主要指"现金流")进行的,所进行的主要管理工作则包括资金的筹集、资金的投放、资金收支的调控、资本运营,以及股利分配等。

一、公司理财学的对象

公司理财学的对象主要是资金及其流转。资金流转的起点与终点是现金(广义的"现金",包括银行存款以及各种有价证券等),其他的资产都是现金在流转中的转化形式,因此,公司理财学的对象实际上就是现金及其流转。在公司理财过程中,虽然有时也会涉及收入、利润、成本及费用等要素,但是,公司理财学是把成本费用看作现金的流出,把收入、利润看作现金的流入,是从现金流转的角度来理解这些要素的。这和侧重于计量和报告的会计工作的理解完全不同。

(一)现金流转的概念

企业在创办之初,必须筹集到一定的资金(通常为现金)。没有资金,按照有关规定,企业就不可能注册成立,当然也就不会有所谓的现金流转。当企业筹集到资金并进行注册登记后,企业就需要运用这些资金开展业务,进行生产经营活动。从财务的角度讲,企业开展生产经营活动的过程就是企业使用资金的过程,同时也是现金流转的过程。

现金流转是指在企业的生产经营过程中,现金变为非现金资产,又由非现金资产转变为现金的过程。由于这一过程是随着企业经营活动周而复始、不断循环的,因此,现金流转又称为现金循环或资金循环或资金链。

在企业的经营过程中,由于企业所在行业及其生产业务内容不同,现金的循环途径也会有所不同。如有些现金用于购买材料,材料经过加工成为产成品,产成品出售后又转变为现金;有些现金用于购建固定资产,如机器、设备等,它们在使用中逐渐磨损,价值通过折旧进入产品,以后陆续随着产成品销售而变为现金;也有些现金用于购买商品,商品销售后再转变为现金。现金流转的途径不同,其循环一次所需要的时间,即从现金开始又回到现金的时间也会存在着很大的差异。比如,购买商品的现金可能几天后就能流回,而购买设备的现金则要经过许多年才能全部返回到现金状态。

现金变为非现金资产,然后又回到现金,所需时间不超过一年的流转路径,称为现金的短期循环。其循环中的资产通常被称为流动资产,主要包括现金、存货、应收账款、短期投资以及待摊费用等。反之,现金变为非现金资产,然后又回到现金所需要的时间超过一年的周转路径,称为现金的长期循环。长期循环中的非现金资产被称为长期资产,主要包括固定资产、长期投资、无形资产、递延资产等。

(二)现金的短期流转

现金的短期流转主要是沿着筹集资金、材料采购、产品生产、产品销售、货款回收及利润分配的路径周转的。该过程如图 1-1 所示。

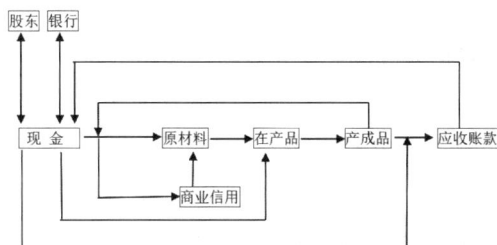

图 1-1　现金的短期流转

(三)现金的长期流转

现金的长期流转主要是围绕固定资产进行的。具体过程是:用现金购建固定资产,固定资产在使用过程发生价值损耗,通过折旧的形式计入产成品成本;随着产成品的销售,发生的价值损耗得到回收,重新转回到现金状态。有时,企业也可能通过出售固定资产直接收回现金。其流转过程如图 1-2 所示。

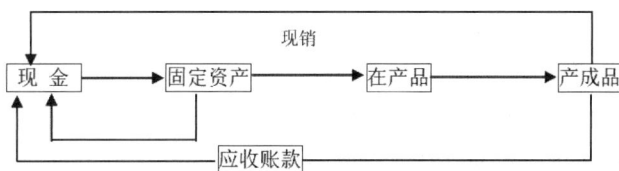

图 1-2　现金的长期流转

上述现金短期流转与长期流转的划分是相对的。实际上这两种流转在企业生产经营过程中存在密切的联系。首先,现金是长期流转和短期流转的共同起点,二者只是在转化为非现金资产时才发生分离,分别转化为流动资产和长期资产。其次,在被使用后,它们又分别进入相同的项目,形成在产品和各种费用,然后形成产成品,并随同产成品的销售而同步转化为现金。

转化为现金后,不管它们原来是短期流转还是长期流转,企业可以视管理需要进行重新进行分配。折旧回收的现金可以用于购买材料,原来短期循环回收的现金也可以用来购建固定资产。

(四)现金流转中的不均衡

现金流转,从方向上看存在着流出、流入两个方向。通常,流出意味着企业持有现金的减少,流入意味着持有现金的增加。如果从流量对比上看,则存在着流出量等于流入量、流出量小于流入量、流出量大于流入量三种情形。在企业生产经营过程中,如果现金流出量一直等于现金流入量,那么公司理财将非常简单。然而,这种情况在实际中很少出现,大多数企业在更多的时候是现金流入与现金流出量不相等,即现金流转不均衡。由此就会带来公司理财中的一系列问题。

1.盈利企业的现金流转

不打算进行扩张发展的盈利企业,其现金流转一般情况下会比较顺畅。因为其短期循环中的现金大体上能够平衡,税后净利润使企业现金多余出来,长期循环中的折旧、摊销以及资产出售等,也会积累起来一部分现金。

但是,盈利企业如果资金安排不当,也可能出现暂时的资金周转困难。例如,支付较多的股利、大规模的偿还债务、大量地更新设备等,都将导致企业在短期内集中发生大量的现金流出,从而使得现金出现短缺。此外,存货的变质、财产失窃、坏账损失、出售固定资产损失等,也会使企业失去现金,并引起资金周转不平衡。

2.亏损企业的现金流转

总体上看,亏损企业的现金流转是不均衡的。其现金流入量通常会小于现金流出量而出现现金短缺。尤其是长期不能扭转亏损的企业,很难维持现金流转的均衡性。具体来看,亏损企业的现金流转又可以分为两种类型:一是亏损额小于折旧额;二是亏损额大于折旧额。

对亏损额小于折旧额的企业来说,虽然其收入小于全部的成本费用,但是大于付现的成本费用(引起本期现金减少的费用),因为折旧费和摊销费用并不需要支付本期的现金。因此,这些企业的日常开支应该不会困难,甚至可以把部分补充折旧费用的现金抽出来移作他用。然而,当固定资产达到重置更新的时候,企业就会陷入资金困境。因为企业积累的现金常常不足以用来购置新的固定资产和设备,此时,摆在企业面前的只有两种选择:要么不进行设备的重置和更新;要么靠借款进行设备的更新与重置。第一种选择下,企业无异于等死;第二种选择下,尽管企业进行了设备的更新改造,但是可能因此而背上沉重的债务负担。如果企业不能利用新的设备,提高产品质量,扩大产量,降低产品成本,从而扭转亏损的局面,那么其最终可能导致更大的亏损,以致最后破产清算。

亏损额大于折旧额的企业,是濒临破产境地的企业。此时企业已经不能以高于付现成本的价格出售产品,更谈不上补充非现金费用。这时的企业可能面临着三种选择。一是压缩生产经营规模。这种选择下,如果企业不能迅速摆脱困境,扭转亏损,其业务必将日益萎缩,以致最后不得不进行清算。二是通过借款或权益性融资向短期周转中补充现金,其数额等于现金亏空的金额。不过,这种选择在实践中很难实现,因为这时候无论是贷款人还是投资方往往都没有信心再向企业注入新的资金。三是进行破产清算。这类企业如果预期不能扭转亏损,那么立即进行破产清算应该是最好的选择。因为这可以避免继续发生新的亏空,减少损失。

3.扩张企业的现金流转

处于扩张发展阶段的企业,都会面临现金短缺。因为在扩张阶段,企业需要增加固定资产的投资,提高生产能力,同时存货项目、应收账款项目等也会占用很多资金,营业费用、管理费用的开支也会相应增加。这时候,公司理财的首要任务就是想方设法筹集到资金,以满足生产经营增长的需要。

在筹集资金时,应首先从企业内部寻找资金,如出售有价证券、减少股利支出、加速应收账款的回收,清理和出售不用的设备、资产等。如果内部资金仍然不能满足需要,就必须从外部筹集资金。具体来说,可以通过权益性资金或债务性资金进行融资。至于是采用权益性融资还是债务性融资,就要看具体条件而定。此时最好与资本结构的调整同步进行。因为如果此前企业的资本结构不合理,这时候正是调整资本结构的良好时机。

4.收缩企业的现金流转

企业生产经营规模收缩有两种情况:一是被动性的业务收缩。这种情况主要发生在企业没有充分的资金维持现有的经营规模时,只好减少产品生产数量。二是主动性的业务收缩。这时候,业务收缩是企业的一种发展战略,可以说是企业的一种以退为进的发展策略。对这种企业来说,企业通常会出现大量的现金盈余。此时,公司理财的主要任务不是筹集资金,而是怎样为资金寻找出路,提高资金的使用效率。

二、公司理财学的主要内容

公司理财学的内容是不断变化的。早期的公司理财学主要是筹集资金,以后又发展到投资管理、股利分配等。就目前来说,公司理财学的内容应该包括筹资管理、投资管理、成本控制、分配管理、兼并收购、战略管理等六项。其中前面四项是传统的管理内容,后两项则是在传统管理内容基础上于 20 世纪 90 年代之后延伸和发展出来的。

(一)筹集资金

筹集资金又称为融通资金,指从一定渠道采用某种方式筹集到企业生产经营所需要的资金。融资决策要解决的问题是如何取得企业所需要的资金,包括向谁、在什么时候、融通多少资金。融资决策通常与投资、股利分配决策密切相关。这是因为,融资多少主要取决于投资规模,在利润分配时加大盈余公积的留存可以减少从外部融资的数量。

在经济生活中,可供企业选择的资金来源有许多,我国习惯上称为"资金渠道"。按照不同标志,资金来源可以分为:

1.权益性资金和债务性资金

权益性资金是指企业股东提供的资金。它不需要归还,筹资风险小,但是其期望的报酬率通常比较高。企业筹集权益性资金时,所采用的方式有发行股票、进行合资和联营,以及通过其他手段吸引投资者增加投资等。

债务性资金又称为借入资金,是指从债权人如各种商业银行、信托公司等那里取得的资金。它要按时归还,有一定的风险,但是要求的报酬率比权益性资金要低,企业只需要在平时支付固定的利息即可。

企业在筹集资金时,过于依靠权益性资金或债务性资金都有缺陷。前者通常会摊薄投资者的报酬,后者会增加企业的财务风险。因此,比较明智的做法是采用二元化的资金结构体系,即同时采用权益性资金和债务性资金两种筹资手段,并在二者之间保持一种合理的结构比例。在公司理财学中,权益性资金与借入资金的比例,被称为资本结构。企业筹资决策时,一个重要的考虑内容就是确定最佳的资本结构,在收益与风险之间实现最佳的平衡。

2.长期资金和短期资金

长期资金是企业可以长期使用的资金,包括权益性资金和长期负债。权益性资金不需要偿还,企业可以长期使用,因此属于长期资金。长期负债由于企业也可以在一个比较长的时期内使用,所以也属于长期资金。习惯上,通常把期限1年之内的资金称为短期资金,而把1年以上的资金称为长期资金。

短期资金是指企业只能在一年内使用的资金。通常指短期借款。一般情况下,短期资金的融通主要解决临时的周转资金的需要。例如,在销售旺季需要的资金比较多,可以在此时借入短期借款,度过高峰后则偿还这些借款。

长期资金和短期资金在融资速度、融资成本、融资风险以及借款的限制条件上都有很大差异。因此,如何安排长期资金和短期资金的结构比例,是公司理财学在融资决策时需要考虑的另一个重要问题。

(二)投资管理

投资是指企业投入财力,以期望在未来获取收益的一种经济行为。投资的发生,通常意味着现金的流出。企业的投资有多种方式,如购买债券、购买股票、购置设备、兴办工厂、增加新的生产线等,都是比较常见的投资方式。

企业的投资,按照不同标准可以做如下分类:

1.直接投资和间接投资

直接投资是把资金直接投资于生产经营性资产,以便获取利润的投资。例如购置设备、兴建工厂、开办商店等,均属于这种投资。

间接投资是指把资金投资于金融性资产,以便获取股利或利息收入的投资。这种投资又称为证券投资,例如购买债券、购买股票等。

这两种投资虽然目的相同,但是其决策方法和程序则有所不同。证券投资一般只能通过证券评价和分析,从证券市场的金融产品中选择企业需要的股票和债券,并组成投资组合。直接投资则通常是事先确定几个备选方案,通过对各个方案的对比分析,从中选择一个满意的行动方案。直接投资有时又称为项目投资。考虑到在"管理会计"课程中这部分内容有所介绍,本教材为了避免重复,只在后面内容中介绍证券投资的决策方法。

2.长期投资和短期投资

长期投资是指回收期在一年以上的投资,例如购买设备、建造工厂、购买长期债券等。由于用于股票和债券的长期投资,在必要时可以变现回收,而真正难以变现的是投资于生产经营设备等固定资产上的投资,所以通常情况下长期投资就是专指固定资产投资。这种投资又称为资本性投资

短期投资是指能够而且准备在一年内收回的投资,如对应收账款、存货、短期有价证券上的投资。这种投资又称为流动资产投资或营运资产投资。

在决策程序与方法上,长期投资和短期投资有所区别。由于长期投资的投资期长、风险大,因此决策分析时更重视货币时间价值和风险价值的计量。而短期投资由于回收期比较短,风险相对较小,因此通常不怎么考虑货币时间价值。即使考虑,其重要程度和影响程度也比长期投资低。

(三)成本费用控制

成本费用是指企业为了取得某项收入而发生的消耗。如企业制造产品所发生的材料费用、人工费用和燃料动力费用等。通常情况下,成本费用的发生意味着资产的减少或负债的增加。

在企业生产经营过程中,控制成本费用是企业实现利润的重要途径,也是公司理财部门的重要职责任务。为了避免与"成本会计学"的内容重复,这里不再介绍成本费用控制的内容及其所采用的方法。

(四)股利分配

股利分配是指在公司赚取的利润中,有多少作为股利发放给股东,有多少留在企业内作为再投资之用。在公司理财中,股利分配决策具有多种效应。通常,过高的股利支付率会影响企业再投资的能力,从而使企业的持续发展能力受到影响,并造成股票价格的下跌;而过低的股利支付率,则可能引起股东的不满,同样会造成股价下跌。因此,在制订股利分配政策时,管理层必须考虑多种因素,以便从中做出最佳的选择。这些需要考虑的因素主要有:税法对股利分配的影响,公司未来的投资机会,各种资金来源及其资金成本的高低,股东对目前收入和未来收入的偏好等。

股利分配决策,从另一个角度看也是留存收益决策。因为留存收益是股利分配的反项。正因如此,有人认为股利决策是企业融资决策的内容之一,而非一项独立的公司理财内容。

(五)资本经营

资本经营有广义和狭义两种理解。广义上,资本经营泛指以盈利为目的、以资本为对象的所有经营活动,包括资本的筹集、使用、管理和运营等。狭义上,资本经营系指以盈利为目的、以资本为对象、以兼并收购等为手段所进行的管理活动。这时的资

本经营是作为与产品经营相对应的概念被提出来的,具有特定的含义。

产品经营是指围绕产品的生产、销售而进行的经营活动。其最终是通过产品的销售来实现盈利的目的。产品经营的过程是传统上的"材料采购—产品生产—产品销售"三段式。

资本经营是指围绕法人资本或财产权所进行的经营活动。其最终是通过财产权的取得与转让而实现盈利的目的。比较典型的资本经营过程是"收购企业—重组企业—出售企业"。

产品经营与资本经营是企业两种不同类型的经营活动,表现在:

1.两者的对象不同。产品经营的对象,通常是具体的某种产品或劳务,而资本经营的对象是财产所有权与控制权。

2.两种经营者的角色不同。产品经营一般涉及企业的研发部门、供应部门、生产部门、营销部门以及售后服务部门等,主要是由企业经营者运作的;而资本经营则主要是由企业的所有者或其高级代理人运作的。

3.两者的经营目的不同。虽然从根本上讲,产品经营和资本经营的目的都是实现利润,但是两者的直接目的有所区别。产品经营的目的一般在于产品的销售,而资本经营的直接目的则在于取得控制权或顺利地转让控制权,以便进行企业战略性的业务结构和发展方向的调整。

4.两种依靠的市场环境不同。产品经营依靠于特定的产品市场,如汽车销售市场、家电销售市场等,而资本经营则依赖于资本市场,如股票交易市场以及其他产权交易市场等。

5.两者的经营方式不同。产品经营的方式是传统的产品生产与销售,而资本经营的方式则包括兼并收购、联合、租赁、资产剥离、股份制改造等。

上述划分是相对的。在企业生产经营活动中,产品经营和资本经营在很多情况下存在着密切的联系。其中,产品经营是资本经营的基础,而资本经营也不排斥产品经营。两者在有些情况下可能是结合在一起进行的。

三、公司理财的主要职能

公司理财的职能是指公司理财工作本身具有的功能。在公司理财学发展历史上,公司理财的职能是一个动态的概念。随着公司理财学的范围拓展以及社会经济发展对公司理财学的要求不断改变,公司理财的职能也在逐渐进行演变。目前一般认为,公司理财的职能主要有财务分析、财务计划、财务控制、财务预测和财务决策。其中,财务计划和财务控制是最基本的两个职能。

(一)财务分析

财务分析是指以会计报表的信息为主要依据,运用专门的分析方法,对企业的财务状况和经营成果进行解释和评价,以便于投资者、债权人、管理者以及其他的财务信息使用者做出正确的经济判断和决策。

财务分析的主体不同,分析的目的也不同。通常,债权人主要关心企业的资产负债水平和偿债能力。通过分析,债权人可以了解企业偿债能力的强弱和财务风险的大小,并据以做出要否向企业提供资金的决策。投资者主要关心企业的盈利能力和投资的保值与增值能力。通过分析,投资者可以了解企业的盈利水平,评价企业管理者的管理能力以及履行责任时的诚信情况,据以做出要否继续向企业进行投资的决策。企业管理层主要关心企业管理政策的执行情况和执行效果。通过分析,可以了解企业管理的成绩与不足,进而寻求继续改进的策略和措施。同时,经过分析,管理层还可以对企业的发展前景、增长潜力做出比较客观准确的评价,以便于执行以后的发展计划。

财务分析的目的不同,分析时的侧重点也不同。一般来说,根据分析的侧重点不同,可以把财务分析进一步分为:

1.偿债能力分析。偿债能力分析包括短期偿债能力分析和长期偿债能力分析。短期偿债能力分析主要是分析企业债务是否能及时偿还。长期偿债能力分析主要是分析企业资产对债务的支持和保证程度,分析企业未来一段时其内对利息的支付能力和到期还本的能力。

2.营运能力分析。营运能力分析主要是分析资产周转速度和使用效率,评价企业资产结构的合理性,以及资产使用的效益性。

3.盈利能力分析。盈利能力分析主要是分析企业经营活动获取收益的能力,包括企业盈利能力分析、社会贡献能力分析、资本保值增值能力分析等。

4.综合财务能力分析。主要是从总体上分析和评价企业财务的综合实力,对企业各项财务活动的协调性和财务资源的整合效率做出客观的评价。目的在于揭示企业经济活动中的优势与劣势,明确下一步改进的方向。

(二)财务计划

财务计划是指将企业的经营目标和决策所选定的方案进行具体化、指标化。企业制定财务计划的过程,实际上就是拟定计划指标及其落实措施,协调各项计划指标之间相互关系的过程。财务计划是企业财务活动的纲领,对公司理财活动具有重要指导作用。

日常工作中,企业编制的财务计划主要有筹资计划、固定资产增加和减少计划、流动资产及其周转计划、成本费用计划、利润及利润分配计划、短期投资及长期投资计划等。财务计划的编制要做到科学性、先进性和合理性,力求反映企业的实际情况和发展要求。否则,计划要么无法落实,要么不具有指导作用。

一般来说,财务计划的编制步骤有:(1)制定计划指标。主要是根据企业的发展要求和目前所能达到的条件,运用科学的分析方法,制定出主要的计划指标;(2)提出保证措施。从挖掘企业潜力、提高经济效益的角度出发,提出合理安排企业的人、财、物,组织好财务收支平衡,以便落实计划指标的具体措施和方法;(3)具体编制计划。在上述步骤的基础上,计算出各项指标的量值,并检查其相互之间是否协调一致,有无明显的冲突和不协调之处。

值得注意的是,在企业实际工作中,财务计划通常是以财务预算的形式表现出来的。财务预算是反映企业在未来一定时期内预计财务状况、经营结果以及现金流动等指标的总称,是企业全面预算体系的重要组成部分。比较常见的财务预算主要有现金预算、资本支出预算、资产负债预算(预计资产负债表)等。

(三)财务预测

财务预测是指根据企业过去的财务资料,结合目前市场变化情况,对企业未来财务活动的发展趋势和结果做出科学的估计和测量,以便更好地把握未来,明确发展方向。财务预测的任务主要是:为企业决策提供科学的依据;为编制财务计划、分解财务指标、落实财务任务提供基础。

财务预测的内容比较广泛,涉及公司理财的方方面面。主要的财务预测包括流动资金需要量预测、固定资产需要量预测、成本费用预测、销售收入预测、利润及其分配预测等。

财务预测的程序和步骤主要有:(1)明确预测目标;(2)收集整理资料。科学的预测是建立在可靠的原始资料基础上的。为了保证预测结果的准确性,要根据预测目标和预测对象收集有关资料,在收集资料过程中要排除偶发因素的影响,同时还需要对资料进行必要的归类与整理,以满足预测的需要。(3)建立预测模型。按照预测对象,找出影响预测结果的各种因素,分析它们之间的数量关系,建立相应的预测模型,对预测对象的发展趋势进行精确的量化描述。(4)论证预测结果。为了使预测结果符合预测要求,在定量分析的基础上还需要对预测结果进行必要的分析和论证,并做出必要的调整。这样就可以得到比较精确的数据,为决策提供科学的依据。

(四)财务决策

财务决策是指公司理财人员根据公司发展的目标要求,运用专门方法从各种备选方案中优选方案的过程。通常,财务决策是在财务预测基础上进行的,可以说是财务预测的延伸。

财务决策的内容非常广泛,涉及内容较多。常见的财务决策主要有:筹资决策、投资决策、股利分配决策和其他决策。其中,筹资决策主要是解决如何以较低的资金成本筹集资金的问题。在决策时需要考虑的因素包括筹资渠道、筹资时间、筹资数量、各种资金之间的比例等。投资决策主要是解决投资对象、投资数量、投资时间、投资方式等问题。股利分配决策主要是解决要否分配股利、分配多少股利、以何种方式分配股利等问题。

　　财务决策应该按照一定的程序进行。根据现代的管理理念,决策结果的正确取决于决策程序的科学性。财务决策的基本程序有:(1)确定决策目标,即以有关预测结果为基础,结合企业的实际情况和发展要求,确定决策期间企业所要实现的经营目标;(2)提出备选方案,即以确定的财务目标为基础,考虑市场发展变化和企业自身的实际情况,设计出在各种情况下需要选择的备选方案;(3)评价备选方案,即通过对各个备选方案的分析论证与比较研究,选择相对比较优秀的方案。

　　(五)财务控制

　　财务控制是指根据财务计划目标的要求,按照一定的程序和方式,发现实际偏差,并纠正偏差以保证财务计划得到落实和实现的过程。在企业管理过程中,财务控制是一种连续性强、系统性和综合性比较高的工作,也是公司理财经常需要进行的工作。

　　财务控制可以从不同角度进行多种分类。常见的分类方法有:

　　按照控制的时间性,分为事前控制、事中控制和事后控制。事前控制是指在财务活动尚未发生之前所进行的控制,如事前的申请与批准制度;事中控制是指在财务活动进行中所进行的控制,如按照计划对执行过程进行检查等;事后控制是指在财务活动发生之后所实施的控制,如事后的检查、考核和评价等。从控制效果上看,一般情况下,事前控制比较好,可以使各种损失在其发生之前得到制止;事中控制次之;事后控制的意义只是在于防止再次发生类似的损失,而对于已经发生的损失在很多情况下已很难进行弥补。

第四节　公司理财学与其他学科的关系

一、公司理财学与会计学

　　会计学与公司理财学(财务学)在我国很容易被混淆。在很多人看来,财务就是会计,会计就是财务。其实,从学科性质来说,财务学与会计学是两门完全不同的管理科学。二者的学科目标、管理内容和侧重点都有很大差异。其中,公司理财学主要是对企业的财务活动及其所体现的经济关系进行监督和协调。而会计学则主要是对企业的经济活动进行记录和反映。这两门学科的区别主要体现在以下方面:

　　(一)学科的具体目标不同。

　　公司理财学的目标在于实现企业利益的最大化;而会计学的目标则是如何定期、完整、准确地提供投资者、企业管理者及其他利益相关主体所需要的会计信息。

(二)学科的假设前提不同

假设前提是研究某一学科理论和实践问题的基本出发点。会计学的假设主要包括会计主体假设、持续经营假设、会计分期假设与货币计量假设等;而财务学的假设则包括财务主体假设、财务理性假设、有效市场假设和风险收益对称假设等。

(三)学科的内容与管理方法不同

会计学的内容主要是会计要素的确认、计量和报告,其侧重于对事后经济事项进行反映和记录。设置会计科目和账户、复式记账、填制凭证、登记账簿、成本核算和编制报表是会计学的主要方法。而公司理财学的主要内容是对资金流转的调控与管理,其主要的管理方法是财务计划、财务控制和财务分析等。

(四)两者的行为理念不同

会计学强调按照会计准则、统一会计制度作为会计核算和报告的行为依据,注重于记录和报告的真实性。而公司理财学则强调在法律的框架下,以讲究经济效益为原则开展财务活动,注重于收益的最大化和收益与风险的匹配。

(五)工作内容不同

公司理财的主要工作内容有:(1)筹集资金,即预测好资金的需要量,并保证企业生产经营对资金的需求;(2)投资管理,即负责企业投资,并协调好与投资者之间的关系;(3)股利分配,即处理好股利分配问题,帮助制定合理的股利分配政策;(4)现金及货币资金的收支与管理,即对企业的现金收入和支出、有价证券的买卖及其财务交易等事项进行管理;(5)信用和收款,即制定合理的信用政策,加强对资金流转和货款回收的管理等。

企业会计的主要工作内容是:(1)提供对外会计报告,即按照会计准则、会计程序和会计方法的要求,准确地记录经济事项,及时地向有关利益主体提供会计信息;(2)对内报告,即收集和整理与企业有关的各种经济信息,并编制成管理报告,提供给企业内部管理当局,便于管理层进行决策;(3)计划和控制,即制定企业生产经营中的各项计划,并将计划与实际情况进行比较,监控企业经济活动;(4)经济评价,即评价企业生产经营、财务收支和经济效益的状况;(5)保护企业财产,即通过内部控制、资产盘点等方式保护企业资产的完整性;(6)税务管理,即制定必要的税务政策,负责申报纳税数额,并对纳税有重大影响的经济事项进行控制,在法律的范围内,进行合理避税。

但是,除了上述区别外,在企业的实际管理中,公司理财活动和会计工作还存在密切的联系。这些联系主要表现在:第一,会计所提供的数据是进行公司理财活动的基础,如果没有会计核算所提供的真实可靠的资料和数据,公司理财活动就无从谈起;第二,公司理财活动是会计核算的延伸和应用,如果不进行公司理财活动,或者会计核算不和公司理财活动结合起来,会计核算就在很大程度上就失去了意义。

二、公司理财学与金融学

在英语中,财务、金融都用"finance"来表达,可见两者有着水乳交融的关系。这种联系主要体现在:(1)两者所运用的金融工具基本相同。如股票、债券、衍生金融工具、利率、股价等概念在财务学和金融学里面都被广泛地使用;(2)两者都依赖统一的金融市场。金融市场是指资金供应者和资金需求者双方通过金融工具,在金融交易所进行交易而融通资金的市场。从广义上讲,是实现货币信贷和资金融通、办理各种票据和有价证券交易活动的市场。金融市场对于企业财务来说具有"媒介器""润滑剂"的功能,是企业融资的重要场所,也是企业进行投资的主要领域,如金融投资或买卖各种金融工具等。因此,从事公司理财必须具备一定的金融知识。

但是,除了上述联系之外,二者还存在很大差异,甚至是本质意义上的差异。首先,两者的服务对象有所不同。金融学比较偏向于金融性机构或货币资金经营性组织。这些机构主要有银行、保险、证券交易所、证券公司等;而公司理财学更侧重于工商企业的资金管理。这也是西方国家把公司理财学称为"corporation finance"的原因。其次,两者在金融市场中的角色不同。在金融市场上,金融是各种金融工具或者是各种金融产品的设计者和供应者,而公司理财学只是站在企业的角度,利用金融工具和金融产品进行资金管理,所以公司理财只是金融工具的使用者。最后,两者的学科属性不同。金融学比较侧重于宏观经济中的货币供应及其一系列货币政策的制订和管理;而财务学则侧重于微观意义上的企业资金及存货、成本控制等管理。对公司理财学来说,资金管理只是一个方面,此外其还涉及投资、兼并收购、固定资产、应收账款、股利分配等管理。

三、公司理财学与管理学

管理学是研究管理活动的基本规律和一般方法的科学。管理学按其研究对象和范围可以分为宏观管理学和微观管理学。宏观管理学主要针对整个国民经济的管理,而微观管理学则主要针对不同工商企业的个体。因此,微观管理学实质上就是指企业管理学。微观管理按照不同的管理职能又分为企业组织行为学、人事管理、生产管理、营销管理、公司理财学。正是基于这一观点,不少学者认为,公司理财学的真正名称应该是企业理财学或企业财务管理。

从财务学的逻辑体系或管理主线来看,公司理财学包括财务预测、财务决策、财务计划、财务控制与协调等职能。而管理学关于管理职能的描述虽然不尽相同,但总的来说,成功的管理活动总是离不开计划(预算)、组织控制、分析评价这三个主要环节。例如,管理学认为计划工作的前提是进行预测工作,计划就是根据实际情况,通过科学的方法,权衡客观需要和主观的可能,提出在未来一定时期内要达到的目标,以及实现目标的途径,其任务在于通过合理地安排和协调组织,保证各项工作有条不紊地进行。管理学关于计划的有关理论是财务学中计划(预算)的理论基础,同样,管理学中其他管理职能的有关理论也是构成财务学相关职能的理论基础。公司理财学必须遵循管理的基本原理,或者说是管理学原理在公司理财学中的具体落实和应用。比如,财务分析管理旨在以管理学的组织行为理论为基础,解决企业内部各行为主体之间、企业与外部利益相关集团之间的矛盾与协调问题。正因如此,财务学属于管理学的范畴,其主要以制度管理为手段,从财务制度上解决企业管理中的各行为主体的激励与约束不对称的问题,从而提高企业内部经济资源的综合配置效率。

四、公司理财学与经济学

公司理财学是以经济学的理论与方法为基础的。经济学是研究如何经济、有效地使用各种经济资源以达到财富增长的科学。它以市场中各经济主体的行为及其相互关系为对象,以实现资源的优化配置为目标,致力于解决人类所面临的资源的稀缺性问题。就市场经济条件下的经济主体而言,它又具体分为居民、厂商(企业或组织)和政府三大类,经济主体之间的分工和交易形成市场。经济学对市场中的一切经济现象和经济问题进行研究,既有对单个主体行为的分析,也有对总量关系的分析,微观经济学与宏观经济学研究对象的分野即在于此。这里的市场是广义的,既包括商品(劳务)市场,也包括资本、信息、技术、产权甚至管理制度等要素市场。其中,资本市场和参与资本市场的经济主体的行为及其价格机制成为经济学的主要研究内容。从经济学所研究的内容及公司理财学的研究对象可以看出:(1)公司理财学的主体是企业或厂商,因此公司理财学具有微观性;(2)公司理财学以企业内部拥有或支配的资源为对象,以价值增值和财富增长为目标,以资本市场为依托,开展管理活动,从而达到优化资源配置,提高经济效益的目的;(3)经济学是公司理财学的理论基础。这具体体现在:第一,公司理财学的研究以经济学的基本假定如行为理性假设等为理论基础;第二,经济学的研究方法,如实证分析法、制度主义分析法等被广泛应用于公司理财学之中;第三,经济学的概念如代理成本、边际概念、机会成本等是公司理财学的概念基础;第四,公司理财学的发展丰富了经济学的有关内容。比如,现代公司理财的四大支柱(以 MM 理论为代表的资本结构理论、马科维茨的资产组合理论、夏普的资本资产计价模型、布莱克和斯科尔的期权定价模型)不仅是 20 世纪 50 年代以来公司理财学领域的研究成果,而且也是经济学的前沿性研究成果。

第五节　财务机构在企业组织结构中的地位

企业组织结构设计中,通常是按照管理职能分别设立相应的管理部门。如财务部门、营销部门、生产部门和研发部门等就是根据这种思想设置的。

一、财务机构的设置原则

为了使财务机构的设置既满足管理的需要,又能提高工作效率,降低管理成本,应该遵循一定的原则。这些原则主要有:

(一)单纯明确原则

组织结构是组织工作的基本形式。简单明了的组织结构,可以使人一目了然,从而便于工作的开展。反之,繁杂的组织结构将可能出现功能上的重叠以及职责不清等问题,影响工作的顺利进行。这要求在设置组织结构时,尽量减少层次,使责任明确具体。

(二)工作专业化原则

组织结构的划分可以使每个管理人员的工作更加专业化。从管理的意义上讲,专业化可以带来两个有利的结果:一是增强工作的责任感;二是提高工作的效率。因为在专业分工很细的组织结构内,每个人长期从事某一项或某几项管理工作,可以增加其工作经验和专业技能的积累,从而提高工作成效。但是,应该看到,这种专业分工的细化也有一个度的限制。如果分工过细,就会增加工作岗位和管理人员,从而增加管理费用;同时过细的专业分工也可能影响岗位之间的相互协调和配合,降低整体上的工作效率。

(三)稳定性原则

稳定性原则要求企业的组织结构一旦设立,就应该在一定时间内保持稳定性。在企业管理工作中,任何一项工作都有连贯性,具体承办人员也存在着对岗位责任和工作任务的适应和熟悉过程。如果企业的组织结构设置经常变动,将导致企业管理秩序的混乱,使工作经验和工作技能无法有效地积累,从而降低工作效率,增加差错率。但是,这并非要求组织结构一成不变。如果企业的经营范围、产权结构等发生大的变化,或者发现现有的组织结构存在着阻碍工作效率提升的地方,那么进行必要的组织结构调整,对企业管理水平的显然是有利的。

(四)适应性原则

在现实中,不存在对所有企业都适用且都具有很高效率的完全相同的组织结构。

因为每个企业所面临的外部经济环境和内部管理环境不同,而且各个企业的发展历史和管理习惯也存在着很大差异。因此,应该根据每个企业的具体情况设置适合自身管理需要和发挥要求的组织结构,而不能完全照抄照搬其他企业的机构设置方法。

二、财务机构的设置模式

公司理财机构的设置,应遵循上述原则,同时要考虑企业的规模、行业特点、业务类型、发展需要等因素。一般来说,存在着两种基本类型的财务机构设置方式。

(一)合并型财务机构

即财务机构和会计机构合并在一起,只是在工作岗位设立上有所区别的一种财务机构设置方式。这种设置方式主要适合于小型企业,这些企业由于规模小、经济业务少,公司理财工作和会计核算工作没有必要单独分开。这些企业的财务部门,主要工作是进行会计核算。如果说有公司理财职能的话,也只是对应收账款的回收以及偶然的资金筹集,至于投资、兼并等其他的公司理财职能基本上不会发生。因此,这种体制下,财务机构实际上是依附于会计机构的。

(二)分设型财务机构

即把财务部门设立为一个独立的管理机构,专门进行公司理财的职能工作。这种方式主要适合于大中型企业。因为这些企业的筹资、投资、股利分配等公司理财事项非常多,已经成为企业日常管理工作的重要组成部分。比较典型的分设型财务组织的架构如图 1-3 所示。

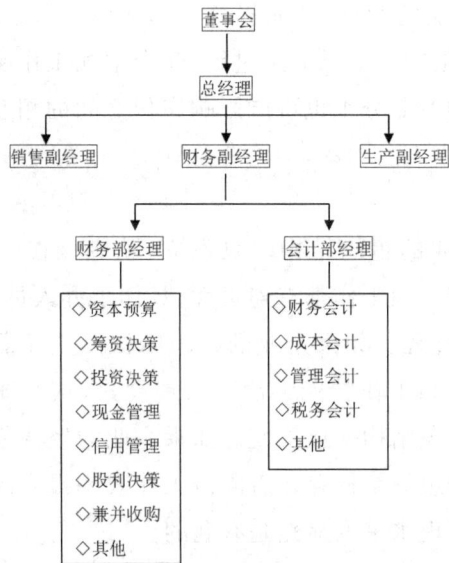

图 1-3　财务机构的设置

思考题

1.公司理财学的发展阶段有哪些？各个阶段的基本特征是什么？

2.对于公司理财的一般目标,有哪几种观点？其区别是什么？

3.如何理解公司理财的具体目标？

4.什么是现金流转？现金流转有哪几种类型？

5.公司理财的内容有哪些？

6.公司理财的主要职能有哪些？

7.如何理解会计与财务之间的关系？

8.如何看待财务经理和会计经理的工作职责？

案例讨论

青鸟天桥公司财务目标案例

时间:1999 年 11 月 18 日—12 月 2 日

地点:北京天桥北大青鸟科技股份有限公司(以下简称青鸟公司)

人员:青鸟公司管理层和公司部分职工

事件过程:1998 年 12 月,北大青鸟高科技公司与北京天桥百货商场进行资产重组,后借壳上市,成为北京天桥百货商场的第一大股东,同时公司更名为"北京天桥北大青鸟科技股份有限公司"。原天桥员工欢欣鼓舞,寄希望于新入主的大股东,盼望高科技给他们带来新转机。然而,实际情况则是,天桥商场的经营业绩连续几个月下滑,已经到了盈亏临界点。面对严峻的经营形势,1999 年 11 月 2 日,公司董事会决定实行减员增效,以谋求公司的长远发展。具体减员方案是,针对就业合同即将于 1999年 12 月 26 日到期的 664 名职工划出了四条是否继续聘用的杠杠:(1)年老的和年轻的之间,留用老的,女 40 岁以上,男 45 岁以上的员工可以续签合同;(2)夫妻双方都在商场的只留用一人;(3)军嫂留用;(4)专业技术骨干和经营管理骨干留用。根据上述四条原则,438 人将可能成为被减员对象。1999 年 11 月 18 日,商场正式宣布董事会的决定,283 名合同已经到期的员工不再被公司聘用。

此举引起商场员工哗然,283 名未被签约的员工涌向商场领导办公室。商场工作陷入瘫痪,被迫挂出了营业整顿的招牌。天桥商场裁员风波由此而起。11 月 20 日,青鸟公司与被裁减员工进行第一次对话,公司管理层称,此次裁员目的在于控制成本,减员增效,追求利润最大化。这一做法,既合乎市场经济的要求,也合乎国家的法律,是符合游戏规则的。被裁减员工的反驳意见是,我们要生存,我们有一种被出卖、被抛弃的感觉。此次对话没有结果。11 月 25 日,被裁员的员工已经在商场静坐 8天。公司管理层答应可以考虑职工提出的给予经济补助的要求,但说明青鸟是上市公司,公司支付每一笔资金都必要经过董事会和股东大会的审批或授权。这次对话后,双方气氛有所缓和,商场部分恢复营业。11 月 28 日,职工们向公司董事会递交一份声明信,信中说,我们对国有企业改革表示理解。但是,问题是我们这些人不具备高学历、高技术,让我们走向市场,谁要我们? 旧体制不要我们,新体制我们进不去。因此,我们要求,作为工龄补助、养老保险、再就业培训、精神伤害等,公司应补助每个职工 47 500 元。11 月 29 日,董事会召开会议,原则上同意工龄补助的要求,但是对于养老保险补助存在不同意见,至于其他要求则不予考虑。12 月 1 日,职工听说公司补助的方案与其要求相差很远,情绪非常激动,其中一名女职工欲跳楼自杀,幸被及时制止。

12 月 2 日,北京市有关部门开始介入此事,帮助做职工的思想工作。同日,公司董事会开会决定,同意给予职工终止合同的经济补助,每人 10 000 元,同时公司将对职工的再就业提供帮助,如提供培训,向其他单位推荐等。至此,这次裁员风波基本平息。商场营业完全恢复正常。

讨论与思考:

1.如果你是公司的财务管理人员,站在财务目标的角度,你怎样评价这次风波?

2.这次风波对企业管理有什么启发意义?

第二章　公司理财的基本理念

💡 **学习目的**

　　本章主要介绍公司理财中涉及的一些基本理念。这些理念是财务管理的观念基础,主要包括货币时间价值、风险与收益的均衡、收益大于成本、可持续发展为重等。通过学习,需要了解这些理念的基本思想内涵,掌握货币时间价值的计算方法。

　　公司理财的基本理念是人们在财务管理过程中所遵循或所持有的基础观念,是人们从事公司理财活动的基本思想和出发点。不同的理财观念会导致对财务问题的不同认识和不同的决策结果。观念作为理性化的思想意识,决定着理财行为和理财中所采用的理财方法。而观念的更新通常会带来理财思想的进步和管理水平的提高。

　　公司理财的基本观念比较多,如时间价值观念、风险与收益均衡观念、机会损益观念、边际观念、弹性观念、预期观念、可持续发展观念等。这里主要介绍货币时间价值观念、风险与收益均衡观念、成本效益比较观念和可持续发展观念。

第一节　货币时间价值观念

　　在现实社会中,有这样一种现象:现在的 1 元钱和一年后的 1 元钱,其经济价值是不相等的,或者说其经济效用是不同的。通常现在的 1 元钱比一年后的 1 元钱经济价值要大一些,即使不存在通货膨胀也是如此。为什么会这样呢? 这是由于货币时间价值带来的结果。例如,将现在的 1 元钱存入银行,一年后便可得到 1.10 元(假设存款利率为 10%)。这 1 元钱经过一年时间的投资增加了 0.10 元,这就是货币的时间价值。

一、货币时间价值的概念

货币的时间价值是指货币经历一定时间的投资和再投资所增加的价值,也称为资金的时间价值。

在市场经济中,一定量的货币在不同时点上具有不同的价值。假如某企业购买一台设备,采用付现方式,其价款为40万元;如延期至5年后付款,则价款为52万元。假设企业5年期存款年利率为10%,试问付现同延期付款比较,哪个有利?

如果该企业现在暂不付款,将40万元存入银行,按单利计算,五年后的本利和应为60万元,同52万元比较,企业尚可得到8万元的收益。可见,延期付款52万元,比现付40万元更为有利。这就说明,今年的40万元,五年以后价值就提高到60万元。

从上述可分析得出:年初的40万元之所以在五年后价值发生增值,首先是由于企业把这40万元存入银行,货币出现了所有权和使用权的分离;其次,银行之所以能够支付存款利息,是由于银行通过使用这些货币发生了增值。可以说,货币的时间价值是货币所有权与货币使用权相分离后,货币使用者向货币所有者支付的一种报酬或代价。因而借贷关系的存在是货币时间价值产生的前提。

在自然经济条件下,生产经营的目的是满足自给需要,资本生息的利益需求就缺乏必要的基础。商品经济发展后,人们开始"为买而卖"或"为卖而买",价值增值意识开始觉醒。当资本所有权与资本使用权相分离,资本的所有者就会向资本的使用者索取一种报酬,这就是货币时间价值产生的客观条件。

有一种解释是,今天投资1元钱,就牺牲了当时使用和消费这1元钱的机会或权利,按所牺牲时间计算的这种牺牲的代价或报酬,就是货币时间价值。

按照西方经济学的理解,货币时间价值是货币持有人推迟当期消费,让渡货币使用权所取得的一种价值补偿。让渡时间越长,所得价值补偿就越大。这种价值补偿的量与推迟消费的时间成正比,因此单位时间的这种价值补偿的百分比率就称为时间价值。

马克思指出:货币时间价值是作为资本使用的货币在其被运用的过程中随着时间推移而带来的那部分增值,其实质是剩余价值的转化形式。他指出:"G—W—G过程之所以有内容,不是因为两极有质的区别(二者都是货币),而只是因为它们有量的不同,最后从流通中取出的货币,多于起初投入的货币……因此,这个过程的完整形式是G—W—G′,其中的G′=G+ΔG,即等于原预付货币额加上一个增值额。我把这个增值额或超过原价值的余额叫作剩余价值。"也就是说,时间价值源于劳动者为社会创造的剩余产品,它是社会平均利润的一种转化形式。如此看来,"时间就是金钱"的观念是货币时间价值原理数量化的典型概括!

当然,货币只有被当作资本投入生产和流通后才能增值。如果把它从流通中取出来,那它就会凝固为贮藏货币,即使藏到世界末日也不会增值分毫。所以,货币时间价值是资本所有权与资本使用权相分离后,资本使用者向资本所有者支付的一种报酬或代价。从来源看,货币时间价值是社会资本使用效益的一种表现,是资本周转的结果。它包括两部分:一是由于时间延长从而周转次数增加而带来的差额价值;二是由于上一次周转带来的利润又被重新投入周转而带来的差额价值(又称复利)。资本使用时期越长,周转次数越多,由此而带来的复利越多。明天的收入会比今天更多,但今天的收入比明天的收入更值钱。由此看来,时间价值既是无情的,又是十分宝贵的。

二、货币时间价值的表示

时间价值可以用绝对数表示,也可以用相对数表示。为了便于研究问题,在计算货币的时间价值时,假设没有通货膨胀和风险,同时以利息额和利率或折现率分别代表货币时间价值的绝对量和相对量。但在实际财务活动中,对这两种表示方法并不做严格的区分,通常以利息率计量。这里利息率是指在没有通货膨胀条件下的社会资金平均利润率。

需要明确的是,其他各种形式的利息率,如贷款利率、债券利率等,除了包括货币时间价值因素外,还包括风险价值和通货膨胀因素,而在计算货币时间价值时,后两部分不应包括在内。即货币时间价值率是指扣除风险报酬和通货膨胀贴水后的平均资金利润率或平均报酬率。货币时间价值的表现方式可以用现值和终值两种方式表示,其中现值是货币的现在价值,终值是货币在未来某个时点时的价值,即现在价值在一定期限后的本息和。

时间价值原理,正确地揭示了在不同时点上货币之间的换算关系以及在一定时空条件下运动中的货币具有增值的规律性。为了使有限的资本得到最充分、最优化的利用,并使投资项目的经济评价建立在全面、客观、可比的基础上,在财务计量时应当考虑货币时间价值。要注意货币时间价值的计算具有时点性、递增性、相对性(现值与终值)、假设性(利率与计息期)以及多样性(单利、复利、年金等)。同样的本金,其利率越高,周转期(存期)越长,将来值也就越大。

三、货币时间价值的计算

在公司理财实践中,考虑与不考虑货币时间价值的结果是大不一样的。考虑货币时间价值是把不同时期的收入和支出,按一定折现率折算为同一时点上的收支,这样在价值上就具有可比性,可以在分析和比较的基础上做出正确的决策。

在财务决策分析中,要应用货币时间价值,就必须首先弄清楚"终值"和"现值"两个特定概念。所谓终值,就是指一定量货币按规定利率折算的未来价值;所谓现值,就是指一定量未来的货币按规定利率折算的现在价值。在银行存款中,前者叫"本利和",后者叫"本金"。两者之间的差额,就是货币的时间价值。

终值和现值是一对与一定利率和一定期限相联系的相对概念。利率越高,时间越长,终值就越大,而现值则越小。因此,终值和现值之间存在着一定的函数关系。

由于终值与现值之间的差额就是货币的时间价值,因此在实际应用中,对货币时间价值的计算就转化为对终值和现值的计算。其方法通常有单利、复利和年金三种:

(一)单利

单利是一种本生利而利不生利的计息方法。其计算公式如下:

$$I = P_v \times i \times n$$

式中:P_v 为现值;i 为利率;n 为计息期数;I 为利息。

1.单利终值的计算

单利终值的计算公式为:

$$S = P_v + I = P_v + P_v \times i \times n = P_v \times (1 + i \times n)$$

例 2-1

某人于 2015 年 1 月 1 日存入银行 1 000 元,年利率为 12%,则 2020 年 1 月 1 日到期日的本利和是多少元?

$$S = 1\ 000 \times (1 + 12\% \times 5) = 1\ 600\ 元$$

2.单利现值的计算

单利现值是指若干年后收入或支出一笔资本按单利折算的现在的价值。用公式计算为:

$$P_v = S - I = \frac{S}{(1 + i \times n)}$$

例 2-2

某人打算在 2 年后用 10 000 元购置家具,银行利率为 10%,问:他现在需要存入银行多少钱,才能保证 2 年后购买此家具?

$$P = \frac{1\ 000}{1 + 10\% \times 2} = 8\ 333.3\ 元$$

(二)复利

复利是一种本生利、利也生利的计算方法。根据国际惯例,不论是投资、筹资,还是存款、贷款业务,若时期在两个或两个以上,通常均按复利计算利息。

1.复利终值的计算

复利终值是指现在的一笔资本按照复利计算在未来某个时点的本利和。其计算公式为:

$$S = P_V(1+i)^n$$

式中,$(1+i)^n$叫复利终值系数。在实际工作中,为了简化和加速复利的计算,可以查"一元复利终值系数表"(见本书后附表,下同),该表是按照一元为基础编制的,它的竖栏为利率(i),横栏为期数(n);竖栏与横栏相交的地方即为一元复利终值系数$(1+i)^n$。

例 2-3

某人现在将10 000元存入银行,银行利率为5%。要求:计算第一年和第二年的本利和。

$$\begin{aligned}第一年的\ F &= P \times (1+i)^1 = 5\,000 \times (F/P, 5\%, 1)\\ &= 10\,000 \times 1.05\\ &= 10\,500(元)\end{aligned}$$

$$\begin{aligned}第二年的\ F &= P \times (1+i)^2\\ &= 10\,000 \times (F/P, 5\%, 2)\\ &= 10\,000 \times 1.1025\\ &= 11\,025(元)\end{aligned}$$

例中的$(F/P, 5\%, 2)$表示利率为5%,期限为2年的复利终值系数,在复利终值表上,我们可以从横行中找到利率5%,纵列中找到期数2年,纵横相交处,可查到$(F/P, 5\%, 2) = 1.1025$。该系数表明,在年利率为5%的条件下,现在的1元与2年后的1.1025元相等。

2.复利现值的计算

复利现值的计算也叫贴现。贴现时所用的利息率也叫贴现率。根据上述复利终值的计算公式,可以直接推导出复利现值的计算公式为:

$$P_V = S \times \frac{1}{(1+i)^n} = S \times (1+i)^{-n}$$

式中,$(1+i)^{-n}$称复利现值系数,可查"一元复利现值系数表",该表的使用方法与"一元复利终值系数表"相同。

例 2-4

某公司欲在 3 年后获得本利和 100 万元,假设现在投资报酬率为 12%。问:该企业现在应该投入多少元钱?

$$P = 100 \times (P/S, 12\%, 3) = 100 \times 0.7118 = 71.18 \text{ 万元}$$

3.名义利率与实际利率

在前面的复利计算中,所涉及的利率均假设为年利率,并且每年复利一次。但在实际业务中,复利的计算期不一定是 1 年,可以是半年、一季、一月或日。当每年复利次数超过一次时,这时的年利率叫作名义利率,而每年只复利一次的年利率叫作实际利率。实际利率和名义利率之间的关系如下:

$$i = (1 + \frac{r}{m})^m - 1$$

式中:i 代表实际利率,r 代表名义利率,m 代表每年复利的次数。

例 2-5

某人现存入银行 10 万元,年利率 5%,每季度复利一次。要求:计算 10 年后能取得多少本利和。

方法 1:先根据名义利率与实际利率的关系,将名义利率折算成实际利率。

$$i = (1 + \frac{r}{m})^m - 1$$
$$= (1 + \frac{5\%}{4})^4 - 1$$
$$= 5.09\%$$

再按实际利率计算资金的时间价值。

$$F = P(1+i)^n = 10 \times (1 + 5.09\%)^{10} = 16.43 (\text{元})$$

方法 2:将已知的年利率 r 折算成期利率 r/m,期数变为 $m \times n$。

$$F = P \times i = (1 + \frac{r}{m})^{m \times n}$$
$$= 10 \times (1 + \frac{5\%}{4})^{4 \times 10}$$
$$= 16.43 (\text{元})$$

(三)普通年金

年金是指每隔相同时间(一年、半年、一季度等)收入或支出相等金额的款项。分期付款赊购、分期偿还贷款、发放养老金、分期支付工程款、每年相等的销售收入等，都属于年金的收付形式。按照收付的时间和次数不同，年金一般可分为"普通年金""预付年金""递延年金"和"永续年金"四种，无论哪种年金，都是建立在复利基础之上的。

普通年金又称为后付年金。它是指每期期末收付等额款项的年金。这种年金在现实生活中最为常见，而且其他几种年金均可在这种年金的基础上推算出来。因此，应着重掌握普通年金的有关计算方法。

1.普通年金终值的计算

普通年金终值是指每期期末收入或支出等额款项的复利终值之和。

设 S_A 为普通年金终值，A 为每期的收付额。由于普通年金没有第一期期初的收付款，而有 n 期期末的收付款，故对普通年金终值的计算可用图 2-1 来说明。

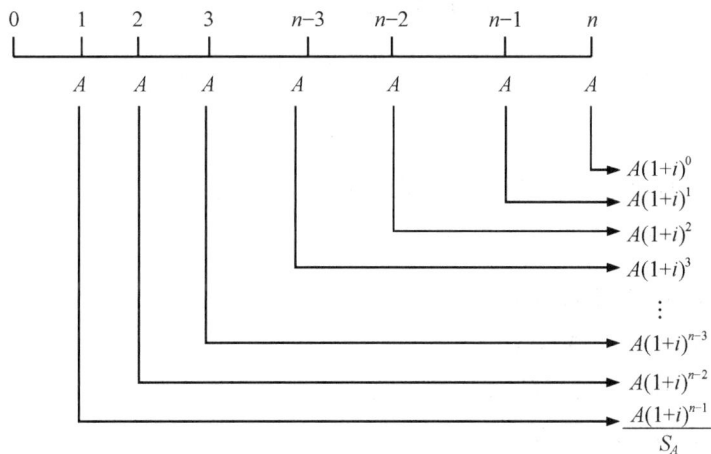

图 2-1　普通年金终值计算图

由图 2-1 可推导出年金终值的计算公式为：

$$S_A = A \times \frac{(1+i)^n - 1}{i}$$

式中，$\frac{(1+i)^n - 1}{i}$ 称普通年金终值系数，它也可通过查"一元年金终值系数表"得到。

例 2-6

假设某企业投资一项目，在 5 年建设期内每年年末从银行借款 100 万元，借款年复利率为 10%，则该项目竣工时企业应付本息的总额为多少？

$$F = 100 \times \frac{(1+10\%)^5 - 1}{10\%}$$
$$= 100 \times (F/A, 10\%, 5)$$
$$= 100 \times 6.1051 = 610.51(\text{万元})$$

2.年偿债基金的计算

年偿债基金是为在未来某一时点偿还一定数额的债务,每期期末应存入或收入多少钱。它是年金终值的逆运算,可由上述普通年金终值的计算公式直接求得年偿债基金的计算公式:

$$A = S \times \frac{i}{(1+i)^n - 1}$$

式中,$\dfrac{i}{(1+i)^n - 1}$ 称偿债基金系数。它可以和年金终值一样,事先编制"一元偿债基金系数表"以备查用,也可根据年金终值系数求其倒数来确定。

例 2-7

某人在 5 年后要偿还一笔 50 000 元的债务,假设银行利率为 5%。要求:计算为归还这笔债务,每年年末应存入银行多少元。

$$A = F \times (A/F, i, n)$$
$$= 50\,000 \times (A/F, 5\%, 5)$$
$$= 50\,000 \times [1/(F/A, 5\%, 5)]$$
$$= 50\,000 \times 1/5.5256$$
$$= 9\,048.79(\text{元})$$

即在银行利率为 5% 时,每年年末存入银行 9 048.79 元,5 年后才能还清债务 50 000元。

3.普通年金现值的计算。普通年金现值是指每期期末收入或支出等额款项的复利现值之和。设 P_A 为普通年金现值。由于普通年金没有第一期期初的收付款,而有 n 期期末的收付款,故普通年金现值的计算可用图 2-2 来说明。

由图 2-2 可推导出年金现值的计算公式为:

$$P_A = A \times \frac{1-(1+i)^{-n}}{i}$$

式中,$\dfrac{1-A(1+i)^{-n}}{i}$ 叫普通年金现值系数,可查"一元年金现值系数表"得到。

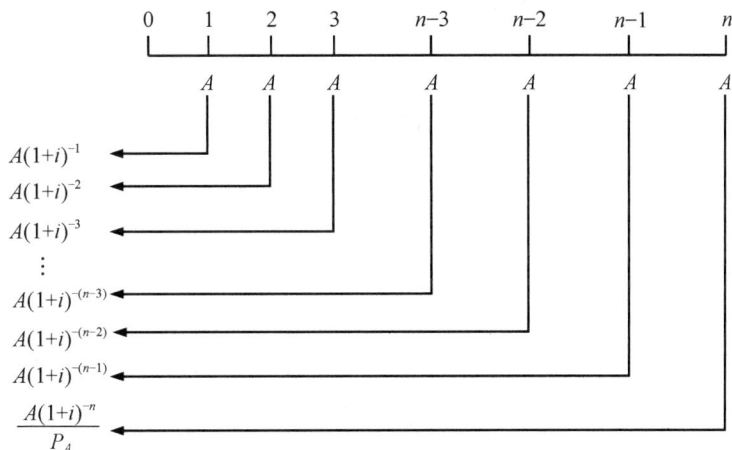

图 2-2　普通年金现值计算图

例 2-8

某人希望每年年末取得 10 000 元,连续取 5 年,银行利率为 5%。要求:计算第一年年初应一次存入多少元。

$$P = A \times (P/A, i, n)$$
$$= 10\,000 \times (P/A, 5\%, 5)$$
$$= 10\,000 \times 4.3295$$
$$= 43\,295(\text{元})$$

即为了每年年末取得 10 000 元,第一年年初应一次存入 43 295 元。

(四)预付年金

预付年金是指每期收入或支出相等金额的款项发生在每期的期初,而不是期末,也称先付年金或即付年金。

预付年金与普通年金的区别在于收付款的时点不同:普通年金在每期的期末收付款项,预付年金在每期的期初收付款项。

1.预付年金的终值

预付年金的终值是其最后一期期末时的本利和,是各期收付款项的复利终值之和。由于其付款时间不同,n 期预付年金终值要比 n 期普通年金终值多计一期的利息。因此,在普通年金的终值的基础上,乘上 $(1+i)$ 便可计算出预付年金的终值。其计算公式为:

$$F = A \times \frac{(1+i)^n - 1}{i} \times (1+i)$$
$$= A \times \frac{(1+i)^{n+1} - (1+i)}{i}$$

$$=A \times [\frac{(1+i)^{n+1}-1}{i}-1]$$

其中,$[\frac{(1+i)^{n+1}-1}{i}-1]$称作"预付年金终值系数",记作$[(F/A,i,n+1)-1]$,可利用普通年金终值表查得$(n+1)$期的终值,然后减去 1,就可得到 1 元预付年金终值。

2.预付年金的现值

虽然 n 期预付年金现值与 n 期普通年金现值的期限相同,但由于其付款时间不同,n 期预付年金现值比 n 期普通年金现值少折现一期。因此,在 n 期普通年金的现值基础上,乘上$(1+i)$便可计算出 n 期预付年金的现值。其计算公式为:

$$P = A \times \frac{1-(1+i)^{-n}}{i} \times (1+i)$$

$$= A \times \frac{(1+i)-(1+i)^{-(n-1)}}{i}$$

$$= A \times [\frac{1-(1+i)^{-(n-1)}}{i}+1]$$

其中,$[\frac{1-(1+i)^{-(n-1)}}{i}+1]$称作"预付年金现值系数",记作$[(P/A,i,n-1)+1]$,可利用普通年金现值表查得$(n-1)$期的现值,然后加上 1,就可得到 1 元预付年金现值。

(五)递延年金

递延年金是指第一次收付款发生在第二期或以后各期的年金。凡是不在第一期开始收付款的年金都是递延年金。

递延年金的一般形式如图 2-3 所示。

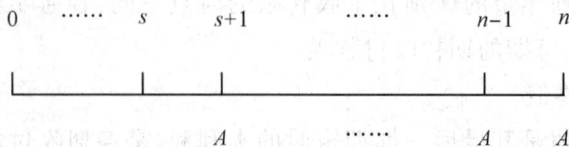

图 2-3　递延年金示意图

其中 s 表示为递延期,且 $s \geqslant 1$。与普通年金相比,尽管期限一样,都是 n 期,但普通年金在 n 期内,每个期末都要发生收支,而递延年金在 n 期内,只在后 $n-s$ 期发生收支,前 s 期无收支发生。

1.递延年金终值

在图 2-3 中,先不看递延期,年金一共支付了 $n-s$ 期。只要将这 $n-s$ 期年金换算到期末,即可得到递延年金终值。所以,递延年金终值的大小,与递延期无关,只与年金共支付了多少期有关,它的计算方法与普通年金相同。其计算公式如下:

$$F = A \times (F/A, i, n-s)$$

例 2-9

某企业于年初投资一项目,估计从第五年开始至第十年,每年年末可得收益 10 万元,假定年利率为 5%。要求:计算投资项目年收益的终值。

$$\begin{aligned} F &= A \times (F/A, i, n-s) \\ &= 10 \times (F/A, 5\%, 10-4) \\ &= 10 \times 6.8019 \\ &= 68.019(万元) \end{aligned}$$

2.递延年金现值

递延年金现值的计算方法有三种:

第一种方法,是把递延年金视为 n 期普通年金,求出递延期的现值,然后再将此现值调整到第一期初(图 2-3 中 0 的位置)。

$$P = A \times (P/A, i, n-s) \times (P/F, i, s)$$

第二种方法,是假设递延期中也进行支付,则变成一个 n 期的普通年金。先求出 n 期的年金现值,然后,扣除实际并未支付的 s 期递延期的年金现值,即可得出递延年金现值。

$$\begin{aligned} P &= A \times (P/A, i, n) - A \times (P/A, i, s) \\ &= A \times [(P/A, i, n) - (P/A, i, s)] \end{aligned}$$

第三种方法,是先算出递延年金的终值,再将终值折算到第一期期初,即可求得递延年金的现值。

$$P = A \times (F/A, i, n-s) \times (P/F, i, n)$$

例 2-10

某企业年初投资一项目,希望从第 5 年开始每年年末取得 10 万元收益,投资期限为 10 年,假定年利率 5%。要求:计算该企业年初最多投资多少元才有利。

方法 1:

$$\begin{aligned} P &= A \times (P/A, i, n-s) \times (P/F, i, s) \\ &= 10 \times (P/A, 5\%, 6) \times (P/F, 5\%, 4) \\ &= 10 \times 5.0757 \times 0.8227 \end{aligned}$$

$$= 41.76(万元)$$

方法2：

$$P = A \times [(P/A,i,n) - (P/A,i,s)]$$
$$= 10 \times [(P/A,5\%,10) - (P/A,5\%,4)]$$
$$= 10 \times (7.7217 - 3.5460)$$
$$= 41.76(万元)$$

方法3：

$$P = A \times (F/A,i,n-s) \times (P/F,i,n)$$
$$= 10 \times (F/A,5\%,6) \times (P/F,5\%,10)$$
$$= 10 \times 6.8019 \times 0.6139$$
$$= 41.76(万元)$$

(六)永续年金

永续年金是指无限期的收入或支出相等金额的年金,也称永久年金。它也是普通年金的一种特殊形式。由于永续年金的期限趋于无限,没有终止时间,因而也没有终值,只有现值。永续年金的现值计算公式可以通过普通年金现值的计算公式导出：

$$P = A \times \frac{1-(1+i)^{-n}}{i}$$

当 $n \to +\infty$,上式可写成：

$$P = A \times \frac{1}{i}$$

例 2-11

某企业要建立一项永久性帮困基金,计划每年拿出 5 万元帮助失学儿童,年利率为 5%。要求:现应筹集多少资金。

$$P = \frac{A}{i}$$
$$= \frac{5}{5\%}$$
$$= 100(万元)$$

现应筹集到 100 万元资金,就可每年拿出 5 万元帮助失学的儿童。

需要指出的是,上面阐述过程中,一般假设利率 i 和期数 n 是已知的。但实际在上述各关系式中,任何一个变量都可能是未知变量,可以根据其他已知变量计算得出。

四、货币时间价值的财务意义

货币时间价值是公司理财时需要坚持的一个基本理念。在财务管理中需要贯彻这种时间价值的思想。具体来说,货币时间价值对财务管理的影响主要体现在如下几个方面。

(一)在统一时间基础上进行价值的比较和衡量

在企业经营决策中经常会遇到方案的对比。按照货币时间价值的思想,只有在相同的时间点上(现在时点或未来某个确定的时点等),价值才具有可比性。否则,将不同时点上的价值进行对比就没有任何意义。比如说,有甲、乙两个方案,甲方案经营期3年,2018年年末到期,可以实现净收入1 000万元;乙方案经营期4年,2020年年末到期,可以实现净收入1 500万元,假定现行利率为10%。显然,按照货币时间价值的理念,甲、乙两个方案的净收入没有可比性,因为二者的时间基础不同。要想把两者对比进而确定两者的优劣,方法有二:一是把两者的净收入统一折算成2018年年末的价值;二是把两者的净收入统一折算成2020年年末的价值。只有这样,两个方案才能进行有意义的比较。

(二)资产(有价证券等)的价值或企业的价值是站在现在时点上而言的,资产价值或企业的价值就是资产或企业未来现金流量的现值

在投资评价时,经常会遇到对资产价值或企业价值进行评估或估价,这些估价通常是站在现在时点或投资时的时点进行的。如所谓计算债券或股票的价值,实际上就是计算两者所导致的现金流量的现值。

(三)在财务管理中要尽量利用货币的时间价值

按照货币时间价值的观念,不同时点的货币,其价值是不同的,现在的货币总是比未来的货币有价值。因此,在财务管理中,要尽量提前取得收入,而尽量推迟货币资金支出。当然这种推迟以不影响企业的正常信用为前提。

第二节　风险与收益均衡观念

现在我们讨论公司理财中的风险价值及风险与收益的均衡概念。考虑下面一个例子:某企业正在考虑是否投资100万元的一个项目,该项目在以后的9年中每年会产生20万元的收益。你认为该企业是否应接受这一项目呢?初看起来,你可能会说当然应该。但是且慢下定论,你需要更深入的思考。要知道这100万元是要马上付出的,而那每年20万元的收益是将来才能得到的。并且,当前的付出是确定无疑的,而未来的收益只能是预期的。可见,不同时点的钱是不能直接相加的,这是因为时间和风险两个因素在里面起作用。其中,时间因素即为货币时间价值,而风险因素即为投资的风险价值。

一、风险的概念

货币时间价值是在没有风险和通货膨胀下的投资收益率,没有涉及风险问题,但是在财务活动中,风险是客观存在的。市场经济是风险经济,只要从事经营活动,风险无不与收益紧紧地联系在一起。在企业理财活动中,肯定的 1 元钱收入与不肯定的 1 元钱收入是不一样的,因为不肯定的收入要负担可能收不到的风险。收款日期越久,能否收到货币的不确定性就越大。3 天后收到 1 万元钱的承诺,比 3 年后收到 1 万元钱的保证更可信。

(一)风险的含义

风险贯穿于企业财务活动的全过程,并与收益联系在一起的。风险表现为收益和损失的不确定性。如果企业的一项行动有多种可能的结果,其将来的财务后果是不肯定的,就叫有风险。如果这项行动只有一种肯定的后果,就叫无风险。一般而言,风险是在一定条件下和一定时期内可能发生的各种结果的变动程度。

无论是企业还是个人,投资于国库券,其收益的风险性很小;如果是投资于股票,则收益的风险性则大得多。这种风险是"一定条件下"的风险,你在什么时间、买哪一种或哪几种股票、各买多少,风险是不一样的。这些问题一旦决定下来,那么风险大小你就无法改变了,这就是说,特定投资的风险大小是客观的,而你是否去冒风险及冒多大的风险,是可以选择的,是主观决定的。

风险的大小随时间变化而变化。如我们对一个投资项目的成本,事先的预计可能不很准确,但是此项目越接近完成则预计越准确。随时间的延续,事件的不确定性在缩小,事件完成,其结果也就完全肯定了。因此,风险总是"一定时期内"的风险。

从严格意义上讲,风险与不确定性是有区别的。风险是对可能结果的描述,即决策者一般能预测某个财务事项的各种可能出现的结果,但不能确定到底会出现哪种结果,这是一个概率分布问题,由此也可看出,风险是可通过数学分析方法来计量的。而不确定性则指决策者没有任何可供依据的资料和历史数据对可能发生的结果做出预测,因此就不可能对未来最终结果做出类似数学分析的判断。

风险和不确定性这两者间的差别主要在于程度不同,不确定性的风险更难预测。但在现实经济生活中,人们很难区别这两者,因此在大多数情况下,人们将两者等同视之。

(二)风险的类别

从证券市场及投资组合角度来分析,风险可分为市场风险和公司特有风险两类。

1.市场风险

市场风险是指那些对所有的公司产生影响的因素引起的风险,如战争、经济衰退、通货膨胀、高利率等。这类风险涉及所有的投资对象,不能通过多角化投资来分散,因此又称不可分散风险或系统风险。例如,一个人投资于股票,不论买哪一种股票,他都要承担市场风险,经济衰退时各种股票的价格都要不同程度下跌。

2.公司特有风险

公司特有风险是指发生于个别公司的特有事件造成的风险,如员工罢工、新产品开发失败、没有争取到重要合同、诉讼失败等。这类事件是随机发生的,因而可以通过多角化投资来分散,即发生于一家公司的不利事件可以被其他公司的有利事件所抵消。这类风险称可分散风险或非系统风险。例如,一个人投资股票时,买几种不同的股票,比只买一种风险小。

二、风险与收益的均衡

如果设定预计报酬率相同的两个投资方案,一个风险大而另一个风险小,那投资者必然愿意选择风险小的项目投资。投资者大都厌恶风险,并力求回避风险。那么为什么还有人愿意进行风险性投资呢?这是因为风险投资可以得到额外收益,即风险价值。

所谓风险价值,是指投资者由于冒着风险进行投资而获得的超过货币时间价值的额外收益,也称为风险收益或风险报酬,它是对人们冒险投资的一种价值补偿。尽管人们也知道,风险大的项目,可能带来较大的损失,但由于风险与收益对等,高风险可能带来高收益,所以,人们仍在孜孜不倦地追逐着风险价值——这种由于冒险而取得的超出货币时间价值的额外收益。

任何冒险行为都期望取得一种额外收益,这种风险与收益对应的关系被称为风险—收益均衡概念。请注意,这里的收益是一种期望,它并不等于现实,而是一种心理预期。对于单个投资行为来讲,风险行为可能取得很高的实际收益,也可能血本无归,导致很大的风险损失;但从市场角度来看,即从社会资本投资组合来看,风险和收益间存在一种均衡关系,即等量风险应当取得与所承担风险相对等的等量收益。这就是风险价值观念。

风险收益间的均衡对应关系是从整个市场而言的,它要求投资者应得到与其承担风险相对应的回报,即经风险调整后的必要报酬。但这一观念并不能保证你承担多大风险,事后就一定能得到多大报酬。因为,如果是那样的话,整个世界将是由赌徒们构成的世界;同时,赌徒也不再是赌徒了,因为它已没有赌的概念了。

风险—收益均衡是如何形成的呢?如前所述,投资者大都回避风险,追求收益。

各投资项目风险大小是不同的,在投资报酬率相同的情况下,人们都会选择风险小的投资。结果,竞争使其风险增加,报酬率下降。最终,高风险的项目必须有高报酬,否则就没有人投资;低报酬的项目必须风险很低。风险和报酬的这种联系,从本质上讲,是市场竞争的结果。

企业拿了投资人的钱去做生意,最终承担风险的是投资人。因此投资人要求从企业获得与所冒风险相对应的报酬率,这一报酬率在财务上称为必要投资报酬率。必要投资报酬率应当包括两部分:一部分是无风险报酬率,如购买国家发行的公债,到期连本带利肯定可以收回。这个无风险报酬率,可以吸引公众储蓄,是最低的社会平均报酬率。另一部分是风险报酬率,它与风险大小有关,风险越大则要求的报酬率越高。即:

必要投资报酬率＝无风险报酬率＋风险报酬率

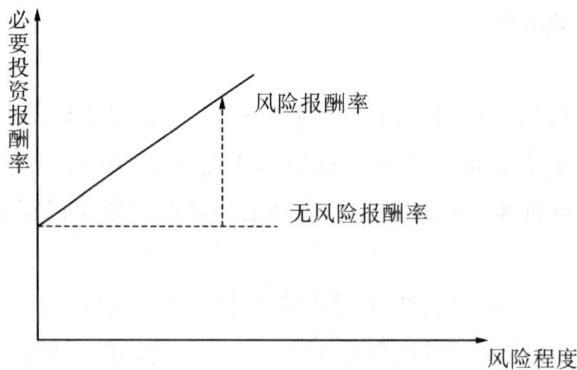

图 2-4　风险与报酬的关系

风险和收益是公司理财过程中必须处理好的一对矛盾。尽管人们喜欢利润,厌恶风险,但风险还是与利润同在。财务管理者的任务应该是在追求利润的同时,正视风险,计算、分析风险系数,尽量分散风险。一般可以通过投资组合管理,多角化经营,选择具有互补性和相关性的投资项目来降低风险,并取得较高收益。

收益和风险的权衡对于企业价值最大化目标的实现至关重要。如果不顾及风险程度,单纯地追求现金流量的最大,势必会带来一些极其严重的问题,其结果不仅无法实现企业价值最大化的目标,严重时甚至会危机企业的生存。

为了获得较高的投资收益,投资者必须承担相应的较高的风险,这是一个客观事实。现代经济的一个突出特点就是隐含在获利机会中的风险因素大大增加了。企业所处的宏观经济环境是一个经济金融化的社会。对企业而言,经济金融化的不断深入,既带来了持续发展的机遇,也使得各种风险在宏观经济和微观企业之间得以迅速传递。这种风险在经济发展顺势时,可以给人们带来巨大的财富;但在发展逆势时,也会给人们带来巨大的损失。一个企业如要求得长远的发展,必须在风险和收益之间科学地进行权衡。按照现代理财观念,不考虑风险因素,单纯地对收益的追求是没有意义的。

实践证明,成功的投资者和管理者总是在风险与收益的相互协调中进行利弊权衡,以期取得企业稳健的可持续的发展。他们努力做到:在风险一定的条件下使收益达到较高的水平,或者在收益一定的情况下使风险维持在较低的水平。

第三节　成本效益比较观念

每个人在做出一个决定时,都会潜意识地想到,这样做是否划算,是否值得。也就是说,每个人在从事某项活动时,都会有意无意地运用成本效益的比较观念。

简单地说,成本效益比较观念是指一项财务决策要以效益大于成本为原则,即:某一项目的效益大于其所需成本时,予以采纳;否则,放弃。

成本效益比较观念在运用中较为简单。但需要注意的是,这里的成本与会计上的成本有所不同。这里的成本包括机会成本,而机会成本并不包括在会计成本中;此外,它不包括沉没成本,而沉没成本却是会计成本的一部分。

一、机会成本

由于资源是稀缺的,资源被用于某一种用途往往意味着它不能被用于另一种用途。因此,当我们考虑使用某一资源时,我们应当考虑它的第二种最好用途。这一用途就是机会成本的正式度量。一定资源的机会成本是该资源被用于其他活动中所能创造的最大价值或收益。

现在考虑一位雄心勃勃的企业家自己投资创办企业,用自己祖上传下来的土地建设厂房,倾心投入企业工作。一年下来,投资的资本有5%的利润,这位企业家应该有成就感吗?从会计上看,企业家的资本、土地和劳动都没有成本,但是财务专家会看到,如果这位企业家把开办企业的资本存入银行,或购买债券和基金,即便是天天睡大觉,他得到的回报率也不会低于5%;企业家还可以将自己的土地出租,如今地价高涨,单是收回的土地使用租金就会比企业一年的利润还高;而企业家自身呢?他具有的管理天赋如果用来给别人打工的话,可能也会有丰厚的报酬,而且风险也相对较低。所以考虑到机会成本,这位企业家恐怕就不会满足于5%的收益率了。

考虑机会成本是进行财务管理的一个基本理念。在理财活动中,确实有许多机会可供选择。选择是要付出代价的,这个代价就叫机会成本,它是指为执行一种方案而不按另一种可行方案处理所损失(丧失、放弃)的潜在收益。在投资决策中,为了选择资源利用最优、投资效益最佳的方案,就要求将其余放弃方案中的最高收益额视作选定该方案所付出的代价。

机会选择的客观存在性决定了机会成本存在的必然性,因为资本总是有限的。这里不仅存在是否选择了最优方案的问题,而且也涉及一个最优方案比其他方案到底取得了多大益处的问题。在资本有限量的决策中,或者在互斥方案的择优时,当决策者只能选择某一方案作为最优方案时,就必然要放弃其他的次优方案。次优方案所能提供的收益或者导致成本节约和损失减少,被称为潜在利益即机会损益。

为了使得所选择的方案达到最优,在决策时必须将机会成本考虑进去,要使得所选择方案的收益在弥补机会成本后还有剩余,只有这样,方案在经济上才是可行的。

二、沉没成本

相对于机会成本概念,沉没成本有些专业化。沉没成本是指项目决策中,在项目分析之前发生的成本费用。如项目启动前的市场调查费用,它无论项目是否立项,都已经花费出去了,因此属于项目决策的无关成本。在投资项目分析中,一些常被归于沉没成本之列的重要费用支出是研究与开发费用(R&D),这些费用项目是在考虑一项产品是否要引进之前发生的。

三、效益

在了解了成本之后,我们再来考虑一下效益。在有些情况下,效益既包括有形的又包括无形的;并且在考虑当前效益的同时,也要考虑长远效益。

例如,公司在决定是否在职工住宅区建一块绿化草坪时,这个项目的成本很显然包括建草坪投入的人力、物力、财力。而它的有形物质效益却很少或没有,但公司会因此而否决这个项目吗?不一定。因为草坪给职工带来舒适的生活环境的同时,可提高其工作效率,给公司带来附加的效益。

总之,成本效益比较观念是一个既原始朴素,又具有生命力的财务观念,它被用于财务决策的很多方面。如项目投资决策、短期营运资金决策与管理等。成本效益比较观念要求企业财务管理者在决策时不仅要考虑一项资源投资于某项目所能获得的收益,同时还要考虑该项资源如果用于其他项目可能获得的收益(即机会成本),并把这种丧失的收益作为运用资源的代价。只有考虑了机会成本后的净收益才能作为方案选择的依据。也只有在这一理念指导下,企业才能更合理有效的运用资源,才能不断提高自身经济效益,并使企业资源能够达到最优配置,实现企业价值的最大化。

第四节 可持续发展观念

一、可持续发展的科学含义

可持续发展是人类面临的一个全球性的重大问题,关系到整个人类的未来和希望。财务上的可持续发展是指在企业的发展过程中寻找一条与资产增长、与资本来源相互协调的,既可以满足当前企业发展的需求,又不会对以后需求的能力构成危害的道路。可持续发展包括两个方面的意义:一方面是指企业只有不断地发展才能更好地生存;另一方面是指发展必须是长期稳定的、可持续性的。

企业要以发展求生存,就得面对客户,抓住市场,促使销售不断增长,但销售增长的企业需要补充资本。因为,限制销售增长的是与此相关的资产,而限制资产增长的是与此相关的资本来源(包括所有者权益和负债),销售增长越快,需要的资本就会越多。

通常,企业实现资本增加的方式主要有三种:一是依靠内部资本增加作为来源。但内部积累资本的财务资源可能是有限的,有时还会限制企业的发展。二是依靠外部资本增加作为来源。但增加股东投入资本会分散控制权,会稀释每股盈利等;而增加负债会使财务风险加大,筹资能力下降,而且当息税前利润率低于负债利息率的时候还会降低资本利润率。三是追求平衡增长。就是要求在保持目前财务结构和与此相关的财务风险的前提下,按照所有者权益或股东权益的增长比率增加借款,以此支持销售的增长。由于这种增长率一般不会消耗企业的财务资源,所以是一种财务可持续增长率。

二、罗伯特的可持续发展理论

美国著名财务学家罗伯特·C·希金斯对企业可持续发展依存于财务资源的关系进行了研究。他首先定义了企业可持续增长率:"可持续增长指在不需要耗尽财务资源的情况下,公司销售所能增长的最大比率。"销售的增加要求更多的各种类型的资产,这些必须付现购买。留存利润和附加的新借款项带来的仅仅是数量有限的某些现金。除非公司准备发售普通股股票,否则,在不过度使用企业资源的情况下,这个限量就会是企业所能取得的增长率的上限,这就是可持续增长率。

罗伯特在作了一定假设的情况下,对企业的财务可持续增长做了卓有成效的探索,并得出了如下具有普遍意义的结论:

$$可持续增长率＝R（留存收益率）×ROE（权益回报率）$$

$$ROE＝营业利润率（P）×总资产周转率（A）×资产权益比率（T）$$

$$可持续增长率＝R×P×A×T$$

上述等式清楚地表明了企业在给定的假设条件下（如不考虑实际税率），决定其发展能力的四个因素。其中，P 和 A 概括了企业生产过程中的经营业绩；R 和 T 描述了企业主要的财务政策，R 抓住了管理层对待股利分发的态度，而 T 反映了企业关于财务杠杆的政策。

可持续增长率公式说明，可持续增长率只代表与四个比率的稳定价值相一致的销售增长率。如果一个企业的销售按照不同于可持续增长率的任何比率增长，则这当中的一个或多个比率就必须改变。这意味着当一个企业以超过它的可持续增长率增长时，它最好能够改善经营（以提高利润率或资产周转率为代表）或准备转变它的财务政策（以改变留存收益率或财务杠杆为代表）。

三、可持续发展的条件

企业实现可持续发展，必须具备有效控制自身增长状态的能力，即对增长精心管理。增长及其管理是财务计划中的特殊难题。企业的可持续增长，有赖于财务的实际增长率与可持续增长率保持一致，否则，就需要对此采取措施。

如果实际增长高于可持续增长率，从财务角度看，这种快速的增长会使企业的资源变得相当紧张。除非经营者意识到这一结果并已采取积极的措施加以控制，否则，快速增长可能陷入财务困境，导致破产。现实中因为增长过快导致破产的企业数量与因为增长太慢而破产的企业数量几乎一样多。那些增长过快的企业其产品已经受住了市场的考验，他们之所以失败，仅仅是因为财务管理策略的失败。对于快速扩展的企业来说，他们把销售增长看作是必须予以最大化的事情，而很少考虑财务后果。而即使是在有利可图的情况下，增长越快，它们需要的现金也越多。虽然可以通过提高债务杠杆来满足需要，但最终会达到负债的极限，使贷款人拒绝追加贷款的请求。此时，企业发觉自己已没有现金去应付日常经营支出，更无力偿还到期债务——已达到破产界限。

因此，当实际增长超过可持续增长时，首先要判定这种状况将会持续多久。假如企业随着成熟期的接近，增长率在不远的将来极可能会下降，则这只是一个过渡性问题，可以通过更多的借款就可解决。将来当实际增长率跌落到可持续增长率之下时，企业将从现金吸收者转变为现金创造者，从而可以偿还贷款。

当实际增长低于可持续增长率时，这种增长太慢的企业将不能满足利益相关者的收益要求，部分利益相关者会行使他们的控制权，如股东可能解雇经营不善的经营者,或者企业成为收购者们的猎物。解决不充足增长问题的第一步是判断这种情况是暂时的还是长期的。如果是暂时的,企业只要简单地继续累积资源以等待未来的增长即可。如果困难是长期的,就要看到底是整个行业缺乏增长还是企业独有的。假如是后者的话,就应该在企业内挖掘原因,寻找加速增长的可行渠道。

如果在不改变企业目前经营效率(反映在资产周转率和销售净利率)和财务政策(反映在资产负债率和收益留成率)的情况下,即认为当前经营效率和财务政策是处于良好的理想目标状态下,那么,限制资产增长的是所有者权益或股东权益的增长率。因此,可持续增长率也表现为所有者权益增长率或股东权益增长率。换句话说,可持续增长率应当是当前经营效率和财务政策决定的内在增长能力。违背可持续增长率的要求而快速发展,盲目扩张,最终会使企业陷入困境,导致企业财务危机。

20世纪80年代末,我国洛阳肉联厂最早生产出"春都"牌火腿肠。当时,他们将仅有的资金全部投向中央电视台。于是,"会跳舞的火腿肠"的广告使"春都"声名大振,年销售额飙升到10亿元以上。

创造奇迹以后,洛阳肉联厂开始大肆扩张,盲目投资,一口气兼并了十几家亏损企业,在医药、饮料、木材、制革、酒店、房地产领域全面出击。这种盲目的快速增长使企业的资源变得相当紧张,不久就造成现金周转困难,陷入财务困境。然而,"春都"的经营者无视这一危机,不采取及时正确的措施加以控制,而是反其道而行之:一方面以降低质量来求得降低成本,犯了市场竞争之大忌;另一方面听命于"算命大师",结果使洛阳肉联厂彻底垮掉。盲目扩张,忽视风险,不注重可持续发展,成功的企业也不免昙花一现。

市场经济是无情的。尽管企业的发展时快时慢,但从长期来看,总是受到可持续增长率的制约。树立可持续发展的观念,并不是说企业的增长不可以高于或低于可持续增长率。问题的关键在于,企业财务管理者必须事先预计并且能够加以解决或有效控制超过可持续增长率的扩张所导致的财务问题。盲目发展的结果肯定是自食其果,类似的案例已屡见不鲜,应引以为戒。

第五节　价值及其估计

公司理财与生产管理、技术管理等最大的不同点在于,其是通过价值进行管理的,从本质上讲是一种价值或资金管理活动。因此,价值及其衡量是进行各种财务管理活动的观念基础和方法。

一、相关的价值观念

价值是一个通俗但又有丰富内涵的概念。不同的管理者,由于决策对象和目的不同,往往对价值会做出不同的理解和解释。在公司理财中,除了应用到前面讲到的时间价值、风险价值外,还经常涉及如下几组价值概念。

(一)市场价值与内在价值

市场价值是指资产在市场上交易时的交换价格,即交换价值。在这里,直接用价格来表达价值,则市场价值表现为供求双方在交易时所达成的均衡价格。需要注意的是,市场价值是以公平的交易市场为前提的,如果没有一个公平的交易市场存在,就不可能有市场价值。在经济社会中,市场价值有两种表现形式:一是表现为购买方的买入价值;二是表现为卖出方的出售价值。在量上这两者是等值的,只是所站的角度和立场不同而已。我们通常又把前者称为成本价值,而把后者称为售出价值。

内在价值是指资产本身具有的价值。这种价值表现为资产所带来的未来现金流量的折现值,即未来现金流入量的现值。在价值量上,资产的内在价值与其市场价值经常是不相等的,市场价值会围绕着内在价值而发生波动。

市场价值与内在价值对财务管理的意义在于:在购买或投资(如购买债券或股票)时,只有资产的内在价值大于其购买价格(成本价值),这种资产才值得购买;在出售或处置资产时,只有出售价格大于其内在价值时,才能出售。

(二)续营价值与清算价值

续营价值与清算价值对财务管理的意义在于,如果一项资产或一个企业的续营价值等于或小于其清算价值,就说明持有该资产或该企业已经没有经济利益,这时候就应该出售该项资产或该企业。这就为我们进行继续持有或出售之类的经济决策提供了理论基础。

(三)历史价值与现时价值

历史价值和现时价值都是市场价值,但是两者的时点不同。历史价值是资产在过去的交易价格。现实价值是资产在现在的交易价值(购买价格或出售价格)。

历史价值和现时价值对会计和财务管理的意义是不同的。通常历史价值对会计计量更为重要,因为会计在对资产计价和记录时是以历史价值为基础进行的。现时价值对财务管理则更为重要,因为财务管理重视财务决策,这种决策是以现时价值为基础进行的。历史价值由于已经"事过境迁",与现时的管理决策已经无关,可以不予考虑。

(四)资产价值与公司价值

资产价值与公司价值的侧重点和含义不同。资产价值主要是针对单项资方而言的,是单项(或一组资产)资产的价值;而公司价值是针对企业整体而言,是指一个企业作为一个整体所拥有的价值,这种价值是以企业的盈利能力为基础的。在价值量上,公司价值通常会大于其所拥有的资产价值的简单合计数。

二、资产价值的估计方法

资产评估是对资产现行价值进行评定估算的一种专业活动。资产评估方法是实现评定估算资产价值的技术手段。它是在工程技术、统计、会计等学科的技术方法的基础上,结合自身特点形成的一整套方法体系。该体系由多种具体资产评估方法构成,这些方法按分析原理和技术路线不同可以归纳为三种基本类型,或称三种基本方法,即市场法、成本法和收益法。

(一)市场法

市场法是利用市场上同样或类似资产的近期交易价格,经过直接比较或类比分析以估测资产价值的各种技术方法的总称。

市场法是根据替代原则,采用比较和类比的思路及其方法判断资产价值的评估技术规程。因为任何一个正常的投资者在购置某项资产时,他所愿意支付的价格不会高于市场上具有相同用途的替代品的现行市价。运用市场法要求充分利用类似资产成交价格信息,并以此为基础判断和估测被评估资产的价值。运用已被市场检验了的结论来评估被估对象,显然是容易被资产业务各当事人接受的。因此,市场途径是资产评估中最为直接、最具说服力的评估途径之一。

市场法是资产评估中若干评估思路中的一种。通过市场法进行资产评估,需要满足两个最基本的前提条件:一是要有一个充分发育活跃的资产交易市场;二是参照物及其与被评估资产可比较的指标、技术参数等资料是可搜集到的。

一般来说,在市场上如能找到与被评估资产完全相同的参照物,就可以把参照物价格直接作为被评估资产的评估价值。更多的情况下获得的是相类似的参照物价格,需要进行价格调整。参照物差异调整因素主要包括三个方面:一是时间因素,即参照物交易时间与被评估资产评估基准日相差时间所影响的被评估资产价格的差异;二是地域因素,即资产所在地区或地段条件对资产价格的影响差异;三是功能因素,即资产实体功能过剩和不足对价格的影响。

运用市场法评估资产价值,要遵循下面的程序:明确评估对象;进行公开市场调查,收集相同或类似资产的市场基本信息资料,寻找参照物;分析整理资料并验证其准确性,判断选择参照物;把被评估资产与参照物比较;分析调整差异,做出结论。

市场法是资产评估中最简单、最有效的方法,它能够客观反映资产目前的市场情况,其评估的参数、指标直接从市场获得,评估值更能反映市场现实价格,评估结果易于被各方面理解和接受。但是市场法需要有公开活跃的市场作为基础,有时因缺少可对比数据而难以应用。这种方法不适用于专用机器设备、大部分的无形资产,以及受到地区、环境等严格限制的一些资产的评估。

(二)收益法

收益法是通过估测被评估资产未来预期收益的现值来判断资产价值的各种评估方法的总称。

采用收益法评估,基于效用价值论:收益决定资产的价值,收益越高,资产的价值越大。一个理智的投资者在购置或投资于某一资产时,他所愿意支付或投资的货币数额不会高于他所购置或投资的资产在未来能给他带来的回报。资产的收益通常表现为一定时期内的收益流,而收益有时间价值,因此为了估算资产的现时价值,需要把未来一定时期内的收益折算为现值,这就是资产的评估值。收益法服从资产评估中将利求本的思路,即采用资本化和折现的途径及其方法来判断和估算资产价值。它涉及三个基本要素:一是被评估资产的预期收益;二是折现率或资本化率;三是被评估资产取得预期收益的持续时间。因此,能否清晰地把握上述三要素,就成为能否运用收益法的基本前提。从这个意义上讲,应用收益法必须具备的前提条件是:第一,被评估资产的未来预期收益可以预测并可以用货币衡量;第二,资产拥有者获得预期收益所承担的风险也可以预测并可以用货币衡量;第三,被评估资产预期获利年限可以预测。

收益法能真实和较准确地反映企业本金化的价值,与投资决策相结合,易为买卖双方所接受。但是预期收益额预测难度较大,受较强的主观判断和未来不可预见因素的影响。这种方法在评估中适用范围较小,一般适用于企业整体资产和可预测未来收益的单项资产评估。

(三)成本法

成本法是指首先估测被评估资产的重置成本,然后估测被评估资产业已存在的各种贬损因素,并将其从重置成本中予以扣除而得到被评估资产价值的各种评估方法的总称。

成本途径始终贯穿着一个重建或重置被评估资产的思路。在条件允许的情况下,任何一个潜在的投资者在决定投资某项资产时,他所愿意支付的价格不会超过购建该项资产的现行购建成本。如果投资对象并非全新,投资者所愿支付的价格会在投资对象全新的购建成本的基础上扣除资产的实体有形损耗;如果被评估资产存在功能和技术落后,投资者所愿支付的价格会在投资对象全新的购建成本的基础上扣除资产的功能性贬值;如果被评估资产及其产品面临市场困难和外力影响,投资者所愿支付的价格会在投资对象全新的购建成本的基础上扣除资产的经济性贬损因素。

成本途径作为一条独立的评估思路,它是从再取得资产的角度来反映资产的交换价值的,即通过资产的重置成本反映资产的交换价值。只有当被评估资产处于继续使用状态时,再取得被评估资产的全部费用才能构成其交换价值的内容。只有当资产能够继续使用并且在持续使用中为潜在所有者和控制者带来经济利益时,资产的重置成本才能为潜在投资者和市场所承认和接受。从这个意义上讲,成本途径主要适用于继续使用前提下的资产评估。同时,采用成本法评估,还应当具备可利用的历史资料,形成资产价值的耗费也是必须的。

成本途径的运用涉及四个基本要素,即资产的重置成本、资产的有形损耗、资产的功能性陈旧贬值和资产的经济性陈旧贬值。

资产的价值取决于资产的成本。资产的原始成本越高,则资产的原始价值越大;反之亦然。二者在质和量的内涵上是一致的。采用成本法对资产进行评估,必须首先确定资产的重置成本。重置成本是按在现行市场条件下重新购建一项全新资产所支付的全部货币总额。重置成本与原始成本的内容构成是相同的,而二者反映的物价水平是不相同的,前者反映的是资产评估日期的市场物价水平,后者反映的是当初购建资产时的物价水平。在其他条件既定时,资产的重置成本越高,其重置价值越大。

资产的价值也是一个变量,随资产本身的运动和其他因素的变化而相应变化:资产投入使用后,由于使用磨损和自然力的作用,其物理性能会不断下降,价值会逐渐减少,发生实体性贬值;新技术的推广和运用,使用企业原有资产与社会上普遍推广和运用的资产相比较,在技术上明显落后,性能降低,其价值也就相应减少,发生功能性贬值;由于资产以外的外部环境因素变化,引致资产价值降低。这些因素包括政治因素、宏观政策因素等,发生经济性贬值。

运用成本法评估资产时,首先确定被评估资产,并估算重置成本,其次确定被评估资产的使用年限,再次估算被评估资产的损耗或贬值,最后计算确定被评估资产的价值。

成本法比较充分地考虑了资产的损耗,评估结果更趋于公平合理,有利于单项资产和特定用途资产的评估,有利于企业资产保值,在不易计算资产未来收益或难以取得市场参照物的条件下可广泛地应用。但是采用成本法评估,工作量较大,同时这种方法是以历史资料为依据确定目前价值,因此必须充分分析这种假设的可行性。另外经济贬值也不易全面准确计算。

三、公司价值的评估方法

公司价值或企业价值的评估与资产价值评估不同。资产价值评估的对象是某项具体存在的资产,其主体明确,因此可以采用相同或类似资产的市场交易价格、重置成本或者未来现金流入量的现值来进行推算。而公司价值是一个经济主体的价值，作为一个经济主体，公司不仅包括有各种资产、员工等生产要素，还包括其商誉和各种社会资本。公司会计报表反映的资产价值，都是单向资产的价值。资产负债表的"资产合计"是单向资产价值的合计，而不是企业作为整体的价值。

企业整体价值的大小，在理论上主要决定于它可以为投资人带来的现金流量的多少。这些现金流量是企业各种生产要素（人、财、物等）联合运用的结果，而不是资产分布出售获得的现金流量。也因此，公司价值的评估主要是以现金流量为基础的。

(一)现金流量折现模型

现金流量折现模型是企业价值评估中使用最广泛，理论上也最严谨的一种方法。该方法的基本思想是企业的内在价值就是其未来现金净流入量的现值。按照这种思想，企业经营中产生的现金净流入量越大、时间越早，其价值就越大。具体计算公式如下：

$$公司价值 = \sum_{t=1}^{n} \frac{现金流量_t}{(1 + 资本成本)^t}$$

该模型有三个参数：现金流量、资本成本和时间序列(n)。其中，"现金流量"是指现金净流入量，主要有三个计算口径：股利现金流量、股权现金流量和实体现金流量。"资本成本"是计算现值使用的贴现率；时间序列(n)表示现金流量产生的时间。

(二)相对价值评估模型

相对价值评估模型又称为价格乘数法或可比交易价值法。该方法是以类似企业的市场价值为基础来推算目标企业价值的一种方法。其基本做法是，首先寻找一个影响企业价值的关键变量，其次，确定一组可以比较的类似企业，计算可比企业的市价/关键变量的均值，最后，根据目标企业的关键变量乘以得到的平均值，计算目标企业的价值。

相对价值评估模型在实际使用时分为两类：一类是以股票市价为基础的方法；另一类是以企业实体价值为基础的方法。以股票市价为基础的方法为例，其计算公式如下：

$$目标企业每股价值 = 可比企业市盈率 \times 目标企业每股收益$$

模型中，"可比企业市盈率"是一组可比企业的平均市盈率。"目标企业每股收益"是评估期的目标企业的每股收益。

📦 **思考题**

1.什么是货币的时间价值？如何理解这一概念？

2.什么是复利？单利与复利有什么区别？

3.什么是年金？如何计算年金的现值与终值？

4.什么是风险收益？如何理解风险与收益之间的关系？

5.什么是机会成本？如何理解机会成本在财务决策中的作用？

6.什么是财务的可持续发展？这一概念有何意义？

7.什么是资产的市场价值、内在价值、续营价值、清算价值？

8.资产价值与公司价值有什么区别和联系？

9.如何对资产的价值和公司的价值进行估计？

⬥ **练习题**

1.完成下列计算：

(1)将 10 000 元现金存入银行,若利率为 12%,每年复利一次,5 年后的复利终值是多少？

(2)将 10 000 元现金存入银行,若利率为 12%,每 3 个月复利一次,5 年后的复利终值是多少？

(3)年利率 12%,每年复利一次,10 年后的 10 000 元其复利现值是多少？

(4)年利率 12%,每半年复利一次,10 年后的 10 000 元其复利现值是多少？

(5)年利率 12%,每半年复利一次,其实际利率是多少？

(6)年利率 12%,若每季度复利一次,其实际利率是多少？

(7)现金 10 000 元存入银行,经过 2 年后其复利终值为 12 000 元,其年利率是多少？

(8)若要使复利终值经过 4 年后变为本金的 3 倍,每半年复利一次,则其年利率应为多少？

2.某公司拟租赁一间厂房,期限是 10 年,假设年利率是 10%,出租方提出以下几种付款方案：

(1)立即付全部款项共计 20 万元；

(2)从第 4 年开始每年年初付款 4 万元,至第 10 年年初结束；

(3)第 1 到 8 年每年年末支付 3 万元,第 9 年年末支付 4 万元,第 10 年年末支付 5 万元。

要求:通过计算回答该公司应选择哪一种付款方案比较合算？

3.A、B 两家公司同时于 2017 年 1 月 1 日发行面值为 100 元、票面利率为 10% 的 5 年期债券。A 公司债券规定利随本清,不计复利;B 公司债券规定每年 12 月底付息,到期还本。

要求:(1)若 2019 年 1 月 1 日市场利率 12%,A 债券市价为 105 元,问 A 债券是否被市场高估？

（2）若 2019 年 1 月 1 日市场利率 12%，B 债券市价为 105 元，问该资本市场是否完全有效？

（3）若甲公司 2020 年 1 月 1 日能以 122 元购入 A 公司债券，计算到期收益率；

（4）若甲公司 2020 年 1 月 1 日能以 102 元购入 B 公司债券，计算到期收益率；

（5）若甲公司 2019 年 4 月 1 日购入 B 公司债券，必要收益率为 12%，则 B 公司债券价值为多少？

第三章　**公司理财的经济环境**

💡 学习目的

　　本章主要介绍公司理财所依存的微观和宏观的经济环境,其中尤其是宏观经济环境。这些环境因素主要有金融市场、利率、税收政策等。通过学习,需要了解这些环境因素的基本内容及其对公司理财的影响程度及影响方式。

第一节　金融市场

　　人类社会的实践活动总是在一定的环境条件下进行的,企业财务活动自然也不例外。善于分析和研究环境,是成功理财的前提和基础。

　　一般来讲,环境是指被研究系统之外的且对被研究系统有影响作用的一切要素的总和。企业财务活动所面临的局势、氛围和条件,就是企业理财的环境。换言之,企业理财环境是非财务事件制约企业实现理财目标的客观条件。它是企业财务系统之外的但与财务系统有着直接、间接联系的各种因素的总和。

　　影响企业财务活动的环境因素固然来自诸多方面。然而,对企业财务活动起决定性作用的,还是经济环境。经济体制、经济发展水平、经济周期、经济增长及税收政策等都是企业财务活动的主要外部经济环境因素。此外,还有通货膨胀、产业及行业特征等诸多具体经济因素。本章主要讨论公司理财的诸多外部经济环境因素中最为直接和最为特殊的几个方面,即金融市场、利率水平、有效市场假说与信息对称性理论及税收体系。

　　融资与投资是现代企业财务活动的核心内容,而它们都离不开金融市场。金融市场不仅为企业融资提供了渠道和手段,同时也是企业投资的重要场所。金融市场的发达程度、金融机构的组织体制及运作方式、金融工具的丰富程度、金融市场参与者对报酬率的要求等,都会对一定时空条件下公司理财产生重大的影响。

一、金融市场的构成要素

金融市场是市场经济的一个重要组成部分,它是与商品市场、劳务市场和技术市场并列的一种市场。金融市场是指资金供给者和资金需求者双方通过信用工具进行交易而融通资金的市场。它包括通过各类金融机构及个人所实现的货币资金借贷活动,既有对各种货币进行的交易,也有对各种有价证券进行的交易,但是,无论是哪种交易,其交易对象都是资金。在金融市场,资金是被作为一种"特殊商品"来交易的。金融市场可以是有形市场,如银行、证券交易所等;也可以是无形市场,即通过现代通信网络进行交易。

任何市场都要有其基本构成要素。金融市场的基本构成要素有以下五个方面,即交易对象、交易主体、交易工具、交易价格和组织方式。

(一)金融市场的交易对象

金融市场的交易对象是指金融市场参与者进行交易的标的物,是市场的客体。在金融市场上,作为交易对象的就是货币资金。资金需求者希望通过金融市场筹集资金,而资金供给者则希望通过金融市场的投资来获得投资收益。无论是银行的存贷款,还是证券市场上的证券买卖,实际上都是货币资金的转移。然而,金融交易与商品买卖不同,它在大多数情况只是发生货币资金使用权的转移,而商品交易则表现为商品所有权和使用权的同时转移。

(二)金融市场的交易主体

金融市场的交易主体是指在金融市场上进行金融交易的市场参与者,包括个人、企业、金融机构、政府等。金融市场主体可以分为筹资者、投资者、中介机构和监管机构。筹资者一般是企业,其主要目的是通过金融市场筹集生产经营所需资金,如利用向银行借款、发行公司债券、发行股票等方式筹集资金。投资者可以是企业及其他单位,也可以是个人,其主要目的是将闲置的资金使用权转让给资金需求者,以获得一定利息或红利收益。中介机构是为金融交易双方提供中介服务的机构,其主要目的是通过提供中介服务收取服务费,如证券公司等。金融市场的监管机构通常是政府机构,如中央银行、证监会等,它保证金融市场正常运行,依法对金融市场的参与者进行监督,并通过有关法律手段、经济手段或者行政手段对金融市场进行宏观调节,稳定金融市场秩序。

(三)金融市场的交易工具

金融市场的交易工具即金融工具,是指在金融市场上资金供需双方进行交易时所使用的信用工具。有了金融工具,资金交易双方的融通资金活动就更加方便和快捷,同时,金融工具作为合法的信用凭证,使交易双方的债权债务关系或者产权关系更加清晰,并能得到法律的保护。金融市场上的金融工具多种多样,主要包括各种商业票据、信用证、可转让定期存单、股票、债券、期货合约、期权合约等。在金融市场上,资金供需双方就是通过各种金融工具来实现资金融通的。筹资者可以利用金融工具筹集到所需资金,投资者也可以通过购买这些金融工具进行投资活动。

(四)金融市场的交易价格

金融市场的交易价格一般表现为利率。金融市场的利率主要有中央银行再贴现率、商业银行存贷款利率、同业拆借利率以及国家公债利率等。其中,中央银行再贴现率是基准利率,反映国家的货币政策和市场资金供求状况。商业银行存贷款利率则反映企业资金供求状况。同业拆借利率是金融机构之间的短期借贷利率,反映各金融机构的资金状况,是货币市场上的代表性利率。而政府公债利率则是一种代表性的长期利率。证券市场的交易价格虽不是利率,而是表现为证券价格,但通常证券价格与利率有着密切的关系,即利率上升,证券价格下跌;反之,利率下降,证券价格上升。

(五)金融市场的组织方式

金融市场的组织方式是指金融市场上资金供需双方采取的交易形式,主要包括交易所方式、柜台交易方式和中介方式等。交易所方式是在特定的交易所内由买卖双方通过公开竞价进行金融交易活动的一种交易方式,如证券交易所等。柜台交易方式是在金融机构的柜台上进行金融交易活动的一种交易方式。中介方式是通过中介人,如经纪人等,进行的一种交易方式。

二、金融市场的分类

金融市场可以按照不同的标准进行分类。

(一)按金融市场的交易对象分类

按照金融市场的交易对象不同,可以将金融市场分为资金市场、外汇市场和黄金市场等。

资金市场是指进行借贷资金的市场,包括交易期限在 1 年以内的货币市场和交易期限在 1 年以上的资本市场。

外汇市场是金融市场中交易量最大的市场,它是设置在各国主要金融中心,由外汇供需双方及外汇交易的中介机构组成的进行外汇买卖的交易场所或交易网络。目前,世界上主要的外汇市场有伦敦、纽约、东京、苏黎世、新加坡、香港、法兰克福等著名的国际金融中心。

黄金市场是专门经营黄金买卖的金融市场。黄金作为世界货币,成为人们投资和资金融通的重要媒介之一,也是各国国际储备的一个重要组成部分。黄金市场交易有现货交易和期货交易两种。其市场参与者主要有各国的官方机构、金融机构、经纪商、企业和私人等。目前,世界上著名的黄金市场有伦敦、苏黎世、纽约、芝加哥和香港。

（二）按融资期限分类

按照融资期限的长短不同,可以将金融市场分为货币市场和资本市场。

货币市场是指交易期限在 1 年以内的短期金融市场。货币市场主要包括短期存贷款市场、银行同业拆借市场、商业票据市场、可转让定期存单市场、贴现市场、短期债券市场等。在货币市场上进行交易的主要是短期金融工具,最短的可能只有 1 天,长的可能是几个月,但最长不超过 1 年时间。

资本市场是指交易期限在 1 年以上的长期金融市场。资本市场主要包括长期存贷款市场、长期债券市场、股票市场等。在资本市场上进行交易的主要是长期金融工具,其期限都在 1 年以上。

（三）按地理区域分类

按照地理区域不同,可以将金融市场分为国内金融市场和国际金融市场两种。

国内金融市场是指金融交易活动的范围以一国为限,不涉及其他国家,只限于本国居民或企业参与的金融市场。如我国的上海证券交易所、深圳证券交易所等。

国际金融市场是指金融交易活动范围超越国界的金融市场,其范围可以是整个世界,也可以是某一个地区。如伦敦金融市场、纽约金融市场等。

（四）按证券发行或交易的程序分类

按照证券发行或交易的程序进行分类:可以将金融市场分为一级市场和二级市场。一级市场,也称发行市场,是指发行证券的市场;二级市场,也称交易市场,是指进行证券买卖和转让的交易市场。

金融市场的分类如图 3-1 所示。

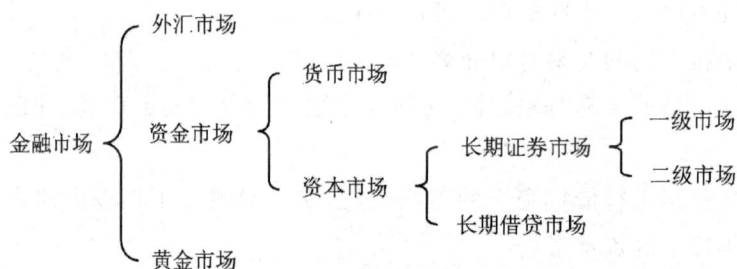

图 3-1　金融市场分类图

金融市场还有其他一些分类方法,如按交割时间不同,分为现货市场和期货市场等,这里就不再详细介绍。

三、金融市场的功能

金融市场是市场经济体系的一个重要组成部分,如果没有金融市场,市场经济就不能称其为一个完整的市场经济体系。无论是对于政府进行宏观经济调节,还是企业进行融通资金活动,金融市场都发挥着重要的功能。一般来说,金融市场的功能主要表现在以下几方面:

(一)融通资金的功能

金融市场是进行资金融通的场所,其主要功能就是将资金供给者的剩余资金的使用权有偿地转让给资金需求者。金融市场上存在着多种金融工具,为资金需求者筹集资金提供了多种选择,也为资金供给者提供了多种投资的渠道。资金供需双方通过金融市场上各种金融工具的买卖交易,实现了资金的流通转让。可以说,通过金融市场上的金融交易,资金供需双方各得其所,从而充分地利用了社会闲置资金,提高了资金利用效率,有利于社会经济的发展。

(二)优化资源配置的功能

金融市场为资金的自由流动提供了一个最有效的场所,它通过金融市场的利率机制来调节资金的流量、流向和流速,使资金在各个部门企业等重新组合,优化配置。资金是社会再生产过程中物资价值的货币表现,它代表着社会经济资源。资金即资本,资本具有增殖的属性,总是追求更高的利润,从利润率低的行业流向利润率高的行业,从经济效益差的企业流向经济效益好的企业,从而实现经济资源的优化配置。

(三)分散和转移投资风险的功能

金融市场既是一个筹资场所,也是一个投资场所。金融市场通过期货交易、期权交易等交易方式,为投资者转移和防范风险提供了可能。在金融市场上有各种各样的金融工具可供投资选择,投资者可以将资金分散投资于各种证券,形成科学的投资组合,从而分散投资风险。

(四)信号传递的功能

金融市场不仅是一个资金融通场所,同时,它也具有传递经济信号的功能。人们常将金融市场比作国民经济的"晴雨表",通过金融市场,可以了解国家的经济状况和经济前景。金融市场是一个信息传播迅速的市场,企业的经营状况、财务状况、国家经济政策的变化、国际政治经济形势的变动,都可以反映在金融市场上。在经济全球化的情况下,世界金融市场已经连为一体,各种信息通过现代化的通信网络可以迅速传遍世界各地,并会及时反映在金融市场上。

四、金融工具

(一)金融工具的性质

金融工具是在金融市场上资金供需双方进行金融交易时所使用的信用工具,是在金融市场中资金转移所产生的信用凭证和投资证券,是以书面形式发行和流通借以保证债权人权利和债务人义务的凭证。它作为金融市场的基本构成要素,能够证明金融交易的金额、期限、价格等。

从金融市场交易的角度来看,金融工具是金融市场上进行交易的主要对象,也是交易的工具。但是,从投资者的角度来看,金融工具则是他们的资产,即金融资产。它的实质是一种索偿权(要求权),即提供资金一方对于接受资金一方的未来收入和资产的一种"要求权"。

货币是最明显的金融资产。除此之外,金融资产还包括债务证券、权益证券和信用凭证。债务证券包括政府债券、公司债券以及由商业银行发行的可流通存单。权益证券即为普通股股票和优先股股票。信用凭证如储蓄者将货币存入金融机构取得的存款凭证,该凭证代表储户对接受存款的金融机构的一种"要求权"。债务证券和权益证券是企业所拥有的金融资产,在公司的资产负债表上,表现为负债及股东权益部分。

(二)金融工具的特征

无论哪种金融工具,它们都具有共同的基本属性,即流动性、风险性、收益性和期限性。

1.流动性

流动性亦即变现性,是指金融工具能够在短期内迅速地、不受重大损失地转变为现金的能力。金融工具的流动性对于资金供需双方都是非常重要的,对于金融工具的持有人来说,流动性强的金融工具相当于现金,在持有人需求变现时,能够很容易转变为现金。通常,流动性强的金融工具应具备两个条件:(1)变现迅速,容易为投资者所接受,并且交易费用较低。一般来说,偿还期限越短,交易费用越低的金融工具,其流动性就越强。(2)金融工具的市场价值较稳定。金融工具的市场价值波动小,才能保证金融工具在变现时,不受重大损失。如果金融工具的市场价格波动很大,在价格较低时,虽然也能够变现,但是,持有人往往是在不情愿的情况下出售的。这样的金融工具不能算是流动性强。

2.风险性

风险性是指购买金融工具的本金遭受损失的可能性。在金融市场上风险与机会并存,几乎所有的金融工具都具有不同程度的风险。购买金融工具的风险主要表现在两方面:信用风险和市场风险。信用风险是指证券的发行人由于经营状况恶化、破产等原因而导致购买金融工具的本金不能得到偿还的风险。市场风险是指由于金融工具的市场价格波动可能给投资者造成经济损失的风险。

3.收益性

收益性是指金融工具能给它的持有者带来收益的特征,一般以收益率表示,即持有金融工具所得收益与投入本金的比率。因证券的种类不同,金融工具的收益性也有较大差异。一般来说,金融工具的收益性与其风险性具有一定的关系:风险大的金融工具,往往收益也高;风险低的金融工具,往往收益也低。如股票的风险通常比债券大,但其收益也大于债券。

4.期限性

理论上,各种金融工具都是有期限的。偿还期限是指证券发行人偿还本金的时间。各种金融工具的期限特征不尽相同,特殊情形有二:零期限和无穷期限。前者如活期存款,后者如股票。通常债券都有明确的偿还期限,股票则无偿还期,收回本金只能是通过金融市场转让。偿还期限短的金融工具,一般其风险较小。

(三)金融工具的种类

金融工具可以从不同的角度以不同的标志进行分类。

1.按发行者的性质划分,金融工具可分为直接金融工具和间接金融工具。直接金融工具是指最终贷款人与最终借款人之间直接进行融资活动所使用的金融工具,如商业票据、政府公债、公司债券、公司股票等。间接金融工具是指金融机构在最终贷款人与最终借款人之间充当媒介进行间接融资活动所使用的金融工具,如银行承兑汇票、银行债券、人寿保险等。

2.按金融工具的期限划分,金融工具可分为长期金融工具和短期金融工具两类。长期金融工具亦即资本市场金融工具,期限在 1 年以上,主要有股票、公司债券、中长期政府公债等。短期金融工具亦即货币市场金融工具,主要有商业票据、短期政府公债、银行承兑汇票、可转让大额定期存单等。

3.按照投资者是否掌握所投入资本的所有权划分,金融工具又可分为所有权凭证和债务凭证。前者仅股票一种,股票投资者拥有被投资公司的所有权,在股东大会上享有表决权。其他金融工具都属于债务凭证,表明投资者取得了债权,并有权据以到期索取本金和利息,但在正常情况下无权干预发行者的经营管理和决策。

五、金融机构

金融机构即为发行间接金融工具以及在金融市场中推进资金融通的经济实体。金融市场上融通资金有直接融资和间接融资两种。直接融资是指资金供需双方直接进行金融交易活动,不需要通过金融机构做中介,如股份公司在证券市场上发行股票筹资。间接融资是指资金供需双方要通过金融机构作为媒介进行金融交易活动,如银行存贷款。所以,金融机构在金融市场上起着非常重要的作用。金融机构通常可以分为银行金融机构和非银行金融机构。

(一)银行金融机构

银行在金融市场上发挥着重要的作用,在证券市场不发达的国家,银行的作用尤为明显。银行按其职能不同可以分为三类:中央银行、商业银行和专业银行。

1.中央银行

中央银行是代表政府管理金融活动的机构,其主要职能是制定和执行国家的金融政策,发行货币,对其他银行和非银行金融机构进行监督管理等。一般来说,中央银行并不参与具体金融交易活动。我国的中央银行就是中国人民银行。

2.商业银行

在金融市场中,商业银行占有非常重要的地位。在证券市场不发达的国家,商业银行是金融市场上的主要参与者,社会的闲置资金基本上都要存入商业银行,企业的大部分借款也是来自商业银行。各国的商业银行都经营存贷款业务,为客户提供金融服务,办理非现金结算。随着市场经济的发展,商业银行经营的业务范围越来越大。商业银行是金融企业,它在办理各种业务时,都要考虑到企业自身的收益和风险。所以,商业银行无论是在给客户提供贷款,还是进行证券投资时,都要在资产的流动性、风险性和收益性之间进行权衡,尽可能防范风险,增加收益。我国主要的商业银行有中国工商银行、中国农业银行、中国建设银行、中国银行等。

3.专业银行

专业银行是指经营指定范围的金融业务和提供专门性的金融服务的银行。商业银行通常都是综合性的银行,而专业银行的业务范围是有具体限制的。专业银行主要有开发银行、储蓄银行等。开发银行主要是通过长期资金融通以促进经济发展或者支持某项事业发展的专业银行,如世界银行、亚洲开发银行等。开发银行通常不以营利为目的,所提供的长期贷款的利息一般比商业银行低。储蓄银行的主要业务是吸收中小储户的存款。

(二)非银行金融机构

非银行金融机构也是金融市场上的重要参与者。这类金融机构主要包括以下几大类:

1.保险公司

保险公司是将投保者的资金集中起来,当被保险者发生保险条款所列事项时进行赔偿的金融机构。保险公司从投保者那里集中了大量的资金,可以用于各种投资活动,如购买政府债券、购买投资基金等。

2.证券公司

证券公司是从事证券发行和交易的金融机构。在证券市场较发达的国家,证券公司在金融市场中发挥着重要的作用。证券公司通常都有投资银行的功能,代理上市公司发行证券,并从事证券交易活动。

3.共同基金

也称投资基金,它是一种进行集合投资的金融机构,通常由基金发起人发行基金证券汇集一定数量的资金,委托由投资专家组成的专门投资机构进行各种分散的投资组合,投资者按出资的比例分享投资收益,并共同承担投资风险。

4.养老基金

养老基金类似于共同基金,它是将职工用于养老的资金汇集起来,由专门的金融机构进行合理的投资组合,以增加该项基金的收益。养老基金在西方国家很盛行,目前在我国还没有成熟的养老基金组织。

第二节　利率

金融市场交易虽千姿百态,但其实质无非都是货币资金这一特殊商品的交易或融通。资金融通是以利息率为价格标准的。筹资者为了获取资金,必须给资金的供应者提供不低于其资金机会成本的收益率,利息率(简称利率)是资金价格的一般表现形态。所以,利息具有双重性质:从资金需求方来讲,利息是借入资金而支付的成本(费用);从资金供应方来看,利息是借出资金而应得的收益。

利率有年利率、月利率和日利率之分。年利率是指按年计息的利率,一般按本金的百分之几表示;月利率是按月计息的,一般为本金的千分之几;日利率同理。利息通常以年利率计算。例如,你借入 1 000 元(本金),并且同意 1 年期满返还 1 100 元(本金加利息),那么你使用这笔资金所需支付的利率是年利率10％。

一、利率的种类

(一)按照利率的基本确定方式,可将其分为基准利率和套算利率

所谓基准利率,亦称基本利率,是指在多种利率并存的条件下起决定作用的利率。基准利率变动,其他利率也相应变动。在西方,基准利率通常是中央银行的再贴现率;在中国,它是指中国人民银行(中央银行)对商业银行贷款的利率。套算利率则是指各金融机构根据基准利率和借贷款项的特点而换算出的利率。换算的主要依据是企业的资信等级,如 AAA 级和 AA 级,各级之间的利率差介于 0.25％～1％。

(二)按利率是否包含通货膨胀因素,利率可分为名义利率和实际利率

名义利率是以名义货币表示的利息与本金之比;实际利率是以货币能够交换到

的商品或劳务表示的利息与本金之比,亦即在物价不变从而货币购买力不变情况下的利率。名义利率包含了通货膨胀的影响,而实际利率则剔除了通货膨胀的影响。在通货膨胀条件下,实际利率等于名义利率与通货膨胀率之差。市场上表现出来的各种利率只能是名义利率,而实际利率却不可直接观察到,只能利用它与名义利率及通货膨胀率之间的关系进行推测。例如,当名义利率为10％,通货膨胀率为3％时,则实际利率为7％。如果通货膨胀率高于名义利率,则实际利率就成为负数,称为负利率。

(三)根据利率变动与市场的关系,利率又可分为市场利率与官定利率

市场利率是指在金融市场上由资金的供求双方通过竞争而形成的利率,随资金市场供求状况变动而变化。官定利率是指一国政府通过中央银行而确定的利息率,它是由政府根据货币政策的需要和市场利率的变动趋势加以确定的。官定利率的确定体现了政府调节经济的意向。西方发达国家一般以市场利率为主,同时也有官定利率,但两者一般不会显著背离。我国金融市场利率目前仍以官定利率为主,市场利率为辅。

(四)按借贷期内是否做调整,利率可分为固定利率和浮动利率

固定利率是指利率在借贷期内不随金融市场资金供求状况变化而波动,而是保持固定不变。浮动利率是指利率在借贷期内随市场利率变化而做定期调整。调整期限和调整所依据的市场利率的选择,由借贷双方在借贷关系发生时议定。固定利率的好处是简便易行,其缺点是当借款期限较长或市场利率变化较快时,借款人或贷款人会承受利率变动的风险。采用浮动利率的好处在于借贷双方承担的利率变化风险较小,但其缺点是利率确定和利息计算比较困难。

(五)按银行等金融机构存款与贷款业务划分,利率还可分为存款利率和贷款利率

存款利率是存款的利息与存款金额之比。贷款利率是贷款的利息与贷款金额之比。存款利率比较统一明了,但因多受政府管理当局限制,难以灵活反映资金供求状况。各银行对不同企业采取的贷款利率会不尽相同。贷款利率能较好地反映资金市场供求状况。

二、利率的决定因素

一般而言,资金的利率是由三个部分构成的,即纯利率、通货膨胀补偿和风险报酬。

其中,风险报酬又包含三个具体内容,即违约风险报酬、期限风险报酬和流动性风险报酬。这样,利率构成的一般公式即可表达为:

$$k = k^* + IRP + DRP + MP + LP$$

式中:k——固定收入证券的名义利率;

k^*——实际无风险利率,亦即在零通货膨胀经济环境中,代表投资者对无风险的固定收入证券所要求的报酬率,一般以长期政府公债利率为代表;

IRP——通货膨胀补偿;

DRP——违约风险报酬;

MP——期限风险报酬;

LP——流动性风险报酬。

实际无风险利率或曰纯利率,是指没有风险和没有通货膨胀情况下的均衡点利率。影响纯利率的基本因素是资金的供求关系。因此,纯利率也并非固定不变的,而是会随资金供求的变化而不断变化的。

在存在通货膨胀的情况下,由于通货膨胀会使货币的实际购买力受损。因此,货币资金的供应者在通货膨胀条件下就必须要求提高利率水平,以补偿其货币购买力损失。所以,无风险证券的利率,需在纯利率之外加上通货膨胀贴水。

必须指出的是,计入利率的通货膨胀率并不是过去实际的通货膨胀水平,而是对未来通货膨胀水平的预期值。因此,如果需要预期两年或两年以上的通货膨胀率,则应该取其平均值,即用各年通货膨胀率预期值之和除以年数,来计算平均的通货膨胀率预期值。

事实上,利率的变化往往并不严格地与通货膨胀率的变化同步,而是滞后于通货膨胀率的变化。另外,对通货膨胀的考虑,也未必总是按照上述方式具体计算。但是,利率随着通货膨胀率的上升而上升则确为一种规律性的现象。

在利率确定过程中,除了需要考虑通货膨胀因素之外,同样也需要考虑风险因素,即违约风险、流动性风险及期限风险。

违约风险是指贷款人无法按时支付利息或偿还本金而给投资者带来的风险。为了弥补违约风险,就必须提高利息率,否则,投资人就不愿投资,借款人也就无法获得资金。通常,政府债券被视为无违约风险的证券,故其利率较低。企业债务的违约风险则取决于由债券发行主体和发行条件决定的债券信用等级。信用等级越高,表明违约风险越低,从而利率也越低。在期限和流动性等因素相同的情况下,各信用等级债券的利率与国家公债利率之间的差额,即可视为违约风险报酬率。

流动性风险是指证券资产的变现能力强弱所产生的风险。政府债券及信用良好的大公司发行的证券,如果业已上市交易,则通常会具有较强的变现能力,故流动性风险较小。而一些不知名的且信用能力较弱的企业发行的证券,或未能上市交易的证券,则较难变现,故流动性风险较大。根据经验,流动性风险差异导致的利率差约为1～2个百分点,这就是流动性风险报酬率。

期限风险是指由于与更长期限相应的更多的不确定性而导致的风险。为弥补债权人承担的这种风险而增加的利率,就叫作期限风险报酬率。在现象上,它就表现为长期利率超过短期利率的差异。

三、利率的期限结构

债务证券的收益率与债券到期期限之间的关系称为利率的期限结构,亦即短期利率与长期利率之间的关系结构。图 3-2 显示了一个利率期限结构的例子。该收益曲线为上倾趋势,说明债务的期限越长,投资者要求的收益也越高。在图 3-3 中假设的利率期限结构中,5 年期债券的利率为 11.5%,而 20 年期债券的利率为 13%。

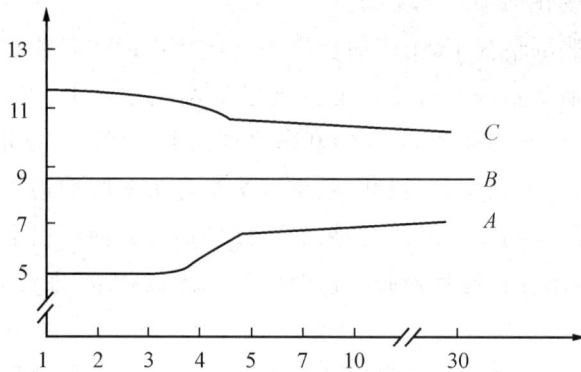

图 3-2　收益率与期限的关系

在坐标图上,如果以横轴表示借贷期限,以纵轴表示利率,那么,利率与期限之间的关系有三种可能的状况,如图 3-3 所示。

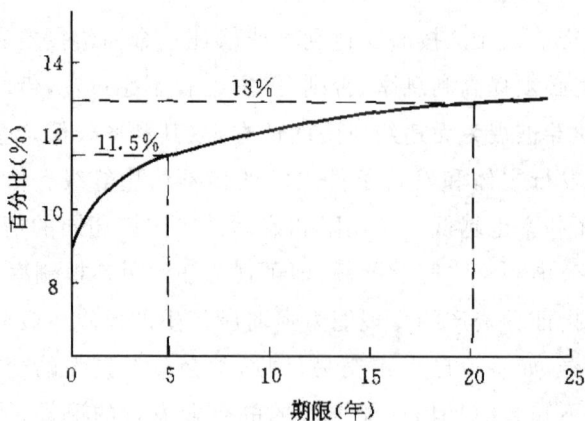

图 3-3　利率的期限结构

如果市场预期未来的利率趋于上升,则长期利率高于短期利率,利率曲线趋于上升,如曲线 A;如果市场预期未来的利率稳定不变,则长期利率等于短期利率,利率曲线水平于横轴,如曲线 B;如果市场预期未来的利率趋于下降,则长期利率低于短期利率,利率曲线趋于下降,如曲线 C。通常来讲,随借贷期限延长趋于上升的利率曲线 A 最为典型。它表明,随着期限的延长,风险和不确定性会增加,因此,资金出借人对利率的要求会相应提高。

到目前为止,出现了不少解释利率期限结构形状的理论。其中有三种理论的解释比较流行:无偏预期理论、流动贴水理论和市场细分理论。

无偏预期理论认为,利率的期限结构是由投资者对未来利率的预期决定的。短期利率与长期利率存在差别的主要原因在于对未来利率水平的预期。如果预期的未来利率趋于上升,那么利率曲线就趋于上升;如果预期的未来利率趋于下降,那么利率曲线就趋于下降。长期利率应等于现时的短期利率与未来的短期利率的平均值。因此,如果预期未来短期利率将要上升,则作为现时和未来短期利率平均数的长期利率也会上升,从而出现长期利率高于短期利率的差异;反之,就会出现长期利率低于短期利率的现象。

流动贴水理论认为,对未来的利率不可能完全预期。利率期限越长,利率变动的可能性越大,利率风险也就越大。长期利率之所以高于短期利率,既是因为对风险的补贴,也是因为对投资者放弃流动性的补贴。补偿未来利率变化风险的溢价,就是资金利率期限风险报酬(MP)。期限风险这一概念是构成利率期限结构流动贴水理论的基础。因此,正常情况下利率曲线应是趋于上升的。只有当未来预期的利率的降幅超过因期限增加和风险增加而支付的贴水时,利率曲线才会趋于下降。

市场细分理论是建立在法律和个人偏好限制了投资者选择证券期限的观念上的,其认为无论投资者或借款者都有明确且强烈的期限偏好和期限需求,他们不会因为不同期限的收益差别而放弃或改变他们的需求期限范围。例如,商业银行由于其存款负债的短期性,因此喜欢投资期限较短或期限中等的证券;而人寿保险公司负债期限比较长,因此喜欢投资期限较长的证券。这样,不同的期限需求便形成了若干资金供求条件不同的市场。每个市场中的利率由各自市场上的资金供求状况决定。各种利率都具有相对的独立性。长期利率只取决于长期资金的供给;类似地,短期利率也只取决于短期资金的供给。所以,利率的期限结构不仅由特定到期日证券的需求和供给决定,而且还独立于不同到期日证券的需求和供给。市场细分理论表明投资者有强烈的期限偏好和约束,但一旦出现重大收益刺激,投资者也会改变其情感和投资期限偏好。

必须指出,利率的期限结构因环境因素的不同而变化。今天观察到的利率期限结构可能与 1 个月前的情形大为不同,也同样会与 1 个月后的可能情形有很大差异。

第三节　有效市场假说与信息对称性理论

在涉及许多财务决策的模型中,包含着资本市场效率问题。有效市场理论被称为公平博弈理论,它是值得投资者重视、需要管理者关注的重要财务理论之一。当企业管理者比外部投资者和分析家了解更多的公司现实和未来情况时,不对称信息的情形就存在了。在这种情况下,企业管理者可以准确地知道公司股票或债券的价格是高估了,还是低估了。公司管理层可以通过信号作用向公众传递信息展示公司的发展前景,为公司的价值最大化努力。

一、有效市场假说(the efficient-market hypothesis)

根据微观经济学理论,自由竞争条件下市场制度的核心就是价格能否准确地反映稀缺资源在无限制的、不同选择和竞争性用途中有效配置所必需的全部信息。如果价格能及时全面地反映有关可得信息,那么市场则被认为是有效率的。在证券市场上,股票价格对信息的反应有三种情况(如图 3-4 所示)。第一,实线表示在有效市场状况下股票价格对新信息反应的路径。在此情况下,股票价格根据新的信息及时

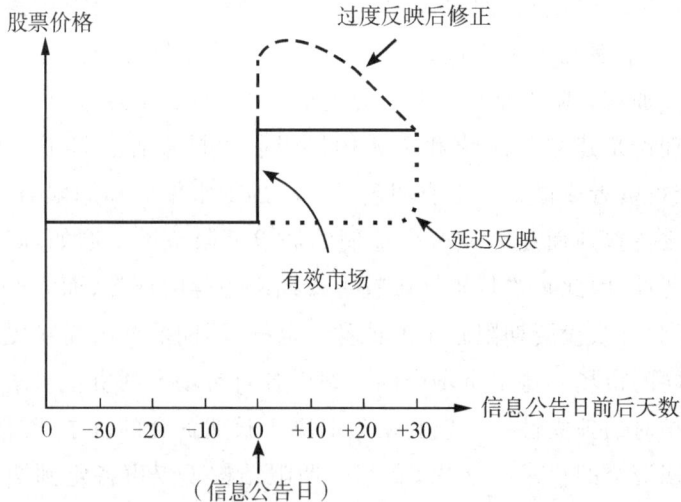

图 3-4　有效和无效市场价格对信息的反应

地进行调整,价格迅速出现了明显的变化。第二,点线代表了延迟反应状况。在此情况下,市场用了 30 天的时间才完全消化吸收信息。第三,虚线表明市场对信息过度反应,随后经修正回归真实的价格。这里,点线和虚线表示在无效市场上,股票价格

可能出现的运动趋势。如果市场需要多日进行价格调整,那么投资者可以在信息公告日买进股票,然后在价格回归均衡状态时卖出,从而获得交易利润。

在证券投资中,每个投资者都力图获得最大收益,或追求超出平均收益的收益。从理论上说,若证券市场上的有关信息对每个投资者都是均等的,而且每个投资者都能根据自己掌握的信息及时地进行理性的投资决策,那么任何投资者都不可能获得超额收益。这种市场被称作"有效市场"。

关于证券市场有效理论,西方许多经济学家进行了大量的研究和探讨,其中最著名的就是美国芝加哥大学教授法玛(E. Fame)1965年在《商业周刊》发表题为"股票市场价格的行为"一文。法玛注意到有关证券市场效率的两个关键问题:一是关于信息和证券价格之间的关系,即信息变化如何引起价格的变动;二是与证券价格相关的信息种类,即不同的信息对证券价格的影响程度不同。

(一)信息和价格关系

为了分析方便,假设市场上的投资者总是在不断地搜集有关证券的信息,包括国内外的政治、经济动态、行业发展状况、公司的财务状况和经营成果以及发展前景等。同时,投资者还将采取各种各样的方法迅速地处理这些信息,从而比较准确地判断有关证券的价位、收益率和风险程度。虽然不同的投资者可能采用不同的分析方法处理信息,对同样的信息也可能得出不同结论,从而做出不同的投资决策,有人高估价位,有人低估价位,但是,由于任何人都不能操纵市场,因此,如果所有的投资者都是理性的,他们信息处理方法和分析结论的差异就不可能影响证券价格的发展趋势,而只能引起证券价格的随机波动。所以在一个有效的证券市场上,由于信息对每个投资者都是均等的,因此任何投资者都不可能通过信息处理获取超额收益。

(二)不同信息对证券价格的影响

在证券市场上,不同的信息对价格的影响程度不同,从而反映了证券市场效率的程度因信息种类不同而异。为此,法玛将证券的有关信息分为三类:一是"历史信息",二是"公开信息",三是"内部信息",从而定义了三种不同程度的市场效率。

1.弱式效率性(weak-form efficiency)

在一个具有弱式效率性的市场中,所有包含在过去证券价格变动的资料和信息(价格、交易量等历史资料)都已完全反映在证券的现行市价中;证券价格的过去变化和未来变化是不相关的,即所有证券价格的变化都是相互独立的。由于有关证券的历史信息已经充分揭露、均匀分布和完全使用,因此,任何投资者均不能通过任何方法来分析这些历史信息以获取超额收益。反之,如果有关证券的历史资料对证券的价格变动仍有影响,说明证券市场尚未达到弱式效率。

在实证研究中,弱式效率性市场现象确实存在,过去的证券价格变动往往不能为将来证券价格变动提供可靠线索。

2.半强式效率性(semi-strong form efficiency)

这一假说是指证券的价格中不仅包含了过去价格的信息,而且也包含了所有已公开的其他信息,如经济和政治形势的变化、收入情况、股票分割,以及其他有关企业经营情况的重大信息等。在一个具有半强式效率性市场中,投资者无法利用已公开的信息获得超常利润。这是因为在新的资料尚未公布之前,证券价格基本上处于均衡状态。一旦新的信息出现,价格将根据新的信息而变化。公开信息传递的速度越快、越均匀,证券价格调整越迅速;反之亦然。如果每个投资者都同时掌握和使用有关公开信息进行投资决策,则任何投资者都不可能通过使用任何方法来分析这些公开信息以获取超额收益。然而,公司的内线人物(如董事长或总经理等)却可能取得投资者所无法得到的信息去买卖自己公司的股票,从而获得超常利润。

在实证研究中,通过对市场做一些基本分析,会发现市场上一些高估或低估的证券,一般来说,证券价格已充分反映了所有公开的市场信息。但许多投资商不承认半强式效率市场的存在,因此他们大都高薪聘请行情分析家进行证券评估。在实际中,一个成功的行情分析家之所以成功,很难解释是因为其善于分析手中已公开的信息还是因其善于先于他人得到信息。

3.强式效率性(strong-form efficiency)

这一假说是指证券的现行市价中已反映了所有已公开的或未公开的信息,因此,任何人甚至内线人也不例外,都无法在证券市场中获得超常收益。如果有人利用内部信息买卖证券而获利,则说明证券市场尚未达到强式效率性。

但在实证研究中几乎没有人承认强式效率市场的存在,对公司经理和董事进行合法交易的研究也表明,当这些人卖股票时,此种股票的行情就看跌,反之则上升。内部知情者根据未公开的消息诸如收购公司的报价、研究开发的突破等,从事非法交易牟取暴利的情况比比皆是。

二、关于信息对称性问题

根据有效市场假说,强式效率市场中没有任何人掌握其他人所无法知道的信息,每个人在获得信息的能力和可能性上都是均等的。用信息学上的术语来讲,这时的市场上存在着信息获得的对称性,或市场参加者掌握的是对称信息。但在事实上,几乎没有任何一个金融市场是强有效的,总有一些市场参加者掌握着另一些市场参加者所无法知道的内部信息,这就是所谓的不对称信息。

信息不对称理论产生于20世纪70年代,它用以说明相关信息在交易双方的不对称分布对于市场交易行为和市场运行效率所产生的影响。这一理论的基本内容主要是:

（1）有关交易的信息在交易双方之间的分布是不对称的，即一方比另一方占有较多的相关信息；

（2）交易双方对于各自在信息占有方面的相对地位是清楚的。

这种相关信息占有的不对称状况，导致在交易前后分别发生"逆向选择"和"道德风险"问题，严重降低市场运行效率，在极端的情况下甚至会造成市场交易停顿。

在金融市场上，交易的双方是金融资产的出售者（发行债券或股票的借款人）和金融资产的购买者（购买债券或股票的放款人）。借款人是资金的使用者，对于借入资金的"实际"投资项目（不一定是他向放款人所声称的项目）、投资项目的风险和收益、投资回收及借入资金的偿还等问题具有较多地了解。而放款人只是资金的提供者，并不直接实施资金的运用，对于借贷的有关信息只能通过借款人或其他渠道间接地了解。也就是说，在相关信息的占有方面，借款人处于优势地位，而放款人处于劣势地位，而且双方对于这种情况都是清楚的。由于信息不对称，放款人无法对借款人的信用质量和资金偿还情况做出可靠的判断，因此在购买金融资产时，通常是按照所有发行公司的平均质量来决定其愿意购买的价格。对于信用质量高于平均水平的证券来说，这种价格低于其公平的市场价值；而对于信用质量低于平均水平的证券来说，这种价格高于其公平的市场价值。由于借款人处于信息优势地位，能够对自己的信用质量做出比较合理的评价，从而也能判断出证券市场对其证券的实际价格是高估了还是低估了。那些证券价值被市场高估了的借款人，也就是信用质量低于平均水平的企业就会极力推销自己的证券；而那些证券价值被市场低估了的借款人，即信用质量高于平均水平的企业感到发行证券不合算，从而尽量避免用市场集资的办法来扩大经营规模。由于金融市场信息的不对称，就会鼓励投资资金向低质量的企业流动，抑制投资资金向高质量的企业流动，这种不合理的资金分配机制就是所谓的"逆向选择"问题。也就是说，信用质量越差的借款人，越是可能取得市场上的投资资金，它发生在金融交易完成之前的投资决策过程，对金融市场的资源配置效率具有严重的不利影响。

如果说"逆向选择"是在金融交易之前产生的，那么"道德风险"则是在金融交易之后产生的。所谓"道德风险"，从广义上来说是指由于信息不对称，市场交易中的一方难以观察或监督另一方的行为。在金融交易中，道德风险主要表现在三个方面：

（1）违反借款合同，私下改变资金用途。如将借入的资金用于投机性交易或风险项目投资。又如借款企业的管理者为了提高自己的地位或扩大自己的权力，故意将资金投入对于企业来说根本无利可图的项目。所有这些都会增加违约风险发生的可能性。

（2）借款人隐瞒投资收益，逃避偿付义务。如企业管理者为了侵吞投资成果，利用借款人对于企业投资经营状况的"信息缺陷"，谎称投资失利，使借款人的利益受到侵害。

（3）借款人取得资金后，对于借入资金的使用效益漠不关心，不负责任，致使借入资金发生损失。

信息不对称状态只是发生"道德风险"的外因条件，其内因在于借款人自身的内在动机。从本质上讲，是由于借款人与放款人之间的利益冲突所致，或者说是代理人与委托人之间的利益摩擦关系所致。

"逆向选择"降低金融市场的资源配置效率，"道德风险"则削弱金融市场的资金运用能力，两者都不利于金融市场的运行。防止这种状况的方法就是建立低成本的修正不对称信息的机制，加强市场的有效性。如在金融市场上建立信息公开制度、有价证券信誉评级制度，但这些活动都需要进行一定的"信息投资"，由于证券市场上放款人的高度分散，普遍存在的"搭便车"行为却抑制了这种"信息投资"活动。假设在证券交易完成之前，有一部分放款人通过信息投资活动，了解了各个借款人的信用质量以及它们所发行证券的实际价值，从而可以购买那些实际价值高于市场价格的证券，这本来可以使花费了信息投资的放款人获得一定的好处，但由于证券市场是一种公开的市场，另外一部分没有进行信息投资的放款人可以跟着前一类放款人购买同样的证券，即可以"搭便车"，使这些证券的市场价格由于需求增加而上升，直到与其实际价值相等为止。这样，进行信息投资的放款人就不可能获得信息投资的全部利益，他们进行信息投资的积极性就会受到挫折，证券市场上的信息不对称状态仍将继续存在。

同样，在证券买卖完后，为防止借款人制造"道德风险"，就必须采取监督等措施，甚至在必要时控制借款人的行为，这些活动也要付出一定的代价。在放款人高度分散的条件下，对借款人的监督就成了"大家的事"，没有人为了"大家的事"而自己投资，让"人家搭便车"。这样，证券市场上就不会有足够的资源投入对借款人的监督活动中，使放款人与借款人之间的信息不对称状态无法消除或得到具有实际意义的改善。即使不考虑"搭便车"问题，证券市场依然无法以"有效率"的方式消除信息不对称引起的"逆向选择"和"道德风险"问题。因为如果每一个放款人都对借款人进行调查、分析、监督活动，就会形成大量的重复劳动，形成社会资源的巨大浪费，使证券市场的运行成本大大超过其合理的界限。从另一角度分析，如果众多放款人对于借款人的监督不是协调地进行，而是相互独立、杂乱无章地进行，这对借款人来说也是无法承受的。

不对称信息理论与有效市场假设并不矛盾。这两种理论有着一个共同的论据，就是市场上的证券价格平均反映了公开的有效信息。不对称信息理论试图说明，不对称信息的存在与否是决定市场有效性的极其重要的因素。例如，A、B两个公司的股票同时在证券市场上被交易，而市场根据平均价格的原则，利用所有的有效信息，准确地确定了两种股票的价格。但 A 公司的内部人士知道他们公司股票的实际价格是在平均价格之上；而 B 公司的内部人士也知道他们公司股票的实际价格是在平均价格之下。他们知道这一点是因为掌握着市场所不知道的信息。这样，就平均价格而言，市场是正确的，因为从弱式效率市场甚至半强式效率市场的角度来说，这个存在不对称信息的市场是有效市场；但就强式效率市场来说，这个市场是无效的，因为内部人士所掌握的内部消息，没有被纳入股票的现行价格之中。这种不对称信息的存在，常常使那些相信某公司股价高估或低估的投资人产生强烈的投机动机。

强式效率性市场和存在信息严重不对称的市场，是实际生活中金融市场两个极端的例子。一般来说，绝大多数金融市场都在一定程度上存在着不对称信息，但同时都具有加强市场有效性的强烈动机和管理手段。

效率市场假说经历了长期的经验性检验。在所有发展完善的资本市场或股票市场中，都具有高度的弱式效率性，以及一定程度的半强式效率性。研究效率市场假说对企业财务决策具有重要的作用。由于证券市场反映了全部已公开的市场信息，故大多数股票的价格都是公平合理的，投资者收益的大小只取决于所承担风险的大小。由于在股票价格中包含的信息非常大，因而股票指数可作为市场状况的主要指数。这对于那些与发行、出售股票、股票回购和偿还债券等有关财务决策者具有一定的作用。效率市场假说这一概念已深入到投资实践，并成为政府制定有关证券市场法规的依据。

第四节　税收体系

税收影响公司决策，是企业在决策中必须考虑的问题，它涉及企业组织形式的选择、发行证券种类的选择、是购买设备好还是租赁设备好等一系列决策。许多财务决策的依据是税后现金流量，因此企业管理者必须对税收要有一个基本的认识。

一、公司所得税

通常，公司所得税是依据收入中扣除经营费用后的收入来计算的。可抵扣税收的经营费用一般包括销售成本、销售费用、管理费用、折旧和利息费用等。

应纳税所得额＝营业收入－（成本＋费用＋损失）－税法允许的其他扣除＋
营业外收入－营业外支出

我国税法中规定企业所得税率一般为 25％，因此，企业应交所得税为：

$$所得税＝应纳税所得额×25\%$$

中央政府和地方政府又根据不同情况制定了可以减免税的政策,如国家产业政策倾斜的减免税,国家扶持行业的财政性补贴或减免税,开发区内的减免税等。但是,有关这些减免税的政策,会随着经济情况的不同做一些调整。因此在财务决策时,应注意这些政策的变化,或征求税务专家的意见。

公司除了所得税外,还有流转税。流转税按公司的营业收入额的一定比例计算。流转税主要是增值税和营业税,公司某一个特定的经营项目只缴纳增值税或营业税。

二、资本利得与损失

资本(资产)在税法中定义为企业日常业务过程中不作买卖的资产,主要指证券投资,如股票、债券等。资本(资产)出售的所得和亏损称为资本利得和损失。当卖出的价格高于买进的价格时,那么增加的价值就叫资本利得;反之,当卖出的价格低于买进的价格时,那么减少的价值就叫资本损失。对于企业来讲,资本利得或损失将并入企业利润总额中计算所得税,而目前在我国,个人在这种交易中只征收印花税,按比例计征。

三、股息和利息收入

企业除了正常的营业收入和出售的资本利得外,还会由于持有其他公司股票和(或)持有政府债券、公司债券而有股息和(或)利息收入。各国对股息和利息如何征税有不同的规定。在我国,股息是企业税后收益做了多项扣除后,还有剩余的那部分利润的分配。为了避免公司所得税的重复征税,目前阶段股息收入暂不交纳企业所得税。企业持有的国库券和国家银行金融债券的利息收入免征所得税。公司债券利息收入计入公司收入总额,计算交缴所得税。在我国个人所得税法中规定,个人运用资产投资所得的股息和(或)利息收入需交纳20%的个人所得税,国库券和国家债券利息免征个人所得税。

四、股息和利息的可扣性

企业的利息支出在我国的损益表中没有单列,而是混在“财务费用”中,是一种税前可扣除的开支。但企业向股东支付的股息则是在税后,因此,股息是不能抵扣公司所得税的。这一对股息和利息支付的差别待遇,对企业的融资方式将产生重要的影响。

五、税收对公司理财的影响

公司所得税的存在,对公司理财有着重要的影响,这主要表现为以下方面:

1.由于债务融资中,利息是可抵扣所得税的,而普通股的股息和优先股的股息则不能抵扣所得税,因此,债务融资与较大的税收好处相联系,并且这种好处是杠杆收购和财务重组的主要理由。

2.公司所得税对股利政策也产生影响。当支付股利给普通股股东时,股东则必须立刻交纳所得税。如果公司不支付股利,而将利润留存用于企业的再投资,股票价格可能预期增长,股票持有者的赋税将递延到股票的出售。这种留存收益递延税收的能力使投资者对待股票究竟是获得资本收益还是获得股利产生不同的偏好,而投资者的偏好对公司的股利政策会产生影响。

3.资本支出决策同样受到公司所得税的影响。为了获得所需资产,资本支出需要税后资金的支出。预期资产所产生的经营收益易受税收的影响。折旧是许多与资本支出有关的、可抵扣所得税的费用。折旧所提供的税收抵扣额等于可折旧资产如机器设备、厂房等的原始成本的一部分。税收条款对资产提取折旧的方法有详细的规定。由于提取的折旧额是非现金费用(当购买资产时,现金支出就发生了),使应纳税额减少,因此,也减少了必须支付的税额。税收条款关于折旧率的加快(降低)的变化,直接影响投资项目所产生的现金流量的现值的增加(减少),使得项目更具(减少)吸引力。所以,财务经理必须密切注意税法的变化。

4.租赁资产还是购买资产的决策也常常受到税收的影响。由于租金和利息均可抵扣所得税,如果支付的租金大于提取的折旧,那么租赁资产比购买资产更为合算。

思考题

金融市场的构成要素有哪些?
1.金融市场的功能是什么?
2.金融工具有哪些基本属性?
3.影响利率的因素有哪些?
4.请从公司资金成本的角度解释机会成本一词。

小组讨论方案

讨论题目:
金融市场对企业财务活动的影响。

讨论要点：

(1)企业如何利用金融市场筹集资金；

(2)利率对企业财务活动的影响；

(3)我国金融市场的发展对企业财务活动的影响；

(4)我国金融市场发展中存在的问题；

(5)企业如何利用货币市场筹资和投资。

| 第四章 | 财务分析与计划 |

学习目的

本章主要介绍财务分析、财务计划的有关理论与编制方法。通过学习,需要了解财务分析的意义,掌握财务分析时使用的主要指标及其计算方法,能够熟练地运用各种财务预算编制方法编制财务计划。

财务管理人员可以通过编制财务预算来计划企业将来的财务需求,并且通过财务预算进行财务控制,使经济活动不偏离预算。而一个好的财务预算一定联系着企业当前的优势和劣势。企业要保持并利用优势,获取更多的好处;同时要认识到劣势,采取恰当的措施加以纠正。而要了解企业的优势和劣势,离不开正确的财务分析。或者说,编制财务预算进行财务控制是从财务分析开始的。本章主要介绍财务分析的方法和财务预算的编制,它们作为财务管理的基本工具,是每一位财务管理人员所必须掌握的。

第一节 财务分析的意义

一、财务分析的意义

财务分析是以企业财务报告反映的财务指标为主要依据,对企业的财务状况和经营成果进行评价和剖析,以便反映企业在运营过程中的利弊得失、财务状况及发展趋势,为改进企业财务管理工作和优化经济决策提供重要的财务信息。财务分析既是已完成的财务活动的总结,又是财务预测的前提,在财务管理的循环中起着承上启下的作用。做好财务分析工作具有以下重要意义:

(一)财务分析是评价财务状况、衡量经营业绩的重要依据

通过对企业财务报表等核算资料进行分析,可以了解企业偿债能力、营运能力和盈利能力,便于企业管理当局及其他报表使用人了解企业财务状况和经营成果,并通过分析将影响财务状况和经营成果的主观因素与客观因素、微观因素与宏观因素区分开来,以便划清经济责任,合理评价经营者的工作业绩,进行奖优罚劣,促使经营者不断改进工作。

(二)财务分析是挖掘潜力、改进工作、实现理财目标的重要手段

企业理财的根本目标是努力实现企业价值最大化。通过财务指标的计算和分析,能了解企业的盈利能力和资产周转状况,不断挖掘企业改善财务状况、扩大财务成果的内部潜力,充分认识未被利用的人力资源和物质资源,寻找利用不当的部分及原因,发现进一步提高利用效率的可能性,以便从各方面揭露矛盾、找出差距、寻求措施,促进企业生产经营活动按照企业价值最大化的理财目标实现良性运行。

(三)财务分析是实施科学的投资决策的重要步骤

现有投资者及潜在投资者是企业财务报告的重要外部使用者。借助财务评价,他们可以决定自己的投资方向和投资数额。投资者和债权人通过对企业财务报表的分析,可以了解企业获利能力的高低、偿债能力的强弱以及营运能力的大小,可以了解投资后的收益水平、风险程度,并据此决定其授信额度、利率水准和付款条件等。

二、财务分析的内容

财务分析的不同主体由于其利益倾向的差异,决定了在对企业进行财务分析时,他们必然有着不同的要求和不同的分析重点。

(一)企业所有者

所有者或股东,作为投资人,必然高度关心其资本的保值和增值状况,即对企业的投资回报率极为关注。通常,对于投资者来讲,其主要关心企业是否提高股息、红利的发放;而对于拥有控制权的投资者来讲,由于其追求的主要是长期利益的持续、稳定增长,因此他们考虑更多的则是企业是否增强了竞争实力,扩大了市场占有率,降低了财务风险和纳税支出等。

(二)企业债权人

按照惯例,债权人一般不参与企业的经营管理和企业剩余收益的分享,这决定了他们对贷款的安全性特别关注。因此,债权人在进行企业财务分析时,最关心的是企业是否有足够的支付能力,能否及时、足额地偿还债务本息。

(三)企业经营决策者

为满足不同利益主体的需要,协调各方面的利益关系,企业经营者必须对企业经营理财的各个方面,包括营运能力、偿债能力、盈利能力及社会贡献能力的全部信息予以详尽的了解和掌握,以便及时发现问题,采取对策,规划和调整市场定位目标、策略,进一步挖掘潜力,为经济效益的持续稳定增长奠定基础。

(四)政府经济管理机构

政府对国有企业投资的目的,除关注投资所产生的社会效益外,还必然对投资的经济效益予以考虑。在谋求资本保全的前提下,期望能够同时带来稳定增长的财政收入。因此,政府考核企业经营理财状况时,不仅需要了解企业资金占用的使用效率,预测财政收入增长情况,有效地组织和调整社会资金资源的配置,而且还要借助财务分析,检查企业是否存在违法违纪、浪费国家财产的问题,最后通过综合分析,对企业的发展后劲以及对社会的贡献程度进行分析考察。

尽管不同利益主体进行财务分析时有着各自的侧重点,但就企业总体来看,财务分析可归纳为三个方面:偿债能力分析、营运能力分析和盈利能力分析。其中偿债能力是财务目标实现的稳健保证,营运能力是财务目标实现的物质基础,盈利能力是两者共同作用的结果,同时也对两者的增强起着推动作用。三者相辅相成,共同构成企业财务分析的基本内容。

第二节　财务分析的方法

一、财务分析方法的类型及原理

开展财务分析,需要运用一定的方法。财务分析的方法主要包括趋势分析法、比率分析法、因素分析法和差额分析法。

(一)趋势分析法

趋势分析法又称水平分析法,是将两期或连续数期财务报告中相同指标进行对比,确定其增减变动的方向、数额和幅度,以说明企业财务状况和经营成果的变动趋势的一种方法。采用这种方法,可以分析引起变化的主要原因、变动的性质,并预测企业未来的发展前景。

趋势分析法的具体运用主要有以下三种方式:

1.重要财务指标的比较

重要财务指标的比较,是将不同时期财务报告中的相同指标或比率进行比较,直接观察其增减变动情况及变动幅度,考察其发展趋势,预测其发展前景。

对不同时期财务指标的比较,可以有两种方法:

(1)定基动态比率。它是以某一时期的数额为固定的基期数额而计算出来的动态比率。其计算公式为：

$$定基动态比率=\frac{分析期数额}{固定基期数额} \tag{4-1}$$

(2)环比动态比率。它是以每一分析期的前期数额为基期数额而计算出来的动态比率。其计算公式为：

$$环比动态比率=\frac{分析期数额}{前期数额} \tag{4-2}$$

2.会计报表的比较

会计报表的比较是将连续数期的会计报表的金额并列起来,比较其相同指标的增减变动金额和幅度,据以判断企业财务状况和经营成果发展变化的一种方法。会计报表的比较,具体包括资产负债表比较、利润表比较、现金流量表比较等。比较时,既要计算出表中有关项目增减变动的绝对额,又要计算出其增减变动的百分比。

3.会计报表项目构成的比较

这是在会计报表比较的基础上发展而来的。它是以会计报表中的某个总体指标作为100％,再计算出其各组成项目占该总体指标的百分比,从而比较各个项目百分比的增减变动,以此来判断有关财务活动的变化趋势。这种方法比前述两种方法更能准确地分析企业财务活动的发展趋势。它既可用于同一企业不同时期财务状况的纵向比较,又可用于不同企业之间的横向比较。同时,这种方法能消除不同时期(不同企业)之间业务规模差异的影响,有利于分析企业的耗费水平和盈利水平。

在采用趋势分析法时,必须注意以下问题:第一,用于进行对比的各个时期的指标,在计算口径上必须一致;第二,要剔除偶发性项目的影响,使作为分析的数据能反映正常的经营状况;第三,应运用例外原则,对有显著变动的指标作重点分析,研究其产生的原因,以便采取对策,趋利避害。

(二)比率分析法

比率分析法是把某些彼此存在关联的项目加以对比,计算出比率,据以确定经济活动变动程度的分析方法。比率是相对数,采用这种方法,能够把某些条件下的不可比指标变为可以比较的指标,以利于进行分析。

比率指标主要有以下三类:

1.构成比率

构成比率又称结构比率,它是某项经济指标的各个组成部分与总体的比率,反映部分与总体的关系。其计算公式为:构成比率＝某个组成部分数额/总体数额。利用构成比率,可以考察总体中某个部分的形成和安排是否合理,以便协调各项财务活动。

2.效率比率

它是某项经济活动中所费与所得的比率,反映投入与产出的关系。利用效率比率指标,可以进行得失比较,考察经营成果,评价经济效益。如将利润项目与销售成本、销售收入、资本等加以对比,可计算出成本利润率、销售利润率以及资本利润率等利润率指标,可以从不同角度观察比较企业获利能力的高低及其增减变化情况。

3.相关比率

它是以某个项目和与其有关但又不同的项目加以对比所得到的比率,反映有关经济活动的相互关系。利用相关比率指标,可以考察有联系的相关业务安排得是否合理,以保障企业运营活动能够顺畅进行。如将流动资产与流动负债加以对比,计算出流动比率,据以判断企业的短期偿债能力。

采用比率分析法时,对比率指标的使用应该注意以下几点:

(1)对比项目的相关性。计算比率的子项和母项必须具有相关性,把不相关的项目进行对比是没有意义的。在构成比率指标中,部分指标必须是总体指标这个大系统中的一个小系统;在效率比率指标中,投入与产出必须有因果关系;在相关比率指标中,两个对比指标也要有内在联系,如此才能评价有关经济活动之间是否协调均衡,安排是否合理。

(2)对比口径的一致性。计算比率的子项和母项必须在计算时间、范围等方面保持口径一致。

(3)衡量标准的科学性。运用比率分析,需要选用一定的标准与之对比,以便对企业的财务状况做出评价。通常而言,科学合理的对比标准有:第一,预定目标,如预算指标、设计指标、定额指标、理论指标等;第二,历史标准,如上期实际、上年同期实际、历史先进水平以及有典型意义的时期实际水平等;第三,行业标准,如主管部门或行业协会颁布的技术标准、国内外同类企业的先进水平、国内外同类企业的平均水平等;第四,公认标准。

比率分析法的优点是计算简便,而且可以用某些指标在不同规模的企业之间进行比较,甚至也能在一定程度上超越行业间的差别进行比较。但对财务比率加以说明和解释是相当复杂和困难的。财务分析的核心问题在于解释原因,并不断深化,寻找最直接的原因。分析得越具体、越深入,则水平越高。如果仅仅是计算出财务比率而不进行分析,什么问题也说明不了。

(三)因素分析法

因素分析法又称因素替换法、连环替代法,它是依据分析指标和影响因素的关系,从数量上确定各因素对指标的影响程度的一种分析方法。企业活动是一个有机整体,每个指标的高低,都受若干因素的影响。从数量上测定各因素的影响程度,可以帮助人们抓住主要矛盾,更有说服力地评价经营状况。

在因素分析法下,当有若干因素对分析对象发生影响作用时,假定其他各个因素都无变化,然后顺序地确定每一个因素单独变化所产生的影响。

例 4-1

某企业 202×年 5 月某种原材料费用的实际数是 7 280 元,而其计划数是 7 500 元。实际比计划节约 220 元。由于原材料费用是产品产量、单位产品材料消耗用量和材料单价三个因素的乘积,因此,可以把材料费用这一总指标分解为这三个因素,然后逐个来分析它们对材料费用总额的影响程度。现假定这三个因素的数值如表4-1所示。

表 4-1 因素分析法计算表

项 目	单位	计划数	实际数
产品产量	件	500	520
单位产品材料消耗量	公斤/件	2.5	2
材料单价	元/公斤	6	7

根据表中资料,材料费用总额实际数较计划数减少 220 元,这是分析对象。运用连环替代法,可以计算各因素变动对材料费用总额的影响程度如下:

计划指标:500×2.5×6＝7 500(元) ①
第一次替代:520×2.5×6＝7 800(元) ②
第二次替代:520×2×6＝6 240(元) ③
第三次替代:520×2×7＝7 280(元)(实际指标) ④
②－①＝7 800－7 500＝300(元) 产量增加的影响
③－②＝6 240－7 800＝－1 560(元) 材料节约的影响
④－③＝7 280－6 240＝1 040(元) 价格提高的影响
300－1 560＋1 040＝－220(元) 全部因素的影响

因素分析法既可以全面分析各因素对某一经济指标的影响,又可以单独分析某个因素对某一经济指标的影响,在财务分析中应用颇为广泛。但在应用这一方法时必须注意以下几个问题:

(1)因素分解的关联性。即确定构成经济指标的因素,必须是客观上存在着因果关系,要能够反映形成该项指标差异的内在构成原因,否则就失去了其存在价值。

(2)因素替代的顺序性。替代因素时,必须按照各因素的依存关系,排列成一定的顺序并依次替代,不可随意颠倒,否则会得出不同的计算结果。一般而言,确定排列因素替代程序的原则是:按分析对象的性质,从诸因素相互依存关系出发,并使分析结果有助于分清责任。

(3)顺序替代的连环性。连环替代法在计算每一个因素变动影响时,都在前一次计算的基础上进行,并采用连环比较的方法确定因素变化影响的结果。因为只有保持计算程序上的连环性,才能使各个因素影响之和等于分析指标变动的差异,以全面说明分析指标变动的原因。

(4)计算结果的假定性。连环替代法计算的各因素变动的影响数,会因替代计算顺序的不同而有差别,因而计算结果不免带有假定性,即它不可能使每个因素的计算结果,都达到绝对的准确。它只是在某种假定前提下的影响结果,离开了这种假定前提条件,也就不会是这种影响结果。为此,分析时财务人员应注意这种理论假定与实际经济情况的一致性。只有假定与实际状况一致或接近时,连环替代计算的结果才具有分析意义和使用价值。

(四)差额分析法

差额分析法是因素分析法的一种简化形式,它是利用各个因素的实际数与基准数或目标值之间的差额,来计算各个因素对总括指标变动的影响程度。

例 4-2

仍以表 4-1 所列数据为例,可采用差额分析法确定各因素变动对材料费用的影响。

产量增加对材料费用的影响 $= (520 - 500) \times 2.5 \times 6 = 300$(元)

材料消耗节约对材料费用的影响 $= (2 - 2.5) \times 520 \times 6 = -1\,560$(元)

价格提高对材料费用的影响 $= (7 - 6) \times 520 \times 2 = 1\,040$(元)

二、基本财务比率分析

在各种财务分析方法中,经常要对有关的财务比率进行计算和加工。这些财务比率涉及企业生产经营的各个方面,可以用于反映企业的财务状况和经营成果,主要包括偿债能力比率、营运能力比率和盈利能力比率。以下利用中大公司的资产负债表(表 4-2)和利润表(表 4-3)的有关数据举例说明。

表4-2 中大公司资产负债表

202×年12月31日 单位:万元

资产	年初数	年末数	负债及所有者权益	年初数	年末数
流动资产:			流动负债:		
货币资金	880	1 550	短期借款	200	150
短期投资	132	60	应付账款	600	400
应收账款	1 080	1 200	应付工资	180	300
预付货款	200	250	应付股利	500	800
存货	808	880	一年内到期的长期负债	120	150
流动资产合计	3 100	3 940	流动负债合计	1 600	1 800
长期投资	300	500	长期负债	300	500
固定资产:			股东权益:		
固定资产原价	2 500	2 800	股本	1 500	1 800
减:累计折旧	750	880	资本公积	500	700
固定资产净值	1 750	1 920	盈余公积	800	1 000
无形资产	50	40	未分配利润	500	600
			股东权益合计	3 300	4 100
资产总计	5 200	6 400	负债及股东权益合计	5 200	6 400

表4-3 中大公司利润表

202×年12月 单位:万元

项目	本年累计	上年累计
一、主营业务收入	15 000	11 500
减:主营业务成本	11 500	8 900
主营业务税金及附加	750	575
二、主营业务利润	2 750	2 025
加:其他业务利润	500	450
减:营业费用	1 040	935
管理费用	840	750
财务费用(利息费用)	60	50
三、营业利润	1 310	740
加:投资收益	70	50
营业外收入	50	60
减:营业外支出	30	50
四、利润总额	1 400	800
减:所得税(33%)	462	264
五、税后净利	938	536

(一)偿债能力比率

偿债能力比率可以反映企业的偿债能力。偿债能力是指企业偿还到期债务(包括本金和利息)的能力。偿债能力比率包括短期偿债能力比率和长期偿债能力比率。

1.短期偿债能力比率

短期偿债能力比率用于分析企业流动资产对流动负债及时足额偿还的保证程度,是衡量企业当前财务能力,特别是流动资产变现能力的重要标志。

企业短期偿债能力比率主要有流动比率、速动比率和现金流动负债率三个指标。

（1）流动比率

流动比率是流动资产与流动负债的比值，它表明企业每一元流动负债有多少流动资产作为偿还的保证，反映企业用可在短期内转变为现金的流动资产偿还到期流动负债的能力。其计算公式为：

$$流动比率 = \frac{流动资产}{流动负债} \tag{4-3}$$

一般情况下，流动比率越高，反映企业短期偿债能力越强，债权人的权益越有保证。按经验分析，通常流动比率等于2比较适宜。它表明企业财务状况稳定可靠，除了满足日常生产经营的流动资金需要外，还有足够的财力偿付到期的短期债务。如果比例过低，则表示企业短期资金可能捉襟见肘，难以如期偿还债务。但是，流动比率也不可能过高，过高则表明企业流动资产占用较多，会影响资金的使用效率和企业的筹资成本进而影响获利能力。究竟应保持多高水平的比率，主要视企业对待风险与收益的态度予以确定。

运用流动比率时，必须注意以下几个问题：

第一，虽然流动比率越高，企业偿还短期债务的流动资产保证程度越强，但这并不等于说企业已有足够的现金或存款用来偿债。比如，流动比率高可能是存货积压、应收账款增多且收账期延长等原因所导致，此时真正可用来偿债的现金和存款并未增加。所以，企业应在分析流动比率的基础上，进一步对现金流量加以考察。

第二，从短期债权人的角度看，自然希望流动比率越高越好，但从企业经营角度看，过高的流动比率通常意味着企业闲置现金的持有量过多，必然造成企业资金机会成本的增加和获利能力的降低。因此，企业应尽可能将流动比率维持在不使货币资金闲置的水平。

第三，计算出来的流动比率只有和同行业的平均水平、本企业的历史先进水平进行比较，才能知道它是高还是低。不同的企业以及同一企业不同时期的评价标准是不同的，不应用统一的标准来评价各企业流动比率合理与否。流动比率为什么过高或过低的原因，需要通过分析流动资产和流动负债所包含的内容以及经营上的因素去寻找。通常，营业周期、存货及应收账款的周转速度是影响流动比率大小的主要因素。

例 4-3

根据表4-2的资料，该企业202×年的流动比率为（计算结果四舍五入保留两位小数，后同）：

$$年初流动比率 = \frac{3\,100}{1\,600} = 1.94$$

$$年末流动比率 = \frac{3\,940}{1\,800} = 2.19$$

该企业 202× 年年末的流动比率比年初有所提高,反映该企业的短期偿债能力有所增强。

(2)速动比率

速动比率是企业速动资产与流动负债的比值。所谓速动资产,是指流动资产减去变现能力较差且不稳定的存货、待摊费用、待处理流动资产损失等之后的余额。之所以在计算速动比率时将存货从流动资产中扣除,是因为考虑到存货的变现速度较慢、部分存货已用于抵押、存货的估价不合理等原因。至于待摊费用和待处理流动资产损失,因为其不能变现则更应该予以剔除了。由于剔除了存货等变现能力较弱且不稳定的资产,因此,速动比率较之流动比率能够更加准确、可靠地评价企业资产的流动性及其偿还短期负债的能力。其计算公式为:

$$速动比率 = \frac{速动资产}{流动负债} \tag{4-4}$$

一般可以认为:如果速动比率小于1,会使企业面临较大的偿债风险;如果速动比率大于1,则会因为企业现金及应收账款资金占用过多而增加企业的机会成本。所以合理的速动比率应该为1。但这只是一般看法,不同的行业,其速动比率可能有较大的差别,实际中并没有统一的标准。

例 4-4
_____

根据表 4-2 的资料,该企业 202× 年的速动比率为:

$$年初速动比率 = \frac{3\,100 - 808}{1\,600} = 1.43$$

$$年末速动比率 = \frac{3\,940 - 880}{1\,800} = 1.7$$

计算表明,该企业 202× 年年末的速动比率比年初有所提高,并且该企业速动比率超过了一般公认标准,说明该企业短期偿债能力较强且年末比年初有所提高。但同时也应注意提高资金的利用效率,降低资金的机会成本。

需要注意的是:尽管速动比率较之流动比率更能反映出流动负债偿还的安全性和稳定性,但并不能认为速动比率较低的企业其流动负债到期绝对不能偿还。实际上,一个企业尽管速动比率较低,但如果它的流动比率较高,并且存货流转顺畅、变现能力较强,则企业到期偿还债务的安全性仍然是较高的。

2.长期偿债能力比率

长期偿债能力比率是用于反映企业偿还长期负债能力的指标。长期偿债能力比率主要有四个指标:

(1)资产负债率

资产负债率又称负债比率,是企业负债总额对资产总额的比值,通常用百分比表示。它表明企业资产总额中,债权人提供资金所占的比重,以及企业资产对债权人权益的保障程度。其计算公式为:

$$资产负债率 = \frac{负债总额}{资产总额} \times 100\% \qquad (4-5)$$

从债权人的立场看,他们最关心的是贷给企业的款项是否安全,也就是能否按期收回本金和利息。如果资产负债率过高,则表明企业的债务负担重,不能按期收回本金和利息的可能性大,这对债权人来讲显然是不利的。因此,他们希望企业资产负债率越低越好,从而偿债有保证。

从股东的角度看,由于企业借入资金的存在,会对自有资金的盈利能力造成影响。企业的借入资金和自有资金共同构成了企业的全部资金,在企业的生产经营中被统筹运用。如果企业的资金利润率超过借入资金的利息率时,企业使用借入资金获得的利润除了补偿利息以外还有剩余,归股东所有,因而可以使自有资金利润率得到提高。相反,如果企业的资金利润率低于借入资金的利息率时,企业使用借入资金获得的利润不足以补偿利息,差额部分要由自有资金所创造的利润来补偿,从而使自有资金利润率下降。因此,从股东的立场看,在资金利润率高于借款利息率时,负债比例越大越好;反之亦然。

从经营者的角度看,如果举债很大,债务负担过重,财务风险过高,会影响到企业进一步的筹资能力,甚至有因为不能偿还到期债务而被债权人要求破产清算的危险。如果企业不举债,或负债比例很小,则说明企业畏缩不前,对前途信心不足,利用债权人资本进行经营活动的能力很差。所以,从经营者的角度来看,经营者应当审时度势,全面考虑,合理估计借入资金所带来的预期利润和增加的风险,在二者之间权衡利害得失,做出正确的资产负债率抉择,也即选择恰当的资本结构。

例 4-5

根据表 4-2 的资料,该企业 202×年的资产负债率为:

$$年初资产负债率 = \frac{1\,900}{5\,200} \times 100\% = 36.54\%$$

$$年末资产负债率 = \frac{2\,300}{6\,400} \times 100\% = 35.94\%$$

（2）产权比率

产权比率是指负债总额与所有者权益（或股东权益）的比值，也称资本负债率，可以衡量企业的长期偿债能力。其计算公式为：

$$产权比率 = \frac{负债总额}{所有者权益（或股东权益）} \times 100\% \tag{4-6}$$

该指标反映了企业的长期偿债能力。通常，指标越低，表明企业承担的财务风险越小，偿债能力越强，但此时企业不能充分地发挥负债的财务杠杆效应。

该项指标也反映了由债权人提供的债务资本与所有者（或股东）提供的权益资本的相对关系，反映了企业基本的财务结构。一般来说，权益资本大于债务资本时较好，但也不能一概而论。从股东角度来看，在通货膨胀加剧时期，企业多借债可以把损失和风险转嫁给债权人；在经济繁荣时期，多借债可以获得额外的利润；在经济萎缩时期，少借债可以减少利息负担和财务风险。在归类研究上，通常产权比率高，属于高风险、高报酬的财务结构；产权比率低，属于低风险、低报酬的财务结构。

同时该指标还表明了债权人投入的资本受到所有者权益（或股东权益）保障的程度，或者说是企业清算时对债权人利益的保障程度。指标数值越低，说明债权人的权益受保障程度越高。

产权比率与资产负债率在评价企业的偿债能力方面具有共同的经济意义。两个指标的主要区别是：资产负债率侧重于反映债务偿付安全性的物质保障程度，产权比率则侧重于揭示财务结构的稳健程度以及自有资金对偿债风险的承受能力。

例 4-6

根据表 4-2 的资料，该企业 202×年的产权比率为：

$$年初产权比率 = \frac{1\ 900}{3\ 300} \times 100\% = 57.58\%$$

$$年末产权比率 = \frac{2\ 300}{4\ 100} \times 100\% = 56.10\%$$

（3）有形净值债务率

有形净值债务率是企业负债总额与有形资产净值的比值。有形资产净值是指股东权益（或所有者权益）减去无形资产净值后的差值。有形净值债务率的计算公式为：

$$有形净值债务率 = \frac{负债总额}{股东权益 - 无形资产净值} \times 100\% \tag{4-7}$$

有形净值债务率可以反映企业的长期偿债能力。有形净值债务率越低，表示企业的长期偿债能力越强。

例 4-7

根据表 4-2 的资料，该企业 202×年的有形净值债务率为：

$$202×年年初的有形净值债务率 = \frac{1\ 900}{3\ 300 - 50} \times 100\% = 58.46\%$$

$$202×年年末的有形净值债务率 = \frac{2\ 300}{4\ 100 - 40} \times 100\% = 56.65\%$$

计算有形净值债务率时，之所以将无形资产（包括商誉、商标、专利权以及非专利技术等）的价值从股东权益中扣除，是因为这些无形资产不一定能用来还债。可见，有形净值债务率比产权比率更为谨慎、保守地反映了债权人投入的资本在企业清算时受到股东权益保障的程度。

（4）已获利息倍数

已获利息倍数是指企业息税前利润与利息支出的比率，它可以反映获利能力对债务偿付的保证程度。其计算公式为：

$$已获利息倍数 = \frac{息税前利润}{利息费用} \tag{4-8}$$

公式中的"息税前利润"是指利润表中未扣除利息费用和所得税之前的利润。它可以用利润表中"利润总额"项目的金额加上利息费用来测算。我国现行利润表中没有单列反映利息费用，所以利息费用的数据应该另行搜集。外部的报表使用人通常只好用利润表中"财务费用"项目的金额来近似代替利息费用。

已获利息倍数重点衡量的是企业支付全部利息的能力。公式中的"利息费用"是指本期发生的全部应付利息，不仅包括计入当期"财务费用"科目中的利息费用，还应该包括计入"在建工程"科目中的资本化利息，因为资本化利息也是要企业偿还支付的。

该指标不仅反映了企业获利能力的大小，而且反映了获利能力对偿还到期债务的保证程度。企业如果没有足够大的息税前利润，或已获利息倍数过小，则利息的支付就会发生困难。从长期看，企业若要维持正常偿债能力，其已获利息倍数应当大于1，且比值越高，说明企业长期偿债能力越强。但是，究竟企业的已获利息倍数应是多少才算合适，这要与其他企业，特别是本行业的先进水平进行比较才能决定。

例 4-8

根据表 4-3 的资料，假定表中财务费用全部为利息费用，该企业 202×年的已获利息倍数为：

$$202×年已获利息倍数 = \frac{1\ 400 + 60}{60} = 24.33（倍）$$

(二)营运能力比率

营运能力比率用以反映企业的营运能力。这里的营运能力是指企业在生产经营过程中运用资产实现财务目标的能力。资产营运能力的强弱主要体现为资产周转速度的快慢。一般认为,资产的周转速度越快,表示其使用效率越高,企业的资产营运能力越强;反之,资产的周转速度越慢,表示其使用效率越低,企业的资产营运能力就越差。

资产的周转速度可以用周转率来反映。所谓周转率即企业在一定时期内资产的周转额与平均余额的比率,它反映企业资金在一定时期内的周转次数。周转次数越多,表明周转速度越快,营运能力越强。周转率的计算公式为:

$$周转率(周转次数) = \frac{周转额}{资产平均余额} \tag{4-9}$$

资产的周转速度也可以用周转期来表示,周转期是指计算期天数除以周转次数的结果,反映资产周转一次所需要的天数。周转期越短,表明周转速度越快,资产营运能力越强。周转期的计算公式为:

$$周转期(周转天数) = \frac{计算期天数}{周转次数} \tag{4-10}$$

以下按资产的构成,说明反映各项资产营运能力的周转率的计算与分析。

1.应收账款周转率

应收账款周转率是企业一定时期内的主营业务收入净额与平均应收账款余额的比值,是反映应收账款周转速度的指标。其计算公式为:

$$应收账款周转率 = \frac{主营业务收入净额}{平均应收账款余额} \tag{4-11}$$

公式中"主营业务收入净额"的数据来自利润表,是指主营业务收入减去销售折扣与折让后的净额。有人认为,"主营业务收入净额"应扣除现金销售部分,即使用"赊销净额"来计算,这样可以保持分母和分子口径的一致。但是,不仅财务报表的外部使用人无法取得这项数据,而且财务报表的内部使用人也未必容易取得该数据。因此,实务上多采用"主营业务收入净额"来进行计算。只要保持前后期的一贯性,使用主营业务收入净额来计算应收账款周转率并不影响其分析和利用价值。而且,现金销售也可以视为收账时间为零的赊销,这样"主营业务收入净额"就可视同为"赊销净额"了。

公式中的平均应收账款余额是指分析期资产负债表中"应收账款"项目期初数与期末数的简单平均数,这样能保持分子与分母口径上的一致。

例 4-9

根据表 4-2 的资料计算 202×年的应收账款周转率和周转天数如下：

$$应收账款周转率 = \frac{15\ 000}{\dfrac{1\ 080 + 1\ 200}{2}} = 13.16（次）$$

$$应收账款周转天数 = \frac{360}{13.16} = 27.36（天）$$

一般来说，应收账款周转率越高，平均收现期越短，说明应收账款的收回越快。否则，企业的营运资金会过多地呆滞在应收账款上，影响资金的正常周转。使用该指标时，应注意季节性经营、年末销售大量增加或大幅度下降等原因都会导致该指标的计算结果不能反映应收账款实际的周转情况。类似于其他的财务比率，计算出的应收账款周转率应该与企业前期指标、行业平均水平或其他类似企业进行比较，才能判断其高低。

2.存货周转率

存货周转率是一定时期内企业主营业务成本与存货平均资金占用额的比值，是反映企业流动资产流动性的一个指标，也是衡量企业生产经营各环节中存货运营效率的一个综合性指标。其计算公式为：

$$存货周转率 = \frac{主营业务成本}{平均存货} \tag{4-12}$$

公式中的"主营业务成本"数据来自利润表，"平均存货"则是分析期资产负债表中"存货"项目的期初数与期末数的简单平均数。

存货周转速度的快慢，能反映出企业采购、储存、生产、销售各环节管理工作状况的好坏，有利于找出存货管理中存在的问题，尽可能降低资金占用水平。存货周转速度的快慢，还对企业的偿债能力产生重大的影响，因为存货是流动资产的重要组成部分，其质量和流动性对短期偿债能力比率——流动比率的可信度具有举足轻重的影响。一般来讲，存货周转率越高越好；存货周转率越高，表明其变现的速度越快，周转额越大，资金占用水平越低。

在分析比较企业不同时期或不同企业的存货周转率时，应注意存货计价方法的口径是否一致。

例 4-10

根据表 4-2 和表 4-3 的资料计算该公司 202×年的存货周转率和存货周转天数如下：

$$存货周转率=\frac{11\ 500}{\dfrac{808+880}{2}}=13.63(次)$$

$$存货周转天数=\frac{360}{13.63}=26.41(天)$$

3.流动资产周转率

流动资产周转率是指流动资产在一定时期所完成的周转额(主营业务收入)与流动资产平均占用额与之间的比值,是反映企业流动资产周转速度的指标。其计算公式为:

$$流动资产周转率=\frac{主营业务收入净额}{平均流动资产} \qquad (4-13)$$

公式中的"平均流动资产"是用分析期资产负债表中流动资产的期初数与期末数简单平均而得到的。

在一定时期内,流动资产周转次数越多,即流动资产周转率越高时,表明以相同的流动资产完成的周转额越多,流动资产利用效果越好。生产经营过程中供、产、销某个工作环节的改善,都可以反映到流动资产周转率的提高上来。

例 4-11

根据表 4-2 和表 4-3 的资料计算该公司 202×年的流动资产周转率和流动资产周转天数如下:

$$流动资产周转率=\frac{15\ 000}{\dfrac{3\ 100+3\ 940}{2}}=4.26(次)$$

$$流动资产周转天数=\frac{360}{4.26}=84.51(天)$$

4.固定资产周转率

固定资产周转率是指企业年销售收入净额与固定资产平均净值的比值,用于反映企业固定资产的周转情况和衡量固定资产的利用效率。其计算公式为:

$$固定资产周转率=\frac{主营业务收入净额}{固定资产平均净值} \qquad (4-14)$$

公式中的"固定资产平均净值"来自资产负债表,用分析期固定资产净值的期初数与期末数简单平均得到。

固定资产周转率越高,表明企业固定资产利用越充分,同时也能表明企业固定资产投资得当,固定资产结构合理,能够充分发挥效率。反之,如果固定资产周转率不高,则表明固定资产使用效率不高,提供的生产成果不多,企业固定资产的营运能力不强。

由于固定资产折旧方法不同,会影响到固定资产周转率的可比性,所以运用固定资产周转率进行比较分析时,需要剔除掉折旧方法不同而造成的影响。

例 4-12

根据表 4-2 和表 4-3 的资料计算该公司 202×年的固定资产周转率如下:

$$固定资产周转率 = \frac{15\,000}{\dfrac{1\,750 + 1\,920}{2}} = 8.17(次)$$

5.总资产周转率

总资产周转率是指企业主营业务收入净额与平均资产总额的比值,用来反映企业全部资产的利用效率。其计算公式为:

$$总资产周转率 = \frac{主营业务收入净额}{平均资产总额} \tag{4-15}$$

公式中的"平均资产总额"来自资产负债表,用分析期期初总资产与期末总资产的简单平均值加以确定。

总资产周转率高,表明企业全部资产的使用效率高;如果这个比率较低,则说明全部资产的使用效率较差,最终会影响企业的盈利能力。通常,企业可以采取提高销售收入或处理多余资产等项措施来提高企业的资产利用程度。

例 4-13

根据表 4-2 和表 4-3 的资料计算该公司 202×年的总资产周转率如下:

$$总资产周转率 = \frac{15\,000}{\dfrac{5\,200 + 6\,400}{2}} = 2.59(次)$$

值得说明的是:上述例子在计算分析期为一年时的某项资产周转率时,该项资产的平均占用额是用(年初数+年末数)÷2 来确定的,但如果这一年该项资产对应的资金占用额波动较大的话,企业应采用更详细的资料进行计算,如按照 12 个月份的资金占用额平均计算。

(三)盈利能力比率

盈利能力是企业赚取利润的能力。不论是投资人、债权人还是企业的经营管理人员,都很重视企业的盈利能力。

企业的盈利能力分析一般是基于正常营业状况分析的。非正常营业项目所带来的收益或损失,例如重大事故、法律法规的更改等因素给企业带来的收益或损失,由于不能说明企业盈利能力的大小,故应该予以剔除。

反映企业盈利能力的指标有很多,主要有销售利润率、主营业务成本利润率、资产利润率、自有资金利润率等。

1.销售利润率

销售利润率是企业利润与主营业务收入净额的比值。其计算公式为:

$$销售利润率 = \frac{利润}{主营业务收入净额} \times 100\% \tag{4-16}$$

从利润表来看,企业的利润包括主营业务利润、营业利润、利润总额和净利润四种形式。其中利润总额和净利润包含了营业外收支、投资收益这些与销售无关的利润因素,净利润还已经扣除了所得税。所以,我们通常采用主营业务利润或营业利润与主营业务收入净额之比来计算主营业务利润率或营业利润率,以更直接地反映销售获利能力。

从销售利润率计算公式可以看出,企业在增加主营业务收入的同时,必须相应地获得更多的利润才能使销售利润率不变或有所提高。所以,通过分析销售利润率的升降变动,可以促使企业在扩大销售的同时,注意改进经营管理,提高利润水平。

例 4-14

根据表 4-3 的资料计算该公司 202×年的主营业务利润率和营业利润率如下:

$$主营业务利润率 = \frac{2\ 750}{15\ 000} \times 100\% = 18.33\%$$

$$营业利润率 = \frac{1\ 310}{15\ 000} \times 100\% = 8.73\%$$

2.成本费用利润率

主营业务成本利润率是指利润与成本费用的比值。其计算公式为:

$$成本费用利润率 = \frac{利润}{成本费用} \times 100\% \tag{4-17}$$

公式中的“成本费用”在计算时有不同的形式可以采用,主要包括主营业务成本和营业成本,其中营业成本是指主营业务成本、主营业务税金及附加、营业费用、管理费用、财务费用和其他业务成本的总和。通常,为了口径上的一致,我们用主营业务利润除以主营业务成本来计算主营业务成本利润率;用营业利润除以营业成本来计算营业成本利润率。主营业务成本利润率和营业成本利润率反映了企业主要成本的利用效果,是企业加强成本管理的着眼点。

例 4-15

根据表 4-3 的资料计算该公司 202×年的主营业务成本利润率如下：

$$主营业务成本利润率 = \frac{2\ 750}{11500} \times 100\% = 23.91\%$$

3.总资产报酬率

总资产报酬率是指企业一定时期内获得的报酬总额与企业平均资产总额的比值。其计算公式为：

$$总资产报酬率 = \frac{息税前利润}{平均资产总额} \times 100\% \tag{4-18}$$

公式中的"息税前利润"是指分析期的利润总额加上利息支出的合计数，"平均资产总额"是分析期期初资产总额与期末资产总额的简单平均数。一般来说，企业所支付的利息、所得税与企业资产本身的获利能力无关，因此为了便于不同企业之间资产获利能力的比较，在计算总资产报酬率时，应该剔除利息和所得税的影响，采用息税前利润来进行计算。

总资产报酬率是反映企业资产综合利用效果的指标，其计算结果越大，表明企业的资产利用效率越高，盈利能力越强。

例 4-16

根据表 4-3 的资料计算该公司 202×年的总资产报酬率如下：

$$总资产报酬率 = \frac{1\ 400+60}{\dfrac{5\ 200+6\ 400}{2}} \times 100\% = 25.17\%$$

4.净资产收益率

净资产收益率是指企业一定时期内的净利润同平均净资产的比值。它可以反映投资者投入企业的自有资本获取净收益的能力，是评价企业资本经营效益的核心指标。其计算公式为：

$$净资产收益率 = \frac{净利润}{平均净资产} \times 100\% \tag{4-19}$$

公式中的"净利润"是指企业未做任何分配之前的税后利润数额；"平均净资产"是指企业期初所有者权益（或股东权益）同期末所有者权益（或股东权益）的简单平均数。

净资产收益率是评价企业自有资本及其积累获取报酬水平的最具综合性与代表性的指标，又称权益净利率。该指标能够比较客观、综合地反映企业资本运营的效益,准确体现投资者投入资本的获利能力。这一指标通用性强,适应范围广,不受行业局限。在我国上市公司业绩综合排序的评价指标中,该指标居于首位。通过对该指标的对比分析,可以看出企业获利能力在同行业中所处的地位,以及与同类企业的差异。一般认为,企业净资产收益率越高,企业自有资本获取收益的能力越强,运营效益越好。

例 4-17

根据表 4-3 的资料计算该公司 202× 年的净资产收益率如下:

$$净资产收益率 = \frac{938}{\frac{3\,300 + 4\,100}{2}} \times 100\% = 25.35\%$$

三、财务综合分析

(一)财务综合分析的含义

财务分析的最终目的是全方位地了解企业经营理财的状况,借以对企业经济效益的优劣做出系统、合理的评价。然而,在财务分析时单独分析任何一项财务比率指标,都难以全面评价企业的财务状况和经营成果。因此,要想对企业的财务状况和经营成果做出一个总体性评价,就必须将各方面的财务比率结合起来进行综合分析。所谓财务综合分析就是将偿债能力比率、营运能力比率和盈利能力比率等诸方面的财务比率纳入一个有机整体中,对企业的财务状况和经营成果进行综合性评价。

在西方,应用广泛的财务综合分析方法主要有杜邦财务分析和沃尔比重评分法,我国的国有资本金效绩评价体系也是一种综合的财务分析体系。这些方法或体系通常都选择营运能力、支付能力和盈利能力等方面的指标为主要指标,同时辅以一些辅助性指标,因此能够提供多层次、多角度的信息资料,全面而翔实地揭示出企业经营理财的实绩。

(二)财务综合分析方法

1.杜邦财务分析体系

杜邦财务分析体系是利用各财务指标之间的内在关系,对企业综合经营理财及经济效益进行系统分析与评价的一种方法。因其最初由美国杜邦公司创立并成功运用而得名。杜邦财务分析体系的基本结构如图 4-1 所示(图中数据根据表 4-2、表 4-3 计算所得)。

净资产收益率 25.35%

总资产净利率 16.17% × 权益乘数 1.5676

主营业务净利率 6.25%×总资产周转率 2.5862   1÷（1－资产负债率 36.21%）

净利润	÷	主营业务 收入净额		主营业务 收入净额	÷	平均资 产总额		平均负债总额	÷	平均资产总额
938		15000		15000		5800		2100		5800

主营业务 收入净额	－	成本 总额	＋	其他 利润	－	所得税		流动 负债	＋	长期 负债		流动 资产	＋	长期 资产
15000		14190		590		462		…		…		…		…

主营业 务成本	＋	主营业务税 金及附加	＋	营业 费用	＋	管理 费用	＋	财务 费用
11500		750		1040		840		60

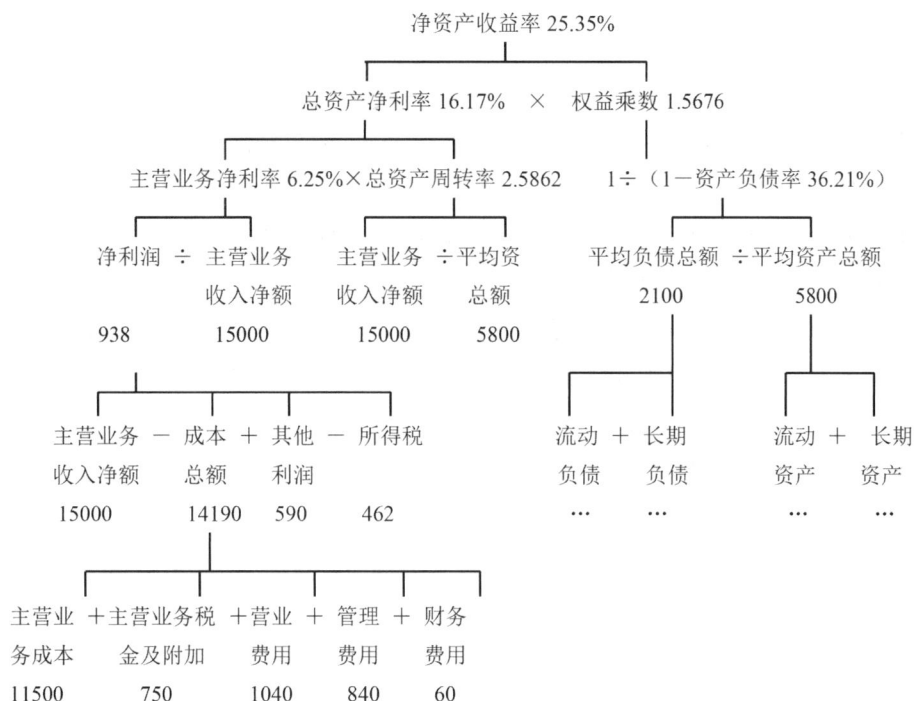

图 4-1 杜邦分析图

    由此可以看出:净资产收益率是一个综合性最强的财务比率,是杜邦财务分析体系的核心;其他各项指标都是围绕这一核心,通过研究彼此间的依存制约关系而揭示企业的获利能力及其前因后果。财务管理的目标是使所有者财富最大化,净资产收益率反映所有者投入资金的获利能力,反映企业筹资、投资、资产运营等活动的效率,提高净资产收益率是实现财务管理目标的基本保证。在杜邦分析图中,该指标被分解为总资产净利率和权益乘数,即净资产收益率的高低取决于总资产净利率和权益乘数。

    总资产净利率也是一个重要的综合性较强的财务比率,它是主营业务净利率和资产周转率的乘积,因此,要进一步从销售成果和资产运营两方面对它进行分析。

    主营业务净利率反映了企业净利润与主营业务收入的关系。提高主营业务净利率是提高企业盈利的关键,而提高这个比率有两个主要途径:一是扩大主营业务收入,二是降低成本费用。

    资产周转率主要揭示企业资产实现主营业务收入的综合能力。企业要联系主营业务收入分析企业资产的使用是否合理,流动资产和非流动资产的比例安排是否恰当。此外,还必须对资产的内部结构以及影响资产周转率的各具体因素进行分析。

    杜邦分析图中的权益乘数反映所有者权益同总资产的关系,其计算公式为:

$$权益乘数 = \frac{平均总资产}{平均所有者权益(或股东权益)} \qquad (4\text{-}20)$$

$$= \frac{1}{1 - 资产负债率} \tag{4-21}$$

公式中的资产负债率是分析期的平均资产负债率,等于分析期的平均负债总额与平均资产总额的比值。权益乘数主要受资产负债率的影响,负债比率越大,权益乘数就越大。在总资产需要量既定的前提下,企业适当开展负债经营,相对减少所有者权益所占的份额,就可使权益乘数提高,这样能给企业带来较大的财务杠杆利益,但同时也给企业带来较大的财务风险。

通过杜邦体系自上而下地分析,不仅可以揭示企业各项财务指标间的结构关系,查明各项主要指标变动的影响因素,而且为决策者优化经营理财状况,提高企业经营效益提供了思路。杜邦分析图告诉我们,提高自有资金净利率的途径在于扩大销售、节约成本、优化投资配置、加速资金周转、优化资金结构、确立风险意识等。

2.沃尔比重评分法

亚历山大·沃尔是财务综合评价的先驱者之一,他在 20 世纪初出版的《信用晴雨表研究》和《财务报表比率分析》等著作中提出了信用能力指数概念,将所选择的七项财务比率用线性关系结合起来,并分别给定各自分数在总评价中的比重,确定标准比率,然后通过实际比率与标准比率的比较,确定各项指标的得分及总体指标的累计分数,从而对企业的信用水平做出评价。例如,用沃尔比重评分法对 Z 公司的财务状况进行综合评分的结果见表 4-4 所示。

原始意义上的沃尔分析法存在着两个缺陷:一是所选定的七项指标缺乏证明力。例如,为什么要选择这七项指标,而不是更多或更少些,或者选择其他指标? 沃尔分析法并不能给出合理的解释。二是当七项指标中的某项指标严重异常时,会对总评分产生不合逻辑的重大影响。

表 4-4 Z 公司沃尔比重评分

财务比率	比重 ①	标准比率 ②	实际比率 ③	相对比率 ④＝③÷②	评分 ⑤＝①×④
流动比率	25	2.00	2.15	1.08	27.00
净资产/负债	25	1.50	1.12	0.75	18.75
资产/固定资产	15	2.50	2.85	1.14	17.10
销售成本/存货	10	8	11	1.38	13.80
销售额/应收账款	10	6	9	1.50	15.00
销售额/固定资产	10	4	3.22	0.81	8.10
销售额/净资产	5	3	1.75	0.58	2.90
合计	100				102.65

采用沃尔比重评分法是,如果综合评分达到或接近 100 分,表明财务状况达到了预定的标准,状况良好;如果低于 100 分,表明财务状况较差;如果高于 100,则表明财务状况非常理想。

3.国有资本金效绩评价体系

1999 年 6 月 1 日,财政部、国家经济贸易委员会、人事部、国家发展计划委员会联合颁布了《国有资本金效绩评价规则》和《国有资本金效绩评价操作细则》,目的是"完善国有资本金监管制度,科学解析和真实反映企业资产运营效果和财务效益状况"。国有资本金效绩评价主要是以政府为主体的评价行为,由政府有关部门直接组织实施,也可以委托社会中介机构实施,其评价的对象是国有独资企业、国家控股企业。政府之外的其他评价主体,在对其投资对象进行评价时,也可参照本办法进行。

该评价系统将整个指标体系分为三个层次,由基本指标、修正指标和评议指标共32 项组成。

国有资本金效绩评价的方式分为例行评价和特定评价。例行评价主要针对重点国有企业、试点的企业集团、国家控股的重要企业,以及对国家、地区、行业经济发展有重大影响的国有大中型企业。特定评价主要针对承包经营、委托经营或租赁经营到期企业、主要领导人变动企业、发生重大损失或造成严重社会影响的企业,以及连续三年以上发生亏损的企业。

该评价指标体系在实际应用时,又分为工商企业和金融企业两类分别进行。其中,工商企业可以进一步分为竞争性企业和非竞争性企业。具体的评价指标有定量指标和定性指标两大类。定量指标又分为基本指标和修正指标两类。表 4-5 是竞争性工商企业评价指标体系。

国有资本金效绩评价结果分为初步评价结果、基本评价结果、定性评价结果和综合评价结果四个层次。初步评价结果、基本评价结果、定性评价结果主要依据基本指标、修正指标和评议指标计算得分产生,以实际得分数值表示。综合评价结果主要依据评价指标体系得分产生,以最终评价得分和评价类型加评价级别表示,并据此编制评价报告。评价类型用字母表示,包括优(A)、良(B)、中(C)、低(D)、差(E)五种。评价级别是指对每种类型再划分级次,采用在字母后标注"＋""－"号的方式表示。具体的计分评价方法请参考《国有资本金效绩评价计分方法》。

国有资本金效绩评价方法包含了盈利能力、资产营运能力、偿债能力和发展能力等各方面能力的分析,是评价企业综合财务状况的一种比较可取的方法。但这一方法的正确性取决于指标的选定、标准值的合理程度、权重的确定等。

表 4-5　竞争性工商企业评价指标体系

定量指标（权重80%）			定性指标（权重20%）
指标类别（100分）	基本指标（100分）	修正指标（100分）	评议指标（100分）
(1)财务效益状况 （42分）	净资产收益率（30） 总资产报酬率（12）	资本保值增值率（16） 销售利润率（14） 成本费用利润率（12）	1.领导班子基本素质（20） 2.产品市场占有率（18） 3.基础管理水平（20） 4.员工素质（12） 5.技术装备水平（10） 6.行业（或地区）影响（5） 7.经营发展战略（5） 8.长期发展能力预测（10）
(2)资产运营状况 （18分）	总资产周转率（9） 流动资产周转率（9）	存货周转率（4） 应收账款周转率（4） 不良资产比率（6） 资产损失比率（4）	
(3)偿债能力状况 （22分）	资产负债率（16） 已获利息倍数（10）	流动比率（6） 速动比率（4） 现金流动负债比率（4） 长期资产适合率（5） 经营亏损挂账比率（3）	
(4)发展能力状况 （18分）	销售增长率（9） 资本积累率（9）	总资产增长率（7） 固定资产成新率（5） 三年利润平均增长率（3） 三年资本平均增长率（3）	

第三节　财务预算

一、财务预算的意义

　　财务预算是一系列专门反映企业未来预算期内预计财务状况和经营成果，以及现金收支等价值指标的各种预算的总称，包括现金预算、预计利润表、预计资产负债表和预计现金流量表。编制财务预算是企业财务管理的一项重要工作。

　　"预则立，不预则败"，企业应该对一定期间的生产经营活动有所规划。全面预算是对企业总体规划的数量说明，图 4-2 是表示企业全面预算体系的一个简化的例子。图中的销售预算、生产预算、直接材料预算、直接人工预算、制造费用预算、产品成本预算和期间费用预算，是反映企业计划期间日常发生的经常性业务活动的预算，统称为业务预算。企业为不经常发生的资本支出或筹资等专门业务活动而编制的预算，则称为专门决策预算。现金预算、预计损益表、预计资产负债表和预计现金流量表，反映了企业计划期间的现金收支、经营成果和财务状况，统称为财务预算。

由图 4-2 可以看出各预算之间的主要联系：企业以经营目标为基础，确定本年度的销售预算，并结合企业财力确定资本支出预算等专门决策预算，根据"以销定产"的原则，以销售预算为年度预算的编制起点，进一步确定生产预算，然后延伸到直接材料、直接人工和制造费用等预算，各个业务预算和专门决策预算为企业的现金预算提供了依据。预计的损益表、资产负债表和现金流量表在最后编制，是对前面各种业务预算和专门决策预算以及现金预算的综合。

可见，财务预算是企业全面预算体系中的最后环节，它可以从价值方面总括地反映经营期决策预算与业务预算的结果，因此在企业的全面预算体系中占据着重要地位。

财务预算以财务预测结果为根据，因此，其受财务预测质量好坏的影响和制约。一方面，财务预算需要服从决策目标的要求，是决策目标的具体化、系统化和定量化，要能够明确规定企业有关生产经营人员各自职责及相应的奋斗目标。另一方面，财务预算是财务控制的先导，其量化指标可作为日常控制与业绩考核的依据，成为奖勤罚懒、评估优劣的准绳。

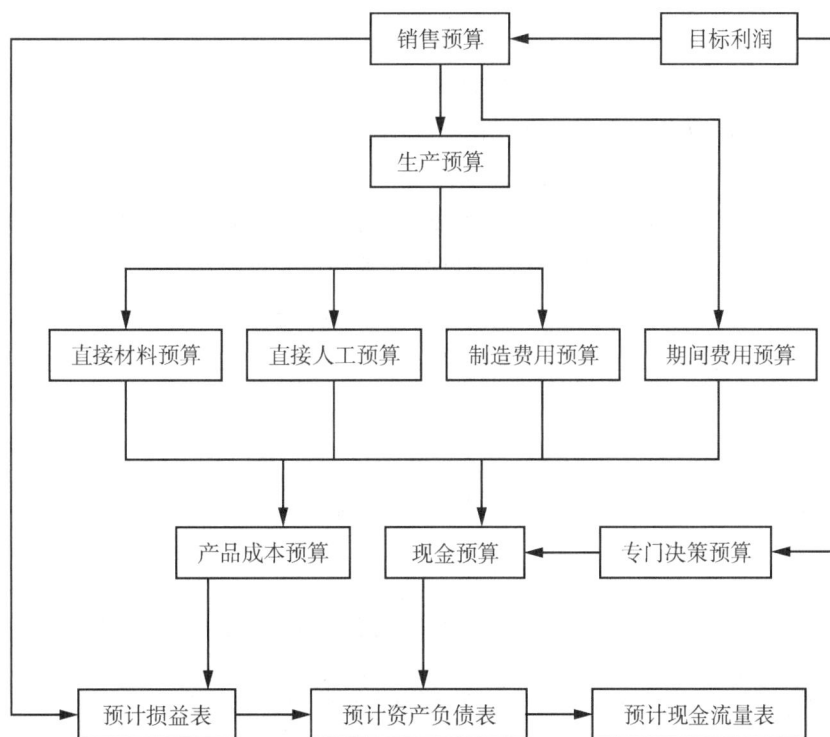

图 4-2　全面预算体系

二、财务预算的编制

如前所述,企业预算的内容,一般包括业务预算、专门决策预算和财务预算三大类。企业编制预算时,应当按照先业务预算、专门决策预算,后财务预算的流程进行,并按照各预算执行单位所承担经济业务的类型(生产型或非生产型)及其责任权限,编制不同形式的预算。为了更好地理解财务预算的编制,这里用简明的实例,前后贯穿,先简要介绍业务预算和专门决策预算的编制,然后以它们为基础说明财务预算的编制。

(一)业务预算

业务预算是指反映预算期内企业可能形成现金收付的生产经营活动(或营业活动)的预算,一般包括销售或营业预算、生产预算、采购预算、直接人工预算、制造费用预算、产品成本预算、营业成本预算、期间费用预算等,可根据实际情况具体编制。

1.销售预算

销售(或营业预算)是预算期内预算执行单位销售各种产品或者提供各种劳务可能实现的销售量或者业务量及其收入的预算,是编制企业全面预算的出发点,也是日常业务预算的基础。在编制时,主要依据年度目标利润、预测的市场销量或劳务需求及提供的产品结构以及市场价格编制。在编制销售或营业预算时,应根据预算期的现销收入与回收赊销货款的可能情况反映现金收入,为编制现金预算提供信息。

假设 ZD 公司经营多种产品,预计 202×年各季度各种产品销售量及有关售价的部分资料见表 4-6。每季的商品销售在当季收到 80%,其余在下季收讫。表中第一季

表 4-6　ZD 公司 202×年销售预算

单位:元

项　目	第一季度	第二季度	第三季度	第四季度	本年合计
销售量(预计)					
A 产品(件)	480	600	720	600	2 400
B 产品(个)	…	…	…	…	…
…	…	…	…	…	…
销售单价					
A 产品	100	100	100	100	100
B 产品	…	…	…	…	…
…	…	…	…	…	…
销售收入合计	117 000	174 000	225 000	132 000	648 000
销售税金及附加现金支出	11 700	17 400	22 500	13 200	64 800
现销收入	93 600	139 200	180 000	105 600	518 400
回收前期应收货款	24 000	23 400	34 800	45 000	127 200
现金收入合计	117 600	162 600	214 800	150 600	645 600

度回收应收销货款系按上年年末应收账款余额确定。表的下半部分反映与销售业务有关的现金收支。

2.生产预算

生产预算是指从事工业生产的预算执行单位在预算期内所要达到的生产规模及其产品结构的预算,主要是在销售预算的基础上,依据各种产品的生产能力、各项材料、人工消耗定额及其物价水平和期末存货状况编制。为了实现有效管理,还应当在生产预算的基础上进一步编制直接人工预算和直接材料预算。生产预算应该按产品品种编制,编制过程中应根据下列公式计算出预计生产量填入预算表内:

预计生产量＝预计销售量＋预计期末存货量－预计期初存货量

公式中,预计期初存货量等于上期预计期末存货量,预计期末存货量则可按事先估计的期末存货量占一定时期销售量的比例进行估算。表 4-7 是 ZD 公司据有关资料编制的生产预算。

表 4-7　ZD 公司 202×年生产预算

产品名称:A 产品　　　　　　　　　　　　　　　　　　　　单位:件

项目	第一季度	第二季度	第三季度	第四季度	本年合计
本期销售量	480	600	720	600	2 400
加:期末存货量	60	72	60	72	72
减:期初存货量	48	60	72	60	48
本期生产量	492	612	708	612	2 424

3.采购预算

采购预算是指预算执行单位在预算期内为保证生产或者经营的需要而从外部购买各类商品、各项材料、低值易耗品等存货的预算,主要根据销售或营业预算、生产预算、期初存货情况和期末存货经济存量编制。

从事工业生产的预算执行单位的采购预算,也可称之为直接材料及采购预算,主要反映预算期内各种材料预计消耗量、采购量、采购金额以及采购付现支出情况,它应该在生产预算的基础上进一步编制。编制时,应按以下公式计算出某种材料预计采购量:

预计材料采购量＝预计生产需要量＋预计期末存料量－预计期初存料量

某种材料的预计采购量乘以该材料的预计单价就得到该材料的预计采购成本,所有材料的预计采购成本加总就可以得到预算期内材料采购总成本。在此基础上结合付款条件可以预计出预算期内为采购材料而发生的现金支出数。

表 4-8 为 ZD 公司 202×年直接材料耗用及采购预算。假定该公司每季材料采购总额的 60%用现金支付,其余的 40%在下季付讫。表中第一季度偿付前期材料款为上年年末应付账款余额。

表 4-8 ZD 公司 202×年直接材料耗用及采购预算

单位:元

材料类别	项目		第一季度	第二季度	第三季度	第四季度	全年合计
甲材料	A 产品耗用	预计生产量	492	612	708	612	2 424
		消耗量定额	2	2	2	2	—
		预计消耗数量	984	1 224	1 416	1 224	4 848
	B 产品耗用	...	...	...	...	...	...
	⋮	...	...	...	...	...	...
	甲材料耗用总量		4 560	4 824	4 944	5 040	19 368
	加:期末材料存量		1 206	1 236	1 260	1 230	—
	减:期初材料存量		1 140	1 206	1 236	1 260	—
	本期采购量		4 626	4 854	4 968	5 010	19 458
	甲材料单价		5	5	5	5	—
	甲材料采购成本		23 130	24 270	24 840	25 050	97 290
乙材料	...		...	...	...	...	...
	乙材料采购成本		...	...	...	...	...
⋮	...		...	...	...	...	...
各种材料采购成本总额			84 660	87 600	89 040	91 140 *	352 440
当期现购材料款			50 796	52 560	53 424	54 684	211 464
偿付前期所欠材料款			31 200	33 864	35 040	35 616	135 720
当期现金支出小计			81 996	86 424	88 464	90 300	347 184

 * 其中包括第四季度发生的材料项目流动资金投资 3 480 元,见表 4-12。

非生产型的预算执行单位的采购预算,则主要是反映预算期内各种商品的预计采购量和采购金额以及采购付现支出情况,应根据销售或营业预算、期初存货情况和期末存货经济存量编制。

4.直接人工预算

直接人工预算,是从事工业生产的预算执行单位反映预算期内人工工时消耗水平、人工费用开支水平的业务预算,以生产预算为基础进行编制。

表 4-9 是 ZD 公司 202×年的直接人工预算。假定直接人工成本均须用现金开支。

表 4-9　ZD 公司 202×年直接人工预算

单位:元

产品种类	项　　目	第一季度	第二季度	第三季度	第四季度	本年合计
A 产品	预计生产量	492	612	708	612	2 424
	工时定额	6	6	6	6	6
	直接人工总工时	2 952	3 672	4 248	3 672	14 544
B 产品	…	…	…	…	…	…
⋮	…	…	…	…	…	…
各种产品直接人工总工时		4 560	4 824	4 944	5 040	19 368
单位工时直接人工成本		3	3	3	3	3
直接人工成本总额		13 680	14 472	14 832	15 120	58 104

5.制造费用预算

制造费用预算是指从事工业生产的预算执行单位在预算期内为完成生产预算所需各种间接费用的预算,主要在生产预算基础上,按照费用项目及其上年预算执行情况,根据预算期降低成本费用的要求编制。在编制制造费用预算时,可以按成本习性将所有的制造费用分为变动部分与固定部分,其中变动制造费用与业务量(一般为工时)成正比,固定制造费用总额保持不变。表 4-10 为 ZD 公司 202×年制造费用预算。

表 4-10　ZD 公司 202×年制造费用预算

单位:元

固定性制造费用	金　额	变动性制造费用	金　额
1.工资和福利费	5 220	1.机物料消耗	5 100
2.保险费	1 680	2.工资和福利费	11 280
3.办公费	1 608	3.水电费	8 700
4.修理费	1 092	4.修理费	3 972
5.折旧费	7 200	合计	29 052
合计	16 800	直接人工总工时	19 368
其中:付现费用	9 600	分配率(单位变动制造费用)	1.5

付现项目	第一季度	第二季度	第三季度	第四季度	全年合计
变动性制造费用①	6 840	7 236	7 416	7 560	29 052
付现的固定性制造费用②	2 400	2 400	2 400	2 400	9 600
现金支出合计	9 240	9 636	9 816	9 960	38 652

注:①＝分配率(1.5)×某季度预计总工时;②＝9 600÷4。

6.产品成本预算

产品成本预算是指从事工业生产的预算执行单位在预算期内生产产品所需的生产成本、单位成本和销售成本的预算,主要依据生产预算、直接材料预算、直接人工预算、制造费用预算等汇总编制。

表 4-11 是 ZD 公司 202×年产品成本预算,该表按变动成本法编制,若按完全成本法编制,则其单位产品成本应该再加上单位固定制造费用。

表 4-11　ZD 公司 202×年产品成本预算

单位:元

成本项目	A产品(年产量 4848 件)				B产品	…	合计
	单耗	单价	单位成本	总成本			
直接材料							
甲材料	2	5	10	24 240			96 840
乙材料	…	…	…	…			…
⋮	…	…	…	…	…	…	…
小计			22	53 328			350 100
直接人工	6	3	18	43 632			58 104
变动制造费用	6	1.5	9	21 816			29 052
变动生产成本合计			49	118 776			437 256
产成品存货	数量		单位成本	总成本	…	…	合计
年初存货	48		50	2 400	…	…	17 100
年末存货	72		49	3 528	…	…	48 996

7.营业成本预算

营业成本预算是非生产型预算执行单位对预算期内为了实现营业预算而在人力、物力、财力方面必要的直接成本预算,主要依据企业有关定额、费用标准、物价水平、上年实际执行情况等资料编制。

8.期间费用预算

期间费用预算是预算期内预算执行单位组织经营活动必要的管理费用、财务费用、营业费用等的预算。在编制时,应当区分变动费用与固定费用、可控费用与不可控费用的性质,根据上年实际费用水平和预算期内的变化因素,结合费用开支标准和企业降低成本费用的要求,分项目、分责任单位进行编制。其中,科技开发费用以及业务招待费、会议费、宣传广告费等重要项目,应当重点列示。

期间费用是为了保证企业维持正常的经营而发生的,大多为固定成本。这些费用当中,有一部分发生的时间与受益的时间是一致的,如折旧、销售人员工资和专设销售机构的日常开支;还有一部分属于年内待摊或预提性质,发生的时间与受益的时间不一致,如一次性支付的全年广告费、年终报表审计费等。因此编制期间费用预算时,一般可以按项目反映全年预计水平并在年内均摊。至于期间费用中的现金支出数,则应逐期考虑支出的具体项目进行预算。表 4-12 是 ZD 公司 202×年期间费用预算,其中未包含财务费用的预算,财务费用的预算在编制现金预算计划资金的筹措与运用时一并予以考虑。

表 4-12　ZD 公司 202×年期间费用预算

单位:元

费用项目	全年预算	费用项目	全年预算
1.销售人员工资	2 700	10.排污费	180
2.专设销售机构业务费	1 200	11.业务招待费	600
3.保险费	720	12.聘请中介机构费	1 200
4.运杂费	390	13.房产税等税金	420
5.展览费和广告费	2 400	14.其他管理费用	600
6.其他销售费用	570		
7.公司经费	4 500	费用合计	17 760
8.董事会费	1 800	每季平均＝17 760÷4＝4 440	
9.折旧费	480		

季度	1	2	3	4	全年合计
现金支出	3 870	4 440	4 950	4 020	17 280

　　除了上述各项业务预算以外,企业对自办医院、学校及离退休人员费用支出,解除劳动关系补偿支出,缴纳税金,政策性补贴、对外捐赠支出及其他营业外支出等,也应当根据实际情况和国家有关政策规定,编制营业外支出等相关业务预算。

(二)专门决策预算

　　专门决策预算是指企业为某个决策项目而编制的预算,包括资本预算和筹资预算。

　　1.资本预算

　　资本预算是企业在预算期内进行资本性投资活动的预算,主要包括固定资产投资预算、权益性资本投资预算和债券投资预算。

　　(1)固定资产投资预算。固定资产投资预算是企业在预算期内购建、改建、扩建、更新固定资产进行资本投资的预算,应当根据本单位有关投资决策资料和年度固定资产投资计划编制。企业处置固定资产所引起的现金流入,也应列入资本预算。企业如有国家基本建设投资、国家财政生产性拨款,应当根据国家有关部门批准的文件、产业结构调整政策、企业技术改造方案等资料单独编制预算。

　　(2)权益性资本投资预算。权益性资本投资预算是企业在预算期内为了获得其他企业的股权及收益分配权而进行资本投资的预算,应当根据企业有关投资决策资料和年度权益性资本投资计划编制。企业转让权益性资本投资或者收取被投资单位分配的利润(股利)所引起的现金流入,也应列入资本预算。

　　(3)债券投资预算。债券投资预算是企业在预算期内为购买国债、企业债券、金融债券等所做的预算,应当根据企业有关投资决策资料和证券市场行情编制。企业转让债券收回本息所引起的现金流入,也应列入资本预算。

2.筹资预算

筹资预算是企业在预算期内需要新借入的长短期借款、经批准发行的债券以及对原有借款、债券还本付息的预算,主要依据企业有关资金需求决策资料、发行债券审批文件、期初借款余额及利率等编制。

企业经批准发行股票、配股和增发股票,应当根据股票发行计划、配股计划和增发股票计划等资料单独编制预算。股票发行费用,也应当在筹资预算中分项做出安排。

表4-13是ZD公司202×年为上马一条新的生产线而编制的专门决策预算。

表4-13　ZD公司202×年专门决策预算

单位:元

项　　目	第一季度	第二季度	第三季度	第四季度	全年合计
固定资产投资					
1.设计费	300				300
2.基建工程	3 000	3 000			6 000
3.设备购置		39 000	9 000		48 000
4.安装工程			1 800	3 000	4 800
5.其他				900	900
合　计	3 300	42 000	10 800	3 900	60 000
流动资金投资					
合　计				3 480	3 480
投资支出总计	3 300	42 000	10 800	7 380	63 480
投资资金筹措					
1.发行优先股①	12 000				12 000
2.发行公司债②		30 000			30 000
合　计	12 000	30 000			42 000

注:①优先股股利率为15%;②公司债券利息率为12%。

(三)财务预算

财务预算是指反映企业在预算期内有关现金收支、经营成果和财务状况的预算,应当围绕企业的战略要求和发展规划,以业务预算、资本预算为基础,以经营利润为目标,以现金流为核心进行编制,并主要以现金预算、预计资产负债表和预计损益表等财务报表形式予以充分反映。财务预算是全面预算体系的最后环节,可以从价值方面总括地反映业务预算和专门决策预算的结果。

1.现金预算

现金预算是按照现金流量表主要项目内容编制的反映企业预算期内一切现金收支及其结果的预算。它以业务预算、专门决策预算为基础,是其他预算有关现金收支的汇总,主要作为企业资金头寸调控管理的依据。根据上述ZD公司业务预算以及专门决策预算的有关资料,编制该公司202×年现金预算如表4-14所示。

表 4-14　ZD 公司 202×年现金预算

单位:元

项　　目	第一季度	第二季度	第三季度	第四季度	全年合计	备注
①期初现金余额	12 600	13 614	13 962	14 483	12 600	
②经营现金收入	117 600	162 600	214 800	150 600	645 600	表 4-6
③经营性现金支出	137 286	149 172	157 362	149 400	593 220	
直接材料采购	81 996	86 424	88 464	90 300	347 184	表 4-8
直接工资及其他支出	13 680	14 472	14 832	15 120	58 104	表 4-9
制造费用	9 240	9 636	9 816	9 960	38 652	表 4-10
销售及管理费用	3 870	4 440	4 950	4 020	17 280	表 4-12
产品销售税金	11 700	17 400	22 500	13 200	64 800	表 4-6
预交所得税	12 000	12 000	12 000	12 000	48 000	估计
预分股利	4 800	4 800	4 800	4 800	19 200	估计
④资本性现金支出	3 300	42 000	10 800	3 900	60 000	表 4-13
⑤现金余缺	(10 386)	(14 958)	60 600	11 783	4 980	
⑥资金筹措及运用	24 000	28 920	(46 117)	3 192	9 995	
流动资金借款	12 000				12 000	
归还流动资金借款		(600)	(6 000)	(5 400)	(12 000)	
发行优先股	12 000				12 000	表 4-13
发行公司债券		30 000			30 000	表 4-13
支付利息*		(480)	(1 128)	(1 008)	(2 616)	
购买有价证券	13 614		(38 989)	9 600	(29 389)	
⑦期末现金余额		13 962	14 483	14 975	14 975	

* 假定该公司流动资金借款在期初发生,还款则在期末,利息率为 8%。
第二季度利息支出＝12 000×8%×2÷4＝480(元)
第三季度利息支出＝(12 000－600)×8%÷4＋30 000×12%÷4＝1 128(元)
第四季度利息支出＝(12 000－600－6 000)×8%÷4＋30 000×12%÷4＝1 008(元)

2.预计损益表

预计损益表是按照损益表的内容和格式编制的反映预算执业单位在预算期内利润目标的预算报表。一般根据销售或营业预算、生产预算、产品成本预算或者营业成本预算、期间费用预算、其他专项预算等有关资料分析编制。表 4-15 是 ZD 公司按变动成本法编制的 202×年预计利润表。

表 4-15　ZD 公司 202×年预计利润表

单位:元

摘　　要	金　　额
销售收入	648 000
减:销售税金及附加	64 800
减:本期销货成本①	405 360
产品贡献毛益总额	177 840
减:期间成本②	37 176
利润总额	140 664
减:应交所得税(33%)	46 419.12
净利润	94 244.88

注:①＝期初产品存货成本＋本期生产成本－期末产品存货成本＝17 100＋437 256－48 996(表 4-11);②＝16 800＋17 760＋2 616(表 4-10、表 4-12、表 4-14)。

3.预算资产负债表

预算资产负债表是按照资产负债表的内容和格式编制的综合反映预算执行单位期末财务状况的预算报表。一般根据预算期初实际的资产负债表、销售或营业预算、生产预算、采购预算、资本预算、筹资预算等有关资料分析编制。ZD公司202×年年末的预计资产负债表如表4-16。

表4-16 ZD公司预计资产负债表

单位:元

资　产	年末数	年初数	负债与股东权益	年末数	年初数
现金	14 975	12 600			
应收账款	26 400①	24 000			
材料存货	19 140②	16 800	应付账款	36 456⑤	31 200
产成品存货	48 996	17 100	应付债券	30 000	——
短期投资	29 389	——	应交税金	(1 580.88)⑥	——
土地	72 000	72 000	股东权益	287 024.88⑦	199 980
厂房设备	165 000③	105 000			
减:累计折旧	24 000④	16 320			
资产总计	351 900	231 180	负债与股东权益总计	351 900	231 180

注:①=132 000－105 600(表4-6)

②=16 800＋352 440－350 100(表4-8、表4-11)

③=105 000＋60 000(表4-13)

④=16 320＋7 200＋480(表4-10、表4-12)

⑤=91 140－54 684(表4-8)

⑥=46 419.12－48 000(表4-15、表4-14)

⑦=199 980＋12 000＋94 244.88－19 200(表4-14、表4-15)

三、财务预算的编制方法

预算的编制方法多种多样,其中较先进合理的方法主要有弹性预算、零基预算和滚动预算等编制方法。

(一)弹性预算

弹性预算是对固定预算的改进。固定预算是根据预算内正常的、可实现的某一业务量水平编制的预算,一般适用于固定费用或者数额比较稳定的预算项目。由于固定预算在编制过程中所依据的产销业务量水平是某一固定的事先预定的业务量,一旦事先预定的业务量与实际水平相去甚远时,必然导致有关成本费用及利润的实际水平与预算水平因业务量基础不同而失去可比性,不利于开展控制与考核。弹性预算是在按照成本(费用)习性分类的基础上,根据量、本、利之间的依存关系编制的预算,一般适用于与预算执行单位业务量有关的成本(费用)、利润等预算项目。弹性预算是为克服固定预算的缺点而设计的,它是指按照预算期内可预见的多种业务量水平而编制的、能够适应不同业务量情况的预算。其预算编制的依据不是一个固定的业务量,而是一个可预见的业务量范围,因此能规定不同业务量条件下的预算收支,适用面宽,机动性强,具有弹性,但工作量也大。

例如,C公司编制弹性利润预算如表4-17所示。

表 4-17 C公司弹性利润预算

项 目	单位预算	弹性预算		
销售数量		10 000	11 000	12 000
销售收入	20	200 000	220 000	240 000
变动成本	12	120 000	132 000	144 000
变动制造费用	9	90 000	99 000	108 000
变动销售费用	2	20 000	22 000	24 000
变动管理费用	1	10 000	11 000	12 000
贡献毛益	8	80 000	88 000	96 000
固定成本		50 000	50 000	50 000
固定制造费用		30 000	30 000	30 000
固定销售及管理费用		20 000	20 000	20 000
营业利润		30 000	33 000	46 000

编制弹性预算的基本方法是:在可预见的业务量范围内,按照一定业务量间隔,根据收入、成本、费用、利润的与业务量之间的内在关系,分析确定其预算额。业务量的间隔不能过大,也不能过小,通常以5%～10%为宜。编制弹性预算的关键在于把握收入、成本、费用的习性特征,即它们与业务量之间的依存关系。收入和变动成本随业务量正比例增减变动,其单位额乘以预算业务量即可得到预算额,不同业务量下的预算额是不一样的。固定成本则在相关范围内保持不变,可以从总额的角度进行预算,在不同的业务量下的预算额是保持不变的。

(二)零基预算

零基预算是为克服增量预算的缺点而设计的。增量预算是以基期的成本费用实际水平为基础,结合预算期业务量水平以及有关降低成本的措施,调整部分原有的成本费用项目而编制的预算。它以过去的经验为基础,实际上是承认过去所发生的一切都是合理的,主张不需在预算内容上做较大改进,而是因循沿袭以前的预算项目。按这种方法编制预算,往往不加分析地保留或接受原有的成本项目,可能使原来不合理的费用开支继续存在下去,造成浪费,并且容易鼓励预算编制者凭主观臆断按成本项目平均削减预算或只增不减,不利于调动各部门降低费用的积极性。零基预算是对预算收支以零为基点,对预算期内各项支出的必要性、合理性或者各项收入的可行性以及预算数额的大小,逐项审议决策从而予以确定收支水平的预算,一般适用于不经常发生的或者预算编制基础变化较大的预算项目,如对外投资、对外捐赠等。这种方法最初是由美国德州仪器公司彼得·派尔在 20 世纪 60 年代末提出来的,现已被西方国家广泛采用作为管理间接费用的一种新的有效方法。

零基预算一般可按下列程序进行编制:

1.确定费用项目。即动员企业内部各部门根据预算期内的战略目标对其所从事的作业进行分析评价,主要包括:①作业的目的;②不从事此作业将产生的后果;③完成该作业有无其他可供选择的途径等。在充分讨论的基础上确定企业必要的作业项目以及相应发生的费用项目,并确定其预算数额,而不考虑这些费用项目以往是否发生以及发生额多少。

2.排列费用项目开支的先后顺序。将全部费用项目划分为约束性项目和酌量性项目,前者是指在预算期内必须发生且发生数额不能改变的费用项目,后者是指在上一步确定应当发生的但是其发生数额可以予以斟酌费的用项目。在预算编制过程中,对约束性项目必须保证资金供应;对酌量性项目则需要逐项进行成本—效益分析,并在此基础上确定项目开支的先后顺序。

3.分配资源,落实预算。按照上一步确定的费用项目开支顺序,对预算期内可动用的资源进行分配,落实资金。

零基预算以企业的战略目标为出发点确定必需的费用开支项目,有利于企业长远目标的实现。这种方法可以充分发挥各级管理人员的积极性、主动性和创造性,促进各预算部门精打细算,合理有效地进行资源分配,将有限的资金用在刀刃上。但是零基预算一切从零出发,在编制费用预算时需要完成大量的基础工作,这势必带来浩繁的工作量,编制时间也较长。为简化预算编制的工作量,可以每隔几年才按此方法编制一次预算。

(三)滚动预算

滚动预算是对定期预算的改进。定期预算,是指在编制预算时,通常以某个特定的会计年度作为预算期的一种预算编制方法。这种预算由于受预算期间的限制,致使经营管理者们的决策视野往往局限于本期规划的经营活动,通常不考虑下期,形成人为的预算间断,因此这种预算不能适应连续不断的生产经营过程,不利于企业的长远发展。此外,这种预算不能随情况的变化及时调整,当预算中所规划的各种经营活动在预算期内发生重大变化时,就会造成预算滞后过时,使之成为虚假预算。滚动预算是随时间的推移和市场条件的变化而自行延伸并进行同步调整的预算,一般适用于季度预算的编制。滚动预算为克服定期预算的缺点而设计,在编制预算时将预算

期与会计年度脱离开来,随预算的执行而不断地滚动补充预算,使预算期始终保持为
12 个月。如图 4-3 所示。

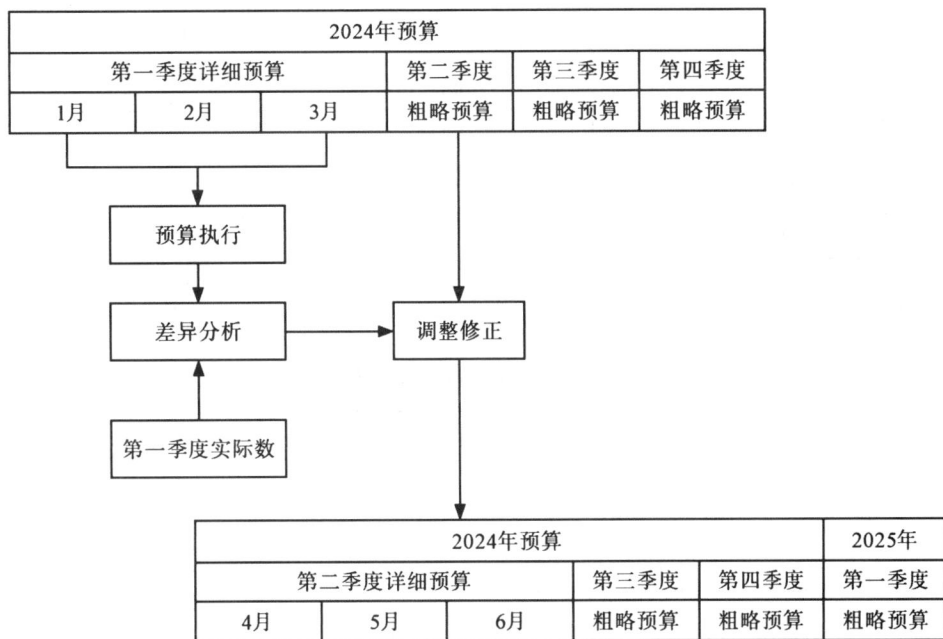

2024年预算					
第一季度详细预算			第二季度	第三季度	第四季度
1月	2月	3月	粗略预算	粗略预算	粗略预算

预算执行

差异分析 → 调整修正

第一季度实际数

2024年预算					2025年
第二季度详细预算			第三季度	第四季度	第一季度
4月	5月	6月	粗略预算	粗略预算	粗略预算

图 4-3　滚动预算示意图

滚动预算不受日历年度的限制,能够连续不断地规划未来的经营活动,不会造成
预算的人为间断,它总是可以使企业管理人员了解未来 12 个月内企业的总体规划与
近期预算目标,能够确保企业管理工作的完整性与稳定性,并且它能根据前期预算的
执行情况,结合各种因素的变动影响,及时调整和修订近期预算,从而使预算更加切
合实际,能够充分发挥预算的指导和控制作用。当然,采用滚动预算的方法编制预
算,也会加大预算的工作量。

(四)概率预算

上述有关预算编制时,假设生产和销售的情况是稳定的,所涉及的业务量、价格、
成本等因素是一个确定的值,所编制的预算是一种确定性的预算。但是实际上,企业
生产经营的不确定性因素很多,在市场的供需、产销变动比较大的情况下,业务量、价
格、成本等变量有时是难以确定的。这时企业就需要根据客观条件,对有关变量进行
分析,估计它们可能变动的范围及在该范围内出现的概率,然后结合概率对各变量进
行调整,计算期望值,编制预算。这种运用概率来编制预算的方法,称为概率预算。

例如,E 企业对计划年度影响利润的有关因素进行分析,预计出各因素的可能情
况及其概率,列示如表 4-18。

表 4-18　E 企业影响利润的有关因素及其概率情况

销售数量		销售单价（元）		单位变动成本（元）	固定成本（千元）
数量（千件）	概　率	金额	概　率		
160	0.2	10 9	0.8 0.2	5	400
200	0.6	10 9	0.6 0.4	5.1	500
250	0.2	10 9	0.3 0.7	5.2	600

根据上述资料计算出该企业计划年度的利润期望值如表 4-19 所示。

表 4-19　E 企业利润期望值计算表

销售数量（千件）		销售单价（元）		单位变动成本（元）	固定成本（千元）	利润（千元）	联合概率	利润期望值（千元）
数量	概率	金额	概率					
160	0.2	10	0.8	5	400	400	0.16	64
		9	0.2	5	400	240	0.04	9.6
200	0.6	10	0.6	5.1	500	480	0.36	172.8
		9	0.4	5.1	500	280	0.24	67.2
250	0.2	10	0.3	5.2	600	600	0.06	36
		9	0.7	5.2	600	350	0.14	49
合　计							1.00	398.6

表中的利润按公式"利润＝（单价－单位变动成本）×销售量－固定成本"计算；联合概率为相关变量各自概率的乘积；利润期望值则等于利润与联合概率的乘积，其合计值为 398.6 千元，即为该企业对计划年度可实现利润的合理预期。

概率预算考虑了计划年度的各种可能情况，考虑问题较全面，比较符合多变的市场实际情况，但如何估计未来的各种可能情况及其概率是比较困难的事情，尤其是概率的确定容易受主观因素的影响。通常，在具备历史资料的条件下，我们可以通过对历史资料的统计分析来确定各种可能情况及其概率。

上述介绍的各种预算方法均有所长，也有所短，企业应该根据自身的业务特点和需要，选择适当的方法进行预算编制，尤其应该注意各种方法的结合应用。

🔷 思考题

1.财务分析有何意义？

2.不同利益主体进行财务分析各自有何侧重点？

3.财务分析主要包括哪些方法？试解释它们各自的原理。

4.使用比率分析法时,应该注意哪几点？

5.使用因素分析法时,应该注意哪几点？

6.为什么说在反映短期偿债能力方面,速动比率比流动比率更可靠？

7.偿债能力比率、营运能力比率和盈利能力比率分别有哪些？它们分别如何计算？

8.试按杜邦财务分析指标体系分解净资产收益率。

9.国有资本金效绩评价体系与杜邦财务分析体系有何异同？

10.什么是财务预算？编制财务预算有何意义？

11.预算的编制方法有哪些？各自有何优缺点？

练习题

1.某商业企业 202×年度主营业务收入净额为 2 000 万元,销售成本为 1 600 万元;年初、年末应收账款余额分别为 200 万元和 400 万元;年初、年末存货余额分别为 200 万元和 600 万元;年末速动比率为 1.2,现金比率为 0.7。假定该企业流动资产由速动资产和存货组成,速动资产由应收账款和现金类资产组成,一年按 360 天计算。

要求:

(1)计算 202×年应收账款周转天数;

(2)计算 202×年存货周转天数;

(3)计算 202×年年末流动负债余额和速动资产余额;

(4)计算 202×年年末流动比率。

2.已知某公司 202×年会计报表的有关资料如下:

资产负债表项目	年初数	年末数
资产	8 000	10 000
负债	4 500	6 000
所有者权益	3 500	4 000
利润表项目	上年数	本年数
主营业务收入净额	(略)	20 000
净利润	(略)	500

要求:

(1)计算杜邦财务分析体系中的下列指标(凡计算指标涉及资产负债表项目数据的,均按平均数计算):①净资产收益率;②总资产净利率(保留三位小数);③主营业务净利率;④总资产周转率(保留三位小数);⑤权益乘数。

（2）用文字列出净资产收益率与上述其他各项指标之间的关系式，并用本题数据加以验证。

3.资料：F公司经营多种产品，最近两年的财务报表数据摘要如下（单位：万元）：

利润表数据	上年	本年
营业收入	10 000	30 000
销货成本（变动成本）	7 300	23 560
管理费用（固定成本）	600	800
营业费用（固定成本）	500	1 200
财务费用（借款利息）	100	2 640
税前利润	1 500	1 800
所得税	500	600
净利润	1 000	1 200
资产负债表数据	上年末	本年末
货币资金	500	1 000
应收账款	2 000	8 000
存货	5 000	20 000
其他流动资产	0	1 000
流动资产合计	7 500	30 000
固定资产	5 000	30 000
资产总计	12 500	60 000
短期借款	1 850	15 000
应付账款	200	300
其他流动负债	450	700
流动负债合计	2 500	16 000
长期负债	0	29 000
负债合计	2 500	45 000
股本	9 000	13 500
盈余公积	900	1 100
未分配利润	100	400
所有者权益合计	10 000	15 000
负债及所有者权益总计	12 500	60 000

要求：进行以下计算、分析和判断（提示：为了简化计算和分析，计算各种财务比率时需要的存量指标如资产、所有者权益等，均使用期末数；一年按360天计算）：

（1）净利润变动分析：该公司本年净利润比上年增加了多少？按顺序计算确定所有者权益变动和权益净利率变动对净利润的影响数额（金额）。

（2）权益净利率变动分析：确定权益净利率变动的差额，按顺序计算确定总资产净利率和权益乘数变动对权益净利率的影响数额（百分点）。

（3）总资产净利率变动分析：确定总资产净利率变动的差额，按顺序计算确定总资产周转率和销售净利率变动对总资产净利率的影响数额（百分点）。

（4）总资产周转天数分析：确定总资产周转天数变动的差额，按顺序计算确定固定资产周转天数和流动资产周转天数变动对总资产周转天数的影响数额（天数）。

4.某企业现着手编制 202×年 6 月份的现金收支计划。预计 202×年 6 月月初现金余额为 8 000 元；月初应收账款 4 000 元，预计月内可收回 80%；本月销货 50 000元，预计月内收款比例为 50%；本月采购材料 8 000 元，预计月内付款 70%；月初应付账款余额5 000元须在月内全部付清；月内以现金支付工资 8 400 元；本月制造费用等间接费用付现 16 000 元；其他经营性现金支出 900 元；购买设备支付现金 10 000 元。企业现金不足时可向银行借款，借款金额为 1 000 元的倍数；现金多余时可购买有价证券。要求月末现金余额不低于 5 000 元。

要求：

（1）计算经营现金收入；

（2）计算经营现金支出；

（3）计算现金余缺；

（4）确定最佳资金筹措或运用数额；

（5）确定现金月末余额。

5.某企业 202×年现金预算（简表）如下表所示。假定企业发生现金余缺均由归还或取得流动资金借款解决，且流动资金借款利息可以忽略不计。除表中所列项目外，企业没有有价证券，也没有发生其他现金收支业务。预计 202×年末流动负债为4 000 万元，需要保证的年末现金比率为 50%。

项 目	第 1 季度	第 2 季度	第 3 季度	第 4 季度
期初现金余额	1 000			2 500
本期现金收入	31 000	33 500	E	36 500
本期现金支出	30 000	C	37 000	40 000
现金余缺	A	1 000	3 000	G
资金筹措与运用 取得流动资金借款 归还流动资金借款	−500 −500	1 000 1 000	F	I
期末现金余额	B	D	2 500	H

要求：根据所列资料，计算填列表中用字母表示的项目。

第五章 **融资与资本结构**

💡 **学习目的**

　　本章主要介绍短期资金和长期资金的融资方式、资金成本及其计量方法，以及经营杠杆和财务杠杆的基本原理。通过学习，需要掌握融资决策的方法，能够熟练地应用财务杠杆的理论合理安排企业的资本结构。

第一节　融资方式

　　任何一个企业的生存和发展，都离不开资金的支持。因此，企业应当高度重视融资，这是企业生产经营活动的前提，又是企业再生产顺利进行的保证。融资为投资提供了基础，融资的数量与结构直接影响企业效益的好坏，进而影响企业的收益分配。因此，融资在财务管理中处于相当重要的地位。

　　企业的资金可以从多种渠道，用多种方式融集。不同来源的资金，其使用时间的长短、附加条款的限制、财务风险的大小、资金成本的高低都不一样。这就要求企业在融资时，不仅需要从数量上满足生产经营的需要，而且要考虑各种融资方式的资本成本高低和财务风险大小，以便选择最佳融资方式，实现财务管理的总体目标。

一、企业融资的分类

　　企业融资按不同标准可进行不同分类，通常采用的分类方式主要有两种。

（一）按资金使用时间的长短分为短期融资与长期融资

　　短期融资取得的资金使用时间较短，一般 1 年之内就需归还，通常采用商业信用、银行短期借款等方式来融集。

　　长期融资取得的资金使用时间较长，往往在 1 年以上，通常采用吸收投资、发行股票、发行债券、长期借款、融资租赁、留存收益等方式来融集。

(二)按资金的来源方式分为权益融资和负债融资

权益融资是指企业通过发行股票、吸收直接投资、留用利润等方式融集的资金,该资金无须归还,是企业的自有资金或权益资金。但这种方式筹集的资金成本相对较高。

负债融资是企业通过发行债券、银行借款、融资租赁等方式融集的资金。该资金到期需要归还并付息,企业承担较大风险;但其付出的资本成本相对较低。

二、企业融资渠道与融资方式

企业融资活动需要通过一定的渠道并采用一定的方式来完成。

(一)融资渠道

融资渠道是指筹措资金来源的方向与通道,体现资金的来源与供应量。目前我国的融资渠道主要有:

1.国家财政资金。国家对企业的直接投资是国有企业最主要的资金来源渠道,特别是国有独资企业,其资本全部由国家投资形成。现有国有企业的资金来源中,大部分是国家财政直接拨款,此外还有国家对企业的"税前还贷"和各种税款的减免。无论哪种来源,从产权关系上看,它们都属于国家投入的资金,产权归国家所有。

2.银行信贷资金。银行对企业的各种贷款,是我国目前各类企业最重要的资金来源。我国的银行分为商业性银行和政策性银行两种。其中,商业银行是以营利为目的、从事信贷资金投放的金融机构,它主要为企业提供各种商业贷款;而政策性银行是为特定企业提供政策性贷款的银行机构,营利不是其主要目的。

3.非银行金融机构资金。非银行金融机构主要指信托投资公司、保险公司、租赁公司、证券公司、企业集团所属的财务公司等。它们所提供的各种金融服务,既包括信贷资金投放,也包括物资的融通,还包括为企业承销证券等金融服务。非银行金融机构所提供的资金量相对比银行要小,但发展前景广阔。

4.其他企业资金。企业在生产经营过程中,往往形成部分暂时闲置的资金,并为一定的目的而进行相互投资;另外,在市场经济条件下,企业间的购销业务可以通过商业信用方式来完成,从而形成企业间的债权债务关系,形成债务人对债权人的短期信用资金占用。企业间的相互投资和商业信用的存在,使其他企业资金也成为企业资金的重要来源。

5.居民个人资金。企业职工和居民个人的节余货币,作为"游离"于银行及非银行金融机构之外的个人资金,可用于对企业投资,形成民间资金渠道,为企业所用。

6.企业自留资金。它是指企业内部形成的资金,也称企业内部资金,主要包括计提折旧、提取公积金和未分配利润等。它们无须企业通过一定的方式去融集,而直接由企业内部自动生成或转移产生。

7.外商资金。外商资金是指外国投资者及我国香港、澳门、台湾地区投资者投入的资金,它是我国外商投资企业重要的资金来源渠道。

各种融资渠道在体现资金供应量的大小时,存在着较大的差别。有些渠道的资金供应量大,如银行信贷资金和非银行金融机构资金等,而有些则相对较小,如企业自留资金等。这种资金供应量的大小,在一定程度上取决于财务管理环境的变化,特别是宏观经济体制、银行体制和金融市场发展速度等。

(二)融资方式

融资方式是指企业融集资金所采用的具体形式。如果说,融资渠道属于客观存在,那么融资方式则属于企业主观能动行为。企业融资管理的重要内容是如何针对客观存在的融资渠道,选择合理的融资方式进行融资。认识融资方式的种类及各种融资方式的属性,有利于企业选择适宜的融资方式并有效地进行融资组合,降低成本,提高融资效益。

目前我国企业主要有吸收直接投资、银行借款、发行普通股票、发行优先股票、发行债券、融资租赁和商业信用等多种融资方式。这些融资方式的具体内容,我们将在本章以后各节中阐述。

第二节　短期融资

一、商业信用

商业信用是指在商品交易中由于延期付款或预收货款所形成的企业间的借贷关系。商业信用产生于商品交换之中,是自发性融资,其具体形式有应付账款、应付票据、预收账款等。

(一)应付账款

应付账款是企业购买货物暂未付款而欠对方的账项,是供应商给企业提供的一项商业信用。应付账款有付款期、折扣期等信用条件,存在免费信用、有代价信用和展期信用之分。免费信用是指买方企业在现金折扣期内享受的商业信用;有代价信用是指买方企业在现金折扣期满后的信用期内付款,以丧失现金折扣为代价所取得的商业信用;展期信用是指买方企业在信用期后付款,以丧失企业信用为代价所强制取得的商业信用。

1.应付账款的成本

有代价信用的成本，可以通过放弃现金折扣的成本表示：

$$放弃现金折扣成本 = \frac{折扣百分比}{1-折扣百分比} \times \frac{360}{信用期-折扣期}$$

公式表明，放弃现金折扣的成本与折扣百分比的大小、折扣期的长短同方向变化，与信用期的长短反方向变化。

例 5-1

假设某企业按"2/10、$n/30$"的条件购入货物 100 万元，如果该企业在 10 天内付款，可享受 2 万元折扣，这 10 天就是企业所享受的免费信用期。若企业放弃折扣，在最后到期日付款，则它可以多使用 98 万元的资金 20 天，但需为此支付 2 万元。运用上面公式，该企业放弃折扣所负担的成本为：

$$\frac{2\%}{1-2\%} \times \frac{360}{30-10} = 36.73\%$$

由此，我们可以看到，如果销货方提供了现金折扣，而购货方由于种种原因而没有取得现金折扣，则这种有代价的商业信用可能是一种十分昂贵的短期融资形式。

2.利用现金折扣的决策

在附有信用条件的情况下，因为获得不同信用要负担不同的代价，买方企业便要在利用哪种信用之间做出决策。一般说来，如果能以低于放弃折扣的隐含利息成本（实质是一种机会成本）的利率借入资金，便应在现金折扣期内用借入的资金支付货款，享受现金折扣。比如，与上例同期的银行短期借款年利率为 12%，则买方企业应利用更便宜的银行借款在折扣期内偿还应付账款；反之，企业应放弃折扣。

如果在折扣期内将应付账款用于短期投资，所得的投资收益率高于放弃折扣的隐含利息成本，则应放弃折扣而去追求更高的收益。当然，假使企业放弃折扣优惠，也应将付款日推迟至信用期内的最后一天（如上例中的第 30 天），以降低放弃折扣的成本。

如果企业因缺乏资金而欲展延付款期（如上例中将付款日推迟到第 50 天），则需在降低了的放弃折扣成本与展延付款带来的损失之间做出选择。展延付款带来的损失主要是指因企业信誉恶化而丧失供应商乃至其他贷款人的信用，或日后招致苛刻的信用条件。

如果面对两家以上提供不同信用条件的卖方，应通过衡量放弃折扣成本的大小，选择信用成本最小（或所获利益最大）的一家。比如，上例中另有一家供应商提出"1/20、$n/30$"的信用条件，其放弃折扣的成本为：

$$\frac{1\%}{1-1\%} \times \frac{360}{30-20} = 36.36\%$$

与上例中"2/10、n/30"信用条件的情况相比,后者的成本较低,如果买方企业估计自身会拖延付款,那么宁肯选择第二家供应商。

(二)应付票据

应付票据是企业进行延期付款商品交易时所开具的反映债权债务关系的票据。根据承兑人的不同,应付票据分为商业承兑汇票和银行承兑汇票两种,支付期最长不超过 6 个月。应付票据可以带息,也可以不带息。应付票据的利率一般比银行借款的利率低,且不用保持相应的补偿余额和支付协议费,所以应付票据的融资成本低于银行借款成本。但是应付票据到期必须归还,如若延期便要交付罚金,因而风险较大。

(三)预收账款

预收账款是卖方企业在交付货物之前向买方预先收取部分或全部货款的信用形式。对于卖方来讲,预收账款相当于向买方借用资金后用货物抵偿。预收账款一般用于生产周期长、资金需要量大的货物销售。

此外,企业往往还存在一些非商品交易中产生的应付费用,如应付工资、应交税金、其他应付等。这些应付费用使企业受益在前、费用支付在后,相当于享用了受款方的借款,一定程度上缓解了企业的资金需要。应付费用的期限具有强制性,不能由企业自由斟酌使用,但通常不需花费代价。

上述商业信用融资最大的优越性在于容易取得。首先,对于多数企业来说,商业信用是一种持续性的信贷形式,且无须正式办理融资手续。其次,如果没有现金折扣或使用不带息票据,商业信用融资不负担成本。其缺陷在于期限较短,在放弃现金折扣时所付出的成本较高。

二、短期借款

短期借款是指企业向银行和其他非银行金融机构借入的期限在一年以内的借款。

(一)短期借款的种类

我国目前的短期借款按照目的和用途分为若干种,主要有生产周转借款、临时借款、结算借款等等。按照国际通行做法,短期借款还可依偿还方式的不同,分为一次性偿还借款和分期偿还借款;依利息支付方法的不同,分为收款法借款、贴现法借款和加息法借款;依有无担保,分为抵押借款和信用借款等等。

企业在申请借款时,应根据各种借款的条件和需要加以选择。

(二)借款的取得

企业举借短期借款,首先必须提出申请,经审查同意后借贷双方签订借款合同,注明借款的用途、金额、利率、期限、还款方式、违约责任等,然后企业根据借款合同办理借款手续。借款手续完毕,企业便可取得借款。

(三)借款的信用条件

按照国际通行做法,银行发放短期借款往往带有一些信用条件,主要有:

1.信贷限额

信贷限额是银行对借款人规定的无担保贷款的最高额。信贷限额的有效期限通常为一年,但根据情况也可延期一年。一般来讲,企业在批准的信贷限额内,可随时使用银行借款。但是,银行并不承担必须提供全部信贷限额的义务。如果企业信誉恶化,即使银行曾同意过按信贷限额提供贷款,企业也可能得不到借款。这时,银行不会承担法律责任。

2.周转信贷协定

周转信贷协定是银行有法律义务承诺提供不超过某一最高限额的贷款协定。在协定的有效期内,只要企业的借款总额未超过最高限额,银行必须满足企业任何时候提出的借款要求。企业享用周转信贷协定,通常要就贷款限额的未使用部分付给银行一笔承诺费。

例 5-2

某企业周转信贷额为 1 000 万元,承诺费率为 0.5%,借款企业年度内使用了 600 万元,余额 400 万元,则借款企业该年度要向银行支付承诺费 2 万元(400×0.5%)。这是银行向企业提供此项贷款的一种附加条件。

周转信贷协定的有效期通常超过一年,但实际上贷款每几个月发放一次,所以这种信贷具有短期和长期借款的双重特点。

3.补偿性余额

补偿性余额是银行要求借款企业在银行中保持按贷款限额或实际借用额一定百分比(一般为 10%～20%)计算的最低存款余额。从银行的角度讲,补偿性余额可降低贷款风险,补偿遭受的贷款损失。对于借款企业来讲,补偿性余额提高了借款的实际利率。

例 5-3

某企业按年利率 8% 向银行借款 10 万元,银行要求维持贷款限额 15% 的补偿性余额,那么企业实际可用的借款只有 8.5 万元,该项借款的实际利率则为:

$$\frac{10 \times 8\%}{8.5} \times 100\% = 9.41\%$$

4.借款抵押

银行向财务风险较大的企业或信誉不甚有把握的企业发放贷款,有时需要有抵押品担保,以降低自己蒙受损失的风险。短期借款的抵押品经常是借款企业的应收账款、存货、股票、债券等。银行接受抵押品后,将根据抵押品的面值决定贷款金额,一般为抵押品面值的 30%～90%。这一比例的高低,取决于抵押品的变现能力和银行的风险偏好。抵押借款的成本通常高于非抵押借款,这是因为银行主要向信誉好的客户提供非抵押贷款,而将抵押贷款看成是一种风险投资,故而收取较高的利率;同时银行管理抵押贷款要比管理非抵押贷款困难,为此往往另外收取手续费。

企业向贷款人提供抵押品,会限制其财产的使用和将来的借款能力。

5.偿还条件

贷款的偿还有到期一次偿还和在贷款期内定期(每月、季)等额偿还两种方式。一般来讲,企业不希望采用后种偿还方式,因为这会提高借款的实际利率;而银行不希望采用前种偿还方式,是因为这会加重企业的财务负担,增加企业的拒付风险,同时会降低实际贷款利率。

6.其他承诺

银行有时还要求企业为取得贷款而做出其他承诺,如及时提供财务报表、保持适当的财务水平(如特定的流动比率)等等。若企业违背所做出的承诺,银行可要求企业立即偿还全部贷款。

(四)短期借款利率及其支付方法

短期借款的利率多种多样,利息支付方法也不一样,银行将根据借款企业的情况选用。

1.借款利率

(1)优惠利率。优惠利率是银行向财力雄厚、经营状况好的企业贷款时收取的名义利率,为贷款利率的最低限。

(2)浮动优惠利率。这是一种随其他短期利率的变动而浮动的优惠利率,即随市场条件的变化而随时调整变化的优惠利率。

(3)非优惠利率。银行贷款给一般企业时收取的高于优惠利率的利率。这种利率经常在优惠利率的基础上加一定的百分比。比如,银行按高于优惠利率 1 个百分点的利率向某企业贷款,若当时的最优利率为 8%,向该企业贷款收取的利率即为 9%;若当时的最优利率为7.5%,向该企业贷款收取的利率即为 8.5%。非优惠利率与优惠利率之间差距的大小,由借款企业的信誉、与银行的往来关系及当时的信贷状况所决定。

2.借款利息的支付方法

一般来讲,借款企业可以用三种方法支付银行贷款利息。

（1）收款法。收款法是在借款到期时向银行支付利息的方法。银行向工商企业发放的贷款大都采用这种方法收息。

（2）贴现法。贴现法是银行向企业发放贷款时，先从本金中扣除利息部分，到期时借款企业则要偿还贷款全部本金的一种计息方法。采用这种方法，企业可利用的贷款额只有本金减去利息部分后的差额，因此贷款的实际利率高于名义利率。

例 5-4

某企业从银行取得贷款 10 000 元，期限 1 年，年利率（即名义利率）8%，利息额 800 元（10 000×8%）；按照贴现法付息，企业实际可利用的贷款为 9 200 元（10 000－800）。则该项贷款的实际利率为：

$$\frac{800}{10\ 000-800}\times100\%=8.70\%$$

（3）加息法。加息法是银行发放分期等额偿还贷款时采用的利息收取方法。在分期等额偿还贷款的情况下，银行要将根据名义利率计算的利息加到贷款本金上，计算出贷款的本息和，要求企业在贷款期内分期偿还本息之和的金额。由于贷款分期均衡偿还，借款企业实际上只平均使用了贷款本金的半数，但却支付全额利息。这样，企业所负担的实际利率便高于名义利率大约 1 倍。

例 5-5

某企业借入（名义）年利率为 12% 的贷款 20 000 元，分 12 个月等额偿还本息。则该项借款的实际利率为：

$$\frac{20\ 000\times12\%}{\dfrac{20\ 000}{2}}\times100\%=24\%$$

（五）贷款银行的选择

随着金融信贷业的发展，可向企业提供贷款的银行和非银行金融机构增多，企业有可能在各贷款机构之间做出选择，以图对己最为有利。

选择银行时，重要的是要选用适宜的借款种类、借款成本和借款条件，此外还应考虑下列有关因素：

1.银行对贷款风险的政策

通常银行对其贷款风险有着不同的政策：有的倾向于保守，只愿承担较小的贷款风险；有的富于开拓，敢于承担较大的贷款风险。

2.银行对企业的态度

不同银行对企业的态度各不一样。有的银行肯于积极地为企业提供建议，帮助企业分析潜在的财务问题,有着良好的服务意识,乐于为具有发展潜力的企业发放大量贷款,在企业遇到困难时帮助其渡过难关;也有的银行很少提供咨询服务,在企业遇到困难时一味地为清偿贷款而施加压力。

3.贷款的专业化程度

一些大银行设有不同的专业部门,分别处理不同类型、行业的贷款。企业与这些拥有丰富专业化贷款经验的银行合作,会受益更多。

4.银行的稳定性

稳定的银行可以保证企业的借款不致中途发生变故。银行的稳定性取决于它的资本规模、存款水平波动程度和存款结构。一般来讲,资本雄厚、存款水平波动小、定期存款比重大的银行稳定性好;反之则稳定性差。

(六)短期借款融资的特点

在短期负债融资中,短期借款的重要性仅次于商业信用。短期借款可以随企业的需要安排,便于灵活使用,且取得较简便。但其突出的缺点是短期内要归还,特别是在带有诸多附加条件的情况下更使风险加剧。

第三节　长期融资

一、普通股融资

(一)普通股的概念和种类

1.普通股及其股东权利

普通股是股份有限公司发行的代表股东享有平等权利的、股利不固定的股份,是最基本的股份。通常情况下,股份有限公司只发行普通股。

普通股股份持有者为普通股股东。依我国《公司法》的规定,普通股股东主要有如下权利:

(1)出席或委托代理人出席股东大会,并依公司章程规定行使表决权。这是普通股股东参与公司经营管理的基本方式。

(2)股份转让权。股东持有的股份可以自由转让,但必须符合《公司法》、其他法规和公司章程规定的条件和程序。

(3)股利分配请求权。

(4)对公司账目和股东大会决议的审查权和对公司事务的质询权。

(5)分配公司剩余财产的权利。

(6)公司章程规定的其他权利。

同时,普通股股东也基于其资格,对公司负有义务。我国《公司法》中规定了股东具有遵守公司章程、缴纳股款、对公司负有有限责任、不得退股等义务。

2.普通股的种类

普通股的种类繁多,具有多种分类办法。

(1)按股票有无记名,可分为记名股和不记名股

记名股是在股票票面上记载股东姓名或名称的股票。这种股票除了股票上所记载的股东外,其他人不得行使其股权,且股份的转让有严格的法律程序与手续,需办理过户。我国《公司法》规定,向发起人、国家授权投资的机构、法人发行的股票,应为记名股。

不记名股是票面上不记载股东姓名或名称的股票。这类股票的持有人即股份的所有人,具有股东资格,股票的转让也比较自由、方便,无须办理过户手续。

(2)按股票是否标明金额,可分为面值股票和无面值股票

面值股票是在票面上标有一定金额的股票。持有这种股票的股东,对公司享有的权利和承担的义务大小,依其所持有的股票票面金额占公司发行在外股票总面值的比例而定。

无面值股票是在票面上不标出金额,只载明所占公司股本总额的比例或股份数的股票。无面值股票的价值随公司财产的增减而变动,而股东对公司享有的权利和承担义务的大小,直接依股票标明的比例而定。目前,我国《公司法》不承认无面值股票,规定股票应记载股票的面额,并且其发行价格不得低于票面金额。

(3)按投资主体的不同,可分为国家股、法人股、个人股等等

国家股是有权代表国家投资的部门或机构以国有资产向公司投资而形成的股份。

法人股是企业法人依法以其可支配的财产向公司投资而形成的股份,或具有法人资格的事业单位和社会团体以国家允许用于经营的资产向公司投资而形成的股份。

个人股是社会个人或公司内部职工以个人合法财产投入公司而形成的股份。

(4)按发行对象和上市地区的不同,又可将股票分为A股、B股、H股和N股等等

A股是供我国大陆地区个人或法人买卖的,以人民币标明票面金额并以人民币认购和交易的股票。

B股、H股和N股是专供外国和我国港、澳、台地区投资者买卖的,以人民币标明票面金额,但以外币认购和交易的股票。其中,B股在上海、深圳上市;H股在香港上市;N股在纽约上市。自2001年2月19日起,B股开始对境内居民开放。

(二)股票发行

股份有限公司设立时要发行股票。此外,公司设立之后,为了扩大经营、改善资本结构,也会增资发行新股。股份的发行,实行公开、公平、公正的原则,必须同股同权、同股同利。同次发行的股票,每股的发行条件和价格应当相同。任何单位或个人所认购的股份,每股应支付相同的价款。同时,发行股票还应接受国务院证券监督管理机构的管理和监督。

1.股票发行的规定与条件

按照我国《公司法》的有关规定,股份有限公司发行股票,应符合以下规定与条件:

(1)每股金额相等。同次发行的股票,每股的发行条件和价格应当相同。

(2)股票发行价格可以按票面金额,也可以超过票面金额,但不得低于票面金额。

(3)股票应当载明公司名称、公司登记日期、股票种类、票面金额及代表的股份数、股票编号等主要事项。

(4)向发起人、国家授权投资的机构、法人发行的股票,应当为记名股票;对社会公众发行的股票,可以为记名股票,也可以为不记名股票。

(5)公司发行记名股票的,应当置备股东名册,记载股东的姓名或者名称、住所、各股东所持股份、各股东所持股票编号、各股东取得其股份的日期;发行无记名股票的,公司应当记载其股票数量、编号及发行日期。

(6)公司发行新股,必须具备下列条件:前一次发行的股份已募足,并间隔一年以上;公司在最近三年内连续盈利,并可向股东支付股利;公司在三年内财务会计文件无虚假记载;公司预期利润率可达同期银行存款利率。

(7)公司发行新股,应由股东大会做出有关下列事项的决议:新股种类及数额;新股发行价格;新股发行的起止日期;向原有股东发行新股的种类及数额。

2.股票发行的程序

股份有限公司在设立时发行股票与增资发行新股,程序上有所不同。

设立时发行股票的程序为:

(1)提出募集股份申请。

(2)公告招股说明书,制作认股书,签订承销协议和代收股款协议。

(3)招认股份,缴纳股款。

(4)召开创立大会,选举董事会、监事会。

(5)办理设立登记,交割股票。

增资发行新股的程序为:

(1)股东大会做出发行新股的决议。

(2)由董事会向国务院授权的部门或省级人民政府申请并经批准。

(3)公告新股招股说明书和财务会计报表及附属明细表,与证券经营机构签订承销合同,定向募集时向新股认购人发出认购公告或通知。

(4)招认股份,缴纳股款。

(5)改组董事会、监事会,办理变更登记并向社会公告。

3.股票发行方式

股票发行方式,指的是公司通过何种途径发行股票。总的来讲,股票的发行方式可分为如下两类:

(1)公开间接发行,指通过中介机构公开向社会公众发行股票。我国股份有限公司采用募集设立方式向社会公开发行新股时,须由证券经营机构承销,这种做法就属于股票的公开间接发行。这种方式发行范围广,发行对象多,易于足额募集资本;股票的变现性强,流通性好;有助于提高发行公司的知名度和扩大其影响力。但这种发行方式也有其不足,主要是手续繁杂、发行成本高。

(2)不公开直接发行,指不公开对外发行股票,只向少数特定的对象直接发行,因而不需经中介机构承销。我国股份有限公司采用发起设立方式和以不向社会公开募集的方式发行新股的做法,即属于股票的不公开直接发行。这种发行方式弹性较大,发行成本低;但发行范围小,股票变现性差。

4.股票的销售方式

股票的销售方式,指的是股份有限公司向社会公开发行股票时所采取的股票销售方法。股票销售方式有两类:自销和委托承销。

股票发行的自销方式,指发行公司自己直接将股票销售给认购者。这种销售方式可由发行公司直接控制发行过程,实现发行意图,并可以节省发行费用;但往往融资时间长,发行公司要承担全部发行风险,并需要发行公司有较高的知名度、信誉和实力。

股票发行的承销方式,指发行公司将股票销售业务委托给证券经营机构代理。这种销售方式是发行股票所普遍采用的。我国《公司法》规定股份有限公司向社会公开发行股票,必须与依法设立的证券经营机构签订承销协议,由证券经营机构承销。股票承销又分为包销和代销两种具体办法。所谓包销,是根据承销协议商定的价格,证券经营机构一次性全部购进发行公司公开募集的全部股份,然后以较高的价格出售给社会上的认购者。对发行公司来说,包销的办法可及时筹足资本,免于承担发行风险(股款未募足的风险由承销商承担);但股票以较低的价格售给承销商会损失部分溢价。所谓代销,是证券经营机构代替发行公司代售股票,并由此获取一定的佣金,但不承担股款未募足的风险。

5.股票发行价格

股票发行价格是股票发行时所使用的价格,也就是投资者认购股票时所支付的价格。股票发行价格通常由发行公司根据股票面额、股市行情和其他有关因素决定。以募集设立方式设立公司首次发行的股票价格,由发起人决定;公司增资发行新股的股票价格,由股东大会做出决议。

股票的发行价格一般有以下三种:

(1)平价发行,即发行价格等于票面金额,一般在股票的初次发行或在股东内部分摊增资的情况下采用。平价发行股票容易推销,但无从取得股票溢价收入。

(2)时价发行。即以本公司股票在流通市场上买卖的实际价格为基准确定的股票发行价格。选用时价发行股票,考虑了股票的现行市场价值,对投资者有较大的吸引力。

(3)中间价发行。即以时价和平价的中间值确定股票发行价格。

按时价或中间价发行股票,股票发行价格会高于或低于其面额。前者称溢价发行,后者称折价发行。如属溢价发行,发行公司所获的溢价款列入资本公积。

我国《公司法》规定,股票发行价格可以等于票面金额(平价),也可以超过票面金额(溢价),但不得低于票面金额(折价)。

(三)股票上市

1.股票上市的优缺点

股票上市作为一种有效的融资方式,对公司的成长起着重要的作用。发达国家的绝大多数发展迅速的公司都选择了上市。然而,股票上市也会给公司带来一些负面效果。因此,在做出股票上市的决定前,公司管理者应该非常慎重地考虑,并且应该尽可能向专家或有过类似经历的企业家进行咨询,以便做出的决策能够达到预期目的。

股票上市的优点主要有:(1)改善财务状况。公司公开发行股票可以筹得自有资金,能迅速改善公司财务状况,并有条件得到利率更低的贷款。同时,公司一旦上市,就可以在今后有更多的机会从证券市场上融集资金。(2)利用股票收购其他公司。一些公司采用出让股票而非付现金的方式收购其他企业。被收购企业也乐意接受上市公司的股票。因为上市的股票具有良好的流通性,持股人可以很容易将股票出手而得到资金。(3)利用股票市场可以准确、客观地评价企业。对于已上市公司来说,每时每日的股市,都是对企业客观的市场估价。(4)股票激励。上市公司利用股票作为激励关键职员的手段是卓有成效的。公开的股票市场提供了股票的准确价值,也可使职员的股票得以兑现。(5)提高公司知名度,吸引更多顾客。股票上市公司为社会所知,并被认为经营优良,这会给公司带来良好的声誉,从而吸引更多的顾客,扩大公司的销售。

股票上市的缺点主要有:(1)使公司失去隐私权。一家公司从私人公司变成公开上市公司,其最大的变化即是公司隐私权的消失。国家证券管理机构要求上市公司将关键的经营情况向社会公众公开。(2)限制经理人员操作的自由度。公司上市后其所有重要决策都需要经董事会讨论通过,有些对企业重大的决策则须全体股东投票决定。股东们通常以公司盈利、分红、股价等来判断经理人员的业绩,这些压力往往使得企业经理人员注重短期效益而忽略长期效益。(3)公开上市需要很高的费用。这些费用包括:资产评估费用、股票承销佣金、律师费、会计师费、材料印刷费、登记费等等。这些费用的具体数额取决于每一个企业的具体情况、整个上市过程的难易程度和上市数额等因素。公司上市后尚须花费一些费用为证券交易所、股东等提供资料、聘请会计师、律师等。

2.股票上市的条件

公司公开发行的股票进入证券交易所交易有严格的条件限制。我国《公司法》规定,股份有限公司申请股票上市,必须符合下列条件:

(1)股票经国务院证券管理部门批准已向社会公开发行,不允许公司在设立时直接申请上市。

(2)公司股本总额不少于人民币5 000万元。

(3)开业时间在3年以上,最近3年连续盈利;属国有企业依法改建而设立股份有限公司的,或者在《公司法》实施后新组建成立、其主要发起人为国有大中型企业的股份有限公司,可连续计算。

(4)持有股票面值人民币1 000元以上的股东不少于1 000人,向社会公开发行的股份达股份总数的25%以上;公司股本总额超过人民币4亿元的,其向社会公开发行股份的比例为15%以上。

(5)公司在最近3年内无重大违法行为,财务会计报告无虚假记载。

(6)国务院规定的其他条件。

具备上述条件的股份有限公司经申请,由国务院或国务院授权的证券管理部门批准,其股票方可上市。股票上市公司必须公告其上市报告,并将其申请文件存放在指定的地点供公众查阅。股票上市公司还必须定期公布其财务状况和经营情况,每年定期公布财务会计报告。

3.股票上市的暂停与终止

股票上市公司有下列情形之一的,由国务院证券管理部门决定暂停其股票上市:(1)公司股本总额、股权分布等发生变化不再具备上市条件,限期内未能消除的,终止其股票上市;(2)公司不按规定公开其财务状况,或者对财务报告做虚假记录,后果严重的,终止其股票上市;(3)公司有重大违法行为,后果严重的,终止其股票上市;(4)公司最近3年连续亏损,限期内未能消除的,终止其股票上市。

(四)普通股融资的优缺点

1.优点

(1)普通股融资没有固定的利息负担。公司有盈余,并认为适合分配股利,就可以分给股东；公司盈余较少，或虽有盈余但资金短缺或有更有利的投资机会，就可少支付或不支付股利。

（2）普通股没有固定到期日，不用偿还。利用普通股融集的是永久性的资金，除非公司清算才需偿还。它对保证企业最低的资金需求有重要意义。

（3）利用普通股融资的风险小。由于普通股没有固定到期日，不用支付固定的利息，此种融资实际上不存在不能偿付的风险，因此风险最小。

（4）能增加公司的信誉。普通股本与保留盈余构成公司所借入全部债务的基础。有了较多的权益资本，就可为债权人提供较大的损失保障，因而，普通股融资可以提高公司的信用价值，同时也为使用更多的债务资金提供了强有力的支持。

（5）普通股融资的限制较少。利用优先股或债券融资，通常有许多限制，这些限制往往会影响公司经营的灵活性，而利用普通股融资则没有这种限制。

2.缺点

（1）普通股融资的资本成本较高。一般来说，普通股融资的成本要大于债务资金的成本。这主要是因为股利要从税后盈余中支付，而债务资金的利息可在税前扣除。另外，普通股的发行费用也比较高。

（2）利用普通股融资，出售了新的股票，引进了新的股东，容易分散公司的控制权。

二、优先股融资

优先股是一种特别股票，它与普通股有许多相似之处，但又具有债券的某些特征。但从法律上来讲，优先股属于自有资金。

（一）优先股的种类
按不同标准，可对优先股作不同分类。现介绍几种最主要的分类方式。

1.累积优先股和非累积优先股

累积优先股是指在任何营业年度内未支付的股利可累积起来，由以后营业年度的盈利一起支付的优先股股票。也就是说，当公司营业状况不好，无力支付固定股利时，可把股利累积下来。当公司营业状况好转，盈余增多时，再补发这些股利。一般而言，一个公司只有把所欠的优先股股利全部支付以后，才能支付普通股股利。

非累积优先股是指仅按当年利润分得股利，而不予以累计补付的优先股股票。也就是说，如果本年度的盈利不足以支付全部优先股股利，对所积欠的部分，公司不予累积计算，优先股股东也不能要求公司在以后年度中予以补发。

显然，对投资者来说，累积优先股比非累积优先股具有更大的吸引力。所以，累积优先股发行比较广泛，而非累积优先股则因认购者少而发行量小。

2.可转换优先股和不可转换优先股

可转换优先股是股东可在一定时期内按一定比例把优先股转换成普通股的股票。转换的比例是事先确定的，其值取决于优先股与普通股的现行价格。例如，每股可转换优先股的价格为 100 元，每股普通股的价格为 25 元，这时就可能规定在今后一定时期（如 2 年）内，以 1 股优先股转换为 4 股普通股。当然，只有在 2 年以内，普通股价格超过 25 元，优先股的价格不超过 100 元时，才能有利于优先股股东。

不可转换优先股是指不能转换成普通股的股票。不可转换优先股只能获得固定的股利报酬，而不能获得转换收益。

3.参加优先股和不参加优先股

参加优先股是指不仅能取得固定股利，还有权与普通股一同参加利润分配的股票。根据参与利润分配的方式不同，又可分为全部参加分配的优先股和部分参加分配的优先股。前者表现为优先股股东有权与普通股股东共同等额分享本期剩余利润；后者则表现为优先股股东有权按规定额度与普通股股东共同参与利润分配，超过规定额度部分，归普通股所有。

不参加优先股是指不能参加剩余利润分配，只能取得固定股利的优先股。其特点是优先股股东对股份公司的税后利润，只有权分得固定股利；对取得固定股利后的剩余利润，无权参加分配。

4.可赎回优先股和不可赎回优先股

可赎回优先股又称可收回优先股，是指股份公司可以按一定价格收回的优先股票。在发行这种股票时，一般都附有收回性条款，在收回条款中规定了赎回该股票的价格。此价格一般略高于股票的面值。至于是否收回，在什么时候收回，则由发行股票的公司来决定。

不可赎回优先股是指不能收回的优先股股票。因为优先股都有固定股利，所以不可赎回优先股一经发行，便会成为一项永久性的财务负担。因此，在实际工作中，大多数优先股均是可赎回优先股，而不可赎回优先股则很少发行。

由此可见，累积优先股、可转换优先股、参加优先股均对优先股股东有利，而可赎回优先股则对股份公司有利。

(二)优先股股东的权利

优先股的"优先"是相对普通股而言的，这种优先主要表现在以下几个方面：

1.优先分配股利的权利

优先分配股利的权利，是优先股的最主要特征。优先股通常有固定股利，一般按面值的一定百分比来计算。另外，优先股的股利除数额固定外，还必须在支付普通股股利之前予以支付。对于累积优先股来说，这种优先权就更突出了；而对于参与优先股的股东，则更有利。

2.对资产的优先要求权

在企业破产清算时,出售资产所得的收入,优先股股东位于债权人的求偿之后,但先于普通股股东。其金额只限于优先股的票面价值,加上累积未支付的股利。

为了保护优先股的这些优先权,发行优先股的协议有时也会有一些限制性条款,比如,禁止发行对资产拥有更加优先或同等求偿权的证券。

3.管理权

优先股股东的管理权限是有严格限制的。通常,在公司的股东大会上优先股股东没有表决权,但是当公司研究与优先股有关的问题时有权参加表决。例如,如果讨论把一般优先股改为可转换优先股时,或推迟优先股股利的支付时,优先股股东都有权参加股东大会并有权表决。

(三)优先股的性质

优先股是一种复杂的证券,它虽属自有资金,但却兼有债券性质。

从法律上来讲,优先股是企业自有资金的一部分。优先股股东所拥有的权利与普通股股东近似。优先股的股利不能像债务利息那样从税前扣除,而必须从税后盈余中支付。但优先股又具有债券的特征:优先股有固定的股利,这与债券利息相似;优先股对盈利的分配和剩余资产具有优先权,这也类似于债券。

另外,公司的不同利益集团,对优先股有不同的认识。普通股的股东一般把优先股看成是一种特殊债券。这是因为,它必须在普通股之前取得收益,分享资产。投资人在购买普通股票时也往往把优先股看作债券。但是,从债券持有人角度看,优先股则属于股票,因为它对债券起保护作用,可以减少债券投资的风险,属于权益性资金。从公司管理当局和财务人员的角度看,优先股则具有双重性质,因为优先股虽没有固定的到期日,不用偿还本金,但往往需要支付固定的股利,成为财务上的一项负担。所以,当公司利用优先股集资时,一定要考虑以上两方面的特性。

(四)优先股融资的优缺点

1.优点

(1)优先股没有固定的到期日,不用偿还本金。事实上相当于是一笔无限期的贷款,无偿还本金义务,也无须做再融资计划。但大多数优先股又附有收回条款,这就使得使用这种资金更有弹性。当财务状况较弱时发行,而财务状况转强时收回,有利于结合资金需求,同时也能调控公司的资本结构。

(2)股利的支付既固定,又有一定弹性。一般而言,优先股都采用固定股利,但固定股利的支付并不构成公司的法定义务。如果财务状况不佳,则可暂时不支付优先股股利,并且优先股股东也不能像债权人一样迫使公司破产。

(3)从法律上讲,优先股属于自有资金,因而优先股扩大了权益资金基础,适当了增加公司的信誉,提升公司的借款能力。

2.缺点

(1)优先股成本较高。优先股所支付的股利要从税后利润中支付,而债务利息可在税前扣除,因此优先股成本较高。

(2)优先股融资的限制较多。发行优先股,通常有许多限制性条款,如对普通股股利支付上的限制,对公司借债的限制等。

(3)可能会成为一项较重的财务负担。如前所述,优先股需要支付固定股利,但又不能在税前扣除。所以,当利润下降时,优先股的股利会成为一项较重的财务负担,有时不得不延期支付。

三、长期借款融资

长期借款是指企业向银行或其他非银行金融机构借入的、使用期超过1年的借款,主要用于购建固定资产和满足长期流动资金占用的需要。

(一)长期借款的种类

长期借款的种类很多,各企业可根据自身的情况和借款条件选用。目前我国各金融机构的长期借款种类主要有:

1.按照用途,分为固定资产投资借款、更新改造借款、科技开发和新产品试制借款等。

2.按照提供贷款的机构,分为政策性银行贷款、商业银行贷款等。此外,企业还可以从信托投资公司取得实物或货币形式的信托投资贷款,从财务公司取得各种中长期贷款等。

3.按照有无担保,分为信用贷款和抵押贷款。信用贷款是指不需企业提供抵押品,仅凭其信用或担保人信誉而发放的贷款。抵押贷款是指要求企业以抵押品作为担保的贷款。长期贷款的抵押品通常是房屋、建筑物、机器设备、股票、债券等。

(二)取得长期借款的条件

我国金融部门对企业发放贷款的原则是:按计划发放、择优扶植、有物资保证、按期归还。企业申请贷款一般应具备的条件包括:

1.独立核算,自负盈亏,有法人资格。

2.经营方向和业务范围符合国家产业政策,借款用途属于银行贷款办法规定的范围。

3.借款企业具有一定的物资和财产保证,担保单位具有相应的经济实力。

4.具有偿还贷款的能力。

5.财务管理和经济核算制度健全,资金使用效益及企业经济效益良好。

6.在银行设有账户,办理结算。

具备上述条件的企业欲取得贷款,首先要向银行提出申请,陈述借款原因与金额、用款时间与计划、还款期限与计划。银行根据企业的借款申请,针对企业的财务状况、信用情况、盈利的稳定性、发展前景、借款投资项目的可行性等进行审查。银行审查同意贷款后,再与借款企业进一步协商贷款的具体条件,明确贷款的种类、用途、金额、利率、期限、还款的资金来源及方式、保护性条件、违约责任等,并以借款合同的形式将其法律化。借款合同生效后,企业便可取得借款。

(三)长期借款的保护性条款

由于长期借款的期限长、风险大,按照国际惯例,银行通常对借款企业提出一些条件,有助于保证贷款按时足额偿还。这些条件写入贷款合同中,形成了合同的保护性条款。归纳起来,保护性条款大致有如下三类:

1.一般性保护条款

一般性保护条款是对贷款企业资产的流动性及偿债能力等方面的要求条款,这类条款应用于大多数借款合同,主要包括:

(1)企业需持有一定限额的货币资金及其他流动资产,以保持企业资金的流动性和偿债能力。一般规定企业必须保持最低营运资本净值和最低的流动比率。

(2)限制企业支付现金股利、再购入股票和职工加薪规模,以减少企业资本的过分外流。

(3)限制企业资本支出的规模,以减少企业日后不得不变卖固定资产以偿还贷款的可能性(其结果仍然是着眼于保持企业资产较高的流动性)。

(4)限制企业再举债规模,以防止其他债权人取得对企业资产的优先索偿权。

(5)限制企业的投资。如规定企业不准投资于短期内不能收回资金的项目,不能未经银行等债权人同意而与其他企业合并,以确保借款方的财务结构和经营结构。

2.例行性保护条款

这类条款作为例行常规,在大多数借款合同中都会出现,它可以堵塞因一般条款规定不够完善而遗留的漏洞,以确保贷款的安全。主要包括:

(1)借款方定期向提供贷款的银行或其他金融机构提交财务报表,使债权人随时掌握企业的财务状况和经营成果。

(2)不准在正常情况下出售较多的非商品存货,以保持企业正常的生产经营能力。

(3)如期清偿应缴纳的税金和其他到期债务,以防被罚款而造成不必要的现金流失。

(4)不准以任何资产作为其他承诺的担保或抵押,以避免企业遭受过重的负担。

(5)不准贴现应收票据或出售应收账款,以避免或有负债。

(6)限制借款方租赁固定资产的规模,其目的在于防止企业负担巨额租金以致削弱其偿债能力,还在于防止企业以租赁固定资产的办法摆脱债权人对其资本支出和负债的约束。

（7）做好固定资产的维修保护工作，使之处于良好的运行状态，以保证生产经营能正常、持续运行。

3.特殊性保护条款

这类条款是针对某些特殊情况而出现在部分借款合同中的条款，只有在特殊情况下才能生效。主要包括：要求企业的主要领导人购买人身保险，借款的用途不得改变，违约惩罚条款等等。

上述各项条款结合使用，将有利于全面保护银行等债权人的权益。但借款合同是经双方充分协商后决定的，其最终结果取决于双方谈判能力的大小，而不是完全取决于银行等债权人的主观愿望。

（四）长期借款的成本

长期借款的利息率通常高于短期借款。但信誉好或抵押品流动性强的借款企业，仍然可以争取到较低的长期借款利率。长期借款利率有固定利率和浮动利率两种。浮动利率通常有最高限和最低限，并在借款合同中明确。对于借款企业来讲，若预测市场利率将上升，应与银行签订固定利率合同；反之，则应签订浮动利率合同。

除了利息之外，银行还会向借款企业收取其他费用，如实行周转信贷协定所收取的承诺费、要求借款企业在本银行中保持补偿余额所形成的间接费用。这些费用会加大长期借款的成本。

（五）长期借款的偿还方式

长期借款的偿还方式不一，主要包括：（1）定期支付利息，到期一次性偿还本金的方式；（2）如同短期借款那样的定期等额偿还方式；（3）平时逐期偿还小额本金和利息，期末偿还余下的大额部分的方式。第一种偿还方式会加大企业借款到期时的还款压力；而定期等额偿还会提高企业使用贷款的实际利率。

（六）长期借款融资的特点

与其他长期负债融资相比，长期借款融资的特点为：

1.融资速度快。长期借款的手续比发行债券简单得多，取得借款所花费的时间较短。

2.借款弹性较大。借款时企业与银行直接交涉，有关条件可谈判确定；用款期间发生变动，亦可与银行再协商。而债券融资所面对的是社会广大投资者，协商改善融资条件的可能性很小。

3.借款成本较低。长期借款利率一般低于债券利率，且由于借款属于直接融资，融资费用也较少。

4.长期借款的限制性条款比较多，制约了企业的生产经营和借款的用途。

四、债券融资

债券是经济主体为融集资金而发行的,用以记载和反映债权债务关系的有价证券。由企业发行的债券称为企业债券或公司债券。这里所说的债券,指的是期限超过1年的公司债券,其发行目的通常是为建设大型项目融集大笔长期资金。

(一)债券的种类

公司债券可按不同标准分类。

1.记名债券与不记名债券

记名债券是指在券面上记载有持券人的姓名或名称。对于这种债券,公司只对记名人偿本付息,凭身份证或其他有效证件领取本息。记名债券的转让,由债券持有者以背书等方式进行,并向发行公司通报受让人的姓名或名称,以便公司登记在债券存根簿上。

不记名债券是指在券面上不记载持券人的姓名或名称,还本付息以债券为凭。其转让手续简单,只需将债券交付给受让人即产生效力。我国发行的债券一般是不记名债券。

2.有担保债券与无担保债券

有担保债券是指企业发行的以指定的财产作为担保的债券。按照抵押品的不同,还可进一步分为不动产抵押债券、动产抵押债券和信托抵押债券。其中信托抵押债券是指发行企业以其持有的其他企业发行的证券作为抵押品而发行的债券。

无担保债券是指没有具体财产担保仅凭发行企业信誉发行的债券,又称"信用债券"。但为了保护投资者利益,对发行者使用债务资本有一些约束性限制规定。

3.一次到期债券与分次到期债券

一次到期债券是指在到期日发行企业一次偿还全部本金的债券。发行企业到期必须一次融集比较大的资金,增加了调度资金的难度,或为还本而建立偿债基金,不利于资金的流通和运用。

分次到期债券有两种情况:一是企业对同次发行的债券规定不同的到期日;二是企业对同一种债券的本金分次偿还,于到期日全部偿还完毕。这样,可以逐渐减少债券的流通量,维持债券的市价和企业信用,同时与项目产生的现金流入量较为一致,是比较合理的还本方式。

4.固定利率债券与浮动利率债券

固定利率债券是指企业在发行时在券面上载有确定利率的债券。在债券有效期内,不论周围环境如何变化,债券利率始终不变。浮动利率债券是指发行时不确定债券利率的债券。在债券有效期内,其利率可以根据有关利率(如银行存款利率或国库券利率)的变动作为参照物进行浮动。

5.可转换债券与不可转换债券

可转换债券是指债券持有者可以根据规定的价格转换为发行企业股票(一般为普通股)的债券。这种债券在发行时,对债券转换为股票的价格和比率等都做了详细规定。对发行企业来讲,发行这种债券可大大降低其利率,节约企业的利息支出。但其转换会稀释普通股股东的控制权。另外,如果转股价格规定不合理,债券持有者在规定时间内不行使转换权,而发行企业又没有足够的思想准备,有可能引发大规模集中性的本息兑付而导致企业破产。我国《公司法》规定,可转换债券的发行主体是股份有限公司中的上市公司。

不可转换债券是指不能转换为发行企业股票的债券。大多数债券属于这种类型。

除上述主要分类外,债券还有其他分类标准。如按照债券是否可提前收回可分为可提前收回债券与不可提前收回债券:前者是指发行企业在特定的时间内可按溢价回收的债券,一般在债券票面的背后要规定一些条款,如溢价比率、回收时间等;后者是指发行企业按债券票面上约定的到期日归还债券本金的债券。按照债券是否上市,可分为上市债券与非上市债券:上市债券可以在证券交易所挂牌交易,这种债券信用度高、变现能力强,能提高企业的知名度,但上市条件严格,还要承担上市有关费用;非上市债券则不能在证券交易所挂牌交易。按照发行企业的情况可分为重点企业债券、地方企业债券、短期融资债券和企业内部债券等。

(二)发行债券的资格与条件

在我国,根据《公司法》规定,股份有限公司、国有独资公司和两个以上的国有企业或者两个以上的国有投资主体投资设立的有限责任公司,具有发行债券的资格。从发行条件来讲,主要条款涉及发行债券的最高限额、发行公司自有资本最低限额、公司获利能力、债券利率水平等。发行公司债券的具体条件如下:

1.股份有限公司的净资产额不低于人民币3 000万元,有限责任公司的净资产额不低于人民币6 000万元;

2.累计债券总额不超过公司净资产的40%;

3.最近三年平均可分配利润足以支付公司债券一年的利息;

4.融集的资金投向符合国家产业政策;

5.债券的利率不得超过国务院限定的水平;

6.国务院规定的其他条件。

另外,发行公司债券所融集的资金必须符合审批机关审批的用途,不得用于弥补亏损和非生产性支出,否则会损害债权人的利益。

凡有下列情形之一的,发行公司不得再次发行公司债券:

1.前一次发行的公司债券尚未募足的;

2.对已发行的公司债券或者其债务有违约或延迟支付本息的事实,且仍处于持续状态的。

(三)发行债券的程序

发行公司债券要经过一定的程序,办理规定的手续。一般为:

1.发行债券的决议或决定

我国《公司法》规定,可以发行公司债券的主体有三类:股份有限公司、国有独资公司和国有有限责任公司。三类公司做出发行债券决议的机构不同:股份有限公司和国有有限责任公司发行公司债券,由董事会制定方案,股东大会做出决议;国有独资公司发行公司债券,由国家授权投资的机构或者国家授权的机构做出决定。可见,发行公司债券的决议和决定,是由公司最高决策机构做出的。

2.发行债券的申请与批准

公司向社会公众发行债券募集资金,数额大且债权人多,所牵涉的利益范围大,所以必须对公司债券的发行进行审批。

凡欲发行债券的公司,先要向国务院证券管理部门提出申请并提交公司登记证明、公司章程、公司债券募集办法、资产评估报告和验资报告等文件。国务院证券管理部门根据有关规定,对公司的申请予以核准。

3.制定募集办法并予以公告

发行公司债券的申请被批准后,应由发行公司制定公司债券募集办法。办法中应载明的主要事项有:公司名称,债券总额和票面金额,债券利率,还本付息的期限与方式,债券发行的起止日期,公司净资产额,已发行的尚未到期的债券总额,公司债券的承销机构。公司制定好募集办法后,应按当时、当地通常合理的方法向社会公告。

4.募集借款

公司发出公司债券募集公告后,开始在公告所定的期限内募集借款。

一般来讲,公司债券的发行方式有公司直接向社会发行(私募发行)和由证券经营机构承销发行(公募发行)两种。在我国,根据有关法规,公司发行债券须与证券经营机构签订承销合同,由其承销。由承销机构发售债券时,投资人直接向其付款购买,承销机构代理收取债券款并交付债券。然后,承销机构向发行公司办理债券款结算。公司发行的债券上必须载明公司名称、债券票面金额、利率、偿还期限等事项,并由董事长签名、公司盖章。

公司发行债券还应置备公司债券存根簿予以登记。其意义在于,一方面起公示作用,使股东、债权人可以查阅了解,并便于有关机关监督;另一方面便于公司随时掌握债券的发行情况。公司发行记名债券的,应在公司债券存根簿上记明债券持有人的姓名或名称及住所;债券持有人取得债券的日期及债券编号,债券的总额、票面金额、利率、还本付息的期限和方式；债券的发行日期。公司发行无记名债券的,应在公司债券存根簿上记明债券的总额、利率、偿还期限和方式、发行日期及债券的编号。

(四)债券的发行价格

债券的发行价格是债券发行时使用的价格,即投资者购买债券时所支付的价格。公司债券的发行价格通常有三种:平价、溢价和折价。

平价指以债券的票面金额为发行价格;溢价指以高出债券票面金额的价格为发行价格;折价指以低于债券票面金额的价格为发行价格。债券发行价格的形成受诸多因素的影响,其中主要是票面利率与市场利率的一致程度。债券的票面金额、票面利率在债券发行前即已参照市场利率和发行公司的具体情况确定下来,并载明于债券上。但在发行债券时已确定的票面利率不一定与当时的市场利率一致。为了协调债券购销双方在债券利息上的利益,就要调整发行价格:当票面利率高于市场利率时,以溢价发行债券;当票面利率低于市场利率时,以折价发行债券;当票面利率与市场利率一致时,则以平价发行债券。

债券发行价格的计算公式为:

$$债券发行价格 = \frac{票面金额}{(1+市场利率)^n} + \sum_{t=1}^{n} \frac{票面金额 \times 票面利率}{(1+市场利率)^t}$$

式中:n 代表债券期限;t 代表付息期数;市场利率指债券发行时的市场利率。

例 5-6

某公司发行面值为 1 000 元的债券,债券利率为 8%,按年付息,5 年到期。(计算结果保留整数)

(1)债券利率与市场利率一致,平价发行

公司发行债券时,假如市场利率 8%,那么债券发行价格可计算如下:

$$\begin{aligned}债券发行价格 &= \sum_{t=1}^{5} \frac{1\,000 \times 8\%}{(1+8\%)^t} + \frac{1\,000}{(1+8\%)^5} \\ &= 80 \times (P/A, 8\%, 5) + 1\,000 \times (P/F, 8\%, 5) \\ &= 1\,000(元)\end{aligned}$$

(2)债券利率低于市场利率,折价发行

公司债券发行时,假如市场利率为 9%,由于公司按票面利率 8% 支付利息,债权人利益受损,因此要使债券顺利发行,企业必须给予债权人补偿,可按低于面值出售债券,即折价发行。此时债券发行价格可计算如下:

$$债券发行价格 = \sum_{t=1}^{5} \frac{1\,000 \times 8\%}{(1+9\%)^t} + \frac{1\,000}{(1+9\%)^5}$$

$$=80\times(P/A,9\%,5)+1\,000\times(P/F,9\%,5)$$
$$=961(元)$$

（3）债券利率高于市场利率，溢价发行

公司债券发行时，假如市场利率为7%，而债权人还是按债券利率8%获得利息，公司利益受损，因此为了补偿公司利益，需要按高于票面价值出售债券，即溢价发行。此时债券发行价格计算如下：

$$债券发行价格=\sum_{t=1}^{5}\frac{1\,000\times8\%}{(1+7\%)^t}+\frac{1\,000}{(1+7\%)^5}$$
$$=80\times(P/A,7\%,5)+1\,000\times(P/F,7\%,5)$$
$$=1\,041(元)$$

由此可见，在债券面值、债券利率和债券期限既定的情况下，发行价格因市场利率不同而有所不同。

(五)债券的信用等级

公司公开发行债券通常需要由债券评信机构评定等级。债券的信用等级对于发行公司和购买人都有重要影响。

国际上流行的债券等级是三等九级。AAA级为最高级，AA级为高级，A级为上中级，BBB级为中级，BB级为中下级，B级为投机级，CCC级为完全投机级，CC级为最大投机级，C级为最低级。

我国的债券评级工作正在开展，但尚无统一的债券等级标准和系统评级制度。根据中国人民银行的有关规定，凡是向社会公开发行的企业债券，需要由经中国人民银行认可的资信评级机构进行评信。这些机构对发行债券企业的企业素质、财务质量、项目状况、项目前景和偿债能力进行评分，以此评定信用级别。

(六)债券融资的特点

与其他长期负债融资方式相比，发行债券的突出优点在于融资对象广、市场大。但是，这种融资方式成本高、风险大、限制条件多，是其不利的一面。

五、可转换证券融资

(一)可转换证券的概念与种类

所谓可转换证券，是指可以转换为普通股股票的证券，主要包括可转换债券和可转换优先股。可转换债券和可转换优先股具有很多共同之处，而可转换债券的应用比较广泛，所以以下只介绍可转换债券。

(二)可转换债券的要素

可转换债券又称为可转换公司债券，是指发行人依照法定程序发行，在一定期间内依据约定的条件可以转换成股票的公司债券。

可转换债券的要素是指构成可转换债券基本特征的必要因素,它们表明可转换债券与不可转换债券(或普通债券)的区别。

1.标的股票

可转换债券对股票的可转换性,实际上是一种股票期权或股票选择权,它的标的物就是可以转换成的股票。可转换债券的标的股票一般是其发行公司自己的股票,但也有的是其他公司的股票,如可转换债券发行公司的上市子公司的股票(以下的介绍中,标的股票仅指发行公司的股票,略去其他公司的股票)。

2.转换价格

转换价格指的是可转换债券在存续期间内债券持有者据以转换为普通股而给付的每股价格。转换价格一般定在比债券发售日股票市场价格高出 10%～30%。在发行公司股票除权时,可转换债券的转股价格要相应调整。如:发行可转换债券时该公司的每股股价 50 元,则可将转换价格定为 60 元左右。一年后该公司每股股价为 56 元,10 送 10,则除权后转换价格应调整为 30 元。

3.转换比率

转换比率指的是每一份可转换债券在既定的转换价格下能转换为普通股股票的数量。在债券面值和转换价格确定的前提下,转换比率为债券面值与转换价格之商。

4.转换期限

转换期限指的是可转换债券转换为股票的起始日至结束日的期间。转换期间的规定通常有四种情形:发行日至到期日;发行日至到期前;发行后某日至到期前;发行后某日至到期日。至于选择哪种,要看公司的资本使用状况、项目情况、投资者要求、可转换债券的期限等。由于转换价格高于公司当前股价,投资者一般不会在发行后立即行使转换权,采取前两种类型能吸引更多投资者;如果公司现有股东不希望过早稀释控制权,可采用后两种类型。

5.赎回条款

赎回是指在一定条件下公司按事先约定的价格买回未转股的可转换债券。发行公司为了避免因市场利率下降而带来的损失,同时为了避免可转换债券的持有者过分享受因公司收益大幅度提高所产生的回报,通常设计有赎回条款。赎回条款通常包括不可赎回期、赎回期、赎回价格、赎回条件等。公司在赎回债券之前要向投资者发出赎回通知,此时投资者必须在转股与售给发行公司之间做出选择。正常情况下,投资者会选择前者。可见,赎回条款最主要的功能是强制可转换债券的持有者积极行使转股权,因此又被称为加速条款。

6.回售条款

回售是指公司股票价格在一定时期内连续低于转股价格达到某一幅度时,可转换债券的持有者按事先约定的价格将债券卖给发行公司。回售对于投资者而言实际上是一种卖权,有利于降低投资者的持券风险。与赎回一样,回售条款也有回售时间、回售价格和回售条件等规定。

7.转换调整条款与保护条款

发行公司发行可转换债券之后,其股票价格可能出现巨大波动。如果股价表现不佳,又未设计回售条款,公司可设计转换调整条款以保护公司利益,预防投资者到期集中挤兑引发公司破产的悲剧。转换调整条款又称向下修正条款,允许发行公司在约定时间内将转股价格向下修正为原转换价格的 70%~80%。

(三)可转换债券的发行条件

根据我国《可转换公司债券管理暂行办法》的规定,目前我国只有上市公司和重点国有企业具有发行可转换债券的资格,它们具备了下列条件后,经证监会批准发行可转换债券。

1.上市公司发行可转换债券的条件

(1)最近 3 年连续盈利,且最近 3 年净资产收益率平均在 10%以上。属于能源、原材料、基础设施类的公司最近 3 年的净资产收益率可以略低,但不能低于 7%。

(2)发行可转换债券后,公司的资产负债率不能高于 70%。

(3)发行可转换债券后,公司的累计债券余额不能超过公司净资产的 40%。

(4)发行可转换债券所募集资金的投向符合国家的产业政策。

(5)可转换债券的利率不超过同期银行存款利率水平。

(6)可转换债券的发行额不小于人民币 1 亿元。

(7)证券监管部门规定的其他条件。

2.重点国有企业发行可转换债券的条件

重点国有企业发行可转换债券,须符合上述(3)~(7)条的条件,除此之外,还应符合以下条件:

(1)最近 3 年连续盈利,且最近 3 年的财务报告已经过具有从事证券业务资格的会计师事务所审计。

(2)有明确、可行的企业改制和上市计划。

(3)有可靠的偿债能力。

(4)有具有代为清偿债务能力的保证人的担保。

(四)可转换债券融资的特点

1.可转换债券融资的优点

(1)融资成本较低。可转换债券给予了债券持有人以优惠的价格转换公司股票的好处,因而其利率低于同一条件下的不可转换债券(或普通债券)的利率,降低了公司的融资成本;此外,在可转换债券转换为普通股时,公司无须另外支付融资费用,也节约了股票的融资成本。

(2)便于融集资金。可转换债券一方面可以使投资者获得固定利息,另一方面又向其提供了进行债权投资或股权投资的选择权,对投资者具有一定的吸引力,有利于债券发行,便于资金融集。

(3)有利于稳定股票价格和减少对每股收益的稀释。由于可转换债券规定的转换价格一般要高于其发行时的公司股票价格,因此在发行新股票或配股的时机不佳时,可以先发行可转换债券,然后通过转换实现较高价位的股权融资。事实上,由于一些公司认为当前其股票价格太低,为避免直接发行新股而遭受损失,才通过发行可转换债券变相发行普通股。这样做的原因,一是不会因为直接发行新股而进一步降低公司股票市价;二是有利于稳定公司股票,因为可转换债券的转换期较长,即使在将来转换股票时,对公司股价的影响也较温和。

可转换债券的转换价格高于其发行时的股票价格,转换后的股票股数会较少,降低了因为增发股票对公司每股收益的稀释度。

(4)减少融资中的利益冲突。由于日后会有相当一部分投资者将其持有的可转换债券转换成普通股,发行可转换债券不会大幅增加公司的偿债压力,所以其他债权人反对较少,受其他债务的约束较少。同时,可转换债券持有人是公司的潜在股东,与公司有着较大的利益趋同性,因而冲突较少。

2.可转换债券融资的缺点

(1)股价上扬风险。虽然可转换债券的转换价格高于其发行时的股票价格,但如果转换时股票价格大幅度上扬,公司只能以较低的固定转换价格换出股票,便会降低公司的股权融资额。

(2)财务风险。发行可转换债券后,如果公司业绩不佳,股价长期低迷;或虽然公司业绩尚可,但股价随大盘下跌,持券者没有如期转换普通股,则会增加公司偿还债务的压力,加大公司的财务风险。特别是在订有回售条款的情况下,公司短期内集中偿还债务的压力会更明显。

(3)丧失低息优势。可转换债券转换成普通股后,其原有的低利息优势不复存在,公司将要承担较高的普通股成本,从而导致公司的综合资本成本上升。

第四节　资本结构理论

一、资本成本

(一)资本成本概念

资本成本是指企业为筹集和使用资金而付出的代价,它包括资金筹集费和资金占用费两部分。资金筹集费指在资金筹集过程中支付的各项费用,如发行股票、债券支付的印刷费、发行手续费、律师费、资信评估费、公证费、担保费、广告费等。资金占用费是指占用资金支付的费用,如股票的股息、银行借款和债券利息等。相比之下,资金占用费是融资企业经常发生的,而资金筹集费通常在融集资金时一次性发生,因此在计算资本成本时可将其作为融资金额的一扣除项目。

资本成本的概念广泛运用于企业财务管理的许多方面。对于企业融资来讲,资本成本是选择资金来源、确定融资方案的重要依据,企业力求选择资本成本最低的融资方式。对于企业投资来讲,资本成本是评价投资项目、决定投资取舍的最低标准。资本成本还可用作衡量企业经营成果的尺度,即经营利润率应高于资本成本,否则表明业绩欠佳。

资本成本有多种计量形式。在比较各种融资方式时,使用个别资本成本,包括普通股成本、留存收益成本、长期借款成本、债券成本;在进行资本结构决策时,使用加权平均资本成本;在进行追加融资决策时,则使用边际资本成本。

(二)个别资本成本

个别资本成本是指各种融资方式的成本,主要包括银行借款成本、债券成本、优先股成本、普通股成本和留存收益成本,前两种为负债资本成本,后三种为权益资本成本。现分别予以说明。

1.银行借款成本

银行借款成本是指借款利息和融资费用。借款利息计入税前成本费用,可以起到抵税作用。银行借款成本的计算公式为:

$$K_l = \frac{I(1-T)}{L(1-f)} = \frac{i(1-T)}{1-f}$$

式中:K_l 为银行借款成本;I 为银行借款年利息;L 为银行借款融资总额;i 为银行借款利息率;f 为银行借款融资费率;T 为所得税税率。

由于银行借款的手续费很低,上式中的 f 常常可以忽略不计,则上式可简化为:

$$K_l = i(1-T)$$

2.债券成本

发行债券的成本主要指债券利息和融资费用。债券利息的处理与银行借款利息处理相同,可在税前支付,具有减税作用。债券的融资费用一般较高,主要包括申请发行债券的手续费、债券注册费、印刷费、上市费以及推销费用等。债券成本的计算公式为:

$$K_b = \frac{I_b(1-T)}{B(1-f)} = \frac{R_b(1-T)}{1-f}$$

式中:K_b 为债券成本;I_b 为债券年利息;R_b 为债券利率;B 为债券融资总额;f 为债券融资费率;T 为所得税税率。

3.优先股成本

企业发行优先股,要支付融资费用,还要定期支付股利。但它与债券不同,股利在税后支付,且没有固定的到期日。优先股成本的计算公式为:

$$K_p = \frac{D}{P_0(1-f)}$$

式中:K_p 为优先股成本;D 为优先股每年的股利;P_0 为发行优先股总额;f 为优先股融资费率。

4.普通股成本

普通股成本的计算通常采用以下两个公式。

如果每年股利固定不变,则普通股成本为:

$$K_s = \frac{D}{P_0(1-f)}$$

式中:K_s 为普通股成本;D 为每年固定股利;P_0 为普通股市价;f 为普通股融资费率。

如果股利是不断增加的,假设股利年增长率为 g,则普通股成本为:

$$K_s = \frac{D_1}{P_0(1-f)} + g$$

式中,D_1 为下一期的股利。

例 5-7 ————————————————————————————————

假设目前某公司普通股市价为 30 元,融资费用率为 5%,预计下一年发放股利为 2 元/股,以后每年增长 4%,要求:计算普通股成本。

解：

$$普通股成本 = \frac{2}{30 \times (1-5\%)} + 4\% = 11.02\%$$

5.留存收益成本

留存收益又称保留盈余,是企业资金的一种重要来源。企业留存收益相当于股东对企业追加投资,对这部分投资与以前缴给企业的股本一样,也要求有一定的报酬,所以留存收益也要计算成本。留存收益成本的计算与普通股基本相同,但不用考虑融资费用。在股利稳定的情况下,其计算公式为：

$$K_e = \frac{D}{P_0}$$

在股利不断增加的情况下,留存收益成本的计算公式则为：

$$K_e = \frac{D_1}{P_0} + g$$

式中,K_e 代表留存收益成本。其他符号含义与普通股成本计算公式相同。

留存收益与普通股都属于所有者权益,股利的支付不固定。在各种资金来源中,普通股的成本最高。

(三)加权平均资本成本

企业可以从多种渠道、用多种方式来融集资金,各种方式融资的成本不同。为了保证融资和投资决策的正确性,必须计算企业的综合资本成本。企业的综合资本成本是以各种资本占全部资本的比重为权数,对个别资本成本进行加权平均确定的,故称之为加权平均资本成本。其计算公式为：

$$K_w = \sum_{j=1}^{n} K_j W_j$$

式中：K_w 为加权平均资本成本；K_j 为第 j 种个别资本成本；W_j 为第 j 种个别资本占全部资本的比重(权数)。

例 5-8

某企业账面反映的长期资金共 1 000 万元,其中长期借款 200 万元,应付长期债券 100 万元,普通股 500 万元,保留盈余 200 万元；其成本分别为 6.5%、9.2%、11.3%、11%。则该企业的加权平均资本成本为：

$$6.5\% \times \frac{200}{1\,000} + 9.2\% \times \frac{100}{1\,000} + 11.3\% \times \frac{500}{1\,000} + 11\% \times \frac{200}{1\,000} = 10.07\%$$

上述计算中的个别资本占全部资本的比重,是按账面价值确定的,其资料容易取得。但当资本的账面价值与市场价值差别较大时,如股票、债券的市场价格发生较大变动时,计算结果会与实际有较大的差距,从而贻误融资决策。为了克服这一缺陷,个别资本占全部资本比重的确定还可以按市场价值或目标价值来确定。

(四)边际资本成本

企业无法以某一固定的资本成本水平来筹措无限的资金,当其融集的资金超过一定限度时,原来的资本成本就会增加。因此,企业在追加融资时,就需要用到边际资本成本概念。边际资本成本是指资金每增加 1 个单位而增加的成本。现举例说明边际资本成本的计算。

例 5-9

某公司目前有资金 1 000 000 元,其中长期债务 200 000 元,优先股 50 000 元,普通股 750 000 元。现在公司为满足投资要求,准备在保持目前的资本结构情况下融集更多的资金。该公司财务人员经过认真分析测算产生的随融资增加各种资本成本变化的情况见表 5-1,要求:计算确定边际资本成本。

表 5-1 资本成本变化情况表

资金种类	目标资本结构/%	新融资额	资本成本/%
长期债务	20	10 000 元以内	6
		10 000~40 000 元	7
		40 000 元以上	8
优先股	5	2 500 元以内	10
		2 500 元以上	12
普通股	75	22 500 元以内	14
		22 500~75 000 元	15
		75 000 元以上	16

1.计算融资突破点

因为花费一定的资本成本只能融集到一定限度的资金,超过这一限度多融集资金就需多花费成本,引起原资本成本的变化,于是就把在保持某一资本成本条件下可以融集到的资金总限度称为现有资本结构下的融资突破点。在融资突破点范围内融资,原来的资本成本不会改变;一旦融资额超过融资突破点,即使维持现有的资本结构,其资本成本也会增加。融资突破点的计算公式为:

$$融资突破点 = \frac{可用某一特定成本融集到的某种资金额}{该种资金在资本结构中所占的比重}$$

在花费 6% 资本成本时,长期债务融资限额为 10 000 元,其融资突破点便为:

$$\frac{10\ 000}{20\%}=50\ 000(元)$$

而在花费 7%资本成本时,长期债务融资限额为 40 000 元,其融资突破点则为:

$$\frac{40\ 000}{20\%}=200\ 000(元)$$

按此方法,资料中各种情况下的融资突破点的计算结果见表 5-2。

表 5-2 各种资金的融资突破点计算表

资金种类	资本结构/%	资本成本/%	新融资额	融资突破点/元
长期债务	20	6	10 000 元以内	50 000
		7	10 000~40 000 元	200 000
		8	40 000 元以上	—
优先股	5	10	2 500 元以内	50 000
		12	2 500 元以上	—
普通股	75	14	22 500 元以内	30 000
		15	22 500~75 000 元	100 000
		16	75 000 元以上	—

2.计算边际资本成本

根据上一步计算出的融资突破点,可以得到五组融资总额。范围:(1)3 万元以内;(2)3 万元~5 万元;(3)5 万元~10 万元;(4)10 万元~20 万元;(5)20 万元以上。对以上五组融资总额范围分别计算加权平均资本成本,即可得到各种融资总额范围的边际资本成本。计算结果见表 5-3。

表 5-3 边际资本成本计算表

融资总额范围	资金种类	资本结构/%	资本成本/%	加权平均资本成本
30 000 元以内	长期债务	20	6	6%×20%=1.2%
	优先股	5	10	10%×5%=0.5%
	普通股	75	14	14%×75%=10.5%
				12.20%
30 000~50 000 元	长期债务	20	6	6%×20%=1.2%
	优先股	5	10	10%×5%=0.5%
	普通股	75	15	15%×75%=11.25%
				12.95%

续表

融资总额范围	资金种类	资本结构/%	资本成本/%	加权平均资本成本
50 000～100 000 元	长期债务	20	7	7%×20%=1.4%
	优先股	5	12	12%×5%=0.6%
	普通股	75	15	15%×75%=11.25%
				13.25%
100 000～200 000 元	长期债务	20	7	7%×20%=1.4%
	优先股	5	12	12%×5%=0.6%
	普通股	75	16	16%×75%=12%
				14.00%
200 000 元以上	长期债务	20	8	8%×20%=1.6%
	优先股	5	12	12%×5%=0.6%
	普通股	75	16	16%×75%=12%
				14.20%

由此可见,如果企业筹资总额在 3 万元以内,其资金成本为 12.20%;如果超过 3 万元但低于 5 万元,其资金成本为 12.95%;以此类推。资金成本随筹资总额而发生变化,企业可根据这一变化,从而决定筹资额度,从而使资金成本最为经济合理。

二、杠杆原理

(一)经营杠杆

经营杠杆是指由于固定成本的存在而造成的息税前盈余变动率大于产销量变动率的现象。之所以会产生这种现象,是由于在其他条件不变情况下,产销量的增加会降低单位固定成本,从而提高单位利润,使息税前盈余的增长率大于产销量的增长率;产销量的减少会提高单位固定成本,降低单位利润,使息税前盈余的下降率大于产销量的下降率。只要企业存在固定成本,就存在经营杠杆的作用。但不同企业经营杠杆作用的程度是不完全一致的,因此需要对经营杠杆进行计量。经营杠杆的大小一般用经营杠杆系数表示,它是息税前盈余变动率与产销量变动率之间的比率。计算公式为:

$$DOL=\frac{\Delta EBIT/EBIT}{\Delta S/S}$$

式中:DOL 为经营杠杆系数;EBIT 为变动前的息税前盈余;ΔEBIT 为息税前盈余的变动额;S 为变动前的产销量;ΔS 为产销量的变动额。

例 5-10 ——

某公司有关资料如表 5-4 所示,试计算该公司的经营杠杆系数。

表 5-4　经营杠杆系数计算表

指标	产销量变动前/元	产销量变动后/元	变动额/元	变动率/%
销售额	10 000	12 000	2 000	20
变动成本	6 000	7 200	1 200	20
边际贡献	4 000	4 800	800	20
固定成本	2 000	2 000	0	0
息税前盈余	2 000	2 800	800	40

根据上面公式得:

$$\text{DOL} = \frac{\Delta \text{EBIT}/\text{EBIT}}{\Delta S/S} = \frac{800/2\,000}{2\,000/10\,000} = \frac{0.4}{0.2} = 2$$

上述公式是计算经营杠杆系数的常用公式。利用该公式,必须根据变动前后的有关资料才能进行计算,而不能仅仅根据基期资料进行计算。为此,可对上述公式进行变形,推导出用基期资料计算经营杠杆系数的一般公式:

$$\text{DOL} = \frac{\text{CM}}{\text{EBIT}}$$

式中:CM 为基期边际贡献;EBIT 为基期息税前盈余。

根据表 5-4 的资料,该公司的经营杠杆系数为:

$$\text{DOL} = \frac{4\,000}{2\,000} = 2$$

引起企业经营风险的主要原因是市场需求和成本等因素的不确定性,经营杠杆本身并不是利润不稳定的根源。但是,产销量增加时,息税前盈余将以 DOL 倍的幅度增加;而产销量减少时,息税前盈余又将以 DOL 倍的幅度减少。可见,企业经营风险的大小和经营杠杆有重要关系。经营杠杆扩大了市场和生产等不确定因素对利润变动的影响,而且经营杠杆系数越高,利润变动越激烈,企业的经营风险就越大。一般来说,在其他因素不变的情况下,固定成本越高,经营杠杆系数越大,经营风险越大。

(二)财务杠杆

财务杠杆是指由于固定性财务费用的存在而造成的普通股每股收益变动幅度大于息税前盈余变动幅度的现象。与经营杠杆作用的表示方式类似,财务杠杆作用的大小通常用财务杠杆系数表示。财务杠杆系数越大,表明财务杠杆作用越大,财务风

险也就越大;财务杠杆系数越小,表明财务杠杆作用越小,财务风险也就越小。财务
杠杆系数的计算公式为:

$$DFL = \frac{\Delta EPS/EPS}{\Delta EBIT/EBIT}$$

式中:DFL 为财务杠杆系数;EPS 为变动前的普通股每股收益;ΔEPS 为普通股
每股收益的变动额。

对上述公式推导变形为:

$$DFL = \frac{EBIT}{EBIT - I}$$

式中,I 为债务利息。

例 5-11

A、B、C 为三家经营业务相同的公司,它们的有关情况见表 5-5。

表 5-5　三家公司相关情况表

指　标	A	B	C
(1)普通股本	2 000 000	1 500 000	1 000 000
(2)发行股数	20 000	15 000	10 000
(3)债务(利率 8%)	0	500 000	1 000 000
(4)资本总额=(1)+(3)	2 000 000	2 000 000	2 000 000
(5)息税前盈余	200 000	200 000	200 000
(6)债务利息=(3)×8%	0	40 000	80 000
(7)税前盈余=(5)-(6)	200 000	160 000	120 000
(8)所得税(税率 25%)=(7)×25%	50 000	40 000	30 000
(9)税后盈余=(7)-(8)	150 000	120 000	90 000
(10)财务杠杆系数=(5)÷(7)	1	1.25	1.67
(11)普通股每股收益=(9)÷(7)	7.5	8	9
(12)息税前盈余增加	200 000	200 000	200 000
(13)债务利息=(6)	0	40 000	80 000
(14)税前盈余=(5)+(12)-(13)	400 000	360 000	320 000
(15)所得税(税率 25%)=(14)×25%	300 000	90 000	80 000
(16)税后盈余=(14)×25%	268 000	270 000	240 00
(17)普通股每股收益=(16)÷(2)	15	18	24

由上表可知:第一,财务杠杆系数表明的是息税前盈余增长所引起的每股收益的

增长幅度。比如,A 公司的息税前盈余增长 1 倍时,其每股收益也增长 1 倍(15÷7.5
-1);B 公司的息税前盈余增长 1 倍时,其每股收益增长 1.25 倍(18÷8-1);C 公司的
息税前盈余增长 1 倍时,其每股收益增长 1.67 倍 24÷9-1)。

第二,在资本总额、息税前盈余相同的情况下,负债比率越高,财务杠杆系数越
高,财务风险越大,但预期每股收益(投资者收益)也越高。比如,B 公司比起 A 公司
来,负债比率高(B 公司资本负债率为 500 000÷2 000 000×100%=25%,A 公司资本
负债率为 0),财务杠杆系数高(B 公司为 1.25,A 公司为 1),财务风险大,但每股收益
也高(B 公司为 28 元,A 公司为 7.5 元);C 公司比起 B 公司来,负债比率高(C 公司资
本负债率为 1 000 000÷2 000 000×100%=50%),财务杠杆系数高(C 公司为 1.67),
财务风险大,但每股收益也高(C 公司为 9 元)。

负债比率是可以控制的。企业可以通过合理安排资本结构,适度负债,使财务杠
杆利益抵销因风险增大所带来的不利影响。

(三)总杠杆

从以上介绍可知,经营杠杆通过扩大销售影响息税前盈余,而财务杠杆通过扩大
息税前盈余影响收益。如果两种杠杆共同起作用,那么销售稍有变动就会使每股收
益产生更大的变动。通常把这两种杠杆的连锁作用称为总杠杆作用。总杠杆作用的
程度,可用总杠杆系数(DTL)表示,它是经营杠杆系数和财务杠杆系数的乘积。其计
算公式为:

$$DTL=DOL\times DFL=\frac{CM}{EBIT-I}$$

通过总杠杆系数的计算,我们能够估计出销售变动对每股收益造成的影响,同时
让我们看到了经营杠杆与财务杠杆之间的相互关系,即为了达到某一总杠杆系数,经
营杠杆和财务杠杆可以有很多不同的组合。比如,经营杠杆较高的公司可以在较低
程度上使用财务杠杆;经营杠杆较低的公司可以在较高程度上使用财务杠杆。

三、资本结构

(一)资本结构原理

资本结构是指企业各种资金的构成及其比例关系。资本结构是企业融资决策的
核心问题。企业应综合考虑有关影响因素,运用适当的方法确定最佳资本结构,并在
以后追加融资中继续保持。企业现有资本结构不合理,应通过融资活动进行调整,使
其趋于合理化。

在实务中,资本结构有广义和狭义之分。狭义的资本结构是指长期资本结构;广

义的资本结构是指全部资金(包括长期资金和短期资金)的结构。

企业的资本结构是由企业采用的各种融资方式融集资本而形成的,各种融资方式不同组合类型决定着企业的资本结构及其变化。企业融资方式虽然很多,但总的来看分为负债资金和权益资金两类,因此,资本结构问题总的来说是负债资金的比率问题,即负债在企业全部资金中所占的比重。

在企业资本结构中,合理地安排负债资金,对企业有重要影响。

1.一定程度的负债有利于降低企业资本成本

企业利用负债资金需要定期支付利息并按时还本,所以,债权人的风险比较小。企业利用债务融资所支付的利息率可略低于支付给股东的股息率。另外,债务利息从税前支付,可减少交纳所得税的数额。以上因素,使得债务的资本成本明显低于权益资金的成本。在一定限度内增加债务,就可降低企业加权平均资本成本,而减少债务,则会使加权平均资本成本上升。

2.负债融资具有财务杠杆作用

不论企业利润多少,既定债务的利息通常都是固定不变的。息税前盈余增大时,每1元盈余所负担的固定利息,就会相对地减少,这将给每一股普通股带来更多的收益。这就是前面所说的财务杠杆作用。因此,在公司息税前盈余较多、增长幅度较大时,适当地利用债务资金,发挥财务杠杆的作用,可增加每股盈余,从而使企业股票价格上涨。

3.负债资金会加大企业的财务风险

财务风险是指由于财务杠杆的使用,增加了破产或普通股盈余大幅度变动所带来的风险。企业为取得财务杠杆利益而增加债务,必然增加利息等固定费用的负担。另外,由于财务杠杆的作用,在息税前盈余下降时,普通股每股盈余下降得会更快。这些风险都是利用负债资金带来的。

从上述分析可知,利用负债资金具有双重作用。适当利用负债,可以降低企业资本成本,增加股东的收益;但当企业负债比率太高时,会带来较大的财务风险。为此,企业必须权衡财务风险和资本成本的关系,确定最优的资本结构。所谓最佳资本结构是指在一定条件下使企业加权平均资本成本最低,企业价值最大的资本结构。从理论上讲,最佳资本结构是存在的,但由于企业内部条件和外部环境经常发生变化,寻找最佳资本结构十分困难。下面我们将探讨有关确定资本结构的方法,可以有效地帮助财务管理人员确定合理的资本结构。但这些方法并不能当作绝对的判别标准,在应用这些方法时,还应结合其他因素,以便使资本结构趋于最优。

(二)资本结构的管理

1.每股盈余分析法

判断资本结构合理与否,其一般方法是以分析每股收益的变化来衡量。能提高每股收益的资本结构是合理的;反之则不够合理。由此前的分析已经知道,每股收益的高低不仅受资本结构(由长期负债融资和权益融资构成)的影响,还受到销售水平的影响。要处理以上三者的关系,可以运用融资的每股收益分析法。

每股收益分析是利用每股收益的无差别点进行的。所谓每股收益的无差别点,是指每股收益不受融资方式影响的销售水平。根据每股收益无差别点,可以分析判断在什么样的销售水平下适于采用何种资本结构。

每股收益无差别点(EPS)可以通过计算得出。其计算公式为:

$$EPS=\frac{(S-VC-F-I)(1-T)}{N}=\frac{(EBIT-I)(1-T)}{N}$$

式中:S 为销售额;VC 为变动成本;F 为固定成本;I 为债务利息;T 为所得税率;N 为流通在外的普通股股数;EBIT 为息税前盈余。

在每股收益无差别点上,无论是采用负债融资,还是采用权益融资,每股收益都是相等的。若以 EPS_1 代表追加负债融资时的每股收益,以 EPS_2 代表追加权益融资时的每股收益,有:$EPS_1=EPS_2$

在每股收益无差别点上,$S_1=S_2$,则:

$$\frac{(S_1-VC_1-F_1-I_1)(1-T)}{N_1}=\frac{(S_2-VC_2-F_2-I_2)(1-T)}{N_2}$$

能使得上述条件公式成立的销售额(S)为每股收益无差别点销售额。

例 5-12

某公司原有资本 700 万元,其中债务资本 200 万元(每年负担利息 24 万元),普通股资本 500 万元(发行普通股 10 万股,每股面值 50 元)。由于扩大业务,需追加融资 300 万元。其融资方式有二:一是全部发行普通股,增发 6 万股,每股面值 50 元;二是全部筹借长期债务,债务利率仍为 12%,利息 36 万元。公司的变动成本率为 60%,固定成本为 180 万元,所得税率为 25%。

将上述资料中的有关数据代入条件公式得:

$$\frac{(S-0.6S-180-24)\times(1-25\%)}{10+6}=\frac{(S-0.6S-180-24-36)\times(1-25\%)}{10}$$

$$S=750(万元)$$

此时的每股收益额为:

$$\frac{(750-750\times0.6-180-24)\times(1-25\%)}{16}=4.5(元)$$

上述每股收益无差别分析,可描绘如图 5-1。

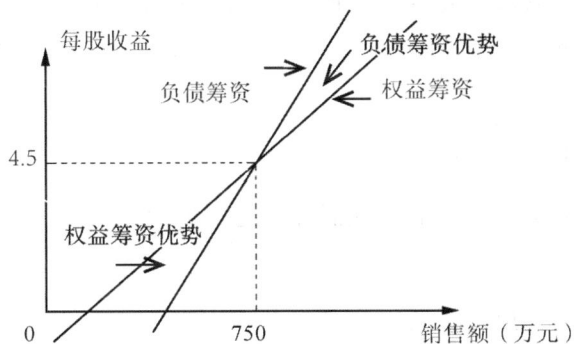

图 5-1　每股收益无差别分析图

从图 5-1 可以看出,当销售额高于 750 万元(每股收益无差别点的销售额)时,运用负债融资可获得较高的每股收益;当销售额低于 750 万元时,运用权益融资可获得较高的每股收益。

需要注意的是,以上每股收益无差别点的计算,建立在债务永久存在的假设前提下,没有考虑债务本金偿还问题。实际上,尽管企业随时借入新债以偿还旧债,努力保持债务规模的延续,但也不能不安排债务本金的清偿。这是因为很多债务合同要求企业设置偿债基金,强制企业每年投入固定的金额。设置偿债基金使得企业每年有一大笔费用支出,并不能用来抵减税负。设置偿债基金后的每股收益称为每股自由收益,是建立偿债基金的企业可供自由支配的资金,既可用于支付红利,也可用于进行其他新的投资。这种情况下,每股收益无差别分析公式可改为:

$$\frac{(S-VC_1-F_1-I_1)(1-T)-SF}{N_1}=\frac{(S-VC_2-F_2-I_2)(1-T)-SF}{N_2}$$

或:

$$\frac{(EBIT_1-I_1)(1-T)-SF}{N_1}=\frac{(EBIT_2-I_2)(1-T)-SF}{N_2}$$

式中,SF 代表企业每年提取的偿债基金额。

2.比较资本成本法

以上以每股收益的高低作为衡量标准对融资方式进行了选择。这种方法的缺陷在于没有考虑风险因素。从根本上讲,财务管理的目标在于追求公司价值的最大化或股价最大化。然而只有在风险不变的情况下,每股收益的增长才会直接导致股价的上升,实际上经常是随着每股收益的增长,风险也加大。如果每股收益的增长不足以补偿风险增加所需的报酬,尽管每股收益增加,股价仍然会下降。所以,公司的最佳资本结构应当是可使公司的总价值最高,而不一定是每股收益最大的资本结构。

同时,在公司总价值最大的资本结构下,公司的资本成本也是最低的。

理论上,公司的市场总价值 V 应该等于其股票的总价值 S 加上债券的价值 B,即:

$$V = S + B$$

为简化起见,假设债券的市场价值等于它的面值。股票的市场价值则可通过下式计算:

$$S = \frac{(\text{EBIT} - I)(1 - T)}{K_s}$$

式中:EBIT 为息税前盈余;I 为年利息额;T 为公司所得税率;K_s 为权益资本成本。

采用资本资产定价模型计算:

$$K_s = R_F + \beta(R_m - R_F)$$

式中:R_F 为无风险报酬率;β 为股票的贝他系数;R_m 为平均风险股票必要报酬率。而公司的资本成本,则用加权平均资本成本(K_w)来表示。其公式为:

$$K_w = K_b\left(\frac{B}{V}\right)(1 - T) + K_s\left(\frac{S}{V}\right)$$

式中,K_b 为税前的债务资本成本。

例 5-13

某公司年息税前盈余为 500 万元,资金全部由普通股资本组成,股票账面价值 2 000万元,所得税率 25%。该公司认为目前的资本结构不够合理,准备用发行债券购回部分股票的办法予以调整。经咨询调查,目前的债务利率和权益资本的成本情况见表 5-6。

表 5-6 公司债务利率和权益资本的成本情况表

债券的市场价值 B /万元	税前债务资本成本 K_b	股票 β 值	无风险报酬率 R_F/%	平均风险股票必要报酬率 R_m /%	权益资本成本 K_s /%
0		1.20	10	14	14.80
200	10%	1.25	10	14	15.00
400	10%	1.30	10	14	15.20
600	12%	1.40	10	14	15.60
800	14%	1.55	10	14	16.20
1 000	16%	2.10	10	14	18.40

根据表 5-6 资料,运用公式可计算出融集不同金额的债务时公司的价值和资本成本(见表 5-7)。

表 5-7　公司的价值和资本成本表

债券的市场价值 B /万元	股票的市场价值 S /万元	公司的市场价值 V /万元	税前债务资本成本 K_b/%	权益资本成本 K_s/%	加权平均资本成本 K_w/%
0	2 534	2 534		14.80	14.80
200	2 400	2 600	10	15.00	14.00
400	2 270	2 670	10	15.20	13.54
600	2 058	2 658	12	15.60	13.36
800	1 796	2 596	14	16.20	13.41
1 000	1 386	2 386	16	18.40	14.23

从表 5-7 可以看出,在没有债务的情况下,公司的总价值就是其原有股票的市场价值。当公司用债务资本部分地替换权益资本时,一开始公司总价值上升,加权平均资本成本下降;在债务达到 400 万元时,公司总价值最高,加权平均资本成本最低;债务超过 400 万元时,公司总价值下降,加权平均资本成本上升。因此,债务为 400 万元时的资本结构是该公司的最佳资本结构。

📦 案例分析

南宁化工的债转股[①]

(一)基本案情

1997 年 3 月 25 日,国务院证券委员会发布了《可转换公司债券管理暂行办法》(以下简称《暂行办法》),同时国务院决定在 500 家重点国有企业中未上市公司进行可转换债券的试点工作。作为正式试点的第一家公司可转换债券——"南化转债",在距《暂行办法》颁布 16 个月之际,终于揭开了我国又一金融创新活动的序幕。"南化转债"的成功运作,是国企拓展融资渠道的又一典范。

经中国证监会批准,南宁化工股份有限公司成立于 1998 年 6 月 15 日,以南宁化工集团有限责任公司(以下简称"南化集团")作为主要发起人,联合南宁统一糖业有限责任公司、南宁味精厂、邕宁县纸业有限公司及广西一赖氨酸厂共同发起设立。经中国证监会批准,公司于 1998 年 8 月 3 日至 7 日向社会公开发行可转换期限为五年(1998 年 8 月 3 日至 2003 年 8 月 2 日)的公司债券(简称"南化转债")15 000 万元人民币,债券每张面值 100 元,共计 150 万张。债券通过上海证交所交易系统上网按面值

---

① 资料来源:《财务管理学教学案例》,吴安平等编著,中国审计出版社,2001 年版。

定价发行,本次可转换债券发行所融集到的资金,将主要用于三项扩大再生产建设项目,见效时间分别为 1998 年、2000 年。另外,还将其中的 6 900 万元用于偿还长期借款。

1.南化转债的主要条款

(1)利率及付息。可转债按面值从 1998 年 8 月 3 日开始计息,首年票面利率为 1%,以后每年增 0.2 个百分点。每年 8 月 2 日及期后 15 个交易日内付息。

(2)转股价格的确定和调整方法。初始转股价格确定为公司将来发行 A 股时发行价的一定比例的折扣。设定发行价为 Q,初始转股价为 Q_0,如公司股票在以下年度发行,则会有:

1999 年 8 月 3 日至 2000 年 8 月 2 日间发行,则 $Q_0 = Q \times 98\%$;

1999 年 8 月 3 日至 2001 年 8 月 2 日间发行,则 $Q_0 = Q \times 96\%$;

1999 年 8 月 3 日至 2002 年 8 月 2 日间发行,则 $Q_0 = Q \times 94\%$;

1999 年 8 月 3 日至 2003 年 8 月 2 日间发行,则 $Q_0 = Q \times 92\%$;

以后公司每送红股、增发新股或配股时,转股价将进行如下调整:设初始转股价为 Q_0,送股率 P,配股或增发新股率为 H,配股价或增发新股价为 A,则调整价 Q_1 为:

①送股 $Q_1 = \dfrac{Q_0}{1+P}$

②增发新股或配股 $Q_1 = \dfrac{Q_0 + A \times H}{1+P}$

③两项同时进行时 $Q_1 = \dfrac{Q_0 + A \times H}{1+P+H}$

(3)强制性转股条款。①到期日前有条件强制性转股。公司股票上市后,若在一定时期内持续高于转股价一定比例若干交易日以上,则公司有权按强制性转股登记日适用的转股价将剩余可转债全部或部分转换为公司股票。②到期无条件强制性转股。可转债到期日仍未转换为股票的,将于到期日强制转换为公司股票。投资者无权要求公司以现金清偿可转债的本金,但公司将兑付不足一股的剩余可转债本金,以到期日前 30 个交易日股票收盘价均值及当时生效的转股价两者较低者作为转股价,但该转股价不应低于当时生效的转股价 80%。

(4)回售条款。公司股票未在可转债到期日 12 个月以前上市,投资者有权将部分或全部可转债回售发行公司,其回售价的计算如下:

可转债回售价 = 可转债面值 + 4 × 5.60% − 公司已支付利息

式中:5.60% 为年利率,且为单利。

2.南化转债发行人近三年的主要财务指标(见表 5-8)

表 5-8　南宁化工近三年的主要财务指标

财务指标	1997 年	1996 年	1995 年
流动比率	0.81	1.36	1.94
速动比率	0.62	1.03	1.45
资产负债率/%	66.74	65.78	56.03
应收账款周转率/%	487.56	727.37	—
存货周转率/%	626.41	562.83	—
净资产收益率/%	8.12	11.07	26.79
每股净利/元	0.13	—	—

3.南化转债发行情况

根据 1998 年 9 月 1 日南化转债上市公告书,截至 1998 年 8 月 11 日,本次公开发行的 150 万张南化转债已经全部由社会公众认购。经深圳同人会计师事务所审验,南化公司已收到投资者投入资金 15 000 万元人民币,扣除发行费用后的实际可使用融集资金为 1 453 万元人民币。

(二)分析

根据《暂行办法》第 9、10 条规定,结合南宁化工股份有限公司主要财务指标,认定该公司基本符合发行可转债公司债券条件,经批准于 1998 年 8 月 3 日向社会公开发行"南化转债"。为取得可转债融资资金,公司制定和执行了较为成功的融资策略:

1.南宁化工股份有限公司低成本融资策略

南化转债"附带公司的股票期权"和"回售条款"为南宁化工股份有限公司的低成本融资策略提供了基本前提,即:发行的可转换债券,附带了公司的股票期权,使其可转换债券的利率低于普通的公司债券;"附带回售条款"是对到期可转债持有者收益的保护性条款,附带回售条款的转债对投资者的吸引力更强。因此,"南化转债"采用的是"变动"的票面利率,即:第一年为 1%,以后逐年递增 0.2%。而 1998 年 8 月 3 日发行可转债时的银行存款利率为 4.3%,同期上市的国债票面利率为 5.26%,南宁化工股份有限公司的现有长期债务(绝大部分为银行贷款)的年利率多在 10% 左右。由此可判断,南化转债的票面利率是很低的,实现了低成本融资的目的。

2.南宁化工股份有限公司可转债发行时间决策

选择适宜的发债时机,是南化有限公司取得成功的关键之一。一般来讲,可转债的发行应该选择在宏观经济由谷底开始启动,股市由熊转牛时期为最佳时机。此时,宏观经济处于启动阶段,股市疲软,交易清淡,投资者对股权投资热情低下,发行可转债容易被市场认可,这样既能降低融资成本,又能降低债券发行风险。南化有限公司就是利用了投资者对股票投资的"淡季",成功地发行了1.5亿元人民币低成本可转债,这不仅为公司的各项扩大再生产建设项目及到期债务融集所需资金,缓解了公司对资金的需求,而且突破了公司以前融资渠道单一、简单依赖银行借款的被动局面,通过资本市场直接融资实现了融资渠道的多元化,还有助于公司资本结构的自然优化。当然,也不排除当公司经营出现困难时,投资者放弃股票期权,继续持有公司债券。这样,可转债的转换失败将导致公司的负债比率继续偏高,削减公司的再融资能力,在可转债缺乏"强制性转股条款"的情况下,将为公司带来巨大的到期还本压力,使公司承担的财务风险大大提高。

3.南宁化工股份有限公司可转债票面利率决策

对于发行人来说,债券票面利率越低越好。由于可转债为投资者提供了一个可以将债权投资转换为股权投资的期权,使投资者有可能享受到公司股票溢价的好处。为此,发行人的确可以相应降低可转债的票面利率,使其低于普通债券利率,甚至低于银行利率。《暂行办法》第9条规定,"可转换公司债券的利率不超过银行同期存款的利率水平"。但是企业也不可能一味地追求更低票面利率,因为票面利率低虽可降低资本成本,但会加大债券发行的风险,甚至可能导致发债的失败。作为"南化转债",确定可转债票面利率第一年为1%,以后逐年递增0.2%,是明智的选择。

4.南宁化工股份有限公司可转债期限决策

《暂行办法》第14条规定:"可转换公司债券的最短期限为三年,最长期限为五年。"发行公司可根据融资用途、自身财务能力和《暂行办法》的规定,设计可转债的期限。因为可转债的期限过短,对于发行人来说,不仅不利于将所融资金用于生产性部门和长期项目,而且还可能降低可转债转换成功的概率,加大公司还本付息的压力。为此,一般认为可转债期限偏长为宜。南化转债以《暂行办法》所允许的上限(五年)为期就是比较合理的。

◈ **思考题**

1.试比较权益融资与负债融资的优缺点。

2.如何理解资本成本在财务管理中的作用?

3.试分析杠杆原理在财务管理中的作用。

4.如何理解最佳资本结构?

◈ **练习题**

1.某企业发行面值为100元,票面利率为10%,偿还期为20年的长期债券。该债券的融资费率为2%,按面值发行,所得税率为25%。

要求:计算长期债券的资本成本。

2.某企业发行面值为 100 元,年股息率为 10％的优先股股票,融资费率为 3％。

要求:计算优先股的资本成本。

3.某企业发行普通股股票,每股的发行价格为 10 元,融资费率为 5％,第 1 年末每股股利为 0.5 元,股利的预计年增长率为 6％。

要求:计算普通股的资本成本。

4.某企业拟发行一批长期债券,其面值为 200 元,融资费率为 2％,该企业适用的所得税率为 25％。

要求:为使该批债券的资本成本保持在 8％的水平,其票面利率应确定为多少。

5.某企业融集长期资金 400 万元,发行长期债券 1.6 万张,每张面值 100 元,票面利率 11％,融集费率 2％,所得税率 25％;以面值发行优先股 8 万股,每股 10 元,融集费率 3％,股息率 12％;以面值发行普通股 100 万张,每股 1 元,融集费率 4％,第 1 年末每股股利0.096元,股利预计年增长率为 5％;保留盈余 60 万元。

要求:计算企业综合资本成本。

6.某公司边际贡献 40 万元,固定成本 15 万元,债务资本 50 万元,利率 10％,所得税率 25％,流通股股数为 10 万股。

要求:(1)计算营业杠杆系数、财务杠杆系数和总杠杆系数;(2)计算每股盈余;(3)若下期销售增长 50％,预测下期息税前盈余和每股盈余。

7.某公司 2004 年资本总额为 1 000 万元,其中普通股为 600 万元(24 万股),债务 400 万元。债务利率为 10％,假定公司所得税税率为 25％。该公司 2005 年预定将资本总额增至 1 200 万元,需追加资本 200 万元。现有两个融资方案可供选择:(1)发行债券,年利率为 12％;(2)增发普通股 8 万股。预计 2005 年息税前利润为 200 万元。

要求:通过计算说明该公司应采用哪一融资方案。

8.某企业发行一批长期债券,该债券的面值为 500 元,票面利率为 12％,偿还期 5 年。

要求:计算在市场利率分别为 10％、12％、15％情况下债券的发行价格。

9.某机械厂购进一批钢材,发票金额为 50 000 元,供货方提供的付款条件为:"2/10,n/30",企业在第 25 天以发票金额支付了货款。

要求:计算商业信用的成本。

10.某企业按"1/10,n/40"的条件购入货物 50 万元,企业有充足的现金,能在折扣信用期末付款,可是企业又面临一项年投资收益率为 14％的短期投资。

要求:决策该企业应否享受信用折扣。

第六章　流动资产管理

💡 学习目的

　　本章主要介绍现金及有价证券、应收账款以及存货的管理。通过学习本章,需要掌握现金与有价证券管理的目标,现金收支管理的有关规定,最佳现金持有量的测定,应收账款管理的目标,企业信用政策的制定,应收账款的日常管理,存货管理的目标,存货的相关成本,以及存货管理中的决策方法等。

第一节　现金与有价证券管理

　　现金是企业中流动性最强的资产。狭义的现金仅仅指库存现金;而广义上的现金则包括企业的库存现金、银行存款、银行本票、银行汇票等。本章所讲的现金管理是基于广义上的现金概念而言的。有价证券主要指企业持有的股票、债券等有价值的票证。由于其具有高度的流动性,能在极小的交易成本下迅速转变为现金,因此,人们经常把它看成现金的一种转化形式,或视为现金的等价物(类现金)。

一、企业持有现金的动机

　　在企业生产经营中,通常要保持一定数量的货币资金。企业管理层和其他利益相关者在查看企业的财务报表时,往往首先关注企业有无现金、有多少现金的问题。企业持有现金的动机与原因,从理论上讲主要有三个方面。

　　(一)交易动机

　　交易动机又称支付动机,是指企业为了满足生产经营活动中各种支付需要而保持的现金。这是企业持有现金的主要动机。企业在生产经营中,要购买原材料,支付工资等费用,交纳税款,支付利息、股息等,这些通常都需要用现金支付。企业经营中的资金是不断循环周转的,如果企业在生产经营过程中能做到现金的收入与支出在时间上和数量上同步,也就是说当企业需要支付一定数量的现金时,能正好收回相同数量的现金,则企业为应付支付动机所持有的现金就可以减到最少。当然,这一点在企业实际生产经营中是很难做到的。现金收入与支出在更多的情况下,总是存在着时间与数量上的差异,这使得企业不能不保留一部分现金以便应付支付动机的需要。这启示我们,即企业在安排现金收支中,应尽量做到收支同步,以减少交易所需要的现金。

(二)预防动机

预防动机是指企业为应付意外事件而必须保持一定数量的现金。企业预计的现金需要量一般是指正常情况下的需要量,但是有许多意外事件会影响企业现金的收入与支出。例如自然灾害、安全事故、国家某些政策的变化、市场需求的突然变更等等,都有可能使企业额外支付更多的现金。企业如果事先有这样的一笔机动性的资金,便可以更好地应付这些意外事件。

(三)投机动机

投机动机是指企业为了从预期的有价证券或原材料等物资的价格波动中得到利益而持有的现金。这里讲的"投机"实际上就是短期投资。企业的现金存入银行,得到的利息收入较少。如果企业经营者对证券市场上证券价格的波动规律有所掌握,而且能较准确地判断其价格走势,则可以在低价位时买进股票或债券,在高价位时将其卖出,从中获利。随着市场经济体制的建立,各种原材料等物资的价格也会经常出现波动,企业也可以在低价位时买进,以便节约采购成本,或者待其价格升高时再行卖出,赚取价差。

二、现金与有价证券管理的目的

现金与有价证券管理的目的,是在保证企业生产经营正常运行的情况下,把现金的数量控制在尽可能低的水平上,并从暂时闲置的现金中获得尽可能多的利息收入。

一般来说,现金是一种非盈利或低盈利的资产。企业的库存现金基本上不会产生收益,而银行存款虽然会有一定的利息收入,但通常是按活期存款利率计息,利息率很低。因此,过多的现金会降低企业的盈利水平。但是,如果企业现金不足,也会直接影响企业生产经营的正常运行,从而影响企业的获利能力。所以,企业要计算和确定合理的现金数量,并努力保证达到所需要的现金数量。而当企业的现金数量较多或不足时,要积极地采用合适的有价证券投资策略或短期融资策略进行平衡。

三、短期有价证券的管理

企业通常会在有剩余现金时买入短期有价证券,而在现金短缺时再将它们变现,以满足现金短缺时对现金的需求。同时,企业为了满足未来可预计的财务需求(如将要实施的技术改造措施)或预防一些偶然情况(如客户对企业的产品质量提出的索赔),也会持有一定数量的短期有价证券。因为短期有价证券的流动性仅次于现金,但和现金相比,它又能为企业带来更多的收益,所以企业的财务人员对它格外垂青。

(一)短期有价证券的类型

可供投资者选用的短期有价证券主要有以下七种:

1.国家财政部门发行的各种国库证券,如国库券、财政证券、国家建设债券、基本建设债券等;

2.金融债券;

3.可转让大额定期银行存单;

4.银行承兑汇票;

5.企业债券;

6.股票;

7.商业票据。

(二)短期有价证券投资应考虑的因素

企业在各种短期有价证券之间做出选择时,通常要充分考虑以下有关因素:

1.违约风险

证券发行者无力按期偿还本金和利息的风险称为违约风险。由财政部发行、政府担保的国债没有违约风险,这种债券又称为"金边债券",是投资者乐于选择的对象。除中央政府以外的地方政府和企业发行的债券则或多或少存在着违约风险。信用评估机构对债券进行评级,实际上就是评定债券违约风险的大小。因此,企业在进行投资时要选择违约风险小的有价证券。

2.利率风险

由于利率变化引起证券的价格产生波动而使投资者遭受损失的风险称为利率风险。一般而言,证券的到期时间越长,利率风险越大,但利率也越高。企业进行投资时,可以选择不同到期日的证券组成有价证券组合,以避免由于利率波动而带来的较高程度的风险。

3.购买力风险

由于通货膨胀而使货币购买力下降的风险,称为购买力风险。在通货膨胀期间,购买力风险对于投资者相当重要。一般来说,预期报酬率会上升的资产,其购买力风

险会低于报酬率固定的资产。如房地产、普通股等资产受到的影响较小,而收益长期
固定的债券则受到的影响较大。

4.流动性或可售性风险

当证券出售时,证券价格下降而给企业带来损失的可能性,就是其流动性或可售
性风险。通常,能在短期内按市价大量出售的有价证券,其流动性风险小;反之,在短
期内需折价销售才能找到买主的证券,其流动性风险大。一般来说,经营良好、信誉
上乘的企业其证券易于在市场上脱手。因为流动性强的证券,是投资者乐于选择的
对象。

5.证券的交易费用和所得税

进行短期证券投资,需要权衡与比较投资的报酬与证券的交易费用。同时还要
充分考虑是否交纳所得税以及所得税的多少等问题。因为只有扣除了交易费用和交
纳了所得税之后的收益才是投资所得到的真正利润。在目前情况下,政府发行的公
债、国库券的利息收益可以免交所得税,而其他证券的收益则要交纳所得税。

6.证券收益

一般情况下,风险越大,所要求的收益也越大。因此,在选择有价证券的组合时,
财务人员必须在风险与收益之间进行权衡。既然持有有价证券的动机主要在于防止
未来现金流入和流出的不确定性和波动,那么主导性的政策就应该是选择风险相对
较小的组合,尽管这样可能要牺牲一定的收益。因此,企业财务人员在构造有价证券
的组合时,应首先选择相对短期、变现容易的资产。

四、最佳现金持有量的确定

最佳现金持有量又称最佳现金余额,是指企业为了达到现金管理的最佳水平所
持有的现金数额。在财务管理中,确定企业最佳现金持有量的现金管理模型很多,这
里介绍几种有代表性的现金管理模型,即 BAT 现金管理模型、Miller-Orr 现金管理模
型和现金周转模式。

(一)BAT 现金管理模型

1.企业持有现金的成本

企业持有现金,可能会有三种成本。

(1)机会成本。现金作为企业的一项资金占用,持有它是有代价的,这种代价就
是它的机会成本。机会成本表现为企业由于持有现金而不能将它用于其他用途(如
将这些现金投资于有价证券)所丧失的潜在收益。企业的现金持有量越大,机会成本
就越高。

(2)管理成本。企业持有现金,会发生管理费用,比如管理人员工资、安全措施费

等。这些费用构成现金的管理成本。管理成本属于一种固定成本,与现金持有量之间无明显的比例关系。在运用现金管理模型确定企业最佳现金持有量时,可以不考虑它。

(3)转换成本。企业持有现金的转换成本是指企业因现金缺乏而需要将其他短期资产(如有价证券)转换为现金所发生的成本。这些成本主要包括:①财务主管发出交易指令的时间;②长途电话费用;③秘书打印委托书、制作副本以及送至企业财务主管的时间;④财务主管阅读文件、审批并签字所花费的时间;⑤会计记录并审计这笔业务的时间;⑥以上时间相应发生的工资和福利费;⑦每笔交易的经纪费用。

转换成本与证券转换的规模无关,而与企业现金持有量有关。转换成本随着现金持有量的增加而下降。

机会成本随着现金持有量的增加而增加,转换成本随着现金持有量的增加而减少。因此,企业持有现金的总成本在某一现金持有量时将达到最低状态,这就是企业的最佳现金持有量,如图 6-1 所示。

2.最佳现金持有量的确定——BAT 模型

BAT 模型依据总成本最低这一目标来确定公司的最佳现金持有量。在该模型下,假设公司现金收入是每隔一段时间发生的,而支出则是在一个时期内平均发生。在此期间,公司可以通过出售有价证券来获得现金,这一过程如图 6-2 所示。

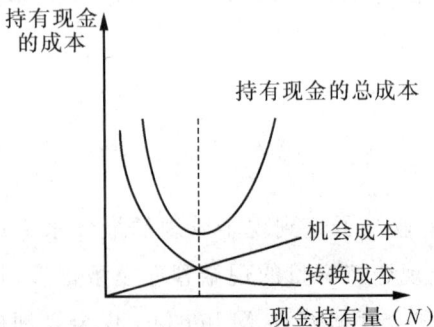

图 6-1　最佳现金持有量示意图

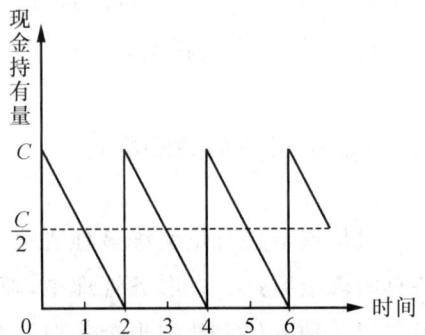

图 6-2　现金持有量变化示意图

假设 b 为现金与有价证券之间的转移成本;T 为给定时间内的现金需求总额;i 为市场有价证券的利率;N 为理想的现金转换数额(最佳现金持有量);TC 表示与企业现金持有量相关的总成,则有:

$$TC = \frac{N}{2} \times i + \frac{T}{N} \times b \qquad (6\text{-}1)$$

对上式 6-1 就 N 求微分,然后令求导结果为 0,就解出了 N:

$$\frac{d(TC)}{dN} = \frac{i}{2} = \frac{Tb}{N^2} = 0$$

$$\frac{i}{2} = \frac{Tb}{N^2}$$

$$N^2 = \frac{2Tb}{i}$$

所以,最佳现金持有量为:

$$N = \sqrt{\frac{2Tb}{i}} \tag{6-2}$$

例 6-1

某公司每天现金流量为 10 000 元,证券利率为 10%,每次现金转换的成本为 50元,假设 1 年按 365 个工作日计算,问:该公司最佳现金持有量应为多少?

由 BAT 模型,其最佳现金持有量为:

$$N = \sqrt{\frac{2Tb}{i}} = \sqrt{\frac{2 \times 365 \times 10\ 000 \times 50}{0.1}} = 60\ 415(元)$$

维持这一最佳现金持有量的每年最低相关总成本为:

$$TC = \frac{60\ 415}{2} \times 10\% + \frac{365 \times 10\ 000}{60\ 415} \times 50$$
$$= 3\ 021 + 3\ 021$$
$$= 6\ 042(元)$$

(二)Miller-Orr 现金管理模型

在 BAT 模型中,是假定分析期内的所有现金收入都可准确预测,现金支付持续、规则且确定。这些假定条件在实际业务中是不可能完全实现的。比如,付款金额与时间往往很不确定,或者现金回收很不确定。当企业每天的现金余额变化是不规则的,并且难以预测的情况下,可以采用 Miller-Orr 现金管理模型来确定企业最佳现金持有量。

Miller-Orr 模型假定现金收支的波动是偶然的(如图 6-3 所示),而不是均匀的或者是确定不变的。假设企业现金余额变化为正或为负的机会都是 50%,当现金支出大于现金收入时,现金余额就会向下移动直至碰到下限 LL,如图中 B 点所示。此时,财务管理人员应出售数额为 RP−LL 的证券,使现金余额水平重新恢复到 RP 即理想水平,RP 成为现金返回点。反之,当现金收入大于现金支出时,现金余额就会向上移动直至碰到上限 UL,如图中 A 点所示,此时,财务管理人员应购入数额为 UL−RP

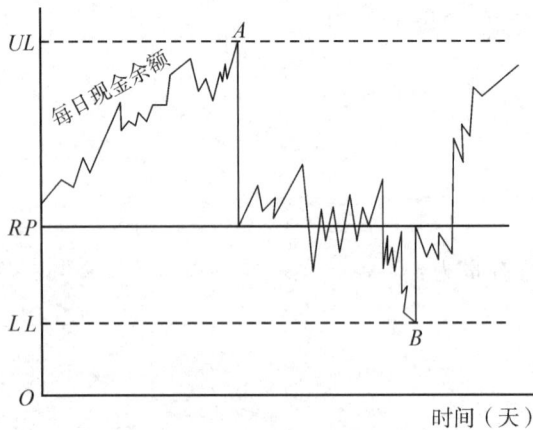

图 6-3　现金余额的随机波动

的证券,使现金余额水平重新恢复到 RP 即理想水平。现金余额的波动如此循环往复。

从控制理论角度来看,如果能确定上限 UL、下限 LL 以及现金返回点 RP,就可以在现金余额随机波动的情形下,进行有效的现金管理。

假设:b 为现金与有价证券的转换成本;i 为市场有价证券的利息率(每期的利率:每天或每月等);σ 为每期(每天或每月等)现金持有量的标准差;UL 为最高现金持有量;LL 为最低现金持有量;RP 为最佳现金持有量。

则可根据下面的公式计算最佳现金持有量 RP(为最优现金返回点):

$$\text{RP}=\sqrt[3]{\frac{3b\sigma^2}{4i}}+\text{LL} \tag{6-3}$$

上限 UL＝3RP－2LL

下限 LL 由企业管理层决定,企业现金余额不能低于下限 LL。下限的确定受以下因素影响:

(1)企业开户银行的要求;

(2)企业管理层的风险承受倾向。

$$\text{平均现金持有量}=\frac{4\times\text{RP}-\text{LL}}{3}$$

例 6-2

假设 $b＝30$ 元,有价证券的市场月利率为 2％,现金流量每月的标准差为 300 元,企业规定任何时候其银行活期存款账户内的现金余额不能低于 200 元。企业每天的现金余额是随机波动的。

由 Miller-Orr 模型，其最佳的现金持有量为：

$$RP = \sqrt[3]{\frac{3b\sigma^2}{4i}} + LL = \sqrt[3]{\frac{3 \times 30 \times 300^2}{4 \times 0.02}} + 200 = 666（元）$$

现金持有量的最大值 $UL = 3 \times RP - 2LL = 3 \times 666 - 2 \times 200 = 1\ 598（元）$

平均现金持有量 $= \dfrac{4 \times RP - LL}{3} = \dfrac{4 \times 666 - 200}{3} = 821（元）$

运用 Miller-Orr 模型进行现金控制如图 6-4 所示：

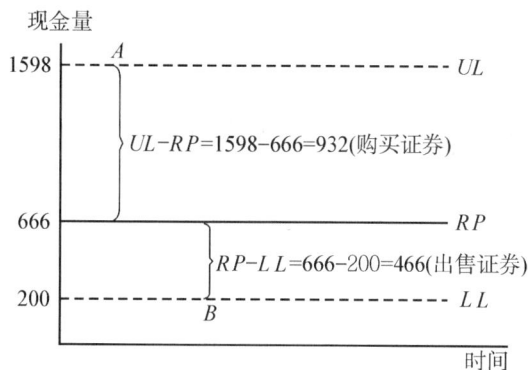

图 6-4　Miller-Orr 现金控制模型

由上述现金控制模型可知，如果现金余额上触到 1 598 元，即 A 点，则财务人员就要用 $UL - RP = 932$ 元的现金投资有价证券；相反，如果现金余额下触到 200 元，即 B 点，则财务人员就应出售 $RP - LL = 466$ 元的有价证券，使现金余额恢复到 666 元的最佳现金持有量水平。财务人员运用这种方法可以将证券投资收益的损失与证券交易费用之和降到最低。

Miller-Orr 模型的优点是在现金管理中考虑了现金流量的不确定性问题，将现金管理引入了一个新的领域。一般在现金流量很不稳定的情况下使用此模型较为适宜。从 Miller-Orr 模型不难看出，现金流量的不确定性越大（即 σ 越大），最佳现金持有量和最低现金持有量之间的差距就越大，同时现金持有量的最高值和平均值就越高。

(三)现金周转模式

现金周转模式是按现金周转期来确定最佳现金余额的模式。现金周转期是指现金从投入生产经营开始，到最终转化为现金的过程。影响现金周转期的有三个因素：一是存货周转期，是指将原材料转化成产成品并出售所需要的时间；二是应收账款周转期，是指应收账款收回变现所需要的时间；三是应付账款周转期，是指从收到材料开始到现金支出之间所用的时间。这三个因素与现金周转期的关系为公式 6-4：

$$现金周转期＝存货周转期＋应收账款周转期－应付账款周转期 \qquad (6\text{-}4)$$

根据现金周转期,运用公式 6-5 可以确定最佳现金余额。

$$最佳现金余额＝\frac{年现金需求量总额}{360}×现金周转期 \qquad (6\text{-}5)$$

例 6-3

某企业预计存货周转期为 80 天,应收账款周转期 60 天,应付账款周转期为 40 天,预计今年需要现金 1 080 万元,求最佳现金余额。

$$现金周转期＝80＋60－40＝100(天)$$

$$最佳现金余额＝\frac{1\ 080}{360}×100＝300(万元)$$

五、现金的日常管理

(一)库存现金的管理

1.遵守国家规定的库存现金的使用范围

企业使用库存现金进行交易,只能在一定范围内进行。具体范围是:职工的工资、津贴;个人的劳动报酬;各种劳保、福利费用以及国家规定对个人的其他支出;向个人收购农副产品和其他物资的价款;根据国家规定颁发给个人的科学技术、文学艺术、体育等各种奖金;出差人员必须携带的差旅费;结算起点(1 000 元)以下的零星支出;中国人民银行确定的需要支付的其他支出。

2.遵守库存现金限额的规定

企业日常零星开支所需现金,由开户银行根据企业的实际情况核定最高限额。一般为 3～5 天的日常零星开支所需的库存现金限额。距离银行较远和交通不便地区的单位,库存现金可以控制在 15 天的日常零星开支限额内。

3.遵守不得坐支现金的规定

企业每日的现金库存数,不得超过核定的限额。发生的现金收入,应于当日送存开户银行,不得从本企业的现金收入中直接支付坐支交易款项。因特殊情况需要坐支的,应报请开户银行批准,由银行核定(坐支)范围和限额。

4.实行内部牵制制度

在现金管理中,实行钱、账分管制度,即管钱的不管账,管账的不管钱。出纳人员与会计人员做到互相牵制,互相监督。出纳人员对企业的库存现金必须做到日清月结,内部稽核人员要经常对库存现金进行检查,以保证库存现金的安全、完整。

(二)银行存款的管理

根据规定,企业的一切收支,除按规定可使用现金外,都必须通过银行办理转账结算,即通过银行把款项从付款单位账户划转到收款单位的账户。

按照中国人民银行有关结算办法规定,目前国内企业可以采用的结算方式有银行汇票、银行本票、商业汇票、支票、汇兑、委托收款和异地托收承付等。

1.银行汇票

银行汇票是汇款人将款项交存当地银行,由银行签发给汇款人持往异地办理转账结算或支取现金的票据。银行汇票的金额起点为 500 元,付款期限为 1 个月。企业凡是向异地支付的各种款项,均可使用银行汇票。

2.银行本票

银行本票是申请人将款项交存银行,由银行签发给其以办理转账结算或支取现金的票据。银行本票分为定额银行本票和不定额银行本票两种。不定额本票的金额起点为 100 元;定额本票的面额分别 500 元、1 000 元、5 000 元和 10 000 元。付款期限为 1 个月。它适用于同城范围内办理物资采购、劳务供应和其他款项的结算。

3.商业汇票

商业汇票是经收款人或付款人(或承兑申请人)签发,承兑人承兑,并于到期日向收款人或被背书人支付款项的票据。商业汇票按承兑人不同,可分为商业承兑汇票和银行承兑汇票两种。商业承兑汇票的承兑人是付款人,而银行承兑汇票的承兑人是开户银行。商业汇票的承兑期限,由交易双方商定,最长不超过 9 个月,如属于分期付款的,应一次签发若干张不同期限的商业汇票。商业汇票的签发必须以合法的商品交易为基础,禁止签发无商品交易的汇票。商业汇票在同城和异地均可使用。

4.支票

支票是银行的存款人签发给收款人办理结算或委托开户银行将款项支付给收款人的票据。支票分为现金支票和转账支票两种。现金支票可以支取现金,也可以办理转账;转账支票只能办理转账,不能支取现金。支票的金额起点为 100 元,付款期为 5 天。经中国人民银行总行批准的地区,转账支票可以背书转让,背书转让地区的转账支票付款期为 10 天。它是银行各开户单位支取存款和办理同城结算时普遍采用的一种方式。

5.汇兑

汇兑是汇款人委托开户银行将款项汇给外地收款人的结算方式。汇兑按银行传递凭证方法的不同,分为信汇和电汇两种。汇兑的结算方式适用于异地之间各种款项的结算。

6.委托收款

委托收款是收款人委托银行向付款人收取款项的结算方式。委托收款按照款项划回方式的不同,分为邮划和电划两种。委托收款结算不受金额起点限制,付款期限为 3 天。在银行开立账户的单位和个体经营户的商品交易、劳务款项以及其他应收款项的结算,无论是同城还是异地,均可以使用委托收款结算方式。

7.异地托收承付

异地托收承付是指收款人根据购销合同发货后,委托银行向付款人收取款项,由付款人向银行承认付款的结算方式。采用托收承付结算方式必须具备签有合法的经济合同、双方信誉较好和货物确已发出三个条件。划款方式主要有邮划和电划两种。异地托收承付结算每笔托收金额不得少于 10 万元。按照承付办法不同,托收承付又可以分为验单付款和验货付款两种。其中验单付款的承付期为 3 天,验货付款的承付期为 10 天。它适用于异地企业之间商品交易以及由于商品交易而产生的劳务供应款项的结算。

(三)信用卡业务的管理

信用卡是商业银行向个人或单位发行的,用以购买商品、取得服务和向银行提取现金的信用凭证。信用卡按使用对象分为单位卡和个人卡;按信誉等级分为金卡和普通卡。

采用信用卡结算,可以减少现金的使用,节约流通费用,扩大银行转账结算范围,同时有利于方便购物消费,维护支付人的资金安全和简化收款手续。

目前我国各商业银行和一些地方银行都有自己的信用卡,如中国工商银行的"牡丹卡"、中国建设银行的"龙卡"、中国农业银行的"金穗卡"、交通银行的"太平洋卡"、中国银行的"长城卡"等。各发卡银行都制定了相应的管理办法和章程。

(四)其他货币资金的管理

其他货币资金是指企业除库存现金、银行存款以外的其他各种货币资金,具体包括外埠存款、银行汇票存款、银行本票存款、在途货币资金和信用证存款等。

外埠存款是指企业到外地进行临时或零星采购时,汇往采购地银行开立采购专户的款项。

银行汇票存款是指企业为取得银行汇票,按照规定存入银行的款项。

银行本票存款是指企业为取得银行本票,按照规定存入银行的款项。

在途货币资金是指企业同所属单位之间和上下级之间的汇解款项中,在月末时尚未到达而处于在途的资金。

信用证存款是指采用信用证结算的外贸企业和对外经济合作企业,为开具信用证而存入中国银行信用证保证金专户的款项。

(五)银行存款账户的管理

企业存入银行的款项,由银行统一管理。企业银行存款主要有结算户存款、临时存款和专项存款三种类型。

结算户存款是指企业为办理日常转账结算业务而存入银行的款项。其收入来源主要是企业的销货款、劳动收入、取得的银行贷款及发行债券筹集的款项等。结算户存款可以随时支取,比较方便灵活。

临时存款是指存款人因临时经营活动的需要,而在银行开立临时存款账户,并存入户用于办理转账结算和根据国家规定办理现金收付的款项。

专项存款是指企业将具有特定来源和专门用途的资金存入银行而形成的存款。如科技三项费用拨款等存款。

按照银行账户管理的规定,企业不得出租和转让账户,不得在多家银行开立存款账户,不得因开户银行严格执行制度而转移存款账户。

(六)现金日常管理的策略

在现金管理中,企业除编制现金收支计划和确定最佳现金持有量外,还必须加强对现金的日常管理。现金日常管理的基本目标为:一是尽量缩短现金的回收时间,加速收款;二是尽可能延缓现金的支付时间,增加可供使用的现金量。

1.加速收款

企业在销售活动中,应尽量采取对自身有利的结算方式,缩短应收账款的回收期,甚至可以采用预收账款的办法。

2.延缓付款

企业在采购物资时,应尽量采用对自身有利的结算方式,在不影响自己信誉的前提下,尽可能推迟应付货款的支付期。在没有现金折扣的情况下,应安排在信用条件所规定的最后一天付款。如企业急需资金,还可放弃折扣的优惠。

3.合理运用"浮游量"

现金浮游量是指企业账户上现金余额与银行账户上存款余额的差额。具体地说,就是从企业开出支票,收款人收到支票存入银行,至银行将款项划出企业账户的这段时间内,企业可以占用的现金量。现金浮游量是一种未达账项,企业可充分利用这个时间差,使用银行账户上的这笔资金。但要控制好时间,防止发生透支。

第二节 应收账款管理

债权是企业流动资产的重要组成部分,主要有应收账款和预付货款两大类。应收账款是指企业因销售产品或提供劳务而应收但尚未收回的款项,包括应收账款、应收票据和其他应收款等。预付货款是指企业预先支付给供货单位的货款,性质上同样属于应收项目。随着市场经济的发展,以及商业信用的广泛应用,应收账款及预付款项在购销业务总额中所占比重不断增加。因此,加强对这部分资金占用的控制,已成为流动资产管理中日益重要的问题。

一、应收及预付账款的产生

企业发生应收及预付账款将占用企业的资金,影响企业资金的周转。但是对企业而言,应收及预付账款又是不可避免的,主要原因有以下两个方面。

(一)商业竞争的客观需要

在市场经济条件下,商业竞争是十分激烈的。这种竞争不仅表现在产品质量、价格和售后服务等方面,赊销及预付货款也是企业扩大销售和组织货源的合法竞争手段。采用赊销手段进行促销,能使顾客从中得到好处,企业产品销售量也会增加;采用预付账款方式采购物资,能及时组织货源,保证企业生产经营活动的顺利进行。由此可见,在商业竞争中,赊销和预付账款方式具有十分重要的作用。

(二)销售与收款的时间差

企业在产品销售过程中,交货和收款的时间往往并不一致。这是因为货款结算需要一定时间,销货方只能在这一客观事实下为购货方垫付资金(包括应收货款和垫付的运杂费)。但它只是一种结算上的需要,是名副其实的应收账款,而不能属于商业信用的范畴。

二、应收账款的成本与管理目标

企业通过赊销、分期付款等方式推销商品,可以扩大销售量,增加利润。但是,随着应收账款增加,其成本也会相应地增加。应收账款的成本主要有以下三种:

(一)机会成本或筹资成本

资金由于占用于应收账款而丧失用于其他投资所获得的潜在收益,是企业持有应收账款的机会成本。这种机会成本一般可按投资于有价证券的利率计算。如果企业采用临时向银行借入短期借款的方式筹集资金而投资于应收账款,那么这项成本便为筹资成本。

应收账款的机会成本通常等于应收账款平均占用额乘以资金利润率。

(二)管理成本

应收账款的管理成本是指企业为了尽可能少地发生坏账损失,对应收账款加强管理,提高应收账款的质量而发生的管理费用。主要包括:

1.调查费用。是指用于调查客户的信用情况而发生的费用,这是企业提供赊销的必要费用。

2.信息费用。是指收集客户的有关信息、记录应收账款情况发生的费用。

3.收账费用。是指回收应收账款时发生的费用,主要是追索逾期应收账款时发生的费用等。

(三)坏账损失成本

坏账损失成本,是指因应收账款不能收回而导致的损失。企业无法收回的应收账款就是所谓的坏账。从会计核算的意义上说,坏账的确认主要基于如下标准:债务人死亡或破产,其遗产或破产财产无法清偿的债务;逾期3年尚未收回的应收账款。其中后一种情形下的坏账其实并非真正的坏账,因为三年后还有收回的可能性。因此,企业对这部分坏账还应加紧追收。

坏账损失的大小,通常与企业的信用政策和整个社会的信用水平有关。在企业信用政策比较宽松,以及社会信用水平低下的情况下,企业应收账款的坏账损失往往比较大。因此,对应收账款进行必要的监控以回避坏账损失,就成为财务管理部门的一项重要任务。

应收账款管理的目标是要求企业财务管理人员认真分析赊销,即信用销售的条件,制定合理的应收账款信用政策,使赊销带来的收益增加额大于应收账款投资所发生的成本增加额。理论上,如果将采用某种应收账款信用政策下的边际成本同增加的销售额的边际利润联系起来进行考察,那么当由于销售额增加而产生的边际利润等于由于应收账款增加而发生的边际成本时,此时采用的信用政策就是企业最佳的应收账款信用政策。

三、信用政策

所谓信用政策,是指企业在给客户提供赊销时,应遵循的原则、标准、条件、程序和对策的统称。企业通过制定和执行信用政策,可以实现对应收账款的事后管理转向事前管理。通常,企业的信用政策应包括信用标准、信用条件和收款政策等内容。

(一)信用标准

信用标准是指企业对客户的信用要求所规定的标准,通常以预期的坏账损失率作为判别依据。制订信用标准,一般要对客户进行调查了解,并进行信用评估后,再确定是否给其提供赊销以及提供赊销金额。

1.客户信用分析

企业可以从一系列渠道来获得客户的信用信息,比如,企业同客户以前交往的经验等。如果是新客户,可以要求其提供近三年经过审计的财务报表,必要时还可以派调查人员直接与客户接触,通过面谈、观察、记录等方式来获取必要的信用信息。此外,企业还可以通过信用评估机构、客户的开户银行,以及同客户有往来关系的其他单位获取有关客户信用状况的信息。

通过上述种种途径获取了有关客户的信用信息后,企业可以采用以下方法对其信用风险做出评估。

(1)信用的"5C"评估法

所谓"5C"是指为评估客户信用风险水平,企业财务管理人员应重点考虑的五个方面。即:品质(character)、能力(capacity)、资本(capital)、抵押品(collateral)以及条件(conditions)。

①品质。指客户的信誉,即客户有没有按期偿还货款的诚意。市场经济是法制经济,也是信用经济,经营者不仅要受到法律的约束,同时也要受到商业道德的制约,能否遵守信义,是否认真履行承诺,是商业道德的重要表现,也是评价信用的首要因素。一般情况下,可以提供赊销的对象必须是具备起码的商业信誉的客户。

②能力。是指客户偿还债务的能力。企业给客户提供赊销,虽然提供的是商品,但实际上是借给客户一笔钱,相当于一笔短期贷款。客户到时能否及时付款,取决于其自身的偿债能力。对客户偿债能力的判断,目前主要是通过分析客户以往经营活动中的支付行为和客户的资产负债状况,常用的分析指标有资产负债比率、流动比率、速动比率等。

③资本。指客户的财务实力和财务状况。主要根据客户的资本金、所有者权益,以及有形资产净值的大小来判断。

④抵押品。指客户拒付款项或无力付款时,能被用作抵押的资产。对于底细不明或信用状况有争议的客户,企业要考虑其是否有足够的抵押品,这是作为提供赊销的重要条件。

⑤条件。指可能影响客户付款能力的经济环境条件。主要是指经济状况发生变化或一些特殊的经济事件发生,会对客户的付款能力产生什么影响。

(2)信用评分法

该方法是用来评价客户信用风险水平的一种定量分析方法。通常采用加权评分法,即首先对一系列财务比率和信用指标进行评分,然后根据设定的权重进行加权平均,得出某一客户的综合信用分数,并以此作为评价客户信用风险的依据。

信用评分法在选取财务比率时,通常选取一些有代表性的财务比率,如收益利息倍率(已获利息倍数)、流动比率或速动比率、资产负债率等。根据每一比率在所有评价指标中的重要性给定权数,然后将这些比率与同行业平均水平和本企业历史水平进行比较,据以给每一个比率指标进行打分。

采用信用评分法,除了要选取一系列财务比率指标外,还应选取一些对评价客户信用风险水平有重要影响的定性指标。因为影响客户信用风险的因素是多方面的、复杂的,但并不是每一个因素都可以定量进行描述。这些定性指标,如客户的信用评估等级、未来发展潜力,以及过去付款情况等,都会对未来客户的付款产生影响。过去付款情况,可以从客户的财务报表中找到应付账款资料并计算平均应付账款期,然后将平均应付账款期同信用条件以及同行业的平均付款期进行比较,从中了解到客户过去的付款情况,即客户的实际付款期同信用条件规定的付款期,以及同行业的平均付款期相比,是否有拖延、拖延了多少天,据此就可以给客户的"过去付款情况"这一定性指标进行打分。

采用信用评分法打分时,可以采用 5 分制、10 分制、50 分制、100 分制等;如果按重要程度为各评价指标设定权重,则所有评价指标的权重之和必须为 1。

2.信用标准的制订

企业制订信用标准,通常需要经过以下三个步骤:

(1)设定信用等级的评价标准。根据对客户信用情况的调查了解,找出评价信用优劣的数量标准。可以在查阅各个客户过去若干年度信用资料的基础上,以一组具有代表性、能够反映付款能力的若干比率(如流动比率、速动比率、应收账款周转率、存货周转率、资产负债率、付款履约情况等)作为信用风险指标。根据数年内最坏年景的情况,分别找出信用好和信用坏的两类客户的上述比率的平均值,以此作为比较其他客户信用状况的标准。比如按照上述方法找出的信用标准如表 6-1 所示。

表 6-1 信用标准

指标	信用标准	
	信用好	信用坏
流动比率	2.3∶1	1.4∶1
速动比率	1.1∶1	0.7∶1
现金比率	0.4∶1	0.2∶1
资产负债比率	30%	75%
应收账款周转率	10 次	4 次
存货周转率	8 次	2 次
总资产息税前利润率	35%	15%
赊购付款履约情况	及时	拖欠

(2)根据各个客户的财务报表资料,计算各个客户的指标值。具体方法是通过信用标准与客户的实际指标进行对比来确定。若客户的各项指标值等于或低于信用差的指标值,则该客户的坏账损失率大;若客户的某指标值等于或高于信用好的指标值时,则该客户的这一对应指标项目无坏账损失风险;若客户的某一指标值介于信用好与信用差的指标值之间时,则要根据客户实际指标值与信用好的指标值的差额,并依据该指标对应收账款发生坏账损失的影响程度大小,分析计算该指标的坏账损失率。然后,将各项指标的坏账损失率累加,即是该客户发生坏账损失的总比率。

一般情况下,某项指标等于或低于信用坏的指标值,则客户的坏账损失率增加10%,介于两者之间的增加5%,以实际值与信用好的指标值差额为权数来加以计算确定。其计算公式为:

$$\text{介于信用好与信用坏两者之间的指标坏账损失} = \frac{|信用好的指标值-实际指标值|}{|信用好的指标值-信用差的指标值|} \times 5\% \qquad (6-6)$$

例 6-4

某客户的各项指标值及坏账损失率如表 6-2 所示。

表 6-2　某客户的有关资料

指　　标	指标值	坏账损失率
流动比率	2.1∶1	0
速动比率	1.02∶1	0
现金比率	0.3∶1	2.50%
资产负债比率	50%	2.20%
应收账款周转率	10.2 次	0
存货周转率	6 次	1.67%
总资产息税前利润率	30%	1.25%
赊购付款履约情况	及时	0
累计坏账损失率		7.62%

该客户的流动比率为 2.1∶1,虽然低于信用好的指标值,但是处于理想的流动比率水平。速动比率也是如此现金比率为 0.3∶1,按介于两指标值之间的指标坏账损失率的计算方法,其坏账损失率为:

$$\frac{|0.4-0.3|}{|0.4-0.2|} \times 5\% = 2.5\%$$

同样,资产负债率的坏账损失率为:

$$\frac{|30\%-50\%|}{|30\%-75\%|} \times 5\% = 2.2\%$$

同样的方法可得出,存货周转率的坏账损失率为 1.67%,总资产息税前利润率的坏账损失率为 1.25%。应收账款周转率与赊购付款履约情况的指标高于信用好的指标值,坏账损失率为 0。可见,该客户累计坏账损失率为 7.62%。

(3)进行风险排队,并确定各客户的信用等级。根据客户的坏账损失率进行分组,并将坏账损失率转换成风险等级系数,见表 6-3。

表 6-3　某客户风险等级系数

风险等级系数	坏账损失率/%	风险等级系数	坏账损失率/%
1	0	2	0～2.5
3	2.5～5	4	5～10
5	10～15	6	15～20
7	20 以上		

客户累计坏账损失率在 5% 以内为 A 级客户;5%～15% 之间是 B 级客户;15% 以上为 C 级客户。对不同信用等级的客户,分别采用不同的信用对策。对信用好、风险等级系数小的客户,按通常的信用条件提供赊销;对信用较差、风险等级系数大的客户,则要采取较严格的信用条件,或拒绝给其提供赊销。

对信用标准进行定量分析,有利于企业做出正确的赊销决策。但是,由于实际情况错综复杂,同一指标往往存在较大的差异,很难按统一标准进行衡量。因此,在制定信用标准和执行信用标准时,要注意运用以往的统计数据和实际经验,对各项指标进行具体的分析、判断,不能机械地照搬其他企业的做法。

(二)信用条件

信用条件是指企业对客户提供赊销所规定的条件,也就是要求客户支付赊销款项的条件。主要包括信用期间、折扣期间和现金折扣三个组成部分。

1.信用期间

信用期间是指企业为客户规定的最长付款时间。信用期间越长,客户享受的信用条件越优惠,客户可以在较长时间里无偿地占用企业的应收账款,实际上等于其无代价地筹集了一部分资金。因此,较长的信用期间对客户通常有较大的吸引力。而对提供赊销的企业来说,延长信用期间,虽然可以获得增加销售量的好处,但却增加了应收账款占用的资金,使应收账款的机会成本、管理成本,以及坏账损失的风险均相应地增加。所以,企业在确定信用期间时,要考虑延长信用期间增加的边际收入与由此增加的边际成本之间的对应关系,确定合适的信用期间。

2.现金折扣与折扣期间

现金折扣是企业为了促使客户及时付款而给予的价格优惠。而折扣期间则是为客户规定的可以享受现金折扣的付款时间。

现金折扣是对客户提供的比较优惠的信用条件。企业采用现金折扣方式有利于刺激销售和回收货款,但同时企业也付出了一定的成本代价,即由于现金折扣而造成了价格损失。因此,企业在制订现金折扣方案、确定折扣期间时,必须将加速收款所得到的收益与付出的现金折扣成本结合起来综合考虑。如果加速收款带来的机会收益能够大大超过现金折扣的成本,企业就可以采取现金折扣;反之,如果加速收款的机会收益不能补偿现金折扣成本,则企业应考虑取消现金折扣政策。

信用期间、现金折扣和折扣期间等信用条件的基本表现方式是:"2/10,n/30",意思是如果客户能在发票开出 10 日内付款,可以享受 2% 的现金折扣;如果不想取得折扣,这笔货款必须在 30 日之内付清。这里的 30 日是信用期间,10 日为折扣期间,2%为现金折扣。

(三)收款政策

收款政策是指企业为催收过期的应收账款所应遵循的原则、程序、方法和对策等的统称。企业在制定收款政策时,应统计分析历年来拖欠账款的客户情况,然后进行分类,对不同类型的客户采用不同的对策,从而明确在什么情况下发信函,什么情况下打电话,什么情况下派人催收,什么情况下起诉打官司,以及在各种不同情况下应该采用的收款策略。

企业催收过期的应收账款,通常应采用如下程序:当发现客户拖欠或拒付账款时,企业首先应检查现有的信用标准及信用审批制度是否存在漏洞;然后重新对违约客户的资信等级进行调查、评价,对信用品质差的客户从企业信用名单中消除;对其拖欠的款项通过信函、电话乃至派人催收。在具体催收过程中,态度可以逐渐强硬,直至提出警告。当这些措施都无效时,应诉诸于法律。为了提高诉讼效果,企业可以联合其他被该客户拖欠货款的单位共同向法院起诉。而对于信用记录一向正常的客户,如果发现其出现拖欠货款的行为,应在去电、去函的基础上,派人与客户进行协商,以便相互沟通,找出较为理想的解决拖欠账款的办法。只有当双方无法取得谅解时,才付诸法律加以解决。

通常情况下,应收账款发生长时间的拖欠,不仅仅是客户的问题,往往与企业的管理工作以及产品的品质也有很大关系。假如企业的产品不能适销对路,质量低劣,即使派出再多的人员去催讨货款,也不会有明显成效。因此,企业要从根本上防止过期账款,必须不断地调整经营观念和经营方式,使企业的产品或服务能满足用户和消费者不断变化的需求。

四、应收账款信用政策决策

应收账款信用政策决策就是企业依据市场竞争的需要,做出是否改变信用标准、信用条件,以及收款政策的决策。

(一)信用标准的决策

如果企业的信用标准严格,只对信誉很好、坏账损失率很低的客户给予赊销,会减少坏账损失,减少应收账款的机会成本,但是,这样会使企业的产品销售量减少;反之,如果信用标准过于宽松,虽然会增加销量,但也会相应地增加坏账损失和应收账款的机会成本。因此,企业需要根据市场情况和企业内部条件的变化,确定是否改变原有的信用标准及选择什么样的信用标准。其决策的思路是通过比较信用标准改变前后的收益与成本的变动,按照边际收入大于边际成本的原则,进行信用标准的修订和选择。

例 6-5

思达公司现在经营情况和信用政策如表 6-4 所示。

表 6-4 思达公司有关数据

项　目	数　据
S_0:现在信用政策情况下的销售收入(万元)	200 000
A_0:现在信用政策情况下的应收账款(万元)	15 000
P_0:现在利润(万元)	40 000
P':销售利润率(%)	20
B_0:信用标准(预期坏账损失率百分比限制)	10
B_0:平均坏账损失率(%)	8
C_0:信用条件	30 天付清
C_0:平均收现期(天)	45
R_0:应收账款的机会成本(%)	12

假设思达公司要改变信用标准,提出 A、B 两个方案,信用标准变化后情况见表 6-5。

表 6-5 备选方案

A 方案(较紧的信用标准)	B 方案(较松的信用标准)
信用标准:只对那些预计坏账损失率低于 5% 的企业提供商业信用	信用标准:只对那些预计坏账损失率低于 15% 的企业提供商业信用
S_A:由于标准变化减少销售额 20 000 万元	S_B:由于标准变化增加销售额 30 000 万元
C_A:减少的销售额平均付款期限为 60 天	C_B:增加的销售额平均付款期限为 75 天
B_A:减少的销售额平均坏账损失率为 8%	B_B:增加的销售额平均坏账损失率为 12%

为评价两个可供选择的信用标准,应测算以下几个项目的变化:(1)销售量变化对利润的影响;(2)应收账款的机会成本的变化;(3)坏账损失的变化;(4)信用标准变化带来的净收益。两个方案的测算结果见表 6-6。

表 6-6 方案测算结果

单位:万元

项目	A 方案	B 方案
信用标准变化对利润的影响	$P_A = S_A \times P'$ $= -20\,000 \times 20\% = -4\,000$	$P_B = S_B \times P'$ $= 30\,000 \times 20\% = 6\,000$
信用标准变化对应收账款机会成本的影响	$I_A = \dfrac{C_A}{360} \times S_A \times R_0$ $= \dfrac{60}{360} \times (-20\,000) \times 12\%$ $= -400$	$I_B = \dfrac{C_B}{360} \times S_B \times R_0$ $= \dfrac{75}{360} \times 30\,000 \times 12\%$ $= 750$
信用标准变化对坏账成本的影响	$K_A = S_A \times B_A$ $= -20\,000 \times 8\% = -1\,600$	$K_B = S_B \times B_B$ $= 30\,000 \times 12\% = 3\,600$
信用政策变化带来的净收益	$P_{NA} = P_A - I_A - K_A$ $= (-4\,000) - (-400) - (-1\,600)$ $= -2\,000$	$P_{NB} = P_B - I_B - K_B$ $= 6\,000 - 750 - 3\,600$ $= 1\,650$

以上计算表明,采用放松的信用标准——B 方案能使思达公司增加利润 1 650 万元。故应采用 B 方案。

(二)信用条件决策

如同信用标准一样,较优惠的信用条件也能够增加销售量,但同样会使应收账款的机会成本、坏账损失以及现金折扣成本增加,因此,在制订和改变信用条件时,企业同样面临着如何决策的问题。

例 6-6

假设思达公司要改变目前的信用条件,其可供选择的 A、B 两种方案见表 6-7。

表 6-7 备选方案的信用条件

信用条件 A	信用条件 B
信用标准:45 天付清,无现金折扣	信用标准:2/10,n/30
S_A:增加销售额 10 000 万元	S_B:增加销售额 15 000 万元
B_A:增加的销售额的坏账损失率为 11%	B_B:增加销售额的坏账损失率为 10%
D_A:需付现金折扣的销售额占总销售额的百分比为 0	D_B:需付现金折扣的销售额占总销售额的百分比为 50%
C_A:平均付款期限为 60 天	C_B:平均付款期限为 25 天

根据表 6-4 和表 6-7 的资料,分别测算两种信用条件对利润和各种成本的影响。测算结果见表 6-8。

表 6-8 备选方案的评价过程

单位:万元

项目	A 方案	B 方案
信用条件变化对利润的影响	$P_A = 10\,000 \times 20\% = 2\,000$	$P_B = 15\,000 \times 20\% = 3\,000$
信用条件变化对应收账款机会成本的影响	$I_A = (\frac{60-45}{360} \times 200\,000 + \frac{60}{360} \times 10\,000) \times 12\% = 1\,200$	$I_B = (\frac{25-45}{360} \times 200\,000 + \frac{25}{360} \times 15\,000) \times 12\% = -1\,208$
现金折扣成本的变化情况	$D_{MA} = 0$	$D_{MB} = (200\,000 + 15\,000) \times 50\% \times 2\% = 2\,150$
信用条件变化对坏账损失的影响	$K_A = S_A \times B_A = 10\,000 \times 11\% = 1\,100$	$K_B = S_B \times B_B = 15\,000 \times 10\% = 1\,500$
信用条件变化带来的净收益	$P_{NA} = 2\,000 - 1\,200 - 0 - 1\,100 = -300$	$P_{NB} = 3\,000 - (-1\,208) - 2\,150 - 1\,500 = 558$

从表 6-8 的计算可以看出,采用 A 方案将减少 300 万元的收益,而采用 B 方案则将增加 558 万元的收益。因此,应采用 B 方案。

(三)收款政策决策

企业采用积极的收款政策,可能会减少应收账款的占用额,减少坏账损失,但会增加收账成本。反之,如果采用消极的收款政策,则可能增加应收账款的资金占用额,增加坏账损失,但会减少收款费用。因此,企业在制定收款政策时,经常面临两难选择的问题。

一般而言,收款费用支出越多,坏账损失越少。但两者并不一定存在线性关系。通常情况下,在开始时,花费了一些收款费用,应收账款和坏账损失只有小部分降低;之后,随着收款费用的继续增加,应收账款和坏账损失将明显减少;但是当收款费用达到某一限度时,应收账款和坏账损失的减少就不再明显了。应收账款和坏账损失的减少额由多到少的这个拐点,就是饱和点。其关系如图 6-5 所示。企业在制定和选择收款政策时,需要权衡增加收款费用与减少应收账款和坏账损失之间的得与失。

例 6-7

思达公司在不同收款政策下的有关资料如表 6-9 所示。该企业当年销售额 200 000 万元(全部赊销),收款政策对销售收入的影响可忽略不计,该企业应收账款的机会成本 12%。

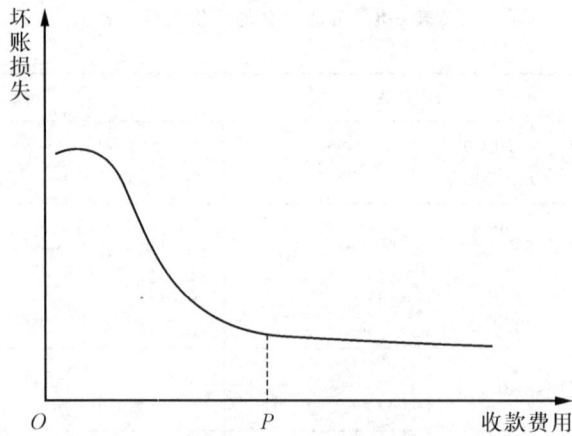

图 6-5　收账费用与坏账损失的关系图

表 6-9　思达公司不同收款政策下的有关资料

项目	现行收款政策	建议收款政策
年收款费用(万元)	1 000	1 500
应收账款平均收现期(天)	60	30
坏账损失率(%)	8	4

根据上述资料,计算决策时需要考虑的指标及其变化如表 6-10 所示。

表 6-10　计算过程

单位:万元

项　　目	现行收款政策	建议收款政策
(1)年销售收入	200 000	200 000
(2)应收账款周转次数	6	12
(3)应收账款平均占用额	33 333	16 667
(4)建议收款政策节约的机会成本	—	2 000
(5)坏账损失	16 000	8 000
(6)建议计划减少坏账成本	—	8 000
(7)两项节约合计(4)+(6)	—	10 000
(8)按建议政策增加收账费用	—	500
(9)建议政策可获得收益(7)−(8)	—	9 500

由表中两种政策的对比结果可知,建议性收款政策可多获收益 9 500 万元,因此应采用建议的收款政策,增加收款费用。

上面所介绍的只是单项信用政策的决策。企业在制定实际的信用政策时,往往需要把信用标准、信用条件和收款政策综合在一起,将信用政策中各组合因素的变化对销售额、应收账款的机会成本、坏账损失率、收款成本的影响通盘考虑。因此,综合决策的计算将史复杂,而且其中的多个变量都是很难准确预计的。正因如此,企业在制定信用政策时,不仅需要数量分析,更要注意日常经营活动中的数据统计以及经营管理经验的应用。

五、应收账款的日常管理

(一)对客户信用要求的审批管理

随着,企业不断拓宽经营方向,会不断增加新的客户。当新客户提出赊销的信用要求时,通常企业要履行一定的审批手续。根据与客户直接联系的销售人员提供的客户的资料,包括客户经营状况、信用状况,即品德、能力、资本、抵押品和条件等进行审核,并决定是否给予客户赊销及赊销金额。对一次性赊销数额较大的,即使是老客户,也要经过重新的审核批准手续,必要时要经过厂长或经理的亲自审核批准,以防止意外的坏账损失发生。

(二)应收账款的信息反馈管理

企业给客户提供赊销以后,除在会计账面上做明确的记录外,还要对应收账款的情况进行跟踪调查,并依照一定的标准,对应收账款进行统计分析,以便反映应收账款的质量状况。在对应收账款跟踪调查时,尤其要注意那些赊销金额大,或信用品质较差的客户,要及时了解偿债能力变化,以便采取有效的收款对策,保证货款的回收;同时也为企业调整赊销数量和信用条件提供必要的依据。

目前主要是定期对应收账款的账龄进行分析。在分析时,需要对企业发生的应收账款按其时间长短进行排序,计算不同账龄的应收账款占应收账款总额的比重,以此来分析判断企业整体的应收账款的质量状况,并对逾期应收账款的原因进行调查分析,以便提出有针对性的收款对策。

(三)应收账款收款的责任管理

应收账款是企业销售产品或提供劳务后发生的,其直接的责任者是企业销售部门的销售人员,因此应收账款的收款责任必须具体地落实到销售人员身上。在应收账款的回收上,要坚持谁销售、谁负责收款的原则,并按回款额的多少计发销售人员的工资和奖金;对于超过规定信用期间的应收账款,除督促销售人员及时催款、收款外,还要对销售人员有一定的处罚措施,如根据应收账款占用资金的利息扣发有关销售人员的工资或奖金。如果应收账款发生了坏账损失,则销售人员需要按比例承担部分损失费用。同时,对应收账款回收及时,坏账损失率低于规定标准的销售人员要给予适当奖励。总之,要奖罚结合,运用多种手段,落实应收账款的收款责任制。

第三节　存货管理

存货是企业流动资产中比重较大的项目,一般占到流动资产的 $40\%\sim60\%$。存货运用得好坏、周转速度的快慢,将直接影响到企业的获利能力和财务状况。

一、存货管理目标

存货管理目标涉及对存货功能的认识。因为这是理解企业为什么购入存货、存货会产生什么收益、会发生何种成本等问题的关键。

(一)存货的功能

存货的功能是指存货在生产经营中的作用。其通常包括如下几个方面:

1.保证生产经营的正常进行

企业在生产经营过程中,总是要保持一定数量的原材料、在产品等存货,即使采用无库存的适时生产法,企业生产过程中也必须有足够的在产品、原材料等存货;否则,生产过程就很难保持连续性。实际上,在市场需求变化很快、市场供应状况不稳定的情况下,企业实行适时生产制度存在很大的难度。因此,出于保证生产经营正常进行的考虑,企业储备一定数量的原材料和在产品等存货是十分必要的。

2.有利于满足销售需要

企业储备必要数量的产成品存货,能满足用户订货的要求。用户从节约采购成本的目的出发,一般要求成批采购。企业只有拥有一定数量的产成品存货积累,才能满足用户成批采购的需要。尤其当市场需求突然增加时,企业有足够的产成品储存,能及时满足用户随时提出的采购需求,并提高企业的产品销售量。

3.防止意外事件造成的损失

在生产经营过程中,难免会发生一些意外事件,如原材料误期到货、生产设备故障等。企业为此需要建立一定的存货保险储备,以减少因存货不足导致的经济损失。

(二)存货成本

存货成本是指企业为了保持一定数量的存货而发生的各种费用。主要包括如下四项:

1.采购成本

采购成本是指企业购买存货所支付的款项,即存货本身的价值。它是由买价和运杂费等构成的。存货采购成本可以用存货数量与单价的乘积来表示。设存货全年需用量为 U,单价为 P,则采购成本即为 $U\times P$。为了降低采购成本,企业需要研究材料的供应情况,广泛收集材料供应信息,在保证质量的前提下,在价格上货比三家,努力采购质量好、价格低的材料物资。

2.订货成本

订货成本指企业采购部门为订购材料、商品等发生的成本,如与订购货物有关的办公费、差旅费、工资支出、电话费、邮资费等支出。通常订货成本中有一部分与订货次数无关,称为固定订货成本,如常设采购机构的基本开支(包括常设采购人员的工资、采购机构的办公桌椅、安装的电话以及一些基本必需的配套设施),用 F_1 表示;而另一部分订货成本则与订货次数相关,即随订货次数的增减而增减变动,这部分订货成本称为变动订货成本,如差旅费、电话费、邮资费等。假如每次订货的变动订货成本用 V 表示,每次订货数量用 Q 表示。那么订货成本即为:

$$F_1 + \frac{U}{Q} \times V$$

订货成本一般与每次订货的数量无关,而与订货的次数有关,因此,要降低订货成本,主要是减少订货次数。但是,在全年物资需用量一定的情况下,减少订货次数就要相应地增加每次订货的数量。

3.储存成本

储存成本是指企业为储备存货以保证生产、销售或意外需求而发生的成本。主要包括:(1)仓库费用;(2)保险费用;(3)相关的资本成本(即存货占用资金应计付的利息);(4)仓库折旧费;(5)存货的破损和变质损失等。

在存货的储存成本中,有一部分与存货数量的多少无关,称作固定性储存成本,如仓库折旧费、仓库管理人员的固定月工资等,用 F_2 表示;另一部分则与存货的数量有关,即随存货数量的增减而增减变动,这部分成本称作变动性储存成本,如相关的资本成本、保险费用、以及存货的报废损失等。如果用 C 表示单位存货储存一年所发生的变动性储存成本,那么一定时期内(通常为一年)的变动储存成本总额,就等于该期内平均存货量与单位存货年变动储存成本的乘积,即:

$$C \times \frac{Q}{2}$$

存货的储存成本则为:

$$F_2 + C \times \frac{Q}{2}$$

企业要降低储存成本,主要措施是采用小批量订货方式,即增加订货次数,减少订货的批量。

4.缺货成本

缺货成本是指由于缺少存货而不能满足生产经营需要所发生的经济损失,主要包括停工待料损失、延迟交货的罚款损失、企业信誉损失等。缺货成本在性质上是一种机会成本。

(三)存货管理目标

企业持有充足数量的存货,不仅有利于生产过程的顺利进行,节约采购费用与生产时间,而且能够及时地满足客户各种订货的需要,从而为企业的生产、销售提供较大的机动性。然而,如果存货过多,也势必占用企业更多的资金,使企业付出较多的储存成本和管理费用,影响企业的获利能力。这就决定了企业在存货管理上,既要考虑存货成本,又要考虑存货的收益,在其之间寻求最佳的组合。因此,企业存货管理的目标是,在充分发挥存货功能的基础上,努力控制存货数量,降低存货成本,加速存货的周转。

二、存货的管理制度

为了加强对存货资产的管理,企业必须建立以财务管理部门为主导,以各业务部门归口分级管理为辅助的存货归口分级管理制度。这种管理制度主要包括以下几个方面的内容:

(一)财务部门对存货资金实行统一管理

财务部门要对存货资金实行统一、集中管理,保证供应、生产、销售各阶段各部门之间的协调,实现存货资金使用的综合平衡。财务部门的统一管理,主要包括以下几个方面的工作:

1.根据国家的有关制度和企业的具体情况,制定企业存货资金管理的各种制度。

2.认真核定各项存货定额(即各种资金占用数额),制定企业存货资金需用总量和各阶段各部门的存货资金需用量。

3.把有关存货指标进行分解,归口到有关部门负责管理,直接落实到职工个人。

4.对各部门的存货资金运用情况进行检查,分析存货资金的使用效果。

(二)业务部门对存货定额与物资实行归口管理

根据物资管理与资金管理相结合的原则,业务部门既要负责对实物使用和管理,同时还要承担存货定额的资金管理责任。一般分工如下:

1.供应部门分管原材料、辅助材料、燃料、包装物等存货资金定额。

2.工具部门分管专用工具、一般修理工具等存货资金定额。

3.设备部门分管修理用备件存货资金定额。

4.劳动工资部门分管劳动保护用品的存货资金定额。

5.生产部门分管在产品、自制半成品的存货资金定额。

6.销售部门分管产成品存货资金定额。

7.技术部门分管工、夹、模具的存货资金定额。

三、存货资金的定额管理

存货管理的重要内容就是加速存货周转,减少存货资金的占用,从而达到提高资金利用效果的目的。为此,企业需要核定存货资金定额,运用定额对存货资金加以管理和控制。

(一)存货资金定额的核定方法

由于企业存货种类不同,因此核定存货资金定额的方法也有所不同。

1.周转法

周转法又称定额日数计算法,是根据各种存货平均每日周转额(占用额),以及资金周转天数来确定定额的一种方法,计算公式为:

$$资金定额=平均每日周转额(占用额)\times 资金周转天数 \tag{6-7}$$

这种方法通常适用于原材料、在产品、产成品资金定额的核定。

2.因素分析法

因素分析法是以上期资金实际占用额为基础,考虑计划期内各项因素变化对资金占用的影响,然后通过调整计算来确定资金定额的一种方法。计算公式为:

$$\begin{aligned}资金定额 &=\left(\begin{array}{c}上期资金实际\\平均占用额\end{array}-\begin{array}{c}不合理平均\\占用额\end{array}\right)\times\left(1\pm\begin{array}{c}计划期营业额\\增减百分比\end{array}\right)\times\\&\left(1-\begin{array}{c}计划期资金\\周转加速率\end{array}\right)\end{aligned} \tag{6-8}$$

这种方法主要适用于品种繁多、规格复杂和价格较低的材料物资。对于产销量变化不大的中小企业,也可用此法计算全部存货资金定额。

3.比例计算法

比例计算法是根据存货资金与有关因素之间的比例关系来测定资金定额的一种方法。通常是以销售收入资金率或产值资金率来计算,计算公式:

$$资金定额=计划期销售收入总额\times 计划销售收入存货资金率 \tag{6-9}$$

$$\begin{aligned}\begin{array}{c}计划销售收入\\存货资金率\end{array}&=\frac{上期存货资金平均余额-不合理平均占用额}{上期实际销售收入总额}\times\\&\left(1-\begin{array}{c}计划期自己\\周转加速率\end{array}\right)\end{aligned} \tag{6-10}$$

这种方法主要适用于辅助材料、修理用备件等资金定额的测定,也可以用来测算企业全部存货资金定额。

(二)各类存货资金定额的测算方法

1.储备资金定额

储备资金是指企业从用现金购买各种原材料开始到把它们投入生产为止的过程中所占用的资金。

$$储备资金定额=原材料物资平均每日消耗量\times\frac{单位}{价格}\times\frac{原材料资金}{周转日数} \quad (6\text{-}11)$$

$$原材料资金周转日数=在途日数+验收日数+整理准备日数+$$
$$供应间隔日数\times供应间隔系数+保险天数 \quad (6\text{-}12)$$

其中,供应间隔系数是指平均库存储备额与最高储备额的比例。

2.生产资金定额

生产资金是指从原材料投入生产开始,直到产品制成入库为止的过程中占用的资金,主要是在产品占用资金。

$$在产品资金定额=\frac{在产品每日}{平均产量}\times\frac{产品单位}{计划成本}\times\frac{在产品}{成本系数}\times生产周期 \quad (6\text{-}13)$$

$$在产品成本系数=\frac{在产品成本}{完工产品成本} \quad (6\text{-}14)$$

3.产成品资金定额

产成品资金是指从产成品制成入库开始,直到销售出去取得货款为止的过程中所占用的资金。

$$产成品资金定额=\frac{产成品每日}{平均产量}\times\frac{产成品单位}{计划成本}\times\frac{产成品资金}{周转日数} \quad (6\text{-}15)$$

$$产成品资金周转日数=在库日数+发运日数+结算日数 \quad (6\text{-}16)$$

上述各类资金定额均采用的是周转法,当然也可以采用因素分析法和比例法来计算。这里不再详细介绍。

(三)各类资金定额的执行和管理

资金定额是衡量企业各类存货资金占用情况是否合理的尺度,也是控制资金占用量、加速存货资金周转的有效工具。但是这些工具要发挥其作用,还需要企业在管理中认真贯彻推行。为了提高管理成效,需要注意以下几个环节:

1.资金定额的细化

上述由于企业生产经营过程中耗用的材料种类很多,产品品种也较多,因此,除了制订三项资金定额外,企业还要针对具体的原材料、在产品、产成品制订分项的资金定额,以便各个部门、各个环节控制资金占用。各项具体资金定额的制订,要采取上下结合的方法,由财务部门提出定额制订的方法和要求,发动各资金占用单位,根据本部门的实际情况,制订各自的资金定额,然后由财务部门组织汇总、审核、批准。

2.资金定额的执行

资金定额的执行要与现金收支预算管理相结合,在编制计划期现金支出预算时,要以资金定额为标准,衡量企业各个环节的资金占用状况。如果某个环节的资金占用超过了资金定额,在分析原因的基础上,需要控制对该环节的资金投入。

3.资金占用的考核

要把资金占用控制的管理责任落实到各个部门和个人,实行分级控制管理。对资金占用情况要逐月检查,逐月考核,并与奖惩挂钩,对资金占用控制在定额以内的要给予奖励;对超定额占用资金的,要有适当的惩罚。

四、存货控制

存货控制包括存货数量控制和存货质量控制。

(一)存货数量控制

存货数量控制是指在日常生产经营活动中,根据生产经营计划,对各种存货的使用和周转状况进行组织、调节,将存货数量保持在一个合理水平上。存货数量控制的方法有多种,下边主要介绍存货经济批量法和 ABC 分类管理法。

1.存货经济批量法

经济批量法是从存货成本角度考虑,进行存货数量控制的方法。

(1)存货经济批量控制的基本模型

存货经济批量又称最优经济采购批量,简称 EOQ,是指在保证企业经营需要的前提下能使全年存货相关总成本最低的采购批量。

这里所说的 EOQ 控制基本模型是建立在这样一些基本假设条件之上的:(1)企业存货能做到及时补充,即从发出订货单到取得存货不需要准备时间;(2)能一次集中到货而不是陆续到货;(3)不允许缺货;(4)全年的需求量已知且确定;(5)全年内存货单价不变,不考虑商业折扣。用 U 表示全年需求,Q 表示每年订货量,V 表示每批订货成本,C 表示每件存货的年储存成本。那么,存货全年总成本为:

$$TC = \frac{U}{Q} \times V + \frac{Q}{2} \times C$$

由于 U、V、C、均为常数,所以存货全年总成本的大小取决于 Q,即使 $TC = \frac{U}{Q} \times V +$

$\dfrac{Q}{2} \times C$ 为最小的 Q 为最优经济采购批量。如图 6-6 所示。

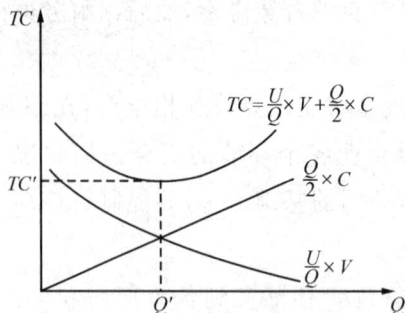

图 6-6　经济采购批量示意图

对 TC 求导，并令 $TC'=0$ 得：

$$\frac{d(\mathrm{TC})}{dQ} = -U \times V \times Q^{-2} + \frac{C}{2} = 0$$

$$\frac{U \times V}{Q^2} = \frac{C}{2}$$

$$Q^2 = \frac{2UV}{C}$$

$$\therefore Q^* = \sqrt{\frac{2UV}{C}} \ (\text{经济批量})$$

$$\frac{U}{Q} = \sqrt{\frac{UV}{2V}} \ (\text{经济批数})$$

$$\mathrm{TC} = \sqrt{2UVC} \ (\text{总成本})$$

例 6-8

A 公司每年耗用某种存货 3 600 个单位，单位存货的购买价格为 40 元，单位存货每年变动储存成本为 20 元，每批订货的变动订货成本为 250 元，那么每批订货为多少个单位时才能使全年该种存货的总成本为最低？

解：

$$EOQ = \sqrt{\frac{2\mathrm{U} \times \mathrm{V}}{\mathrm{C}}} = \sqrt{\frac{2 \times 3\,600 \times 250}{20}} = 300\,(\text{单位})$$

当每批订货 $EOQ = 300$ 单位时，存货的全年相关总成本（即变动储存成本与变动订货成本之和）最低。TC^* 为：

$$TC = \sqrt{2\mathrm{U} \times \mathrm{V} \times \mathrm{C}} = \sqrt{2 \times 3\,600 \times 250 \times 20} = 6\,000\,(\text{元})$$

即每年按最优经济采购批量 300 单位订货 12 次(3 600/300;12 次),每 30 天一次,那么变动储存成本与变动订货成本之和最小为 6 000 元。

(2)经济采购批量控制基本模型的延伸

①存货储备不能及时补充时再订货点的确定。基本模型假定从发出订货单到取得存货不需要时间间隔,在现实生活中这一假设是很难实现的。仍以上面所举的 A 公司为例。假设该公司从发出订货单到取得存货运抵仓库备用花费 10 天的时间,那么为了不使生产(或销售)活动中断,该公司在每次发出订货单时仓库里至少必须储备 10 天的存货。如果 A 公司每天的存货消耗量为 10 单位(EOQ/30 天＝300/30＝10)。那么,该公司应在当该种存货库存量 10 单位×10 天＝100 单位时发出订货单。这里的库存量 100 单位即该种存货的再订货点。不管存货数量什么时候下降到这一点,都应该及时发出订货单,等到存货运抵仓库时,库存 100 单位存货刚好用完。如图 6-7 所示。

②存货陆续供应陆续耗用(销售)时的经济批量模型。在经济采购批量控制基本模型中,是假设存货一次集中到货,然后陆续耗用的。在现实生活中,存货陆续到货的情况比比皆是,尤其是制造行业,在多步骤连续生产方式下,在产品在各步骤之间转移,产成品的陆续入库和陆续销售,都使基本模型中存货一次集中到货的假设基本不复存在。因此,需要对基本模型进行修正。

在存货陆续供应和陆续耗用(销售)的情况下,存货量的变化如图 6-8 所示。

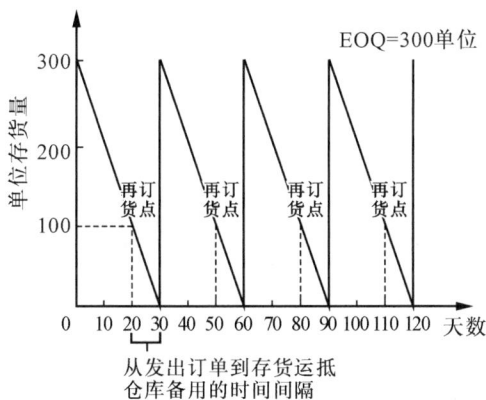

图 6-7 再订货点示意图

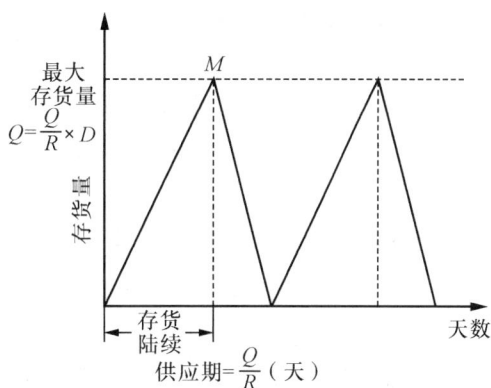

图 6-8 陆续供货和消费的存货变化

设存货每日供应量为 R,每日耗用(或销售)量为 D,在存货陆续供应期内,R 大于 D,那么最大存货必将在 M 点上达到,这一点上存货量为每批订货量(如自制存货则为每批生产量)减去存货陆续供应期内的消耗(或销售)量。即:

$$Q-\frac{Q}{R}\times D$$

因此,存货的平均库存量为:

$$\frac{1}{2}\left(Q-\frac{Q}{R}\times D\right)$$

至此,存货陆续供应陆续耗用(销售)的经济采购批量控制模型可建立如下:

$$TC=\frac{U}{Q}\times V+\frac{1}{2}\left(Q-\frac{Q}{R}\times D\right)\times C$$

这里的"V",当存货为外购时,则为每批订货的变动订货成本;当存货为自制时,则为每批存货的变动生产准备成本。

对 TC 求导,并令 $TC'=0$,得:

$$\frac{d(TC)}{dQ}=\frac{C}{2}(1-\frac{D}{R})-\frac{U\times V}{Q^2}=0$$

$$\frac{C}{2}-\frac{C\times D}{2R}-\frac{U\times V}{Q^2}=0$$

$$Q^2(C\times R-C\times D)=2R\times U\times V$$

$$Q^*=EOQ=\sqrt{\frac{2R\times U\times V}{C\times(R-D)}}\ 或\ \sqrt{\frac{2U\times V}{C(1-\frac{D}{R})}}$$

$$最低相关总成本=TC^*=\sqrt{2U\times V\times C(1-\frac{D}{R})}$$

仍引用前例资料,假设 A 公司某种存货每日供应量(R)为 15 单位,每日耗用(销售)量(D)为 10 单位。其他数据不变,则:

$$Q^*=EOQ=\sqrt{\frac{2\times 3\ 600\times 250}{20\times(1-\frac{10}{15})}}=520(单位)$$

$$TC'=\sqrt{2\times 3\ 600\times 250\times 20\times(1-\frac{10}{15})}=3\ 464(元)$$

(3)关于存货安全储备量的确定

设置安全储备,是为了避免不确定条件下存货供应和需求变化给企业造成的由于存货短缺所带来的损失,但另一方面,安全储备的设置会导致存货平均持有量的上升从而增加企业的存货储存成本。因此,企业的财务管理人员要确定一个合理的安全储备量,使由于存货不足造成的损失与由于设置安全储备而增加的存货储存成本之和为最小,以实现企业财务管理的目标。

例 6-9

A 公司每年耗用某种存货(U)为 3 600 单位,单位存货每年变动储存成本(C)为 20 元,单位存货缺货成本 C_q 为 40 元,从发出订单到存货运抵仓库备用的时间间隔 (l)为 10 天,在前例中已计算出其经济采购批量 $EOQ = Q^* = 300$ 单位,每年订货次数 (N)为 12 次。试问:该公司应设置多少单位的安全储备量才能使其相关总成本最低?

设企业应设置的安全储备量为 B,一次订货缺货量为 S,缺货概率为 p,单位存货成本为 C,则:

与安全储备量相关的存货的储存成本 $= C \times B$

全年缺货成本 $= C_q \times S \times p \times N$

全年相关总成本 $= C \times B + C_q \times S \times p \times N$

不同安全储备量下相关成本计算如表 6-11 所示。

表 6-11　不同安全储备量下相关成本计算表

单位:元

安全储备量	缺货量	概率 P	预期缺货成本	预期储存成本	预期总成本
0	10	0.2	960		
	20	0.08	768		
	30	0.04	576		
			2 340	0	2 340
10	10	0.08	384		
	20	0.04	384		
			768	200	968
20	10	0.04	192	400	592
30	0	0	0	600	600

比较表 6-11 的计算结果可知:当存货的安全储备量为 20 单位时,其相关成本最低(592 元)。因此,该公司应设置 20 单位的安全储备量。该公司的再订货点应为 120 单位,当仓库的存货量下降为 120 单位时,公司便应及时发出订货单。第一次订货量为经济采购批量 300 单位与安全储备量 20 单位之和,以后每次订货仍按经济采购批量即每次 300 单位订购。

需要说明的是,前述存货资金定额的确立方法和存货经济批量 EOQ 方法,本质上都是存货控制的方法,企业在实务工作中可以视情况而定。

2.ABC 分类管理法

ABC 分类管理法,也称重点管理法,是由意大利经济学家巴雷特于 19 世纪首创的,所以国外把这种方法叫巴雷特分析法。其基本原理是处理事务要分清主次、轻重,区别关键的少数和次要的多数,根据不同情况进行分类管理。现在它已广泛用于存货管理、成本管理和生产管理。一个企业,往往有成千上万种存货项目,价格高低不一,数量多寡不同,如果不分主次、一概而论,势必造成重点不突出,只有劳动付出,没有管理成效或成效甚微的结果。为此,ABC 分类管理法提出了抓住重点,区别对待的管理思想。ABC 分类管理法的基本步骤如下:

第一步:计算每一种存货在一定时期内的占用额或耗用额。

第二步:计算每一种存货资金占用额占全部资金占用额的百分比,并按大小顺序排列,编成表格。

第三步:根据事先确定好的标准,把存货分为 A、B、C 三类。把占用资金比重较大的少数存货划为 A 类;把占用资金比重较小且品种较多、较杂的存货划为 C 类;介于两者之间的存货划为 B 类。并用坐标图表示出来,横坐标表示品种的百分比,纵坐标表示资金的百分比。

第四步,对 A 类存货进行重点管理,对 B 类存货进行次重点管理,对 C 类存货进行一般管理。

由于存货品种繁多,可以先归类计算确定重点类别,再从重点类别中确定重点项目。

例 6-10

某企业共有 20 种材料,共占用储备资金 125 000 元,按占用资金多少的顺序排列,并按规定的标准划分为 A、B、C 三类。见表 6-12 所示。各类材料资金占用情况(ABC 分类图)见图 6-9 所示。

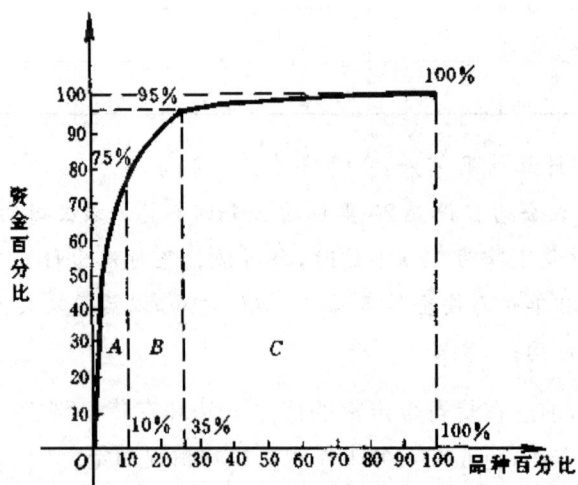

图 6-9　ABC 分类图

表 6-12 储备材料 ABC 分类

材料品种（用编号代替）	占用资金数额（元）	类别	各类存货所占份额		各类存货所占资金的份额	
			种类	比重（%）	金额（元）	比重（%）
1	60 000	A	2	10	93 750	75
2	33 750					
3	10 000	B	5	25	25 000	20
4	6 000					
5	4 000					
6	3 000					
7	2 000					
8	1 200	C	13	65	6 250	5
9	1 000					
10	800					
11	550					
12	300					
13	400					
14	350					
15	350					
16	350					
17	350					
18	300					
19	200					
20	100					
合计	125 000					

把存货划分为 A、B、C 三类,目的是对存货占用资金进行有效管理。A 类存货虽然品种较少,但占用资金多,是存货管理的重点,对存货的收入、发出要进行严格的控制;C 类存货虽然品种繁多,但资金占用不多,一般可采取比较简化的方法进行管理,不必耗用大量的人力、物力、财力去管理与控制;B 类存货介于 A 类与 C 类之间,也要给予相应的重视,但不必像 A 类存货那样进行非常的控制,但也不能像 C 类存货那样管理上过于简单。

ABC 三类存货管理方式见表 6-13 所示。

表 6-13 ABC 存货管理方式

控制内容＼类别	A 类	B 类	C 类
控制程度	严格控制	一般控制	松散控制
存货记录	详细记录	一般记录	金额总计
采购计划	详细计划	统计计算	库存低就进货
存货检查	半月左右一次	1～3 月	3 个月以上
保险储存量	较少	较多	灵活

(二)存货质量控制

1.存货质量分析

从财务管理的角度理解,存货质量是指存货的流动性与收益性,即存货的适销状况。企业的各种存货按照行销状况及盘存记录可以分为畅销、平销及有问题三类。前两类通称适销存货,后一类属于不适销或积压有问题的存货。有问题存货又分为销小存大、冷背呆滞、质次价高、残损霉变等多种。

通过对存货排列分析,可以查明企业存货的质量水平,掌握适销存货与有问题存货的金额、比重及变动趋势,以便采取措施,改善购销工作,优化存货结构,加速存货资金周转,提高企业经济效益。

2.存货质量管理措施

对存货质量控制,主要应严把进货关,加强仓储管理,定期盘点检查存货状况。这些是一般企业的常规措施。下面重点说明对有问题存货的管理,其管理措施有:

(1)权衡利弊,合理地进行削价处理。对于不适销的存货,不少企业采取挂账方式而不予处理,这样做表面上不会减少当期收益,但对企业是非常不利的。因为存货一旦积压滞销,损失实际已经形成,企业无论处理与否,削价损失都是客观存在的,并且拖延的时间越长,需要降价的幅度会更大,推销的难度也会越大,造成的损失也会更多。同时,采用挂账处理方式,积压存货占用的资金不能及时盘活,不能投入企业资金周转增值过程,占用的资金还需要支付利息费用,仓储的积压存货还要支付储存费用等。从另一角度看,由于存货损失不能处理,使企业的利润虚增,也相应增加了企业的纳税金额,导致现金流出量的增加。因此,企业要从盘活资金的角度出发,对有问题的存货及时进行处理。

企业各种积压的有问题存货,无论采取什么样的推销方式,一般都无法按正常市价销售出去,因此采取削价策略是不可避免的。在对有问题的存货进行削价处理时,要根据具体情况,分析机会损益,分别对待。

对于冷背呆滞、残损霉变的存货,其削价幅度的确定,应以能销售出去为原则。因为这类存货几乎无销路可言,只要能销售出去,削价幅度可以很大,否则,错失机会,企业将会遭受更大的损失。

对于那些过季积压或预计未来某一时间能够由滞转畅的存货,企业需要通过机会损失分析,来确定有无必要降价处理以及降价的幅度。机会损失分析是用削价处理的损失额减去盘活资金的再投资收益的净损失额与储存待销所增加的成本费用进行比较分析的一种决策方法。其中:

$$削价处理的净损失额 = 削价损失 - 削价后盘活资金的再投资收益 \qquad (6-17)$$

用公式表示:

$$M = K \times X - K(1-X)R \times D$$

式中：M 为存货削价处理的净损失额；K 为存货成本；X 为削价幅度；R 为再投资的日收益率；D 为待机销售的储存天数。

$$待机销售的成本费用增加额＝借款利息＋保管费用＋存货损耗 \quad (6-18)$$

用公式表示：

$$N = K \times (L+P+S) \times D$$

式中：N 为待机销售的成本费用增加额；L 为日借款利息率；P 为日保管费用率；S 为日存货损耗率；D 为待机销售的储存天数。

当削价处理的净损失额小于待机销售的成本费用增加额时，可以考虑进行削价处理；否则应当待机销售。通常也可以用损益分界点来判断、分析。所谓损益分界点，即削价处理的净损失等于待机销售的成本费用增加额时的削价率。

令 $M=N$，则：

$$K \times X - K \times (1-X) \times R \times D = K \times (L+P+S) \times D$$

整理得：

$$X = \frac{(R+C+P+S) \times D}{1+R \times D}$$

当 $X < \dfrac{(R+C+P+S) \times D}{1+R \times D}$ 时，应当削价处理。

当 $X > \dfrac{(R+C+P+S) \times D}{1+R \times D}$ 时，应当继续储存以待未来销售。

例 6-11

假设某企业一月末甲存货 200 万元已过时令，要到 10 月初才能进入下一销售旺季。年借款利率 10%，年保管费用率 4%，年损耗率 0.6%。现有客户拟以 150 万元买下全部甲存货，企业年平均投资收益率 18%。问：企业应否接受这一削价订单？

$$损益分界点削价率 \ X = \frac{\dfrac{18\%+10\%+1.4\%+0.6\%}{360} \times 240}{1+\dfrac{18\%}{360} \times 240} = 17.85\%$$

企业实际削价幅度为 $\dfrac{200-150}{200} = 25\%$，大于损益分界点削价率，对企业不利，因此企业应拒绝这一削价订单。

需要说明的是,上述分析是以存货未来能够销售出去为前提的,没有考虑可能发生的销售不出去,或部分销售不出去的情况。因此,在实际工作中,要在对未来销售情况进行概率分析的基础上,对削价与否及幅度大小做出合理的判断。

(2)完善存货质量控制制度。对积压有问题的存货进行削价处理,是企业迫不得已的举措,削价处理总会使企业遭受一定的经济损失。虽然存货积压的情况是难以完全避免的,但是如果企业采取有效的管理措施,严格控制存货数量和质量,还是可以降低或防范存货积压的情况。

这些管理措施包括:第一,建立健全存货进、存、销、责任制度,以销定购,以销定存。第二,建立健全存货验收、监督、检查和反馈制度,及时分析反馈存货质量信息,并通过资金分配环节进行控制、调节,以减少积压存货数量及资金占用额。第三,建立存货管理的奖惩制度,对已经出现积压的有问题存货,要查明原因,明确责任;对造成重大经济损失的积压存货的责任者要给予适当的惩罚;对及时发现有问题存货,采取措施挽救减少经济损失的,要给予一定的奖励。

思考题

1.什么是流动资产?它是由哪些内容组成的?

2.流动资产有哪些特点?它是如何分类的?

3.赊销对企业有何利弊?如何加强应收账款的管理?

4.企业持有现金的动机是什么?

5.如何预测现金需用量?

6.如何预测存货需用量?

7.如何确定最佳现金持有量?

8.库存现金使用范围是如何规定的?

9.应收及预付账款是怎样产生的?

10.应收账款的信用管理是由哪些要素构成的?

11.企业信用政策包括哪些内容?

12.信用期间是如何确定的?

13.企业为什么要持有一定的存货?在确定存货持有量时应改变哪些因素?有哪些方法?如何加强存货管理?

14.经济采购批量应如何计算?

15.存货 ABC 分类管理法的基本步骤是怎样的?

◆ **练习题**

1.某公司一年的现金总需求为 180 万元,每次现金转换成本为 25 元,适用利率为 10%。试计算:

(1)该公司最佳现金持有量;

(2)该年内平均持有现金余额;

(3)该年内现金转换次数;

(4)维持这一最佳现金持有量的每年最低相关成本。

2.ABC 公司整年间的信用销售是稳定的,平均每天销售产品 200 件,每件售价 500 元;单位成本 350 元,现行的信用政策为"n/30"。当前信用政策下的坏账损失率为 2%。该公司正考虑放宽信用条件为"n/40",预计销售数量每天将上升到 280 单位,但是坏账损失率也将上升到 4%,平均收款期将上升为 46 天。假设除应收账款外的其他流动资金占销售额的 25%。

要求:试分析 ABC 公司是否应放宽其信用销售条件。

3.某项存货的经济采购批量订货次数为每年 10 次,每天平均耗用 4 件。从发出订单到存货运抵仓库备用的时间间隔为 25 天,单位存货年储存成本 25 元,单位存货缺货一次的成本为 20 元,从发出订单到存货运抵仓库备用期内存货耗量是的概率分布如下:

耗用量	25	50	75	100	125	150	175
概率	0.05	0.1	0.15	0.25	0.2	0.15	0.1

要求:试计算该项存货安全储备量为 0、25、50、75 的最佳再订货点。

4.某厂每年需要零件 6480 件,日平均需要量 18 件。该种零件企业自制,每天产量 48 件,每次变动生产准备成本 300 元,每件年变动储存成本 0.5 元,每件生产成本 50 元;若外购,一次集中到货,单价 60 元,每次变动订货成本 50 元。

要求:该厂应选择自制还是外购该种零件? 请代为决策。

5.假设一家公司年需求某零件 1 800 个,经济采购批量为 50 个,单位存货缺货一次的成本为 20 元,单位存货年变动储存成本为 50 元。从发出订单到存货运抵仓库备用期内需求量及概率分布如下:

需求量	47	48	49	50	51	52	53
概率	0.05	0.13	0.19	0.21	0.24	0.12	0.06

要求:计算含有安全储备是的再订货点。

6.某公司与存货成本相关的资料如下：

(1)采购批量必须以 100 件为单位；

(2)全年销售该种存货 100 万件；

(3)进货每件单价 4 元，

(4)每件存货年变动储存成本为商品进货价格的 25%；

(5)每次订货成本为 50 元；

(6)所需安全存量为 10 000 件,期初已有此存量；

(7)从发出订单到存货运抵仓库备用需 5 天,平均日需要量 100 件。

要求：

(1)计算经济采购批量、每年订货次数、再订货点；

(2)如订货批量为 8 000 件、9 000 件、20 000 件。请分别计算全年变动订货成本和变动储存成本之和。(存货陆续供应期为 5 天,即 Q/R＝5 天)

7.某企业生产甲产品需用 B 种材料,年度计划采购总量为 24 000 千克,每次采购费用为 200 元,每千克材料的保管费用为 8 元。

要求：根据以上资料,计算经济采购批量。

📦 案例讨论

浙江万向前潮公司的"零库存、零贷款"[①]

浙江万向前潮股份有限公司自 1996 年开始实现没有银行一分钱,而且其原材料、在只品和产成品的库存量接近于零。"零库存"和"零贷款",对于许多企业而言有些不可思议,因而引起理论界和实业界的广泛关注。万向集团董事局主席鲁冠球说："没有什么新招数,关键在于企业要练好内功,向管理要效益。"几年来,这家公司正是老老实实眼睛向内,加强管理,推行一种以控制成本、提高质量为目的的精益生产方式,使企业走向了良性循环。"万向前潮"是浙江万向集团控股的一家生产企业,主要生产汽车配件。从 1994 年下半年开始,公司借鉴国内外先进的管理模式,并结合自身的特点推行一种精益生产方式,即从生产、经营的各个环节上节约开支,降低成本,以求最大的经济效益。在实施过程中,公司以市场为导向,以财务为核心,推行"三转"式的目标管理模式,即"销售围绕市场转、生产围绕销售转、部门围绕生产转",调动一切因素向市场看齐。在周工作例会和月度工作会议中,各部门的目标均以财务数字的形式分解落实,会后由监控机构监督执行,以财务分析进行考核。在生产环节中,公司采用"倒转顺序法"组织生产,先由销售部门根据需要向总装部要货,再由总装向各个制造部门要所需的零配件,后一个环节定量向前一个环节要货,前一个环节

① 资料来源:汤谷良.汤博士点评中国财务案例[M].中华工商联合出版社,1999.

以核定的成本向后一个环节结算。这样生产出来的产品根据市场需要进行配置,不至于积压在仓库里面而占用大量资金。1996 年,公司又根据精益生产方式的要求,推出了"取货制"管理,把各工序的送货、流水线完全控制在"按需所取"的范围内,实现了成本的有效控制,把在制品、半成品的数量压到最低水平。

生产环节成本控制住了,还必须控制销售环节的成本,提高产品市场的销售率。"万向前潮"早在 1994 年就将销售部改为市场管理部,根据市场精细分割的原则,在全国设立了五大销售区,各下辖 2～5 个省区,针对不同地区的市场状况及销售实情制定相应的竞争策略。他们在一些重点配套用户地域设立 4 个直销仓库,31 个特约经销部,直接交货钱货两清,既缩短了交货时间,又减少了拖欠货款的产生,提高了市场覆盖率。

精益生产方式的运用,减少了流动资产的占用,1995 年一年中就节约流动资金占用5 500万元。公司把这些资金投入技改,增强了企业发展的后劲。

讨论提示:"万向前潮"是如何减少流动资金占用的? 有什么借鉴意义?

第七章　证券评估与投资

学习目的

　　本章主要介绍债券、股票等金融资产价值的评价方法,以及进行证券性资产投资时的决策方法。通过学习,需要了解和掌握债券、股票的评价模型,了解证券组合投资的基本理论及如何利用组合投资回避投资风险等。

第一节　债券评价

　　证券评估是对债券、股票等金融资产价值的估计。这里的"价值"是指证券的内在价值,或称为经济价值。从理财学的角度出发,证券价值是其预期现金流量的现值。评估证券价值的具体步骤为:(1)估计现金流量;(2)确定每期现金流量的必要率或投资者要求的收益率,每期的收益率既可相同,也可不同;(3)将每期现金流量按必要率折现,然后将折现后得出的现值相加求得证券的总价值。

　　有价证券的价格与价值的关系始终是证券市场与证券投资活动中最为敏感的问题。如何合理地确定证券的内在价值,不仅是判断证券的价格合理与否的基准,也是控制证券投资成本、取得合理投资利润的必要条件。

一、债券的评价模型

　　债券的价值是发行者按照合同规定从现在至债券到期日所支付的款项的现值。计算现值时使用的折现率,取决于当前的利率和现金流量的风险水平。

(一)债券评价的基本模型

　　典型的债券是固定利率,每年计算并支付一次利息,到期归还本金。按照这种模式,债券价值计算的基本模型是:

$$P = \sum_{t=1}^{n} \frac{i \times F}{(1+K)^t} + \frac{F}{(1+K)^n}$$

$$= \sum_{t=1}^{n} \frac{I}{(1+K)^t} + \frac{F}{(1+K)^n}$$

$$= I \times (P/A, K, n) + F \times (P/F, K, n) \tag{7-1}$$

式中：P 为债券价值；i 为债券票面利率；F 为债券面值；I 为每年利息；K 为市场利率或投资者要求的必要收益率；n 为付息总期数。

例 7-1

ABC 公司欲投资 W 债券。W 债券今年年初发行，面值为 1 000 元，票面利率为 8%，期限为 5 年，每年年末付息一次。ABC 公司要求的必要报酬率为 10%，则当债券价格为多少时才能进行投资？

根据上述公式，W 债券的价值为：

$$P = 1\,000 \times 8\% \times (P/A, 10\%, 5) + 1\,000 \times (P/F, 10\%, 5)$$

$$= 80 \times 3.791 + 1\,000 \times 0.621$$

$$= 303.28 + 621$$

$$= 924.28 (元)$$

即当 W 债券的市场价格必须不大于 924.28 元时，ABC 公司才可投资。

（二）一次还本付息且不计复利的债券评价模型

我国很多债券属于一次还本付息且不计复利的债券，其评价模型为：

$$P = \frac{F + F \times i \times n}{(1+K)^n} = (F + F \times i \times n) \times (P/F, K, n) \tag{7-2}$$

公式中的符号含义同式 7-1。

例 7-2

ABC 公司欲投资 W 债券。W 债券今年年初发行，面值为 1 000 元，票面利率为 8%，单利计算，期限为 5 年，到期一次还本付息。ABC 公司要求的必要报酬率为 10%，则当债券价格为多少时才能进行投资？

根据上述公式，W 债券的价值为：

$$P = \frac{1\,000 + 1\,000 \times 8\% \times 5}{(1+10\%)^5}$$

$$= (1\,000 + 1\,000 \times 8\% \times 5) \times (P/F, 10\%, 5)$$

$$= 1\,400 \times 0.6209$$

$$=869.26（元）$$

即当 W 债券的市场价格必须不大于 869.26 元时，ABC 公司才可投资。

（三）零息债券的评价模型

零息债券是指票面上不标明利率，按面值折价出售，到期按面值归还本金的债券。其债券的面值与买价的差异就是投资人的收益。这种债券也称为纯贴现债券。

零息债券的评价模型为：

$$P=\frac{F}{(1+K)^n}=F\times(P/F,K,n) \tag{7-3}$$

公式中的符号含义同式 7-1。

例 7-3

ABC 公司欲投资 W 债券。W 债券为零息债券，今年年初发行，面值为 1 000 元，期限为 5 年。ABC 公司要求的必要报酬率为 10%，则当债券价格为多少时才能进行投资？

$$P=1\,000\times(P/F,10\%,5)$$
$$=1\,000\times0.6209$$
$$=620.9（元）$$

即当 W 债券的发行价格低于 620.9 时，才具有投资价格。

（四）永久债券的评价模型

永久债券是指没有到期日，永不停止定期支付利息的债券。英国和美国都发行过这种公债。对于永久公债，通常政府都保留了回购债券的权力。

永久债券的评价模型为：

$$P=\frac{I}{K}=\frac{F\times i}{K} \tag{7-4}$$

二、债券的收益率

债券的收益水平通常用到期收益率来衡量。到期收益率是指以特定价格购买债券并持有到期日所能获得的收益率。它实际上就是使未来现金流入现值等于债券买入价格的折现率。

计算到期收益率的方法是求解含有折现率的方程。

1.当债券是固定利率、每年计算并支付一次利息、到期归还本金模式时

$$P=I\times(P/A,R,n)+F\times(P/F,R,n)$$

$$=F\times i\times(P/A,R,n)+F\times(P/F,R,n) \tag{7-5}$$

公式中:P 为债券的价格,i 为债券票面利率;F 为债券面值;I 为每年利息;R 为待求解的债券到期收益率;n 为付息总期数。

例 7-4

ABC 公司欲投资 W 公司 2021 年 1 月 1 日发行的面值为 1 000 元的 5 年期债券,票面利率为 10%,每年 1 月 1 日计息一次。要求:(1)当发行价格为 1 000 元时,试计算其到期收益率;(2)当发行价格为 1 150 元时,试计算其到期收益率。

解:

(1)$1\,000=1\,000\times10\%\times(P/A,R,5)+1\,000\times(P/F,R,5)$

解该方程要用"试误法"。

将 $R=10\%$ 代入方程等式右端:

$$1\,000\times10\%\times(P/A,10\%,5)+1\,000\times(P/F,10\%,5)=1\,000$$

可见,平价发行的每年付一次利息的债券,其到期收益率正好等于票面利率。

(2)由(1)中试算已知,$R=10\%$ 时等式右端为 1 000 元,小于 1 150 元,可判断收益率小于 10%,需降低折现率进一步试算。

给定 $R=8\%$ 时,

$$1\,000\times10\%\times(P/A,8\%,5)+1\,000\times(P/F,8\%,5)=1\,079.87(元)$$

仍小于 1 150 元,再降低折现率试算:

给定 $R=6\%$ 时,

$$1\,000\times10\%\times(P/A,6\%,5)+1\,000\times(P/F,6\%,5)=1\,168.54(元)$$

大于 1 150 元,可以判断到期收益率在 6%～8% 之间,用内插法计算:

$$R=6\%+\frac{1\,150-1\,168.54}{1\,079.87-1\,168.54}\times(8\%-6\%)=6.4\%$$

从此例可以看出,如果买价和面值不等,则收益率和票面利率不同。

2.当债券是到期一次还本付息且不计复利模式时

$$P=(F+F\times i\times n)\times(P/F,R,n) \tag{7-6}$$

公式中的符号含义同式 7-5。

例 7-5

ABC 公司于 2021 年 1 月 1 日平价购买 W 公司发行的面值为 1 000 元的 5 年期债券,票面利率为 10%,单利计息,到期一次还本付息。试计算其到期收益率。

$$1\,000 = (1\,000 + 1\,000 \times 10\% \times 5) \times (P/F, R, 5)$$

$$(P/F, R, 5) = \frac{1\,000}{1\,500} = 0.6667$$

查表并用内插法计算：

$$R = 8\% + \frac{0.6667 - 0.6806}{0.6499 - 0.6806} \times (9\% - 8\%) = 8.45\%$$

显然，如果债券不是定期付息，而是到期时一次还本付息或用其他方式付息，那么即使平价发行，到期收益率也可能与票面利率不同。

到期收益率是指导选购债券的标准，它可以反映债券投资的按复利计算的真实收益率。如果到期收益率高于预期的收益率，则可以买进；否则就不应买进。

三、债券投资的优缺点

(一)债券投资的优点

1.投资风险小。与股票相比，债券投资风险比较小。政府发行的债券有国家财力作后盾，其本金的安全性非常高，通常被视为无风险证券。企业债券的持有者拥有优先求偿权，即当企业破产时，优先于股东分得企业资产，因此，其本金损失的可能性也比较小。

2.收入稳定性强。债券票面一般都标有固定利息率，债券的发行人有按时支付利息的法定义务。因此，在正常情况下，投资于债券都能获得比较稳定的收入。

3.市场流动性好。许多债券都具有较好的流动性。政府、金融机构及大企业发行的债券一般都可在金融市场上迅速出售，流动性很好。

(二)债券投资的缺点

1.购买力风险较大。多数债券的面值和利息率在发行时就已确定，如果投资期间的通货膨胀率比较高，则本金和利息的购买力将不同程度地受到侵蚀，在通货膨胀率非常高时，投资者虽然名义上有收益，但实际上却有损失。

2.没有经营管理权。投资于债券只是获得收益的一种手段，无权对债券发行单位施以影响和控制。

四、债券投资的风险分析

对投资者来说，尽管债券投资风险比股票投资的风险要小，但债券投资仍然和其他投资一样是有风险的。债券投资的风险主要包括违约风险、利率风险、购买力风险、流动性风险和再投资风险。

(一)违约风险

违约风险是指借款人无法按时支付债券利息和偿还本金的风险。信用机构应对债券进行评价,以反映其违约风险,便于投资人参考,必要时,投资人也可以对债券发行企业的偿债能力直接进行分析。避免违约风险的方法是不买质量差的债券。

(二)利率风险

利率风险是指由于市场利率变动而使投资者遭受损失的风险。由于债券的价格会随利率变动,即使没有违约风险的国库券,也会有市场利率风险。债券的到期时间越长,利率变动的可能性越大,则利率风险越大。减少利率风险的办法是分散债券的到期日。

(三)购买力风险

购买力风险是指由于通货膨胀而使货币购买力下降的风险。一般来说,在通货膨胀期间,预期报酬率会上升的资产,其购买力风险低于报酬率固定的资产。例如,房地产、短期负债等资产,以及普通股股票等变动收益证券投资受到的影响较少,而收益长期固定的债券受到的影响较大。

(四)流动性风险

流动性风险,也称变现风险,是指无法在短期内以合理价格来卖掉债券的风险。也就是说,如果投资人遇到另一个更好的投资机会,他想出售现有债券以便再投资,但短期内找不到愿意出合理价格的买主,要把价格降到很低才能找到买主,或者要花很长时间才能找到买主,不是丧失新的机会,就是蒙受降价损失。一般来说,信誉不太良好的债券以及冷门债券在短期内不容易出售,或者只能以很低的价格折价出售,流动性风险较大。相反,信誉良好的债券就会拥有一个活跃的市场,可以在极短的时间内以合理的市价出售,流动性风险较小。减少流动性风险的办法是购买信誉较好的债券。

(五)再投资风险

再投资风险是指购买短期债券后,在短期债券到期后需要再投资使收益可能减少的风险。例如,长期债券利率为14%,短期债券利率为13%,为减少利率风险购买了短期债券。在短期债券到期收回现金时,如果利率降低到10%,只能找到报酬率大约10%的投资机会,不如当初购买长期债券,现在仍可获得利率为14%的收益。减少再投资风险的办法是准确预测短期债券到期的市场利率变化情况。如果市场利率呈上涨趋势,应投向短期债券;反之,如果市场利率呈下降趋势,且跌幅较大,就应投向长期债券。

一般来说,债券内在价值既是发行者的发行价格,又是投资者的认购价格。如果市场是有效的,债券的内在价值与票面价值应一致,即债券的票面价值可公平地反映债券的真实价值。但债券的价值不是一成不变的,债券发行后,虽然债券的面值、票面利率和债券期限一般会依据债券契约保持不变,但必要收益率会随着市场状况的变化而变化,由此引起债券的价格(未来现金流量序列的现值)也会随之变化。

第二节 股票评价

一、股票的评价模型

股票作为一种有价证券,同债券一样,本身并没有价值,但购入股票可在预期的未来获得现金流入。股票的未来现金流入包括两部分:每期预期股利收入和出售时得到的价格收入。股利是股息和红利的总称,股利是公司从其税后利润中分配给股东的,是公司对股东投资的一种报酬,是股东所有权在分配上的体现。股东如果想改变投资方向,可将股票在证券市场上出售而获取价格收入。因此,所谓股票的价值或称股票的内在价值,是指将其未来现金流入按一定的折现率折算的现值。

(一)股票价值计算的基本模式

1.如果股东永远持有该股票,他只获得股利收入,是一个永续的现金流入。这个现金流入的现值就是股票的价值。

$$P_0 = \frac{D_1}{(1+R_s)^1} + \frac{D_2}{(1+R_s)^2} + \cdots + \frac{D_n}{(1+R_s)^n} + \cdots = \sum_{t=1}^{\infty} \frac{D_t}{(1+R_s)^t} \tag{7-7}$$

式中:P_0 为股票价值;D_t 为第 t 年的股利;R_s 为贴现率,即必要的收益率;t 为持有股票的年数。

2.如果投资者不打算永久地持有该股票,而在一段时间后出售,他的未来现金流入就是几次股利收入和出售时的股价收入。

$$P_0 = \sum_{t=1}^{n} \frac{D_t}{(1+R_s)^t} + \frac{P_n}{(1+R_s)^n} \tag{7-8}$$

式中,P_n 为第 n 年出售股票的价格。

(二)零增长股票的评价模型

如果股票发行公司每年发给股东的股利是固定的,亦即预期股利增长率为零,则这种股票称为零增长股票。这时各年的股利(D_t)均为一个固定常数(D),其支付过程是一个永续年金。这种股票的一般估价模型为:

$$P_0 = \frac{D}{R_s} \tag{7-9}$$

例 7-6

ABC 公司欲投资 W 公司股票。假设 W 公司计划每年固定分配股利 1.50 元/股，ABC 公司要求的最低收益率为 12%，则 W 公司股票的内在价值为：

$$P_0 = \frac{1.50}{12\%} = 12.5(\text{元})$$

若当时股票市场上的股价大于 12.5 元，如果不考虑其他因素，则 ABC 公司不应购买该股票；反之，则可购买。

(三)固定增长股票的估价模型

虽有部分公司适宜采用零增长股票模型，但对大多数公司来说，盈余与股利并非固定不变，而是持续增长的。

设一股利固定增长的公司最近支付的股利为 D_0，预期股利固定增长率为 g，则第 t 年的股利应为：

$$D_t = D_0 \times (1+g)^t$$

则固定增长股票评价模型为：

$$P_0 = \sum_{t=1}^{\infty} \frac{D_0 \times (1+g)^t}{(1+R_s)^t} \tag{7-10}$$

当 g 为常数，并且 $R_s > g$ 时，上式可简化为：

$$P_0 = \frac{D_0(1+g)}{R_s - g} = \frac{D_1}{R_s - g} \tag{7-11}$$

例 7-7

ABC 公司欲投资 W 公司股票。假设 W 公司股票股利固定增长率为 8%，最近刚发放的股利为每股 2 元，ABC 公司要求的必要报酬率为 12%，则股票的内在价值为：

$$P_0 = \frac{2 \times (1+10\%)}{12\% - 8\%} = 55(\text{元})$$

(四)阶段性增长股票的评价模型

在现实生活中，有的公司股利是不固定的。例如，在一段时期内高速增长，在另一段时期里正常增长或固定不变。在这种情况下，就要分段计算来确定股票的价值。

例 7-8

ABC 公司持有 W 公司的股票，ABC 公司的投资最低报酬率为 12%。预计 W 公司未来 3 年股利将高速增长，增长率为 16%。在此以后转为正常增长，增长率为 8%。

W 公司最近支付的股利是 2 元。则 W 公司股票的内在价值计算如下：

首先，计算非正常增长期的股利现值(见表 7-1)：

表 7-1　非正常增长期的股利现值计算表

年份	股利(D_t)	复利现值系数($R_s=12\%$)	现值
1	$2\times(1+16\%)=2.32$	0.8929	2.0715
2	$2.32\times(1+16\%)=2.69$	0.7972	2.1445
3	$2.69\times(1+16\%)=3.12$	0.7118	2.2208
合计(3 年股利现值)			6.4368

其次，计算第三年年底的普通股内在价值：

$$P_3=\frac{D_4}{R_s-g}=\frac{D_3(1+g)}{R_s-g}=\frac{3.12\times(1+8\%)}{12\%-8\%}=84.24(元)$$

再计算其现值：

$$PV_3=84.24\times(P/F,12\%,3)=84.24\times0.7118=59.9620(元)$$

最后，计算股票目前的内在价值：

$$P_0=6.4368+59.96=66.3988(元)$$

若 W 股票的现实市场价格为 70 元，则由于高于其内在价值，因此 ABC 公司不应再购买 W 股票，或应卖出这种股票。

上例是分两阶段考虑，同理可分三阶段或四阶段等更多阶段来考虑，其原理和计算方法与上例类似。股利的增长阶段划分得越细，相对来说就越接近于实际。

二、股票的收益率

股票的预期收益率是指股票预期的未来的收益率。它包括两部分：预期股利收益率和预期资本利得收益率。其计算公式为：

股票的预期收益率＝预期股利收益率＋预期资本利得收益率

或

$$R=\frac{D_1}{P_0}+g \tag{7-12}$$

式中：P_0 是股票市场形成的价格；g 为预期资本利得收益率，它是预期股利的年几何增长率，由于股利的增长速度也就是股价的增长速度，因此 g 也可以解释为预期股票价格增长率。在此模型中，只要能预计下一期的股利，就可以估计出股东预期收益率。

例 7-9

　　W 公司股票的现时每股售价为 50 元,下一年的股利预计为每股 2 元,预计股利增长率为 8%,则投资者的预期收益率为:

$$R = \frac{2}{50} + 8\% = 4\% + 8\% = 12\%$$

　　股票的预期收益率是股票投资决策的重要标准,如果股东要求的必要收益率大于股票的预期收益率,则该股票不宜投资;反之,则应该投资。

三、股票投资的优缺点

　　股票投资是一种最具有挑战性的投资,其收益和风险都比较高。

　　(一)股票投资的优点

　　1.投资收益高。普通股票的价格虽然变动频繁,但从长期看,优质股票的价格总是上涨的居多。一般来说,只要选择得当,股票投资比债券投资能取得较优厚的投资收益。

　　2.购买力风险低。普通股的股利不固定,在通货膨胀率比较高时,由于物价普遍上涨,股份公司盈利增加,股利的支付也随之增加,因此,与固定收益证券相比,普通股能有效地降低购买力风险。

　　3.拥有经营控制权。普通股股东是股份公司的所有者,有权监督和控制企业的生产经营情况,因此,欲控制一家企业,最好是收购这家企业的股票。

　　(二)股票投资的缺点

　　1.求偿权居后。普通股对企业资产和盈利的求偿权均居于最后。企业破产时,股东原来的投资可能得不到全额补偿,甚至一无所有。

　　2.价格不稳定。普通股的价格受众多因素影响,很不稳定。政治因素、经济因素、投资人心理因素、企业的盈利情况、风险情况,都会影响股票价格,这使股票投资具有较高的风险。

　　3.收入不稳定。普通股股利的多少,视企业经营状况和财务状况而定,其有无、多寡均无法律上的保证,其收入的风险也远远大于固定收益证券。

四、股票投资的风险分析

　　普通股票投资的潜在报酬率比其他投资高,但也是风险最大的证券投资。对付风险的最普遍的方法是投资分散化,就是选择若干证券加以搭配,建立证券组合。通过多种证券的报酬高低、风险大小的互相抵消,使证券组合在保持特定收益水平的条件下把总风险减小到最低限度,或者将风险限制在愿意承担的特定水平条件下尽可能使收益最大化。

第三节 证券投资结构

一、证券投资组合的意义

在证券投资中会遇到各种风险。正视投资风险,通过多种不同风险与收益证券的合理组合,以期分散风险,取得最大的投资效益,是证券投资管理的重要问题。

1952 年,美国著名财务学者马科维茨提出了投资组合理论,对于证券投资具有划时代的指导意义,引发了一场投资思维方式的革命。

投资组合,是指由两种或两种以上的资产构成的集合。投资组合中的资产主要用金融资产(证券)作讨论对象,因此,投资组合一般指证券投资组合。

当代证券投资组合理论旨在专门研究证券投资如何搭配才能在适度的风险程度下达到收益最大,或在满意的收益水平下达到风险最小。其中,风险理论认为,若干股票的投资组合,其收益是这些股票收益的加权平均值,但风险不是这些股票风险的加权平均值,所以投资组合能够降低风险。股票投资有系统风险和非系统风险两类,后一类风险可以通过多元化投资分散。当投资组合包含全部股票时,投资只承担系统风险而不承担非系统风险。

证券组合的目的在于将各种不同类型和种类的证券进行最有效的搭配,以保证在预期的收益率前提下使投资风险最小,或在既定的风险前提下使投资收益最大。

证券投资的盈利性吸引了众多投资者,但证券投资的风险性又使许多投资者望而却步。如何才能有效地解决这一难题呢?科学地进行证券的投资组合就是一个比较好的方法。通过有效地进行证券投资组合,便可消减证券风险,达到降低风险的目的。投资风险存在于各个国家的各种证券中,它们随经济环境的变化而不断变化,时大时小,此起彼伏。简单地把资金全部投向一种证券,便要承受巨大的风险,一旦失误,就会全盘皆无。因此,证券市场上有一句名言:不要把全部鸡蛋放在同一个篮子里。证券投资组合是证券投资的主要手段,它可以帮助投资者全面捕捉获利机会,降低投资风险。

二、证券投资组合的风险与收益率

由于证券投资组合能够降低风险,因此,绝大多数法人投资者都同时投资于多种证券。即使是个人投资者,一般也持有证券的投资组合而不只是投资于某一个公司的股票或债券。所以,进行证券投资必须了解证券投资组合的风险与收益率。

(一)证券投资组合的风险

证券投资组合的风险可以分为两种性质完全不同的风险,即非系统性风险和系统性风险。

1.非系统性风险

非系统性风险是指某些因素对单个证券造成经济损失的可能性。如一个新的竞争者可能开始生产同样的产品;一次技术突破使一种现有产品消亡。对大多数股票而言,非系统风险占总风险的 50% 左右。这种风险,可通过证券持有的多样化来抵销。即多买几家公司的股票,其中某些公司的股票收益上升,另一些股票的收益下降,从而将风险抵消。因而,这种风险又称为可分散风险或公司特别风险。

假设 W 和 M 股票构成一个证券组合,每种股票在证券组合中各占 50%,它们的收益率和风险的详细情况见表 7-2。

表 7-2　完全负相关的两种股票构成的证券组合的收益情况表

年份	W 股票 K_w(%)	M 股票 K_m(%)	WM 的组合 K_p(%)[①]
1977	−5	35	15
1978	35	−5	15
1979	−10	40	15
1980	40	−10	15
1981	15	15	15
平均收益率	15	15	15
标准离差[②]	22.6	22.6	0.0

从表 7-2 可以看出,如果分别持有两种股票,都有很大风险,但如果把它们组合成一个证券组合,则没有风险。

---

① K_P 就是组成投资组合的各种证券收益率的加权平均数,其权重是各种证券在投资组合中所占的比例,其公式为 $K_P = \sum_{X=1}^{N} W_i \times K_i$。其中 W_i 为第几种证券所占比例,K_i 是第几种证券的收益率。

② 标准离差是反映投资风险大小的指标,指实际收益偏离预期的收益均值。

　　W 股票和 M 股票之所以能结合起来组成一个无风险的证券组合,是因为它们收益的变化正好成相反的循环——当 W 股票的收益下降时,M 股票的收益正好上升;反之亦然。我们把股票 W 和 M 叫作完全负相关。这里相关系数 $r = -1.0$。

　　与完全负相关相反的是完全正相关($r = 1.0$),两个完全正相关的股票的收益将一起上升或下降,这样的两种股票组成的证券组合,不能抵消任何风险。

　　从以上分析可知,当两种股票完全负相关($r = -1.0$)时,所有的风险都可以分散掉;当两种股票完全正相关($r = +1.0$)时,从降低风险的角度来看,分散持有股票没有好处。实际上,大部分股票都是正相关,但又不完全正相关,一般来说,随机取两种股票,则其相关系数为 $+0.6$ 左右的最多,而对绝大多数两种股票而言,r 将位于 $+0.5 \sim +0.7$ 之间。在这种情况下,把两种股票组合成证券组合能降低风险,但不能全部消除风险。不过,如果股票种类较多,则能分散掉大部分风险,而当股票种类足够多时通常达到 25 支以上时,几乎能把所有的非系统性风险分散掉。

　　2.系统性风险

　　系统性风险又称不可分散风险或市场风险。指的是由于某些因素给市场上所有的证券都带来经济损失的可能性。如宏观经济状况的变化、国家税法的变化、国家财政政策和货币政策变化、世界能源状况的改变都会使股票收益发生变动。这些风险影响到所有的证券,因此,不能通过证券组合分散掉。对投资者来说,这种风险是无法消除的,故称不可分散风险。但这种风险对不同的企业也有不同影响。

　　系统性风险通常用 β 系数来计量。β 系数是一种风险指数,它用于衡量个股收益率的变动相对于市场组合收益率变动的敏感性。β 系数有多种计算方法,实际计算过程十分复杂,通常由一些投资服务机构定期计算并公布。在美国有很多服务机构提供一些公司的 β 系数数据资料。这些 β 系数资料通常是根据过去 3~5 年的周收益率或月收益率为基础计算出来的。从这些服务机构取得 β 数据较为方便。如果投资者认为某股票过去的系统风险适用于未来,则过去的 β 值可以代替预期的 β 值。表 7-3 列出了国外几家代表性公司的 β 系数值。

表 7-3　n 种股票的 β 系数值(1999 年 8 月 11 日)

普通股	β	普通股	β
亚马逊(网站)公司(AMZN)	3.31	通用电气公司(GE)	1.13
苹果电脑公司(AAPL)	0.72	佐治亚—太平洋集团(GP)	0.11
波音公司(BA)	0.96	惠普公司(HWP)	1.34
Bristol-MyersSquibb 公司(BMY)	0.86	The Limited 公司(LTD)	0.84
可口可乐公司(KO)	0.96	微软公司(MSFT)	1.33
Dow 化学公司(DOW)	0.86	耐克公司(NKE)	1.01
TheGap 公司(GPS)	0.09	雅虎(网站)公司(YHOO)	3.32

　　资料来源:Market Guide 公司(www.marketguide.com)。

作为整体的证券市场的 β 系数为 1。如果某种股票的风险情况与整个证券市场的风险情况一致,则这种股票的 β 系数等于 1;如果某种股票的 β 系数大于 1,说明其风险大于整个市场的风险;如果某种股票的 β 系数小于 1,说明其风险小于整个市场的风险。

从以上分析可知,单个证券的 β 系数可以由有关的投资服务机构提供。而投资组合的 β 系数是单个证券 β 系数的加权平均数,权数为各种证券在投资组合中所占的比重。其计算公式是:

$$\beta_p = \sum_{i=1}^{n} x_i \beta_i \qquad (7\text{-}13)$$

式中:β_p 为证券组合的 β 系数;x_i 为证券组合中第 i 种股票所占的比重;β_i 为第 i 种股票的系数;n 为证券组合中股票的数量。

显然,若个别证券的 β 系数低,则由它们所构成的投资组合的 β 系数也低。掌握这一关系可以正确进行投资决策。

通过以上分析,可得出如下结论:

(1)一个股票的风险由系统风险(不可分散风险、市场风险)和非系统风险(可分散风险、公司特别风险)两部分组成。如图 7-1 所示。

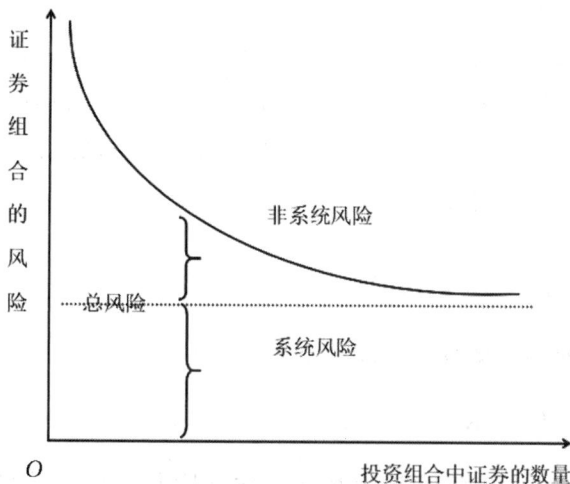

图 7-1　证券风险构成图

(2)非系统风险可通过证券组合来消减。如图 7-1 所示,非系统风险随证券组合中股票数量的增加而逐渐减少。

(3)股票的系统风险由市场变动所产生,它对所有股票都有影响,不能通过证券组合而消除。系统风险是通过 β 系数来测量的,一些标准的 β 值如下:

$\beta = 0.5$,说明该股票的风险只有整个市场股票风险的一半;

$\beta=1.0$,说明该股票的风险等于整个市场股票的风险；

$\beta=2.0$,说明该股票的风险是整个市场股票风险的两倍。

(二)证券投资组合的风险收益

投资者进行证券组合投资与进行单项投资一样,都要求对承担的风险进行补偿,股票的风险越大,要求的收益就越高。但是,与单项投资不同,证券组合投资要求补偿的风险只是不可分散风险,而不要求对可分散风险进行补偿。因为可分散性危险已经通过投资组合消除了。如果有可分散风险的补偿存在,那么善于科学地进行投资组合的投资者将购买这部分股票,并抬高其价格,其最后的收益率只反映不能分散的风险。因此,证券组合的风险收益是投资者因承担不可分散风险而要求的,超过时间价值的那部分额外收益。可用下列公式计算：

$$R_p=\beta_p\times(K_m-R_F) \tag{7-14}$$

式中：R_p 为证券组合的风险收益率；β_p 为证券组合的 β 系数；K_m 为所有股票的平均收益率,也就是由市场上所有股票组成的证券组合的收益率,简称市场收益率；R_F 为无风险收益率,一般用政府公债的利息率来衡量；(K_m-R_F) 为市场风险收益率。

例 7-10

ABC 公司持有由甲、乙、丙三种股票构成的证券组合,它们的 β 系数分别是 2.0、1.0 和 0.5,它们在证券组合中所占的比重分别为 70%、20% 和 10%,股票的市场收益率为 12%,无风险收益率为 7%。试确定这种证券组合的风险收益率。

1.确定证券组合的 p 系数

$$\beta_p=\sum_{i=1}^n x_i\beta_i=70\%\times2.0+20\%\times1.0+10\%\times0.5=1.65$$

2.计算该证券组合的风险收益率

$$R_p=\beta_p\times(K_m-R_F)=1.65\times(12\%-7\%)=8.25\%$$

计算出风险收益率后,便可根据投资额和风险收益率计算出风险收益的数额。从以上计算中可以看出,在其他因素不变的情况下,风险收益取决于证券组合的 β 系数,β 系数越大,风险收益就越大；反之亦然。

例 7-11

在例 10 中,假如 ABC 公司为降低风险,售出部分甲股票,买进部分丙股票,使甲、乙、丙三种股票在证券组合中所占的比重变为 10%、20% 和 70%。试计算此时的风险收益率。

此时,证券组合的 β 值为:

$$\beta_p = \sum_{i=1}^{n} x_i\beta_i = 10\% \times 2.0 + 20\% \times 1.0 + 70\% \times 0.5 = 0.75$$

那么,此时的证券组合的风险收益率应为:

$$R_p = \beta_p \times (K_m - R_F) = 0.75 \times (12\% - 7\%) = 3.75\%$$

从以上计算可以看出,调整各种证券在证券组合中的比重可改变证券组合的风险、风险收益率和风险收益额。

(三)资本资产定价模型

1.模型概述

在西方金融学和财务管理学中,有许多模型论述风险和收益率的关系,其中最重要的为资本资产定价模型(capital asset pricing model,简写为 CAPM)。1964 年,诺贝尔奖获得者威廉·夏普(William Sharpe)根据投资组合理论提出了资本资产定价模型,从那时起,它就对财务管理有重要的启示作用。尽管其他模型也想更好地描述市场行为,但 CAPM 仍是一个概念简单、贴近现实的模型。这里的资本资产,是指股票、债券等有价证券,它代表对真实资产所产生的收益的求偿权利。资本资产定价模型的重要贡献在于它提供了一种与组合资产理论相一致的有关个别证券的风险量度。这种模型使投资者能够估计单项资产的不可分散风险,形成最优投资组合,引导投资者作出合适的投资决策。同时,这种模型对于财务学的发展有着极其重要的作用,并且被广泛地用于资本预算编制、资产估价,以及确定股权资本的成本和解释利率的结构风险。

这一模型为:

$$K_i = R_F + \beta_i \times (K_m - R_F) \tag{7-15}$$

式中:K_i 为第 i 种股票或第 i 种证券组合的必要收益率;R_F 为无风险收益率;β_i 为第 i 种股票或第 i 种证券组合的 β 系数;K_m 为所有股票或所有证券的平均收益率。

资本资产定价模型基于以下基本假设:

(1)资本市场是有效率的,信息可为所有投资者共享,信息的交易成本很低,投资的限制很少;

(2)所有投资者都有相同的预期,并且他们的预期都建立在一个共同的持有期(如一年)之上;

(3)所有投资者都力图规避风险,并追求期终财富预期效用的最大化;

(4)存在无风险资产,所有投资者都可按无风险利率不受限制地借贷资金;

(5)所有的资产都是完全可以分割的,拥有充分的流动性。

上述资本资产定价模型表明,任何风险性资产的期望收益率等于无风险利率加风险收益率。风险收益率决定于投资者的风险回避程度。

例 7-12

W 公司股票的 β 系数为 1.5,无风险利率为 7%,市场上所有股票的平均收益率为 10%,那么,W 公司股票的必要收益率应为:

$$K = R_F + \beta_i \times (K_m - R_F) = 7\% + 1.5 \times (10\% - 7\%) = 11.5\%$$

也就是说,W 公司股票的收益率达到或超过 11.5%时,投资者方肯进行投资。如果低于 11.5%,则投资者不会购买 W 公司的股票。

2.证券市场线

资本资产定价模型通常用图形加以表示,叫作证券市场线(简称 SML)。它说明必要收益率 K 与系统风险 β 系数之间的关系。如图 7-2 所示。

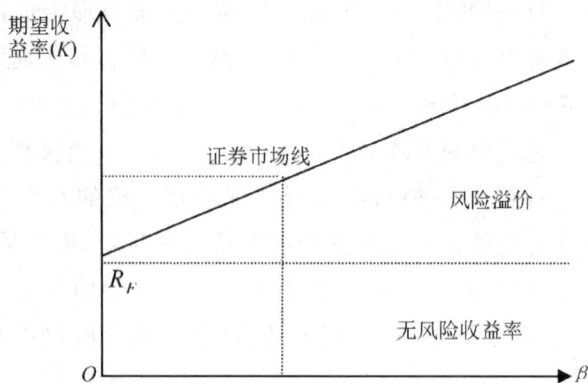

图 7-2 证券收益率与 β 系数之间的关系

证券市场线表明:

(1)纵轴为期望的收益率,横轴是以 β 值表示的风险。

(2)无风险证券的 $\beta = 0$,R_F 即为证券市场线在纵轴上的截距。

(3)证券市场线的斜率是市场风险收益率($K_m - R_F$),表示经济系统中风险厌恶的程度。一般来说,投资者对风险的厌恶程度越强,证券市场线的斜率越大,对风险资产所要求的风险补偿越大,对风险资产的要求收益率越高。

(4)β 值越大,要求的收益率越高。

三、证券投资组合方式

防范风险的最好方式是分散风险,而要分教风险,就要学会运用各种投资组合。

下面分别介绍几种投资组合的基本方式。

1.金融资产的投资三分法

在西方一些国家，最为流行的投资三分法是 1/3 存银行以备不时之需，1/3 买债券、股票等有价证券作长期投资，1/3 购置房产、土地等不动产。在有价证券的投资上，人们也往往把 1/3 用来购买安全性较高的债券或优先股，1/3 购买有发展前景的成长性股票，1/3 买普通股用以差价获利。一般而言，风险大的证券对经济形势的变化比较敏感：当经济处于繁荣时期，风险大的证券会获得高额收益；但当经济衰退时，风险大的证券却会遭受巨额损失。相反，风险小的证券对经济形势的变化则不十分敏感，一般都能获得较稳定收益。

2.不同时间、地点，不同企业的分散投资组合法

这里包括：(1)企业种类分散，以免碰上行业性不景气；(2)企业单位分散，不把全部资金集中购买某一个企业的证券；(3)投资时间分散，投资股票前先了解一下派息时间，可按派息时间叉开选择投资；(4)投资区域分散，以避免区域性风险。

3.按风险等级和获利大小的最佳组合法

根据现代证券理论，对投资风险与报酬越来越倾向于进行定量分析。这样，最理想的组合形式就是在投资人测定自己希望得到的投资报酬和所能承担的投资风险之间，选择一个最合适的组合。

4.按长线投资、中线投资、短线投资划分的比例组合法

长线投资是指选择目前财务良好又有发展前景的公司股票买进，并持有较长一段时间(半年以上)以享受优厚的股本权益；中线投资是指把自己几个月内暂时不用的钱用来买进估计几个月内可能提供良好盈利的股票；短线投资是指那些股价波动甚大，几天内就可以有大涨大落的股票投资。一个投资者应该把自己的资金分成三部分：(1)较长期内不用，以待获利；(2)几个月内不用；(3)随时可动用，搞得好可大获其利，搞不好大部分损失也在所不惜。这三部分，分别用于长、中、短线投资。

5.试探性分开投资法

例如你要买 1 000 股某种股票可以先买上 500 股作为试探。等到该股票股份上涨到一定幅度出现"回档"，见价位至较低档不再往下跌时，再买进 500 股。这样，如果你买股票正处于"牛市"中，股价按刚才分析上涨，你两次投资均可获利；如果你处于"熊市"，股价不涨，反而回落，你的损失也比原来全部投资 1 000 股票减少一半。

🧱 **思考题**

1.什么是债券投资？债券的价值如何计算？债券的收益如何衡量？债券投资有哪些优缺点？

2.债券投资通常面临的风险有哪些？

3.什么是股票投资？股票的价值如何计算？股票的收益如何衡量？股票投资有

哪些优缺点？如何规避股票投资中的风险？

4.投资组合理论给我们哪些启示？

5.资本资产定价模型给我们哪些启示？

◆ 练习题

1.某公司在 2001 年 1 月 1 日平价发行的债券,每张面值 1 000 元,票面利率 10%,5 年到期,每年 12 月 31 日付息。要求：

(1)2021 年 1 月 1 日购进的债券到期收益率是多少？

(2)假定 2005 年 1 月 1 日的市场利率下降到 8%,那么此时债券的价值是多少？

(3)假定 2005 年 1 月 1 日的市价为 900 元,此时购买该债券的到期收益率是多少？

(4)假定 2007 年 1 月 1 日的市场利率为 12%,债券市价为 950 元,你是否购买该债券？

(5)如果该债券的 β 系数为 0.8,证券市场平均收益率为 9%,现行国库券的收益率为 6%,采用资本资产定价模型计算该债券的预期收益率。

2.A 公司拟购买某公司债券作为长期投资(打算持有至到期日),要求的必要收益率为 6%。现有三家公司同时发行 5 年期,面值均为 1 000 元的债券。其中：甲公司债券的票面利率为 8%,每年付息一次,到期还本,债券发行价格为 1 041 元；乙公司债券的票面利率为 8%,单利计息,到期一次还本付息,债券发行价格为 1 050 元；丙公司债券的票面利率为零,债券发行价格为 750 元,到期按面值还本。要求：

(1)计算 A 公司购入甲公司债券的价值和收益率。

(2)计算 A 公司购入乙公司债券的价值和收益率。

(3)计算 A 公司购入丙公司债券的价值。

(4)根据上述计算结果,评价甲、乙、丙三种公司债券是否具有投资价值,并为 A 公司做出购买何种债券的决策。

3.甲投资者拟投资购买 A 公司的股票。A 公司最近刚支付的股利是每股 1 元,根据有关信息,投资者估计 A 公司年股利增长率可达到 10%。A 公司股票的 β 系数为 2,证券市场所有股票的平均收益率是 15%,现行国库券利率为 8%。要求计算：

(1)该股票的预期收益率；

(2)该股票的内在价值。

4.甲公司持有 A、B、C 三种股票,在由上述股票组成的证券投资组合中,各股票所占的比重分别为 50%、30% 和 20%,其 β 系数分别为 2.0、1.0 和 0.5。市场收益率为 15%,无风险收益率为 10%。

A 股票当前每股市价为 12 元,刚收到上一年度派发的每股 1.2 元的现金股利,预计股利以后每年将增长 8%。要求：

（1）计算以下指标：

①甲公司证券组合的 β 系数；

②甲公司证券组合的风险收益率（R_P）；

③甲公司证券组合的必要投资收益率（K）；

④投资 A 股票的必要投资收益率。

（2）利用股票评价模型分析当前出售 A 股票是否对甲公司有利。

5.王某欲投资 A、B、C 三种股票,当时国库券的收益率为 5%,市场平均股票的必要收益率为 12%,且 A、B、C 三种股票的 β 系数分别为 1.5、2、2.5。要求：

（1）若王某以 50 万元资金按照 2：3：5 的比例分别购买了 A、B、C 三种股票,计算此时的投资组合的收益率和综合 β 系数。

（2）若王某在保持投资比例不变的条件下,将其中的 A 种股票售出并买进同样金额的 B 种股票,计算此时的投资组合的收益率和综合 β 系数。

（3）若王某的组合中包括了全部三种股票,那么他所承担的市场风险是否能全部分散掉？ 如果王某是个冒险者,那么他会选择上述哪种组合？

第八章　股利分配政策

💡 学习目的

　　本章主要介绍利润分配的原则、程序,以及股份公司的利润分配政策等。通过学习,需要理解利润分配的基本程序、股利分配的基本理论,掌握股利分配政策的基本类型,以及如何根据股利分配的影响因素制定公司的股利分配政策。

第一节　利润分配的原则和内容

　　利润分配是指企业按照国家的有关法律规定和企业章程,把企业实现的净利润(即税后利润)在企业与其所有者、企业所有者之间进行分配的活动。利润分配涉及面非常广泛,对企业的后续发展、投资者的权益实现,以及职工的福利生活等都有着重要影响。因此,如何制定合理的利润分配计划和政策,正确处理企业与其所有者、企业所有者之间,以及企业与职工之间的利益关系,是财务管理部门的一项重要工作。

　　利润分配受企业性质和企业形式的影响。不同性质、不同形式的企业,其利润分配的内容、程序和利润分配的意义都不尽相同。对独资企业和合伙企业来说,所有的税后利润都是所有者的,同时由于投资者和合伙人比较少,而且有些还带有家族特色,因此利润分配与否并没有很大的经济意义。即使进行利润分配,为数很少的投资者和合伙人之间也很容易相互达成一致意见。但是对股份公司来说,由于是公众性公司,利润分配就具有非常重要的经济意义。因为这不仅影响到股东们的利益,还会影响到经营层、职工,以及债权人的利益,同时分配政策对公司的股票价格也会产生重要影响。所以,虽然同样是利润分配工作,但对股份公司来说要比独资企业和合伙企业重要得多。正是基于这种认识,本章只介绍股份公司的利润分配,即股利的分配。

一、利润分配的原则

企业利润分配需要按照一定的分配原则来进行。这些原则主要有：

(一)合法性原则

企业利润分配需要按照《公司法》和有关财务原则的规定进行,尤其是利润分配的程序和有关项目的分配比例必须遵守法定的要求。

(二)积累优先原则

税后利润从最终所有权来说,是归属于企业所有者的。企业的积累从最终产权归属看,也是归企业的投资者所有。利润分配只是投资者实现自我眼前利益的一种形式。在利润分配中,企业需要正确地处理眼前利益与长期利益、股东个人消费(有些股东依靠股利分配生活)和公司后续发展之间的关系,杜绝吃光分光的短期行为。我国规定,企业必须从税后利润弥补亏损后的余额中提取10％的法定公积金,其实就是这种分配原则的体现。按照这种原则,当企业有好的投资机会或者正处于发展扩张阶段时,要尽量少分配或者不分配利润,以便把资金用于扩大生产。

(三)兼顾公平原则

企业的税后利润全部归投资者所有,这是企业的基本制度,也是所有者投资于企业的根本动力之所在。然而,企业经营层和职工为企业的利润都做出了积极贡献,在领取固定工资之后给予其一定的经济鼓励,对调动管理层和职工们的工作积极性和主动性具有非常重要的意义。同时,管理层和职工的工作积极性是企业实现利润和发展的基本保证。这对投资者本身也是有利的。如我国规定,企业必须从税后利润中提取一定比例用于职工福利;有些企业从税后利润中给予做出重要贡献的员工以奖励(如送红股)也体现了这种分配精神。

(四)以丰补歉,保持平稳原则

由于受内部经营和外部市场等的影响,企业每年实现的利润数额可能差别较大,甚至有些年份是利润而有些年份可能是亏损。面对利润的不断波动,如果企业只是根据每年的税后利润确定分配政策,势必造成每年利润分配的大幅度变化。这会对企业的股票价格、筹资能力等造成不良影响。因为实践证明,能够提供稳定回报的企业比利润分配高低极不稳定的企业更受投资者青睐。因此,企业在进行利润分配时,需要在对每年的利润进行准确预测的基础上,制定合理的利润分配政策。在利润较多的年份可以留存一部分利润,以便在利润减少的年份补充用于发放股利,从而保证企业具有一个相对平稳的股利分配政策。

(五)公开透明原则

企业利润分配时、需要公开透明,分配政策的制定和实施应该按照一定程序进行,不能进行非法、幕后交易;不能利用自己的控股地位损害中小股东们的利益,应该同股同利。这既是各国法律规定的利润分配规范,又是企业自己应该遵守的基本原则。

二、利润分配的项目

股利分配是公司税后净利润分配的一项内容,但不是净利润分配的全部内容。根据我国《公司法》的有关规定,在公司税后利润为正数的情况下,利润分配的项目包括以下部分:

(一)盈余公积金

盈余公积金是从净利润中提取形成的用于弥补公司亏损、扩大生产经营或者转增为资本的积累性资金。在性质上,盈余公积有两个特征:(1)属于积累性的生产资金;(2)为全体投资者共同拥有。在我国,盈余公积金分为法定盈余公积和任意盈余公积金两种。公司分配当年税后利润时,首先应当按照10%的比例提取法定盈余公积金;当盈余公积金累计额达到公司注册资本50%时,可以不再继续提取。任意盈余公积金的提取与否及提取比例,完全由股东会根据需要决定。

(二)公益金

公益金是指从净利润中提取形成的专门用于职工集体福利设施建设的资金。在我国,职工福利性质的资金主要有两个提取渠道:(1)按照工资额的一定比例(通常为14%)提取的职工福利资金;(2)按照税后利润的一定比例(通常为5%~10%)提取的福利资金。其中,前一种福利资金用于职工个人,在支付后计入企业的成本费用;后一种资金主要用于购建福利性的设施,形成公司的总资产。

(三)股利

股利是指公司向股东支付的一部分税后利润。按照规定,股利分配应以各个股东持有股份(投资额)的数额为依据,每一股东取得的股利应与其持有的股份数(投资额)成正比。原则上,股份有限公司应从累积的盈利中分派股利,无盈利不得支付股利,即要遵守"无利不分"的原则。但是,如果公司用盈余公积金抵补亏损以后,仍然有剩余,那么为维护其股票信誉,经股东大会特别决议,也可用以前积累的盈余公积金支付股利,支付股利后留存的法定盈余公积金不得低于注册资本的25%。

三、利润分配的顺序

公司利润分配要按照一定的程序进行。在我国,这种分配程序已经体现在国家颁布的有关法规之中,因此也可以说利润分配需要遵循一定的法定程序。通常分配程序如下:

(一)弥补亏损

首先弥补企业生产经营过程中发生的亏损,否则企业的简单再生产就会受到影响。按照我国有关规定,企业本年度发生的亏损,可以由下年度的税前利润弥补,下一年度税前利润不足以弥补的,可以由以后年度的利润继续弥补,但用税前利润弥补以前年度亏损的连续期最多不能超过 5 年。原因有两方面,一方面是为了促使企业尽快扭亏为盈;另一方面也是为了保证国家的税基不被过多侵蚀。

税前利润不能弥补的亏损,即连续五年用税前利润尚未完全弥补的亏损,只能用税后利润弥补。税后弥补亏损的资金主要有两个途径:一是企业的未分配利润;二是以前年度提取的盈余公积金。无论采用何种方式进行补亏,在累计的亏损未被完全弥补之前,公司不能也不应该分配股利。

(二)计算可供分配的利润

将本年净利润(或亏损)与年初未分配利润(或亏损)合并,计算出可供分配的利润。如果可供分配的利润为负数(即仍为累计亏损),则不能进行后续利润分配;如果可供分配利润为正数,即累计的亏损已经得到完全弥补,则可以进行后续的利润分配程序。

(三)计提法定盈余公积金

按抵减年初累计亏损后的本年净利润计提法定盈余公积金。提取盈余公积金的基数,不是可供分配的利润,也不一定是本年的税后利润。只有不存在年初累计亏损时,才能按本年税后利润计算应提取的盈余公积金。这种"补亏"是按账面数字进行的,与所得税法的亏损后转无关。需要注意的是,公司不能用资本发放股利,也不能在没有累计盈余的情况下提取盈余公积金。

(四)计提公益金

按照上述步骤,以同样的基数计算应该提取的公益金。

(五)计提任意盈余公积金。

任意盈余公积金的计提与否,完全取决于股东的意愿。企业为了加强资金储备,提高应付不测事件的能力,可以按照一定比例计提任意盈余公积,也可以不予计提。

(六)向股东支付股利

企业向股东支付股利,又称为分配红利,是利润分配的一项主要内容。按照规定,这一程序必须在弥补亏损、提取公积金和公益金之后进行。至于分配多少,则要根据企业的盈利情况和财务状况而定。通常是由董事会提出分配方案,然后由股东大会表决通过。

但是,如果股东会或董事会违反上述利润分配顺序,比如在抵补亏损和提取法定盈余公积金、公益金之前向股东分配利润的,则必须将违反规定发放的利润退还给公司。

第二节 股利支付的程序和方式

一、股利支付的程序

股份有限公司向股东支付股利的程序中,有几个关键的日期:股利宣告日、股权登记日、除息日和股利支付日。

(一)股利宣告日

股利宣告日是指公司董事会将股利支付情况予以公告的日期。在公告中,公司需要宣布每股支付的股利、股权登记期限、除去股息的日期和股利支付日期。

(二)股权登记日

股权登记日是指有权领取股利的股东有资格登记的截止日期,也称为除权日。只有在股权登记日前在公司股东名册上记名的股东,才有权分享公司的股利。

(三)除息日

除息日是指领取股利的权利与股票相互分离的日期。在除息日前,股利权从属于股票,即持有者享有领取股利的权利;除息日始,股利与股票相分离,新购入股票的人不能分享股利。这是因为股票买卖的交接、过户需要一定时间,如果股票交易日期离股权登记日太近,公司将无法在股权登记日得知更换股东的信息,只能以原股东为股利支付对象。为了避免可能发生的冲突,证券业一般规定在股东登记日的前四天为除息日。自此日起,公司股票的交易称为无息交易,其股票称为无息股。就是说,一个新股东要想取得本期股利,必须在股权登记日的四天之前购入股票,否则即使持有股票也无权领取本期股利。

(四)股利支付日

股利支付日是指公司实际向股东发放股利的日期。

例 8-1

假定某公司 2020 年 11 月 15 日发布公告:"本公司董事会在 20032020 年 11 月 15 日的会议上决定,本年度发放每股为 3 元的股利;本公司将于 2021 年 1 月 2 日将上述股利支付给已在 2020 年 12 月 15 日的登记为本公司股东的人士。"该例中:

股利宣告日:2020 年 11 月 15 日

股利支付日:2021 年 1 月 2 日

股权登记日:2020 年 12 月 15 日

除息日:2020 年 12 月 11 日

二、股利支付的具体方式

公司支付股利通常采用现金支付方式,但是现金股利并不是企业支付股利时的唯一选择。实务中,公司可以根据当时的财务状况,在多种股利支付方式中做出有利于企业的选择。常见的股利支付方式有:

(一)现金股利

现金股利是指以现金支付的股利,是股利支付的主要方式。这种形式可以满足大多数投资者在股利支付形式上的需要,但是会引起公司大量的现金流出,可能加重公司的财务危机。因此,公司只有在资金流转顺畅,持有足够的现金储备时,才能采用这种股利支付方式。如果公司现金周转紧张,甚至在现金明显出现短缺的情况下采用这种方式,就会给企业造成生产经营上的困难,也有悖于企业发展的基本要求。

(二)财产股利

财产股利是以现金以外的资产支付的股利。具体形式有:(1)实物资产。这种形式不经常使用,即使使用也主要用于额外股利的支付;(2)有价证券。在财产股利中,最常见的是证券股利,即用公司持有的有价证券代替货币资金发给股东。这种形式对公司和股东都有好处。对公司而言,减少了现金流出,同时可以保持对其他公司的控制权;对股东而言,由于有价证券的流动性好、变现能力强,既可以实现增值,又可以在需要资金时很快予以变现。

(三)负债股利

负债股利是指公司以负债支付的一种股利,通常以公司的应付票据支付给股东,有时在不得已情况下,也有公司发行债券来抵付股利。不管是以应付票据还是公司债券支付股利,在负债股利这种形式下,股东又同时为企业的债权人。股利支付后,企业的资产总额不变,但是净资产减少。从财务的角度讲,负债股利只是暂时延缓了企业的现金支付压力,但却增加了公司的资产负债率和今后的利息负担,因此多数情况下负债股利只是企业在现金不足时所采用的权宜之计。

财产股利和负债股利实际上是现金股利的替代形式。这两种股利方式目前在我国公司中很少使用,但并非法律所禁止。

(四)股票股利

股票股利是指公司以增发股票的方式支付股利。详细内容将在第四节讨论。

第三节　股利分配政策及其选择

一、股利分配理论

股利分配是公司财务管理的一部分,在制定股利分配政策时,企业应该考虑分配政策对企业发展、对股东利益等各方面所造成的经济影响。然而,在判断股利分配政策是否对企业的价值(股票市价)以及股东的利益产生实质性影响时,学术界基于不同的理论假设和出发点,得出了不同的研究结论。概括起来,目前存在着两种竞争性的理论观点。

(一)股利无关论

股利无关论认为股利分配对公司的市场价值(或股票价格)不会产生任何影响。这一理论建立在如下假定的基础上:(1)不存在个人或公司所得税;(2)不存在股票的发行和交易的费用,即不存在股票筹资费用;(3)投资决策与股利决策是彼此独立的,即投资决策不受股利分配的影响;(4)投资者和公司的管理当局可以无成本的获得关于未来投资机会的信息;(5)公司的投资政策已经确定且不准备改变;(6)企业的投资可以回收,没有投资风险。上述假定所描述的是一种完美无缺的市场,因此股利无关论又被称为完全市场理论。股利无关论的观点包括:

1.投资者并不关心公司的股利分配

公司在股利分配上存在着分与不分、多分与少分等多种选择。但是这些都不影响股东的利益。如果公司少分配股利而将较多的留存利润用于再投资,那么会导致公司股票价格上升,此时虽然股利较低,但是急用现金的投资者可按较高的价格出售股票以换取比较多的现金。反之,如果公司发放较多的股利,投资者则可以用现金再买入一些股票以扩大自己的投资。这说明投资者对以股利分配得到现金和以出售股票得到现金(资本利得)之间并无偏好。

2.股利的支付比率不影响公司的价值

公司的价值完全由其资产的获利能力或投资政策所决定。公司的利润在股利分配和留存盈余之间分配与否和分配比例的大小,并不影响公司的价值。如果公司有理想的投资机会而同时又支付了高额的股利,公司可以通过募集新股来筹措投资所需要的资金,因为新投资者会认可公司的投资机会。

3.股利分配取决于公司的投资计划

既然投资者在股利和资本利得之间没有偏好,而且公司的价值又取决于资产的盈利能力,那么股利分配政策就是无所谓的,完全被动地决定于公司的投资政策。如果公司有好的投资机会,就不应该发放股利,而应该用于再投资;如果公司的盈余满足了所有的有利可图的投资机会后还有剩余,则把剩余的盈余以现金股利的形式支付给股东。可见,这种观点认为,股利分配政策完全是被动性的,根本没有主动的理财策略问题。

(二)股利相关论

该理论是在股利分配无关论的基础上被提出来的。该观点认为,“无关论”所依据的各种假设条件在现实中并不存在,公司的股利分配对公司的市场价值并非无关而是相关的。在现实生活中,公司的股利分配是在种种制约因素下进行的,公司的股利分配过程就是对各种影响综合考虑、全面平衡的过程。通常,影响股利分配的因素主要有:

1.法律因素

为了保护债权人和股东的利益,有关法律对公司的股利分配经常做出一些限制。这些限制主要有:

(1)资本保全。规定公司不能用资本包括股本和资本公积来发放股利。

(2)积累和发展。规定公司必须按净利润(税后利润)的一定比例提取法定盈余公积金,用于生产积累和发展之需。

(3)亏损完全弥补。规定公司年度累计净利润必须为正数时才可发放股利,即以前年度的亏损必须完全得到足额弥补。

(4)不得超额留存利润。股东接受现金股利所交纳的所得税通常高于其进行股票交易所交纳的资本利得税。为了防止企业过多的积累盈余,许多国家规定公司不得超额累积利润;一旦公司的保留盈余超过法律认可的水平,将被加征额外税额。我国法律目前对公司的累积利润尚未做出限制性规定。

2.股东因素

股东从自身的生活需要和经济利益出发,也会对公司的股利分配产生一些影响,而且这种影响可能通过股东会的形式表现出来,从而最终决定公司股利分配政策的选择。股东在股利分配方面的考虑主要是:

(1)对收入稳定性和避税的考虑。一方面,一些依靠股利维持生活的股东往往要求公司支付稳定的、连续的股利;如果公司留存较多的利润,将会遭到这部分股东的反对。另一方面,一些持股数量大、股利收入多的股东出于避税的考虑(股利收入的所得税高于股票交易的资本利得税),又会反对公司发放较多的股利。

(2)对控制权稀释的考虑。公司支付较高的股利,将会导致留存盈余的减少。这意味着将来发行新股的可能性会加大,而发行新股势必将稀释现有股东对公司的控制权,除非其在发行新股时购入相应比例的股份。显然这是现持有公司控制权的股东们所不愿意看到的。因此,现有控股股东在没有足够资金购买新股的情况下,会宁肯不分配股利而反对募集新股。

3.公司的因素

作为公司的经营层,从公司管理和持续发展能力的培育方面出发,也会对股利分配政策的制定产生某种影响。管理层在股利分配政策上的考虑主要是:

(1)盈余的稳定性。公司能否获得长期而稳定的盈余,是其股利政策决策的重要经济基础。通常,盈余相对稳定的公司能够较好地把握公司未来的发展去向,从而有可能支付较高的股利(股利支付比例某种程度上是公司对经营前景信心的一种表露);反之,盈余不稳定的公司一般采取低股利政策。因为这样可以减少因盈余下降而造成的股利无法支付、股价急剧下降的风险;同时公司还可以将更多的盈余转为再投资,以提高权益资本比重,减少权益负债比率和财务风险。

(2)资产的流动性。股利支付意味着现金的流出,较多地支付现金股利,会减少公司持有的现金数量,使资产的流动性降低;而保持资产具有一定的流动性是公司经营过程中所必须的。因此,在资产流动性较差的公司,管理层往往在股利分配问题上持谨慎的态度。

由于上述因素对股利分配的影响,可见股利政策与股票价格存在着一定的关联性。换言之,公司的价值(股票价格)并不仅仅由其资产的获利能力或投资政策所决定。

目前股利分配无关论和股利分配相关论的学术争论仍在继续,还没有一个公认的统一的研究结论。但是,这两种相互矛盾的竞争性理论的存在,无疑能为我们理解公司的股利分配实务提供某些启示和理论基础,而这正是理论存在的意义和其魅力所在。

二、股利分配政策的基本类型

在公司的税后利润一定的条件下,支付给股东的股利与留在企业的留存盈余,存在着此消彼长的关系。如果公司减少股利分配的数额,就相应地增加了留在企业内部的可供用于再生产的留存盈余的数额,从而企业对外部融资的需求就会减少。正是基于这种意义的理解,有人认为股利分配决策也是内部融资政策。

在股利分配实务中,公司所选择和设计的股利分配政策多种多样,因为各个企业的外部条件和内部需要等各种因素都不相同。通常,根据股利分配政策中每股股利(dividend per share,DPS)的形态和变动趋势,把公司所选择的股利分配政策分为如下几类:

(一)零股利分配政策

1.基本含义

零股利分配政策就是不分配股利的政策,即每股股利为零。

2.分配方案的内容

零股利分配政策也是企业的一种政策选项。在制定该方案时,既然不进行分配,当然就不存在关于股利分配比例、支付时间以及支付方式等方面的内容。但是,企业必须在方案中说明不进行分配的原因,要能够给出充分的理由让股东们相信公司不进行股利分配或者采用零股利分配政策是合适的。

3.适用条件

通常这种政策适合于如下情况:(1)亏损企业;(2)虽然存在可供分配的净利润但是不打算分配股利的企业。至于不分配的原因可能是:财务状况紧张、资金周转困难;有良好的投资项目需要进行内部融资;其他考虑。

这种政策通常只是一时采用,不能经常性地长期采用。否则,不仅可能损害股东的利益,也可能使资本市场对企业失去信心,进而反过来影响公司的融资和发展。

(二)剩余股利政策

1.基本含义

剩余股利政策是指公司将可供分配的净利润在满足投资需要后再把剩余部分作为红利分配给股东的一种股利分配政策。

2.分配方案的内容

该政策是在公司有良好的投资机会时,根据公司设定的目标资本结构(通常为综合筹资成本最低的资本结构),确定目标资本结构下需要的股东权益,然后把满足投资方案所需要资金之后的剩余盈余分配给股东。因此,这种股利分配政策的基本特点是:股利分配由投资机会和公司的资本结构两个因素双重影响与决定。如果公司有良好的投资机会,而且资本结构未达到最佳状态(通常表现为资产负债率过高),那么就先用净利润补充权益性资金,同时对资本结构进行调整;反之,如果公司没有良好的投资机会或者虽然有投资机会,但是公司目前的资本结构已比较合理(通常表现为资产负债率比较低),那么就把较多的盈余作为红利分配给股东。可见,采用这种政策时,股利分配完全是被动地决定于投资机会和资本结构,某种意义上讲已经不是一个独立的政策制定过程。

采用剩余股利政策时,通常包括如下四个基本程序:(1)对投资计划进行评价,并确定最优投资预算;(2)设定最佳目标资本结构(通常用权益资本与债务资本的比率或资产负债率表示);(3)确定目标资本结构下投资所需要的股东权益数额;(4)最大限度地使用保留盈余来满足投资方案所需要的权益资本数额;(4)如果投资方案所需要的权益资本得到满足后仍然有剩余的盈余,再将其作为股利发放给股东。

例 8-2

假定宏达公司某年提取了公积金、公益金后的税后净利为 600 万元,第二年投资计划所需要的资金为 900 万元,公司的目标资本结构为权益性资金 60%,债务性资金为 40%。那么按照目标资本结构的要求,

公司所需要的权益性资本数额=900×60%=540(万元)

公司当年全部可用于分配股利的盈余为 600 万元,首先应满足上述投资方案所需要的权益性资本,之后把剩余部分作为股利发放给股东。则:

当年发放的股利数额=600−540=60(万元)

假定该公司当年流通在外的普通股 100 万股,而且只有普通股一种股票。则:

$$每股股利=\frac{60}{100}=0.6(元)$$

3.适用条件

采用剩余股利政策,意味着公司只将剩余的盈余用于发放股利。这样做的根本理由是保持理想的资本结构,使加权平均资本成本最低。如例 8-2 中,如果公司不按剩余股利政策发放股利,可以将 600 万元的可分配盈余全部留用于投资,或者全部作为股利发放给股东,然后再去筹借债务进行投资。但是这样会破坏目标资本结构,导致加权平均资本成本增加,不利于提高公司的价值(股票价格)。

剩余股利分配政策主要适用于投资机会多而且资产负债率又偏高的企业。这些企业通常正处于扩张性的发展阶段。该政策的显著缺点是,股利分配将随着投资机会的多少及目标资本结构的调整而出现大幅度的波动,这是采用此分配政策的公司需要认真考虑与应对的一个问题。

(三)稳定增长型股利政策

1.基本含义

稳定增长型股利政策是指在一定期间内股利分配按照固定比例连续增长的一种股利分配政策。

2.分配方案的内容

采用这种股利政策时,公司通常为股利增长设定一个增长比率(如 6%),以后每年的股利分配均按此成长率逐年增加,即使每股盈余下降也是如此。只有当公司的盈余出现长期的大幅度下降或者长期的大幅度增长时,才会重新调减或调增发放比率。

公司采用这种股利支付策略,具有如下优点:(1)从股利含有的内部消息来说,稳定增长型股利政策向投资者传递了这样一个信号——经理人员对公司的未来充满了

自信,这有助于稳定投资者的心态,促使公司股票市价上涨;(2)对那些依靠股利收入而生活的投资者来说,该政策可以满足其不断上涨的生活所需资金;(3)避免股利支付的大幅度、无序性波动,有助于预测现金流出量,便于理财和管理。但这种在短期内只升不降的股利政策也会给公司的财务运行带来很大压力。因此,对一个公司来说很难长期采用这种政策。目前,在西方国家,有些公司为应付股利增长带来的压力,建立了所谓的"股利平衡准备金"(dividend-equalization reserve)制度,以保证在留存收益下降的年份也有能力维持股利支付的增长率。

3.适用条件

稳定增长型股利政策的主要目的是增加投资者对公司经营发展的信心,避免出现由于经营不善减少股利的情况。但是,采用这种股利政策,公司通常需要具备如下条件:

(1)预期公司的盈利能力将保持在一个比较高的增长水平,公司有足够的盈余发放股利;

(2)公司短期内不需要进行大的投资,预期短期内没有大额的现金流出;

(3)公司资产负债率比较合理,财务状况良好,不存在严重的资金周转困难和资金短缺问题。

(四)固定型股利分配政策

1.基本含义

固定型股利分配政策是指按照固定额或固定比率支付股利的一种分配政策。

2.分配方案的内容

固定性股利分配政策有两种应用形式:一是固定股利的发放比率,如规定股利支付率为每股盈余(EPS)的6%;二是固定每股股利(DPS)的金额。目前,第一种形式已较少采用。在第二种形式下,公司一旦设定其年度的每股股利金额后,就会一直维持此股利水平。而只有在未来的净利润足够长期维持新的股利水平时,才会提高每股股利的金额。因此,采用这种股利分配政策时,最初设定的股利水平既不可太高,也不能太低。太高无法达成,太低时则缺乏足够的吸引力。该种分配政策的显著优点是投资者可较为准确预期投资报酬中的每股股利的金额。其缺点是股利支付不能随净利润的变化而变化,使股利分配政策失去了应有的弹性。

3.适用条件

实行固定型股利分配政策时,股利分配与企业的净利润基本上处于脱节状态,因为无论盈利状况好坏,公司都要支付固定金额的股利。因此,这种分配政策要求公司具备一定的条件。这些条件有:(1)公司已经建立起充足的盈余积累;(2)公司预期的盈利能力是稳定的,或者是处于增长阶段;(3)公司的现金流入与流出相对比较稳定,现金周转比较宽松。

(五)低正常股利加额外股利政策

1.基本含义

低正常股利加额外股利型分配政策,是指公司通常情况下每年支付较低的正常股利,在盈余多的年份再额外发放股利的一种分配政策。

2.分配方案的内容

该种股利政策下,公司事先设定一个相当低的经常性股利金额,该金额能保证即使公司的利润很低时也有能力分派股利。然后,在相当长时间内,公司都按此金额支付股利,只有当累积的盈余和资金相当多时,才额外地(通常较大金额)另外发放股利。这种分配政策的优点是:(1)吸收了稳定型股利的优点,同时又摒弃了其不足,使公司在股利发放上留有余地并保持弹性。当公司盈余较少或投资需用较多的资金时,维持设定的正常的低股利,股东不会有股利跌落感;而当盈余有较大幅度增加时,则可适度增发股利,把部分利益分配给股东,增强他们对公司的信心,这有利于稳定股票的价格。(2)使那些依靠股利度日的股东每年至少可以得到,但比较稳定的股利收入,从而吸引住这部分股东。

3.适用条件

如果公司的盈余和现金流量经常变动,不易准确预测时,此种政策不失为最佳选择。美国通用汽车公司就曾长期采用这种股利分配政策。

三、股利分配政策选择的管理考虑

股利分配政策涉及面非常广泛,有关各方对待股利分配的态度也不完全相同。作为公司管理层来说,在制定股利分配方案时要全面考虑,搞好综合平衡,要使得股利分配政策能够有利于公司的长远发展和稳定增长。这一点与股东的需求,特别是中小股东偏重于眼前利益的需求不一定完全一致。通常管理层在制定股利分配政策时会从以下方面做出估计和判断。

(一)公司所处的发展阶段

在影响股利分配政策的各种因素中,公司所处的发展阶段及所采用的发展战略是主要因素。因为发展阶段的定位决定了公司的未来发展取向,并会间接地带动其他诸多要素相应地变化。因此,公司应根据各自所处的发展阶段选择相应的股利政策。

(1)初创阶段。处于初创阶段的公司经营风险高、融资能力弱,同时,该阶段是一个纯粹的现金净流出阶段。因此,为了降低财务风险,公司应贯彻"先发展后分配"的思想,剩余型股利政策为最佳选择。

(2)高速增长阶段。进入高速成长阶段后,一方面公司的产品销量急骤上升,为防止其他竞争者进入,公司要迅速扩大生产能力,达到规模优势。这意味着,公司要进行大量的投资,不宜宣派股利。然而,另一方面由于公司已渡过了初创阶段的艰难,并已有了某种竞争优势,投资者往往有分配股利的要求。为平衡这两方面的要求,应采用低经常性股利加额外支付型的股利政策,在支付方式上应尽可能地采用股票股利的方式,避免现金支付。

(3)稳定增长阶段。该阶段的显著特征是,产品的市场容量、销售收入稳定增长,生产能力扩张,投资需求减少,广告费开支比例下降,现金流动表现为净现金流入,每股收益(EPS)呈上升态势。这些均表明,公司已具备持续地支付较高股利的能力。因此,该阶段中理想的股利政策应是稳定增长型的。

(4)成熟阶段。公司一旦进入成熟阶段,市场趋于饱和,销售收入不再增长,利润水平稳定。发展至该阶段,公司通常已积累了相当数量的盈余和资金,因此,这时公司可考虑由稳定增长型股利政策转为固定型股利政策,以便与公司的整个发展阶段相适应。但在确定股利支付的起点标准时,不宜太高,应留有余地。

(5)衰退阶段。有些公司经过成熟期后可能进入衰退阶段,尤其是产品单一的公司更是如此。此时公司如果不被解散或被其他公司所重组与兼并,往往要进行投资以便进入新的行业和领域,求得新生。这意味着公司的投资需求增加。另外,此时产品销售收入逐渐减少,利润下降,公司已不具备支付股利的能力,因此应采用剩余型股利政策或者零股利政策。

(二)举债能力

站在管理层的角度讲,公司举债能力强弱会对股利分配政策的选择产生很大影响。如果公司的资产负债率低,资产流动性好,公司就可以采用较为宽松的股利分配政策,因为较强的举债能力能够保证公司在需要资金时及时地筹措到现金。反之,如果举债能力弱,则公司就不得不较多地保留收益,以应付可能发生的现金支付事项。因此举债能力弱的公司通常会采取较紧的股利分配政策。

(三)投资机会

投资机会对股利分配的影响同发展阶段对股利分配的影响是交叉重叠的。因为公司的投资政策通常和公司所处的发展阶段有关。一般来说,有着良好投资机会的公司,由于需要强大的资金支持,往往较少发放股利或者不发股利,而是将大部分盈余用于投资;反之,缺乏良好投资机会的公司,保留大量现金将造成资金的闲置,于是会倾向于支付较高的股利。正因为如此,处于成长阶段中的公司会偏向于采取低股利政策,而处于经营收缩阶段的公司则可能采取高股利的分配政策。

(四)资本结构

资本结构对股利分配的影响是双向的。公司管理层可能把股利分配作为对资本结构进行调整的工具加以使用。如果公司目前的资本结构中负债比例过高,财务风险较大,那么管理层会倾向于把净利润更多的留存在企业内部作为生产经营资金使用,同时大量地偿还债务和减少借款,以便把资本结构调整到一个合理的状态;反之,如果公司目前的资本结构中负债比例过低,财务杠杆的效应无法充分发挥,管理层也可能把积累的盈余作为股利发给股东,以回报股东的投资,同时通过举债的形式融集所需要的资金。

(五)债务合同约束

公司的债务合同,特别是长期债务合同,往往有限制公司过多支付现金股利的条款,作为一个守信、诚实的公司,应该遵守这种约定,采取低股利的分配政策。

(六)通货膨胀

在通货膨胀的情况下,公司折旧基金的购买力水平下降,会导致没有足够的资金来重置和更新已经过时、报废的固定资产。这时盈余会被当作弥补折旧基金购买力水平下降的资金来源,以保证公司正常的设备更新和改造;同时在通货膨胀的条件下,增加公司发展中的不稳定、不确定因素,这些都决定了在通货膨胀时期公司将采用比较偏紧的股利分配政策。

(七)股利的稳定性

管理层尤其是财务经理必须关注股利支付的稳定性。所谓稳定性,是指依照每股股利的趋势线确定股利水平,趋势线最好是正斜率的。

根据股利分配的信号理论,投资者和资本市场会根据公司的股利分配政策来解读企业的信息。如果公司的股利政策保持稳定,就可以消除他们对公司认识上的不确定性。实践证明,当公司盈余下降而不削减其股利时,市场对该股票的信心会大于股利削减时,因为稳定的股利可以表明管理层相信公司前景好于盈余下降所暗示的水平。这说明,管理层可以通过股利政策来影响市场的预期,使其更有利于公司的发展。当然,这并不意味着管理层可以永远操纵和欺骗资本市场。

最后,需要说明的是:(1)公司发展阶段的划分是相对的,有时公司的经营阶段具有相互重叠和交叉的特征;(2)各种影响因素是交织在一起的,公司在不同时期可能侧重于某一因素的考虑,而在另一时期可能会侧重于其他因素的考虑,这说明上述因素的影响力在不同时期是不同的;(3)公司的股利政策应该看时机调整,或者是多种分配政策相互替换使用,而并非择一至终。

第四节　股票股利和股票分割

一、股票股利

(一)股票股利的基本含义

股票股利是公司发放股利的一种方式,即以公司的股票作为股利分配给股东。股票股利并不直接增加股东的财富,不会导致公司资产的流出或负债的增加,因而不是公司资金的使用;同时股票股利的发放也不增加公司的财产。从会计的角度看,股票股利只是使公司的留存收益转化成公司的股本,即盈余资本化。它只引起所有者权益各项目的结构发生变化,对所有者权益的总额并无影响。

例 8-3

某公司在发放股票股利前,股东权益情况如表 8-1 所示。

表 8-1　发放股票股利前股东权益表

单位:元

项　　目	金　　额
普通股(面额 1 元,已发行 100 000 股)	100 000
资本公积	400 000
未分配利润	2 000 000
股东权益合计	2 500 000

假定该公司宣布发放 10% 的股票股利,即发放 10 000 股普通股股票,并规定现有股东每持 10 股可得 1 股新发放的股票。若该股票当时市价为 20 元,那么随着股票股利的发放,公司需从"未分配利润"项目划转出的资金为:

$$20 \times 100\ 000 \times 10\% = 200\ 000(元)$$

由于股票面额不变,发放 10 000 股,普通股只应增加"普通股"项目 10 000 元,其余的 190 000 元(200 000－10 000)应作股票溢价转至"资本公积"项目,而公司股东权益总额保持不变。发放股票股利后,公司股东权益各项目如表 8-2 所示。

表 8-2 发放股票股利后股东权益表

单位:元

项　目	金　额
普通股(面额1元,已发行110 000股)	110 000
资本公积	590 000
未分配利润	1 800 000
股东权益合计	2 500 000

可见,发放股票股利,不会对公司股东权益总额产生影响,但会发生资金在各股东权益项目之间的调整和再分配。

发放股票股利后,如果盈利总额不变,会由于普通股股数增加而引起每股收益的下降,即稀释了每股收益,同时每股市价也可能随之下降;但是由于股东所持股份的比例不变,每位股东所持有股票的市场价值总额仍保持不变。这可以从下例中得到说明。

例 8-4

假定例 8-3 中的公司本年盈余为 44 000 元,某股东持有 10 000 股普通股,发放股票股利对该股东的影响可计算如表 8-3。

表 8-3 发放股票股利对公司股东的影响

单位:元

项　目	发放前	发放后
每股收益	44 000÷10 000＝4.4	44 000÷11 000＝4
每股市价	20	20÷(1＋10％)＝18.18
持股比例	10 000÷100 000＝10％	11 000÷110 000＝10％
所持股份总价值	10 000×20＝200 000	18.18×11 000＝200 000

发放股票股利对每股收益和每股市价的影响,可以通过原每股收益、每股市价的调整直接算出:

$$发放股票股利后的每股收益=\frac{E}{1+D}$$

式中:E 为发放股票股利前的每股收益;D 为股票股利发放率。

依上述资料:

$$发放股票股利后的每股收益=\frac{4.4}{1+10％}=4$$

而发放股票股利对每股市价的影响,可通过下式计算:

$$发放股票股利后的每股市价 = \frac{M}{1+D}$$

式中:M 为股利分配权转移日的每股市价;D 为股票股利发放率。

依上述资料:

$$发放股票股利后的每股市价 = \frac{20}{1+10\%} = 18.18$$

由上例可见,股票股利并不直接增加股东的财富,尽管他们收到了更多的股票。同时他们所持有的公司的股权比例也没有发生变化。由于股票的市场价格通常会随着股票股利的分派而同比例下降,因此股东所持有的股票总价值也没有发生变化。对公司来说,股票股利既不增加公司的价值,也没有减少公司的价值。即使如此,股票股利还是有其存在的现实意义。

(二)股票股利的意义

1.对股东的意义

(1)公司发放股票股利增加了股东在公司的股份,如果之后再发放现金股利,则股东会因所持股数的增加而得到更多的现金。例如,公司宣布发放 10% 的股票股利,之后每股支付现金股利 2 元,假如某投资者持有 100 股,其可得现金股利:

$$2 \times 100 \times (1+10\%) = 220(元)$$

若公司不发放股票股利,则该股东只能得到现金股利 200 元(2×100)。

(2)公司发放股票股利后,其股价并不一定成比例地下降。一般情况下,在发放少量股票股利后,市场上的股票价格不会立即下降,这样可以使股东得到股票价值相对上升的好处。

(3)发放股票股利可能导致股票价格不是下降反而是增长。因为股票股利通常是成长中的公司所为,市场往往认为股票股利预示着公司将会有较大发展,利润将有大幅度增长,这种心理将会稳定住股价甚至带动其向上攀升。

(4)股东可以在需要现金时出售所分得的股票以兑现,而且由于出售股票所需交纳的资本利得(价值增值部分)税率比收到现金股利所需交纳的所得税率低,股东可以从中获得减少纳税的好处。

2.对公司的意义

(1)发放股票股利可使股东分享公司的盈余而无须分配现金,这使公司减少了现金流出,从而能将留存的大量现金进行再投资。

(2)在公司盈余不变的情况下,发放股票股利可以降低每股价值,有利于吸引更多的投资者,促进公司股票的流通。

（3）股票股利能向资本市场传递有利于公司发展的信息，从而提高投资者对公司的信心，在一定程度上稳定股票价格。但在某些情况下，发放股票股利也会被认为是公司资金周转不灵的征兆，从而降低投资者对公司的信心，加剧股份的下跌。

股票股利除上述积极意义之外，对公司来说也存在着消极的一面。首先，股票股利的发行费用比较高，会增加公司的负担；其次，有些投资者也可能反向理解股票股利，认为股票股利是公司资金周转不良的先兆，从而调低对公司盈利能力的预期，并进而引起或加剧股票价格的下跌。

二、股票分割

（一）股票分割的基本含义

股票分割是指通过成比例地降低股票面值来增加股份数量的一种行为。通过股票分割，一股面额较高的股票被交换成了数股面额较低的股票。例如，将原来的一股面值2元的股票交换成两股面值1元的股票。从性质上讲，股票分割不属于股利分配的范畴，但是由于其产生的经济效果与发放股票股利比较相似，故而在此一并介绍。

公司进行股票分割后，发行在外的股数增加，使得每股面额降低，每股盈余下降；但是公司价值、股东权益总额、权益中各项目的金额及其相互间的比例关系均不会改变。这与发放股票股利时的情况不尽相同。因为发放股票股利时，虽然公司价值和股东权益总额不变，但是权益项目之间的比例结构将发生变化。

例 8-5

某公司原发行面额2元的普通股 1 000 000 股，现假如按1股换成2股的比例进行股票分割，其分割前、后有关资料可以计算如表8-4和表8-5。

表 8-4　分割前有关资料计算表

单位:元

项　目	分割前
普通股（面值:2元；1 000 000 股）	2 000 000
资本公积	1 000 000
未分配利润	7 000 000
股东权益合计	10 000 000

表 8-5　分割后有关资料计算表

单位:元

项　目	分割后
普通股(面值:1 元;2 000 000 股)	2 000 000
资本公积	1 000 000
未分配利润	7 000 000
股东权益合计	10 000 000

依照表中所给数据,

$$股票分割前的每股未分配利润 = \frac{7\,000\,000}{100\,000\,股} = 7\,元/股$$

$$实行股票分割后的每股未分配利润 = \frac{7\,000\,000}{2\,000\,000\,股} = 3.5\,元/股$$

从实践效果看,由于股票分割与股票股利非常接近,所以一般要根据证券管理部门的具体规定对二者加以区分。例如,有些国家证券交易机构规定,发放 25% 以上的股票股利即属于股票分割行为。

(二)股票分割的经济后果

股票分割对公司和股东来说都具有一定的积极意义。对公司来讲,实行股票分割可以实现如下目的:(1)通过增加股票股数降低每股市价,从而增加股票的流动性,吸引更多的投资者;(2)股票分割可以向投资者传达"公司正处于发展之中"的信息,这种信息会对公司的后续发展有所帮助。

对股东来讲,股票分割的意义主要在于:(1)获得比较多的现金股利。股票分割后各股东持有的股数增加,并可能引起每股现金股利下降,但是只要股票分割后每股现金股利的下降幅度小于股票分割幅度,股东就能够从中多获现金股利。例如,假定某公司股票分割前每股现金股利 2 元,某股东持有 100 股,可分得现金股利 200 元;如果公司按 1 换 2 的比例进行股票分割后,则该股东股数将增加到 200 股,若现金股利降为 1.1 元,那么该股东可得现金股利 220 元,仍然大于其股票分割前所得的现金股利。(2)股票分割向社会传播的有利信息和降低了股价,可能导致购买该股票的人增加,促使股票价格上升,进而增加股东财富。

(三)股票分割的条件

股票分割虽然能够促进股票流动,降低每股市价,但是一般情况下公司并不利用股票分割的方法平抑股价。通常只有在公司股价剧涨且预期难以下降时,才采用股票分割的办法降低股价;而在股价上涨幅度不大时,公司更倾向于通过发放股票股利将股价维持在理想的范围之内。

(四)股票反向分割

在股票分割中还存在着一种反向分割(reverse split)策略。如果公司认为自己股票的价格过低,而为了提高股价,公司可能采取反向分割(又称股票合并)的措施。从性质上讲,反向分割是将数股面额较低的股票合并为一股面额较高的股票的一种行为。例如,上例中公司原发行面额 2 元、数量 1 000 000 股的普通股。如果其市价为 3 元,而且预期还可能下降,那么公司可能采用反向分割,将 2 股换成 1 股进行股票合并。

像股票股利和正向股票分割一样,反向股票分割也会传递一定的信息,或者说具有信号效果。通常这种信号效果是消极的,表明承认公司存在着财务危机。因此,公司采用这种反向股票分割一定要慎重。

思考题

1.利润分配的原则有哪些?为什么在利润分配中需要遵守这些原则?

2.股份公司在利润分配时需要遵守什么样的分配程序?

3.股利分配政策有几种类型?各种股利分配政策的适用条件是什么?

4.什么是股票股利?有什么意义?

5.什么是股票分割?有什么意义?

6.股票股利和股票分割有什么区别与联系?

练习题

1.某企业今年提取了公积金和公益金后的税后净利润为 10 000 万元,明年新的投资计划所需要的资金为 12 000 万元,该企业的目标资本结构为权益性资本 60%,债务性资本 40%,目前公司流通在外的普通股有 1 000 万股,而且公司只有普通股一种股票。如果该企业采用剩余型的股利分配政策,请计算应发放的每股股利是多少。

2.某公司在进行股利分配前,股东权益如下:

单位:万元

项　目	金　额
普通股(50 000 万股,每股面值 1 元)	50 000
资本公积	20 000
留存收益	60 000
股东权益总额	130 000

股票现行市价是 8 元,如果实施 10 股送 1 股的股票股利分配方案,那么股东权益的结构将发生什么变化?

<table>
<tr><td></td><td>第九章</td><td>扩张战略的资本经营</td></tr>
</table>

💡 学习目的

本章主要介绍资本经营的概念、理论和方法，以及扩张战略下的资本经营策略。通过学习，需要掌握和了解资本经营与产品经营的区别和联系，控股公司的组建方式与运作方法，企业并购的经济动因及财务策略等。

第一节　资本经营的概念和种类

一、资本经营的概念

（一）资本经营的内涵

何谓资本经营？目前我国理论界和实务界的认识与理解很不一致。总体上讲，存在着两种不同的观念，即广义的资本经营观和狭义的资本经营观。广义的资本经营观认为，资本经营是指按照资本运作的一般规律来经营并优化资本配置和生产要素组合的一种管理活动。这种管理活动通常是按照盈利性、流动性和安全性的三原则进行的。依照这种理解，资本经营既包括以兼并、收购、分立、剥离、拍卖、改制、托管、清算等为手段，以控制权运作为核心，以获取长期利润为主要目的的产权管理活动；也包括以材料采购、产品生产、质量管理等为手段，以产品生产、销售运作为核心，以获取当期利润为主要目的的经营活动，包括产品经营和商品经营。而狭义的资本经营观则认为，资本经营是指以控制权运作为核心，以兼并、收购、分立、拍卖、改制、托管、清算等为手段的管理活动。这种管理活动的重心在于产权结构的调整与合理配置，并不在于具体的产品生产和销售。显然，狭义的资本经营观是作为产品经营的对应概念存在的。这也是本书采用的概念。

（二）资本经营与产品经营的区别

资本经营和产品经营是两种不同的经营活动。二者在经营对象、经营手段、经营理念等方面都存在着很大差异。它们的主要区别可以概括为如下几个方面：

1.经营对象

产品经营的对象是具体的产品或劳务，如彩电、计算机、汽车、服装、维修、装饰等。这些具体的对象因企业所在的行业不同而不同。资本经营的对象是产权或资本，即所有权。这些产权通常不直接表现为某种具体的资产，而是体现为所有权或代表所有权的价值化的证券，即股票。

2.经营者

产品经营和资本经营的主体都是企业，但是，具体实施经营活动的人员却不同。产品经营通常涉及企业生产经营活动的各个环节，如采购人员采购原材料、生产工人加工产品、质量管理人员对产品质量进行管理、销售人员负责对产品进行销售等。可以说，企业的所有人员都与产品经营有关，都会以某种方式参与到产品经营过程之中。而资本经营的实施者则主要是企业的所有者及其代表（企业高层管理者），生产工人和销售人员等具体的业务系统通常不参与资本经营活动。

3.经营市场

产品经营的市场主要有材料采购市场和产品销售市场等，产品经营主要面向产品市场。而资本经营活动主要面向的是资本市场和产权交易市场。如果没有完善、发达的资本市场和产权交易市场，那么产权流动的成本将会很高，非常困难，资本经营也就难以顺利开展。

4.经营目的

产品经营的目的是生产和销售产品，以便实现利润。在这里，生产和销售产品是直接目的，赚取利润是最终目的。而资本经营的目的是取得或转让所有权，实现控制权的流动与合理配置，以便培育企业的持续性盈利能力并实现利润。在这里，产权结构的调整以及企业战略性改组是直接目的，盈利能力的培育和实现利润是最终目的。所以，资本经营的目的更侧重于企业发展的长期性和战略性的考虑。

5.经营环节与手段

产品经营的环节主要是采购→生产→销售三段式的生产经营循环，主要的手段是成本控制、生产管理、质量管理、物流管理、营销管理等。这些环节和管理手段都是围绕着产品展开的。而资本经营的经典过程是兼并→整合→转让，即收购企业，对企业进行整合与改造，转让企业。有人将这一过程称为"倒卖企业"，虽然不够全面，但却也说明资本经营主要是围绕着企业的所有权展开的。

6.影响力

如果就单笔交易来说，产品经营的影响力通常局限于本期，影响时期比较短。企业完成一件产品的生产与销售，只能给企业带来有限的收益或损失。而资本经营的影响力则比较远，影响程度也较大。一般情况下，企业完成对另一个企业的收购和兼并后,将对本企业的发展产生深远而重大的影响。由于收购时的投资比较大,如果收购成功,可以给企业带来较大的收益;反之,也可能给企业带来巨大的经济损失。

(三)资本经营与产品经营的联系

尽管资本经营和产品经营具有上述区别,但是二者又同属于企业经营的范畴,在实际中存在着密切的联系。这些联系主要表现在:

1.产品经营是资本经营的基础

产品的生产与销售,严格地说,不属于资本经营的范围。但是,在实际中,资本经营活动往往又离不开产品经营。比如,在对被收购企业进行评价时,需要考虑其产品经营能力,即生产与销售产品的具体能力;再比如,在收购完成之后对被兼并的企业进行整合时,也需要重新规划企业的产品生产与销售计划,甚至对企业的现有产品结构进行调整等。

2.资本经营是产品经营的延伸

企业在进行产品经营时,为了迅速提高产品的生产与销售能力,就需要扩大产、销规模。而扩大产、销规模的方式有两种:一是内部的积累扩张;二是通过兼并、收购等资本经营方式进行扩张。后者在通常情况下,能够迅速地实现扩张战略的目的,因此经常被企业尤其是处于扩展阶段的企业所采用。

二、资本经营的种类

资本经营可以按照多种标准进行分类。通过分类研究,可以增加和加深对资本经营的认识和了解,以便于更好地开展资本经营工作。

(一)按照资本经营的直接目的不同,可以把资本经营分为以扩张为目的的资本经营和以收缩为目的的资本经营

扩张性资本经营是指以生产能力、市场份额的扩大为目的的资本经营行为。这种资本经营通常发生在处于发展阶段的企业,表现为同行业之间的兼并。如某电视机厂为了扩大生产经营能力,增加产品的市场份额,收购另外一家或数家电视机厂,就是这种性质的资本经营。

收缩性资本经营是指以生产经营规模的缩小为目的的资本经营行为。这种资本经营主要发生在处于产品衰退期或因规模过大而出现经营效率下降的公司之中,通常表现为资产剥离、公司分立等资本经营形式。

(二)按照资本经营主体不同,可以把资本经营分为控股公司的资本经营和子公司的资本经营

控股公司的资本经营是指由控股公司主导的资本经营行为。这种资本经营主要集中在总公司、集团公司等控股公司的层面上。对控股公司的资本经营来说,子公司通常是被收购或被出售的对象。

子公司的资本经营是指由子公司进行的资本经营活动。这种资本经营行为主要发生在子公司层面上,并通常得到控股公司的授权和许可。

三、资本经营的作用

(一)可以实现对控制权的合理转移

企业在发展过程中,出于长远战略目标的考虑,有时需要取得对某个或某些公司的控制权,使之成为自己的子公司,以便于取得和支配更多的资源,形成规模优势,提高竞争能力。但是,有时为了突出主业,收缩经营规模,也可能会转移出对某些公司的控制权,以便集中资源,强化在某个方面的竞争能力。这种对控制权的取得或转移,主要是通过资本经营活动实现的,可以说资本经营的存在为实现控制权的快速转移提供了必要条件。

(二)可以快速调整生产经营规模

根据竞争的需要,企业必须依据不同发展阶段的特点,及时调整发展策略和生产经营规模。如在成长期,为了迅速占领新的市场,扩大市场份额,企业需要快速扩大生产经营规模,抬高市场竞争和进入门槛;而在衰退期,由于产品过剩,市场饱和,产品毛利率下降,企业需要把过剩的加工能力进行转移,减少生产经营规模。资本经营是企业实现生产经营能力快速转移的主要手段。

(三)可以拓展公司的融资渠道

企业在发展过程中经常会遇到资金短缺的难题。对很多企业来说,发展,虽然扩大了企业的生产经营规模,提高了管理水平,但是并不意味不缺资金。企业越发展,资金越短缺,几乎是所有企业都会遇到的问题。企业筹集资金主要有内部融资和外部融资两种形式。前者通常是依靠内部积累补充生产经营资金,后者则主要是发行股票和借款。企业发行股票有严格的条件,而且审查周期比较长。如果企业通过资本经营手段兼并收购一家上市公司,以此为基础或跳板进入资本市场,则可以节约时间,为下一步从资本市场融资开辟广阔的前景。

(四)可以快速进入或退出某个行业

随着经济发展和市场需求的变化,某些行业可能衰退,另一些行业可能走向兴起和繁荣。为了追求与实现最大利润,培育企业的长期发展能力,同时也为了回避行业风险,企业必须根据经济发展和市场需求的变化适时调整发展方向,进入朝阳行业,退出夕阳行业或者减少夕阳行业的生产经营规模。资本经营则是实现这种发展战略的有效途径。

第二节　扩张战略

一、扩张战略的含义

扩张战略是指通过内部积累或资本经营的手段占据和支配更多的资源,以便完成更大的业务量,占有更多的市场份额,从而在市场竞争中处于更有利地位的一种发展策略。这种战略又称为发展战略。"扩张"在这里有两层含义:一是总量的增加,即企业支配的资源量和完成的产销量较之前有大幅增长;二是质量的提升,即企业的产品质量、服务质量、管理水平,以及经济运行质量较之前有所提高。这两层含义实际上对应着两种不同的扩张或发展战略,前者是外延性扩张,后者是内涵性扩张。在企业发展中,这两种发展战略都要兼顾,尤其是内涵性发展,对企业更为重要。但是,本章主要介绍外延性扩张,即如何通过资本经营手段实现企业经济规模的增长。至于内涵性扩张,由于涉及企业生产经营的供产销、人财物各个方面,已不是本课程需要研究的内容。

二、扩张战略的意义

扩张战略对企业的发展主要具有如下意义:

(一)实现规模经济

根据经济理论,企业生产经营存在着一个最佳的经济规模。低于和超过这个规模,都会出现不经济,引起经济效益低下。当企业的经营规模小于规模经济的要求时,由于固定成本不能得到有效稀释,企业成本比较高,经济效益会比较差。这时候,通过扩张战略增加产销量,就可以相应地降低成本,提高经济效益。

(二)提高市场进入的门槛,减少竞争对手进入的可能性

从竞争的角度讲,当某种产品的市场供应量小于市场需求量而出现比较大的缺口时,会引起很多企业进入该产品领域,从而加剧以后的市场竞争。但是,如果当这种产品的供给量迅速增加以致接近市场需求量,就会在某种程度上阻止后续企业的进入。因为后续企业很难在已经有限的市场需求量下实现规模化经营和生产。而扩张战略可以帮助企业在短期内迅速扩大产能,在竞争中抢先占据制高点。

(三)提高竞争力

企业规模与企业竞争力有着一定程度的对应性,即"做大"往往就意味着"做强"。

一般意义上讲,规模比较大的企业会相对于规模比较小的企业更加具有竞争能力。因为规模大的企业可以进行较多的技术开发、品牌开发等,可以吸引更多优秀的技术和管理人才等。而扩张战略则是实现企业由小变大的一条途径。

(四)提高企业持续发展的能力

企业规模与企业的存续能力也具有一定程度的对应性,即大企业往往更加具有持久的生命力。这是因为大企业的抗风险能力比较强,更容易在激烈的市场竞争中存在下来。扩张战略的实施有助于小企业变成大企业,提高企业的持续发展能力。

三、扩张战略的主要形式

企业的扩张有多种形式,通常在管理实务中见到的扩张有如下三种。

(一)规模增长性扩张

这种扩张单纯是为了追求规模经济效益。在企业刚进入某一行业,还没有形成规模化生产经营之前,采用这种扩张战略可以使企业在比较短的时间内形成规模合理的生产经营能力,从而降低和稀释固定成本。规模增长性扩张战略下,企业兼并和收购的对象都是同行业中处于相同产业链阶段的企业。如我国康佳公司(主营电视机的生产)收购牡丹电视机厂、青岛啤酒公司收购安徽啤酒公司等,都属于这一类型的扩张。

(二)产业链延伸性扩张

这种扩张主要是为了延伸企业的价值链,实行纵向一体化。在具体实施时,又有两种形式:一是向产业价值链的上游进行延伸,建立稳固的原材料和能源供应基地;二是向产业价值链的下游进行延伸,建立自己的销售基地和销售网络。在我国,如创维集团(主营电视机生产与销售)收购四川宏光彩管厂,就属于这种形式的扩张。又如,奶制品企业收购奶牛养殖厂、钢铁冶炼企业收购矿石厂等也是这种类型的扩张。

(三)多元化经营性扩张

这种扩张是为了进入新的行业和领域,进行多元化生产经营。企业在进行多元化生产经营时,通常有两个可以选择的途径:一是自主进入,即依靠自己的技术、资金和经验的积累进入某个新行业。如一个电视机厂可以在自己一定积累的基础上组建新的公司以进入房地产行业。这种方式通常周期比较大,风险也比较大,因为一个电视机厂要把生产经营家电的经验移植到房地产行业会很困难。另一个途径是收购式的进入,即通过收购兼并的形式进入到自己想要发展的行业和领域。例如,同样是上述情况,企业完全可以收购一家房地产企业,并以此作为桥头堡进入房地产行业。与前一种方式相比,这种方式下可以随着企业的收购而得到一支完整的管理队伍,从而减少后续经营中的困难和盲目性。

第三节 兼并与收购

一、兼并与收购的概念

(一)兼并

兼并通常是指一家企业以现金、证券或其他形式(如承担债务、利润返还等)投资购买取得其他企业的产权,使其他企业丧失法人资格或改变法人实体,并取得对这些企业决策控制权的经济行为。从这个意义上讲,兼并等同于我国《公司法》中的吸收合并,即一个公司吸收其他公司而存续,被吸收公司解散。《公司法》中规定的另一种合并形式为新设合并,指两个或两个以上公司合并设立一个新的公司,合并各方的法人实体地位都消失。所以,合并是个大概念,兼并只是合并的形式之一。无论是兼并(吸收合并)还是新设合并,合并各方的债权债务都应由合并后存续的公司或者新设的公司来承担。

(二)收购

收购是指企业用现金、债务或股票购买另一家企业的部分或全部资产或股权,以获得该企业控制权的一种投资行为。收购作为企业资本经营的一种形式,既具有经济意义,又具有法律意义。经济意义上,收购意味着一家企业的经营控制权易手,原来的投资者丧失了对该企业的经营控制权。所以,收购的经济实质是取得控制权。收购,在法律意义上是指购买被收购企业的股权和资产。所以,收购的对象一般有两种:股权和资产。收购股权与收购资产的主要差别在于:收购股权是购买一家企业的股份,收购方将成为被收购方的股东,因此要承担该企业的债权和债务;收购资产则只是一般资产的买卖交易行为,由于在收购目标公司的资产时并未收购其股份,所以收购方无须承担其债务。

(三)收购与兼并的比较

收购与兼并存在着许多相似之处,主要表现在:(1)基本动因相似。收购与兼并的动因,要么为扩大企业市场占有率;要么为扩大经营规模,实现规模经营;要么为拓宽企业经营范围,实现分散经营或综合化经营。总之,其目的都是增强企业实力,进行外部扩张。(2)两者都以企业产权为交易对象,都是企业资本经营的基本方式。

收购与兼并的区别主要在于:(1)在兼并中,被合并企业作为法人实体不复存在;而在收购中,被收购企业可仍以法人实体存在,其产权可以是部分转让。(2)兼并后,兼并企业成为被兼并企业新产权和债权、债务的承担者,是资产、债权、债务的一同转换;而在收购中,收购企业是被收购企业的新股东,以收购出资额为股本有限承担被收购企业的风险。(3)两者发生的经济环境不同。一般来说,兼并多发生在被兼并企业财务状况不佳、生产经营停滞或半停滞之时,兼并后通常需要调整其生产经营、重新配置资产,甚至对其经营范围及发展战略进行大幅度的调整;而收购通常发生在企业正常生产经营状态之中,产权流动比较平和,不会引起人员、业务结构等大的改变。

在实际运作中,收购与兼并的联系远远超过其区别,所以兼并与收购常作为同义词一起使用,统称为"购并"或"并购",泛指在资本市场中企业为了获得其他企业的控制权而进行的产权交易活动。

二、并购的分类

企业并购的形式多种多样,按照不同的分类标准可以划分为许多不同的类型。这些不同分类为理解"并购"概念提供了不同的观察视角。

(一)按并购双方产品与产业的联系划分

1.横向并购

当并购双方处于同一行业、生产或经营同一产品,并购使资本在同一市场领域或部门集中时,则称之为横向并购。如某电视机厂并购另一家电视机厂,或者奶制品厂并购另一家食品厂,由于并购双方的行业相同、生产工艺相近,并购之后可按收购企业的要求进行生产经营,扩大市场占有率。横向并购的主要目的是变竞争者为合伙者,减少市场竞争者,以便巩固企业在行业内的优势地位,使企业在该行业市场领域里占有垄断的地位。

2.纵向并购

当并购双方在生产工艺或经营方式上有前后关联性,即产业链中处于上下游关系时,这种并购称为纵向并购。并购双方通常在生产经营过程中具有生产、销售上的连续性,即互为购买者和销售者。如,加工制造企业并购与其有原材料、运输、贸易联系的企业等。纵向并购的主要目的是实现组织专业化生产和产销一体化,从而确保原材料供应或企业销售网络的完整。这种并购在法律上较少受到各国有关反垄断法律政策的限制。不过有一点需要明确,纵向并购并不是主张大而全、小而全,关键是并购实施一定要产生倍增效应,而不是简单的"1+1=2"式的合并。

3.混合并购

混合并购是对处于不同产业领域、产品属于不同市场,且与其产业部门之间不存在特别生产技术联系的企业进行的并购,如钢铁企业并购石油企业、纺织企业并购食品企业等。这种并购方式的主要目的是分散投资,进行多样化经营,降低企业的行业风险,从而实现资源互补、优化组合、扩大市场活动的范围。

(二)按并购的实现方式划分

并购的实现方式是指并购双方完成并购时的交易方式。按照这个标准,可以把并购分为承担债务式、购买式和股份交易式。

1.承担债务式并购

在被并购企业资不抵债或资产与债务相等的情况下,并购方以承担被并购方全部或部分债务为条件,取得被并购方的资产所有权和经营权。承担债务式并购的情况下,并购方可能在收购当时不需要支付任何金额的现金或其他资产即可完成并购行为。

2.现金购买式并购

指并购双方以现金交易为中介完成并购行为的一种兼并和收购。具体有两种情况:(1)并购方筹集足额的现金购买被并购方全部资产,使被并购方除现金之外不再具有其他实体性的资产,成为有资本结构而无生产资源的空壳,不得不从法律意义上消失。(2)并购方以现金通过市场、柜台或协商等方式购买目标公司的股票或股权,一旦拥有其大部分或全部股本后,目标公司就被并购了。因为收购方这时候已经取得了目标公司的控制权。

3.股份交易式

指以股票作为支付手段完成的并购。具体来讲也有两种情况:(1)以股权换股权。这是指并购公司向目标公司的股东发行自己公司的股票,以换取目标公司的大部门或全部股票,从而达到控制目标公司的目的。并购之后,目标公司通常成为并购公司的分公司、子公司,或者解散并入并购公司。因此,这种方式又称为换股式并购。(2)以股权换资产。指并购公司向目标公司发行自己的股票,以换取目标公司的资产,然后目标公司再把拥有的并购公司的股票分配给自己的股东。上述工作完成后,目标公司通常会予以解散。

(三)按涉及被并购企业的范围划分

按涉及被并购企业的范围划分,并购可以分为整体并购和部分并购两种。

1.整体并购

整体并购是指被并购企业资产和产权的整体转让,是产权的权益体系或资产不可分割的并购方式。其目的是通过资本迅速集中,增强企业实力,扩大生产规模,提高市场竞争能力。整体并购有利于加快资金、资源聚合的速度,迅速提高生产经营规模与规模效益。实施整体并购可以在一定程度上限制资金紧缺者的潜在购买行为。

2.部分并购

部分并购是指将被并购企业的资产和产权分割为若干部分进行交易而实现企业并购的一种行为。具体包括三种形式:(1)对企业部分实物资产进行并购;(2)将产权划分为若干份等额价值进行产权交易;(3)将经营权分成几个部分(如营销权、商标权、专利权等)进行产权转让。部分并购的优点在于可扩大企业并购的范围;弥补大规模整体并购的巨额资金缺口;有利于企业设备更新换代,使企业将不需要的厂房设备转让给其他者,更容易调整存量结构。

需要注意,部分并购方式下"并购"与正常资产交易之间的区别。如果不是基于控制权而进行的资产转让,那么这时候的资产转让行为只是一般意义的资产交易,并不属于资本经营的范畴。只有为了控制目标公司而购买其部分资产(通常是关键性资产)的行为,才属于并购的范围。

(四)按并购双方是否友好协商划分

按企业并购双方是否通过友好协商完成并购来划分,并购可以分为善意并购和敌意并购。

1.善意并购

善意并购是指并购公司事先与目标公司协商,同意并谈判达成收购条件的一致意见而完成收购活动的收购方式。善意并购有利于降低并购行动的风险与成本,使并购双方能够充分交流、沟通信息,目标公司主动向并购公司提供必要的资料。同时,善意行为还可避免因目标公司抗拒而带来的额外支出。但是,善意并购通常使并购公司不得不以牺牲自身的部分利益为代价而兼顾目标公司的利益,而且漫长的协商、谈判过程也可能使并购行动丧失其部分价值。

2.敌意并购

敌意并购是指并购公司在收购目标公司股权时虽然遭到目标公司的抗拒,仍然强行收购,或者并购公司事先并不与目标公司进行协商,而突然直接提出公开出价收购要约的并购行为。与善意并购相比,敌意并购的优点在于并购公司完全处于主动地位,不用被动权衡各方利益,而且并购行动节奏快、时间短,可有效控制并购成本。但是,敌意并购通常无法从目标公司获取其内部实际运营、财务状况等重要资料,给公司估价带来一定困难,同时还会招致目标公司的抵抗甚至设置各种障碍。所以,敌意并购的风险比较大,要求并购公司需要制定严密的收购行动计划并严格保密、快速实施。另外,由于敌意并购易导致股市的不良波动,甚至影响企业发展的正常秩序,各国政府都对敌意并购方式予以一定限制。

(五)按并购交易是否通过证券交易所划分

按并购交易是否通过证券交易所划分,并购可以分为要约收购和协议收购。

1.要约收购

这种并购是通过证券交易所完成股票交易和产权转移。这种方式下,并购方持有一个上市公司(目标公司)已发行股份的30%时,需要依法向该公司所有股东发出公开收购要约,按法律规定价格以货币付款方式购买股票,以获取目标公司的股权。要约收购由于直接在股票市场中进行,因此会受到市场规则的严格限制,风险较大。

但是这种方式自主性强,速战速决,可以在很短时间内完成收购行为。实践中敌意并购多采取要约收购的方式。

2.协议收购

协议收购是指并购公司不通过证券交易所,而是直接与目标公司取得联系,通过谈判、协商达成共同协议,从而实现目标公司股权转移的一种收购方式。协议收购通常易于取得目标公司的理解与合作,有利于降低收购行动中的风险与成本,但是其谈判过程往往比较长,可能错失最佳的收购时机。善意收购一般都属于这种并购方式。

三、并购的经济动因

在市场经济环境下,企业作为独立的经济主体,追求企业价值最大化是其一切经济行为的出发点。企业之所以进行并购,从根本意义上讲也就是为了实现最大的利益。但是,其具体的手段和直接目的又是多种多样的。一般来说,企业进行并购主要出于如下一些考虑:

(一)谋求管理协同效应

在实际中,各个企业管理水平是不相同的,有高低之分。这使得管理水平高的公司可以通过向管理水平低的公司移植或嫁接其管理经验而获利。如果某企业有一支高效率的管理队伍,其管理能力已超出管理该企业的需要,但这批人才只能集体实现其效率,那么该企业就可以并购那些由于缺乏管理人才而效率低下的企业,并通过并购之后对目标公司的管理整合而实现其快速增长。这种管理协同效应在横向并购中是比较容易实现的。

(二)谋求经营协同效应

由于经济的互补性及规模经济,两个或两个以上的企业合并后可提高其生产经营活动的效率,这就是所谓的经营协同效应。获取经营协同效应的一个重要前提是产业中的确存在规模经济效应。规模经济效益具体表现在两个层次上:(1)生产规模经济。企业通过并购可以调整其资源配置使其达到最佳经济规模的要求,有效解决由专业化引起的生产流程的分离,从而获得稳定的原料来源渠道,稀释固定费用,降低生产成本,扩大市场份额;(2)企业规模经济。通过并购,可以将多个工厂置于同一企业领导之下,使外部交易内部化,并带来一定的规模经济效益。主要表现为节省管理费用、节约营销费用、集中研究费用、增强企业风险抵御能力等。

需要注意,企业的规模也有一个界限,并非越大越好。通常,对一个规模较小而没有达到最佳经济规模的企业来说,并购可以有助于其实现规模经济效益;而对一个已经有很大规模的企业来说,并购虽然可以使其规模进一步增加,但是未必能够出现规模经济效应,甚至可能出现相反的结果。

(三)谋求财务协同效应

企业并购不仅可以因经营效率提高而获利,而且还可以在财务方面给企业带来如下好处:(1)财务能力提高。一般情况下,合并后企业整体的偿债能力比合并前各单个企业的偿债能力强,而且还可以降低资金成本,实现资本在并购企业与被并购企业之间低成本的有效再配置。(2)合理避税。并购后,企业的规模增大,经营范围比较广泛,这给企业合理避税提供了比较大的空间。另外税法一般包含亏损递延条款,允许亏损企业免交当年所得税,且其亏损可向后递延以抵消以后年度的盈余。同时一些国家税法对不同的资产适用不同的税率,股息收入、利息收入、营业收益、资本收益的税率也各不相同。企业可利用这些规定,通过并购行为及相应的财务处理合理避税。(3)预期效应。预期效应指因并购使股票市场对企业股票评价发生改变而对股票价格的影响。受预期效应的影响,企业并购往往伴随着强烈的本企业股价的向上波动,给企业及其股东带来一定的利益。

(四)实现多元化经营

企业通过经营相关程度较低的不同行业可以适当分散风险,稳定收入来源,增强企业资产的安全性。所谓的"鸡蛋不要放在一个菜篮里"就是这个道理。通常,企业进行多元化经营,可以选择内部积累和外部并购两种实现途径。但在多数情况下,并购途径更为有利。尤其是当企业面临变化了的环境而调整战略时,并购可以使企业低成本地迅速进入被并购企业所在的增长相对较快的行业,并在很大程度上保持被并购企业的市场份额以及现有的各种资源,从而保证企业具有持续不断的盈余能力。

(五)获得特殊资产

企图获取某项特殊资产往往也是并购的重要动因。在这里,"特殊资产"通常是非常稀缺的资产,而且通过市场交易又往往难以得到。特殊资产可能是一些对企业发展至关重要的专门资产。如土地是企业发展的重要资源,一些有实力、有前途的企业往往会由于狭小的空间而难以扩展,而另一些经营不善、市场不景气的企业却占有较多的土地和优越的地理位置,这时优势企业就可能并购劣势企业以获取其优越的土地资源。另外,有些企业可能拥有优秀的研究人员、专门人才,以及专有技术、商标、品牌等无形资产,但却缺乏经营管理能力而一直亏损,这时候具有较强管理经营能力的企业就可以通过对这些企业的收购而获取其上述资源,并通过对资源的有效整合和运营而获利。从社会资源优化配置的角度讲,这种目的的并购可以促使资源从低效率的占有者那里转移到高效率的管理者手中,从而提高资源的利用效率。

(六)降低代理成本

在企业的所有权与经营权相分离的情况下,经理是决策或控制的代理人,而所有者作为委托人成为风险承担者。由此造成的代理成本包括契约成本、监督成本和剩余亏损。通过企业内部组织机制安排、报酬安排、经理市场和股票市场可以在一定程度上防止经理偷懒,减缓代理问题,降低代理成本。但当这些机制均不足以控制代理问题时,并购机制使得接管的威胁始终存在。通过公开收购或代理权争夺而造成的接管,将会改选现任经理和董事会成员,从而作为最后的外部控制机制来解决代理问题,降低代理成本。

另外,跨国并购还可能具有其他多种特殊的动因,如企业增长、技术、产品优势与产品差异、政府政策、汇率、政治和经济稳定性、劳动力成本和生产率差异、多样化、确保原材料来源、追随顾客等。

四、并购的程序

企业实施并购时,其具体程序因被收购企业即目标公司的情况不同而有所不同。

(一)收购非上市公司时的程序

1.寻找目标公司。在进行并购战略时,首先是选择目标公司,即确定被并购的对象。在众多企业中要选择出适合的收购对象很件不容易的事情,但这一步又非常关键,可以说如果对象选择得好,就等于成功了一半。在选择目标公司时,需要结合企业的并购意图来进行。一般来说,应该从具有下列特征的公司中选择目标公司:(1)经营亏损的公司。这些公司的收买价格低通常比较低,而且可以抵减收购方的税收。(2)有协同作用的公司。横向并购时,选择属于同一行业、同一市场中的公司;纵向并购时,选择属于同一产业链但处于不同水平阶段的公司。(3)市盈率较低的公司。公司股票的市盈率比较低,说明这些公司的价值被低估,收购价格比较低,收购增长前景会比较好。(4)有盈利潜力的公司。指景气行业中的不景气公司,经济界人士看好的公司,管理层意见不一致、管理混乱的公司。(5)与收购方产业关联度比较低,但是处于增长潜力比较好的行业中的公司。选择收购这些公司,主要是为了降低行业风险。

在寻找目标公司时,通常有两种途径:一是利用企业自己的力量,即由企业的财务部或投资部收集被并购公司的公开和私下的资料,确定收购对象;二是利用外部力量,即通过专业性的中介组织,如投资银行、证券公司、资产评估公司等收集被收购公司的资料。这两种方式各有利弊。企业自己选择收购对象时,可以节省成本,但是可能因接触面有限而不能收购到最具有收购价值的公司。利用专业性的中介机构选择收购对象,优点是这些中介公司掌握的情况比较多,选择余地比较大,由他们搭桥引线介绍收购对象,可以得到比较有价值的目标公司,但是收购方需要支付一定的费用。

2.提交兼并报告。兼并行为的双方都要提交报告。其中,涉及国有资产部分的要提交国家国资管理部门进行审批;集体企业需要职工代表大会审批。股份制公司需要向股东大会提交报告,由股东大会审批。同时,被兼并企业还需要向其债权、债务、合同关系人等发布兼并预告。

3.价值评估。对目标公司进行价值评价,目的是确定被兼并公司的资产账面价值与实际效能之间的差异。这种评价结果将作为收购方确定收购价格的基础。在我国,对目标公司的价值评价可以由企业自己进行,也可以由会计师事务所或资产评估事务所进行。

4.确定兼并价格。以评估价值为基础协商确定收购价格。需要说明的是,收购价格的确定涉及因素很多,除考虑目标公司本身的价值外,通常还要考虑如下因素:固定资产、流动资产的价值;土地使用价值;无形资产的价值;改造后预期的价值;被转让的债权、债务;非生产人员的安置费等。

5.签订协议书。达成意向后,双方要签订协议书。

6.公证。对协议书进行法律公证。

7.办理变更手续。协议书生效后,需要办理目标企业的注销以及房地产变更转让手续等。

8.产权交接与资产移交。进行资产移交和产权登记,被并购企业会计部门需要进行账务调整,即合并与清算的会计。

(二)收购上市公司的程序

收购上市公司时,既可以采用协议收购,也可以采用要约收购。根据我国有关规定,收购上市公司,一般经过如下步骤:

1.公布收购意图。当收购方直接或间接持有目标公司的一定比例股份后(如5％),在规定时间内,需要向目标公司、证券交易所和证监会提交书面报告。

2.发出收购要约。当收购方直接或间接持有目标公司的股票达到一定比例时(如30％),需要向所有的股票持有人发出收购要约。按照规定,要约书在 30 日有效。另外,收购方在编写要约书时要具体、详细。

3.收购结束。

五、并购的财务分析

(一)对目标企业的价值评估

所谓价值评估,指并购双方对标的物(股权或资产)做出的价值判断。通过一定的方法评估标的物对自己的价值,从而可以为买卖是否可行提供价格基础。在并购过程中,对目标企业的估价是程序的重要组成部分。

价值评估对并购的意义主要体现在三个方面：(1)从并购程序看，价值评估是并购活动的首要基本环节，是决定并购活动是否可行的先决条件。(2)从并购动机上看，并购方一般是为了谋求管理、经营和财务上的协同效应、实现战略重组、开展多元化经营、获得特殊资产以及降低成本等。理论上讲，只要价格合理，交易总是可以达成的。因此并购双方对标的物的价值评估是决定交易是否成交的价值基础，同时也是谈判的焦点之一。(3)从投资者角度看，无论是并购方的股东还是目标企业的出资人，均希望交易价格有利于己方。由于双方投资者或者信息掌握不充分，或者主观认识上存在偏差，不能由一方定价而强加于另一方。这时聘请中介机构从经济技术的角度做出价值评估，可使交易价格相对公正合理，从而提高交易成功的几率，避免决策失误。

由于并购的支付方式不同，需要进行价值评估的内容也有差别。并购的支付方式主要有资产置换、股权交换和支付现金三种。前两种方式下，除对目标企业的价值进行评估外，还需要对作为支付手段的自身资产或股权进行价值评估。

目标企业估价取决于并购企业对其未来收益大小和时间的预期。对目标企业的估价可能因预测不当而不准确。这说明对目标企业的价值评价存在着一定风险，其大小取决于并购企业所用信息的质量，而信息质量又取决于目标企业是上市企业还是非上市企业，并购企业是敌意的还是友好的，以及准备并购和目标企业并购前审计的时间等。并购价值评估本质上是一种主观判断，但这并非可以随意定价，而是有一定的科学方法和原则需要遵守的。企业一般可以使用多种方法对目标企业进行价值评价。

1.资产价值基础法

资产价值基础法是指通过对目标企业的资产进行估价来评估其价值的一种方法。确定目标企业资产的价值，关键是选择合适的资产评估价值标准。目前国际上通行的资产评估价值标准主要有以下五种：

(1)账面价值。账面价值指会计核算中账面记载的资产价值。根据我国《公司法》规定，任何企业必须在每一会计年度终了时编制反映企业财务状况和经营成果的财务报表。其中资产负债表揭示企业该时点所掌握的资产、负担的债务及所有者在企业中的权益。账面价值法就是指当目标企业作为一个企业整体出售时，以目标企业的账面价值为基础，对有关项目做必要调整后，得出目标企业的净资产价值作为评估目标企业价值的主要依据。这种评估方法不考虑现时资产市场价格波动，也不考虑资产的收益状况，因而是一种静态的估价标准。现实中当目标企业出现经营困难时，收购方可以账面价值法的评估结果作为收购价格。这种方法既适合于整体性并购，也适合于部分并购。显然，采用这种评价标准时，前提条件是目标企业的会计报表必须是相对真实的，否则将会影响评价结果的准确性和公平性。

（2）市场价值。市场价值与账面价值不同，是指把该资产视为一种商品在市场上公开竞争，在供求关系平衡状态下确定的价值。市场价值法通常将股票市场上与目标企业经营业绩相似的企业最近平均实际交易价格作为估算参照物，或以企业资产和其市值之间的关系为基础对目标企业进行估价。其中最著名的是托宾（Tobin）的Q模型，即一个企业的市价与其资产重置成本的比率。

$$Q = \frac{企业市值}{资产重置成本}$$

$$企业市值 = 资产重置成本 + 增长机会价值$$
$$= Q \times 资产重置成本$$

在采用这种方法时，Q 值的选择是关键，其直接影响评价结果。但是现实中要选择 Q 的值往往比较困难，因为即使企业从事相同的业务，其资产结构也会有很大的不同。此外，对企业成长机会的评价也非易事。如在世界不同地区运营的两家石油开发和生产企业就会有不同的成长机会。在一些其他部门，例如房地产，尽管企业单项资产的评估会更容易，但价值增长机会仍是一个问题。在实践中，被广泛使用的是 Q 值的近似值——"价值比率"，它等于股票市值与企业净资产值的比率。总的来说，这种方法在我国尚未成熟的股票市场中还不能应用，因为许多上市企业的股价远远偏离其实际价值。

（3）清算价。清算价值是针对个别资产而言的，指在企业出现财务危机而破产或歇业清算时，把企业中的实物资产逐个分离而单独出售或变卖的资产价值。清算价值是在企业作为一个整体已经丧失增值能力情况下的资产评估方法。

（4）续营价值。续营价值是针对企业整体而言的，是指目标企业作为一个整体仍然有增值能力，在保持其继续经营的条件下，以资产未来的收益能力为基础来评估目标企业的价值。需要说明的是，企业整体的价值并不等于其单个资产的价值之和，对一个具有增长能力的企业来说，其整体价值通常要大于其单个资产价值之和。但是，对于一个亏损性、失去增长能力的企业来说，其整体价值也可能低于其单个资产价值之和。这说明，如果对某一企业来说，当其整体价值低于清算价值时，该企业的存在已经没有任何经济意义，应该立即进行破产和清算。

（5）公平价值。公平价值是指将目标企业在未来继续经营情况下所产生的预期收益，按照设定的折现率（市场资金利润率或平均收益率）折算出的现值。它把市场环境和企业未来的经营状况与目标企业价值联系起来，更适宜于评估目标企业的价值。理论上讲，这种方法更加具有合理性。

以上五种资产评估标准的侧重点各有差异，因而其适用范围也不尽相同。就企业并购而言，如果并购目的在于其未来收益的潜能，那么公平价值就是重要的标准；如果并购的目的在于获得某项特殊的资产，那么清算价值或市场价值可能更为恰当。

2.收益法(市盈率模型)

收益法就是根据目标企业的收益和市盈率确定其价值的一种方法,也可称为市盈率模型。因为市盈率的含义非常丰富,它可能暗示着企业股票收益的未来水平、投资者投资于企业希望从股票中得到的收益、企业投资的预期回报、企业在其投资上获得的收益超过投资者要求收益的时间长短等。

应用收益法(市盈率模型)时,其对目标企业估值评价的步骤如下:

(1)审查和调整目标企业近期的利润业绩。在审查目标企业最近的损益账目时,并购企业必须仔细考虑这些账目所遵循的会计政策。若有必要,则需要调整目标企业已公布的利润数字,以便使其与并购企业的政策相一致。例如,当目标企业已经投资于开发费用时,并购企业就可以注销所有的研究与开发费用,从而将夸张的报告利润降下来。

(2)选择和计算目标企业估价收益指标。一般地,最简单的估价收益指标可采用目标企业最近一年的税后利润,因为其最贴近目标企业的当前状况。但是,考虑到企业经营中的波动性,尤其是经营活动具有明显周期性的目标企业,因此采用其最近三年税后利润的平均值作为估价收益指标将更为适当。实际上,对目标企业的估价还应当更多地注重其被并购之后的收益状况。比如,当并购企业在管理方面具有很强的优势,可以在并购后将这种管理优势嫁接到目标企业并使其能得到与并购方相同的资本收益率时,那么以目标企业被并购后的税后利润作为估价收益指标,可能对并购决策更具有指导意义。

(3)选择标准市盈率。通常可选择的标准市盈率有如下几种:并购时点目标企业的市盈率、与目标企业具有可比性的其他企业的市盈率、目标企业所处行业的平均市盈率。需要注意的是,选择标准时必须确保在风险和成长性方面具有可比性,该标准应当是目标企业并购后的风险一成长性结构,而不应仅仅是历史数据。同时,在实际运用中通常需要依据预期的水平对上述标准加以调整,因为完全准确地把握市盈率与风险、成长性之间的关系往往是比较困难的。

(4)计算目标企业的价值。利用选定的估价收益指标和标准市盈率,就可以比较方便地计算出目标企业的价值。其计算公式如下:

目标企业的价值＝估价收益指标×标准市盈率

例 9-1

M 公司拟横向兼并同行业的 G 公司,假设双方公司目前的长期负债利率均为 10%,所得税税率均为 20%。按照 M 公司的现行会计政策对 G 公司的财务数据进行调整后,双方的基本情况如表 9-1、9-2 所示。

表 9-1 资产负债表简表

（截至 2020 年 12 月 31 日）   单位：万元

资产	M 公司	G 公司	负债与所有者权益	M 公司	G 公司
流动资产	1 500	500	流动负债	500	250
固定资产	1 000	250	长期负债	500	100
			股东权益：		
			股本	1 000	300
			留存收益	500	100
			股东权益合计	1 500	400
资产合计	2 500	750	负债与股东权益合计	2 500	750

表 9-2 经营业绩及其他指标表

金额单位：万元

指　　　标	M 公司	G 公司
2020 年度经营业绩：		
息税前利润	350	60
减：利息	50	10
税前利润	300	50
减：所得税	75	12.5
税后利润	275	37.5
其他指标：		
资本收益率：	17.5%	12%
利润增长率	20%	14%
近三年平均利润：		
税前利润	125	44
税后利润	63	22
市盈率	18	12

注：资本收益率 $= \dfrac{\text{息税前利润}}{\text{长期负债}+\text{股东权益}}$

标准市盈率的选择：由于并购双方处于同一行业，因此从并购企业角度出发，预期目标企业未来可以达到同样的市盈率是合理的，故选择 M 公司自身的市盈率为标准市盈率。在此基础上，选用不同的估价收益指标，可以分别计算出目标企业的价值：

（1）选用目标企业最近一年的税后利润作为估价收益指标：

    G 公司最近一年的税后利润＝37.5

    同类上市公司(M 公司)的市盈率＝18

    G 公司价值＝37.5×18＝675

(2)选用目标企业近三年税后利润的平均值作为估价收益指标：

    G 公司近三年税后的平均值＝22

    同类上市公司(M 公司)的市盈率＝18

    G 公司的价值＝22×18＝396

(3)假设并购后通过管理上的整合,目标企业能够获得与并购企业同样的资本收益率,以此计算出的目标企业并购后的税后利润作为估价收益指标：

    G 公司的资本额＝长期负债＋股东权益

            ＝100＋400＝500

并购后 G 公司：

    资本收益＝500×17.5％＝87.5

    减:利息＝100×10％＝10

    税前利润＝77.5

    减:所得税＝77.5×25％＝19.38

    税后利润＝77.5－19.38＝58.12

    同类上市公司(M 公司)的市盈率＝18

    G 公司的价值＝58.12×18＝1046.16

可见,这种方法下,估价收益指标是整个评价方法的基础和出发点。由于选用不同的估价收益指标,对目标企业的估价也将大不相同。并购企业应当根据并购双方的实际情况,选择最为合理的估价指标,使对目标企业的估价尽可能准确,为并购决策提供有效依据,以便降低并购风险,提高并购活动的收益。

收益法在估算目标企业的价值时,是以投资为出发点,着眼于未来经营收益,并在测算方面形成了一套较为完整、有效的科学方法,因而这种方法在各种并购价值评估中得到了广泛使用,尤其适用于通过证券二级市场进行并购的情况。但是,该方法在使用中,估价收益指标的选择具有一定的主观性,这会影响评价结果的科学性。而且就我国目前的股市现状而言,由于市场建设尚不完善,投机性较强,股票市盈率普遍偏高,适当的市盈率标准很难取得,所以在当前情况下,我国的企业很难完全运用这种方法对目标企业进行准确价值评估。

3.贴现现金流量法(拉巴波特模型 Rappaport model)

这一模型由美国西北大学阿尔弗雷德·拉巴波特创立,是用贴现现金流量方法确定最高可接受的并购价格。这就需要估计由并购引起的期望的增量现金流量和贴现率(或资金成本),即企业进行新投资时市场所要求的最低的、可接受的报酬率。运用贴现现金流量模型对目标企业估价的步骤是:

(1)预测现金流量。对目标企业现金流量的预测期一般为 5～10 年。预测目标企业现金流量时,还应先检查目标企业历史的现金流量表,并假定并购后目标企业运营将发生变化。

$$CF_t = S_{t-1}(1+g_t) \times P_t(1-T_t) - (S_t - S_{t-1}) \times (F_t + W_t)$$

式中:CF 为现金流量;S 为年销售额;g 为销售额年增长率;P 为销售利润率;T 为所得税税率;F 为销售额每增加 1 元所需追加的固定资本投资(全部固定资本投资扣除折旧);W 为销售额每增加 1 元所需追加的营运资本投资;t 为预测期内某一年度。

(2)估计贴现率或加权平均资本成本。这里需要对各种各样的长期资本成本进行估计,包括普通股、优先股和债务的资本成本等。其中资本资产定价模型可用于估计目标企业的普通股本成本。

预期股本成本率=市场无风险报酬率+市场风险报酬率×目标企业的风险程度

或:

$$K = K_F + K_R \times \beta$$

对目标企业并购前预期的股本收益需要根据并购后目标企业 β 值的可能变化加以调整。估计债务成本更加困难,因为债务通常不进行交易,实际中通常将各种借贷中实际利息支付额作为债务成本的近似值。类似问题也出现在优先股的情况中。在估计了各单个元素的资本成本后,即可根据并购企业期待的并购后资本结构来计算加权平均资本成本。

$$WACC = \sum K_i \times b_i$$

式中:WACC 为加权平均资本成本;K_i 为各单项资本成本;b_i 为各单项资本占整体资本的比重。

(3)计算现金流量现值,估计购买价格。其公式为:

$$TV_a = \sum \frac{CF_t}{(1+WACC)_t} + \frac{V_t}{(1+WACC)_t}$$

式中:Tv_a 为并购后目标企业价值;CF_t 为在 t 时期内目标企业现金流量;V_t 为 t 时刻目标企业的终值;WACC 为加权平均资本成本。

例 9-2

H 公司计划采用并购方式迅速扩大经营规模,经初步调查后,将 Z 公司作为目标企业。为合理估计 Z 公司的并购价格,拟选用贴现现金流量法计算 Z 公司的价值。

根据 Z 公司的经营状况及其产品的市场状况,预测 Z 公司被并购后未来 5 年的现金流量如表 9-3 所示。

表 9-3　Z 公司被并购后未来五年的现金流量预测表

单位:万元

年　份	2021	2022	2023	2024	2025
收入	9 500	10 500	13 000	15 200	18 000
成本和费用	8 000	8 500	10 400	11 980	14 220
息税前利润	1 500	2 000	2 600	3 220	3 780
利息	340	480	560	640	640
税前利润	1 160	1 520	2 040	2 580	3 140
所得税(税率50%)	580	760	1 020	1 290	1 570
税后利润	580	760	1 020	1 290	1 570
股利	200	340	500	700	900
H 公司可得现金	380	420	520	590	670
预测期期末终值					9 210
净现金流量	380	420	520	590	9 880

(2)估算贴现率。Z 公司未发行优先股,其中普通股股本与长期负债占长期资本总额的比重分别为 40% 和 60%。已知市场无风险报酬率为 10%,风险报酬率为 5%,Z 公司的 β 值为 1.6,其长期负责的利息率为 10%。据此计算 Z 公司的加权平均资本成本如下:

股本资本成本 $= K_F + K_R \times \beta = 10\% + 5\% \times 1.6 = 18\%$

长期负债资本成本 $= 10\%$

加权平均资本成本 $= 18\% \times 40\% + 10\% \times 60\% = 13.2\%$

(3)计算现金流量现值,估计购买价格。根据 Z 公司的未来现金流量预测及加权平均资本成本计算结果,可以运用公式将 Z 公司的未来现金流量折现,从而为估价并购出价提供依据。

$$TV_a = \sum \frac{CF_t}{(1+WACC)^t} + \frac{V_t}{(1+WACC)^t}$$

$$= \frac{380}{(1+13.2\%)^1} + \frac{420}{(1+13.2\%)^2} + \frac{520}{(1+13.2\%)^3} + \frac{590}{(1+13.2\%)^4} + \frac{9\ 880}{(1+13.2\%)^5}$$

$$=6\ 700(万元)$$

因此,如果 H 公司能够以 6 700 万元或更低的价格购买 Z 公司,那么这一并购活动从价格上将是合理的。

总之,贴现现金流量法以现金流量预测为基础,充分考虑了目标公司未来创造现金流量能力对其价值的影响,在目前日益崇尚"现金至尊"的现代理财环境中,对企业并购决策具有现实的指导意义。但是,这一方法的运用对决策条件与能力的要求较高,且易受预测人员主观意识(乐观或悲观)的影响。所以,合理预测未来现金流量以及选择贴现率(加权平均资本成本)的困难与不确定性可能影响贴现现金流量法的准确性。

以上各种对目标企业的估价方法,并无绝对的优劣之分。并购企业对不同方法的选用应主要以并购的动机而定,并且实践中可将各种方法交叉使用,从多角度评估目标企业的价值,以降低估价风险。

(二)并购成本分析

企业并购是资本经营的基本方式和企业实现快速扩张的主要途径。企业并购包含一系列工作,其并购成本不只是一个普通财务成本概念,而应该是由此发生的一系列代价的总和。这些成本既包括并购工作完成的成本,也包括并购以后的整合成本;既包括并购发生的有形成本,也包括并购发生的无形成本。为了真正实现低成本扩张,企业并购运作时必须了解和把握并购的各项成本要素,并力求使这些成本降到最低。具体来说,企业并购应该分析的成本项目有:

1.并购完成成本

所谓并购完成成本是指在并购过程中并购行为本身所发生的直接成本和间接成本。直接成本是指并购时直接支付的费用。间接成本则包括并购过程中所发生的一切费用,主要有:(1)债务成本。在承担债务式并购、杠杆收购等情况下,开始可能并不实际支付收购费用,但是必须为未来的债务逐期支付本息。借用银行的抵押贷款进行收购,也要偿付未来的本息等。(2)交易成本。即并购过程中所发生的信息搜寻、策划、谈判、文本制订、资产评估、法律鉴定、公证等中介费用,发行股票时还需要支付申请费、承销费等。(3)更名成本。并购成功后,还会发生重新注册费、工商管理费、土地转让费、公告费等支出。

2.整合与营运成本

并购企业不仅应关注并购当时短期的完成成本,还应测算并购后为使被并购企业健康发展而需支付的长期营运成本。这些成本包括:(1)整合改制成本。取得对目标公司的控制权后,必然需要进行重组或整合,小则调整人事结构,改善经营方式;大则整合经营战略和产业结构,重建销售网络等。为此要支付派遣人员进驻、建立新的董事会和经理班子、安置原有领导班子、安置富余人员、剥离非经营性资产、淘汰无效设备、进行人员培训等有关费用。(2)注入资金的成本。包括并购公司向目标公司注入优质资产,拨启动资金或开办费,为新企业打开市场而需增加的市场调研费、广告费、网点设置费等。所以,企业进行并购决策时,应切实分析目标公司的资源潜能与管理现状,明确并购双方企业管理资源的互补性,充分估计并购方在现在基础上能否对被并购企业实施有效的管理投入,是否有能力通过有效的整合措施使被并购企业实施制度创新、机制创新。如果并购双方管理资源缺乏有效的互补性,或被并购企业管理资源过分缺乏,则并购方的管理成本将相当巨大。

整合与营运成本具有长期性、动态性和难以预见性的特点,所以并购决策中应特别关注该项成本能否达到最低。

3.并购退出成本

一个企业在通过并购实施向外扩张时,还必须考虑一旦扩张不成功,如何低成本撤退的问题。

4.并购机会成本

并购活动的机会成本是指并购实际支付或发生的各种成本费用相对于其他投资和未来收益而言的。一项并购活动所发生的机会成本,包括实际成本费用支出以及因放弃其他项目投资而丧失的收益。实际中,并购机会成本应该根据并购方在不同时间内的投资机会进行测算。

(三)并购的风险分析

企业并购是高风险的投资活动,财务分析应在关注其各种收益、成本的同时,重视并购过程中可能出现的各种风险。

1.营运风险

所谓营运风险,是指并购方在并购完成后,可能无法使整个企业集团产生经营协同效应、财务协同效应、市场份额效应,难以实现规模经济和经验共享互补而带来的经济损失。因为通过并购形成的新企业因规模过于庞大而产生规模不经济,甚至整个企业集团的经营业绩都会被并购进来的新企业所拖累。

2.信息风险

在并购活动中,信息是非常重要的。"知己知彼,百战不殆",真实与及时的信息可以大大提高并购企业行动的成功率。但实际并购中因贸然行动而失败的案例也不少,这就是经济学上所称的"信息不对称"的结果。

3.融资风险

企业并购需要大量的资金,所以并购决策会同时对企业资金规模和资本结构产生重大影响。实践中,并购动机以及目标企业并购前资本结构的不同,还会造成并购所需的长期资金与短期资金、自有资本与债务资金投入比率的种种差异。与并购相关的融资风险具体包括资金是否可以满足需要(时间上与数量上)、融资方式是否适应并购动机(暂时持有或长期拥有)、现金支付是否会影响企业正常的生产经营、杠杆收购的偿债风险等。

4.反收购风险

在通常情况下,被收购的企业对收购行为往往持不欢迎和不合作态度,尤其在面临敌意并购时,他们有时可能会"宁为玉碎,不为瓦全",不惜一切代价布置和实施反收购策略,其反收购措施可能是各种各样的。这些反收购行动无疑会对收购方构成相当大的风险,增加了并购失败以及并购后无法进行有效整合的可能性。

5.法律风险

各国对并购、重组都制定了详细的法律法规及其实施细则,这些法律法规对并购方来说,会产生两种风险:一是因对法律法规不了解而导致最终的收购失败;二是增加了并购成本及并购的难度。如我国目前的收购规则,要求收购方持有一家上市企业5%的股票后即必须公告并暂停买卖(针对上市企业非发起人),以后每递增2%就要重复该过程(将需公告14次之多),持有30%股份后即被要求发出全面收购要约。这套程序造成的收购成本之高、收购风险之大、收购程度之复杂,足以使收购者气馁,反收购则相对比较轻松。

6.体制风险

在我国,国有企业资本经营过程中相当一部分企业的收购兼并行为,都是由政府部门强行撮合而实现的。尽管大规模的并购活动需要政府的支持和引导,但是并购行为毕竟是企业基于激烈市场竞争而自主选择的发展策略,是一种市场化行为。政府依靠行政手段对企业并购大包大揽,不仅背离市场原则,难以达到预期效果,而且往往还会给并购企业带来风险。比如,以非经济目标代替经济目标,过分强调"优帮劣、强管弱、富扶贫"的解困行为,将使企业并购偏离资产最优化组合的目标,从而使并购在一开始就潜伏着体制风险。

总之,并购风险非常复杂和广泛,企业需谨慎对待,多谋善选尽量避免风险,将风险消除在并购的各个环节之中,最终实现并购的成功。

(四)并购后对企业财务影响的分析

并购活动会对并购双方的财务指标产生明显影响。这里仅从企业盈余、股价及股票账面价值等指标探讨并购活动对双方的意义及影响。

1.并购对企业盈余的影响

并购必将对企业的每股收益、每股市价产生潜在影响。企业进行并购决策时,是以投资对股票价格的影响为依据的,而股票价格的影响通常又取决于投资对企业每股收益的影响。因此,企业评估并购方案的可行性时,应将其对并购后存续企业每股盈余的影响列入考虑范围。

例 9-3

假设 M 企业计划以发行股票方式收购 Q 企业,并购时双方相关财务资料见表 9-4。

表 9-4　并购时双方相关财务资料表

项　　　目	M 公司	Q 公司
净利润	1 000 万元	250 万元
普通股股数	500 万股	200 万股
每股收益	2 元	1.25 元
每股市价	32 元	15 元
市盈率	16 倍	12 倍

若 Q 企业同意其股票每股作价 16 元由 M 企业以其股票相交换,则交换比率为 $\frac{16}{32}$,即 M 企业每 0.5 股相当于 Q 企业的 1 股。M 企业需发行 $200 \times 0.5 = 100$(万股)股票才能收购 Q 企业所有股份。

现假设两企业并购后收益能力不变,则并购后存续 M 企业的盈余总额等于原 M、Q 两企业盈余之和,见表 9-5。

表 9-5　并购后盈余情况表

指　　　标	指标数据
并购后净利润	$1\ 000 + 250 = 1\ 250$ 万元
并购后总股数	$500 + 100 = 600$ 万元
每股收益	$\frac{1\ 250}{600} = 2.083$ 元

由此,M 企业实施并购后每股收益将提高 $2.083 - 2 = 0.083$ 元。但原 Q 企业股东的每股收益却有所降低,因其所持有的 Q 企业股票每股相当于并购后 A 企业股票 0.5 股,所以其原持有股票的每股盈余仅相当于 $0.5 \times 2.083 = 1.0415$(元),较原来降低了 $1.25 - 1.0415 = 0.2085$(元)。

若 Q 企业的股票不是作价 16 元而是 24 元,则交换比率为 $\frac{24}{32}$,即 0.75 股。M 企业为取得 Q 企业全部股票,总计需要新发行股票 $200 \times 0.75 = 150$(万股),并购之后盈余情况见表 9-6。

表 9-6　并购后盈余情况表

指　　标	指标数据
并购后净利润	1 250 万元
并购后股本总数	650 万股
每股收益	1.923 元

可见,这时候并购后 M 公司的每股收益降低了,降低额为 $2-1.923=0.077$ 元,而原 Q 公司股东的每股收益却增加了,增加额为 $(0.75 \times 1.923)-1.25=0.19$ 元

由这一思路可以推断出保持 M 企业每股收益不变的股票交换比率。假定 M、Q 两企业合并后收益能力不变,即并购后存续 A 企业的盈余总数等于原 M、Q 两企业盈余之和为 1 250 万元,设股票交换率为 R_1,则:

并购前 M 企业的每股收益 $EPS_1 = 2$ 元

并购后 M 企业的每股收益 $EPS_2 = \dfrac{1\ 250}{500+200R_1}$

因并购后 M 公司的每股收益保持不变,故有 $EPS_1 = EPS_2$

即:

$$\frac{1\ 250}{500+200R_1} = 2$$

求得:$R_1 = 0.625$,即 M 公司对 Q 公司的每股股票作价为:$0.625 \times 32 = 20$(元)。

当然,M 企业实施并购方案以后,存续的 M 企业每股收益定保持不变或适量摊薄降低应该是短期现象。因为从长远分析,并购后收益率将不断提高,每股收益应该比合并有所增加,即产生并购协同效应。若考虑这种协同效应,举例如下。

例 9-4

承例 9-3,假定 M 企业实施并购后能产生较好的协同效应,估计每年增加净收益 202 万元。如要求存续的 M 企业每股收益提高 10%,达到 2.2 元,可计算出 M 企业所能接受的股票交换率为:

$$\frac{1\ 250+202}{500+200R_1} = 2.2$$

解得:

$R_1 = 0.8$,即 M 公司对 Q 公司的股票作价为:$0.8 \times 32 = 25.6$(元)。

换股比例之确定:在进行换股时,关键是换股比例(ER)的确定。通常情况下,有四种方式。

第一种:用现时的实际每股收益计算换股比例。计算公式为:

$$换股比例 = \frac{目标公司每股收益}{收购方每股收益}$$

第二种:用预期每股收益计算。这种情况下,先确定一个时间点(如 3 年),然后计算其各自平均增长率。计算公式如下:

$$换股比例 = \frac{目标公司现时每股收益 \times 平均增长率}{收购方现时每股收益 \times 平均增长率}$$

进行换股时,如果要求换股以每股收益不被降低(稀释)为前提。换股比例就要另行计算。假设 ERA 是 A 公司股东为防止股利被稀释所能接受的最高换股比例;TE 为换股后公司的利润,等于 A 公司的税后利润加 T 公司(目标公司)的税后利润,再加协同效果而增加的利润;EPSA 是 A 公司原来的每股税后利润,NA 是 A 公司原来的股份总数;NT 是 T 公司原来的股份总数。

如果换股后 A 公司每股税后利润(EPS)不变,则:

$$换股后 A 公司的 EPS = \frac{TE}{NA + NT \times (ERA)} = EPSA$$

由此得到:

$$ERA = \frac{TE - EPSA \times (NA)}{EPSA} \times (NT)$$

同理,可以推导出 T 公司所能接受的最低换股比例:

$$换股后 T 公司的 EPS = \frac{TE}{NT + \dfrac{NA}{ERT}} = EPST$$

$$ERT = \frac{EPST \times (NA)}{TE - NT \times EPST}$$

第三种:是用市场价直接计算。这种情况主要是对双方都是上市公司而言的。计算公式为:

$$换股比例 = \frac{目标公司股价}{收购方股价}$$

该方法认为,公司的价值、风险、增长率等因素都已体现在双方的股票价格上,因此用股票价格计算换股比例是合理的。

第四种:每股净资产价值法。以合并双方的每股净资产价值为标准计算换股比例。

说明:上述方法所计算的换股比例都是一个参考数据。具体到实际收购兼并活动中,换股比例是由双方经过谈判确定的。

2.对股票市场价值的影响

并购过程中,每股市价的交换比率是谈判之重点。对公开上市的股票来说,其价格反映了投资者对该企业内在价值的诸多判断。因此,股价可反映该企业的获利能力、股利、企业风险、资本结构、资产价值及其他与评价有关因素的影响。上市公司的股票通常以股票市价作为计算和确定交换比率的基础。交换比率如下:

$$股票市价的交换比率 = \frac{并购企业每股作价}{被并购企业每股市价}$$

显然,这一比率若大于1,表示并购对被并购企业有利,该企业股东会因被并购而获利;而若该比率小于1,则表示被并购企业因此而遭到损失。

假设甲企业股价为30元,乙企业股价为15元。若甲企业提议以其0.5股交换乙企业1股,则此时

$$股价交换率 = \frac{30 \times 0.5}{15} = 1$$

这表明甲、乙两家企业的股票以市价1:1的比例对换。假如存续企业的股票能稳定在每股30元的水平,则就股票市场价值而言,并购双方的股东在并购后都未受到任何损失,但这将对被并购企业缺乏吸引力。因此,被并购企业可能要求收购价格需要高于其并购目标在拟议收购当时的每股市价。此例中,甲企业可能无法提议以0.5股换取1股,而很可能提议0.667股换取1股,即以每股20元作为当时的市场价格。实际上,只要并购企业提议的价格超过被并购企业当时的市场价格,被并购企业的股东就可能在每股市价方面获得好处,因为两家企业的市盈率存在着差距。假定两企业财务资料如表9-7所示:

表9-7 甲、乙公司的财务资料

指 标	甲公司	乙公司
净利润(万元)	600	240
股数(万股)	400	200
每股收益(元)	1.5	1.2
每股市价	30	15
市盈率	20	12.5

若乙企业每股作价20元,即甲企业每0.667股换取乙企业1股,则

$$并购乙企业股票的市价交换比率 = \frac{30 \times 0.667}{15} = 1.333$$

显然,此交易使乙企业股东在估价方面获得收益,因为并购作价高于其股票市价。同时,甲企业的股东也能获得好处,因为若其股票每股市盈率维持于 20 倍,则在其他条件不变的情况下,并购后甲企业每股市价将升至 31.5 元。计算见表 9-8。

表 9-8　存续的甲公司情况表

指　　标	指标数据
净利润(万元)	840
股数(万股)	533.33
每股收益(元)	1.575
市盈率(倍)	20
每股市价(元)	31.5

市价交换比率还有助于被并购企业对不同并购企业的"出价"进行测算评价并作出选择。

假定甲、乙两家公司均有意收购丙公司的全部股票。丙公司目前的每股市价 12 元,甲、乙公司的报价分别为:

甲公司:愿以其 0.4 股普通股(目前市价为 25 元)加 0.2 股的优先股(目前市价为 16 元)。

乙公司:愿以其 0.35 股(目前股价为 20 元)加 7 元现金。

如果不考虑现金股利和所得税等因素,二者各自的股票市场价值交换比率为:

$$甲公司交换比率 = \frac{0.4 \times 25 + 0.2 \times 16}{12} = 1.1$$

$$乙公司交换比率 = \frac{0.35 \times 20 + 7}{12} = 1.17$$

所以,乙公司的报价对丙企业更为有利,因此应该选择由乙公司来并购。

五、并购的资金筹措

目前在我国,可以采用的融资方式和途径主要有内部留存、增资扩股、金融机构信贷、企业发行债券、卖方融资、杠杆收购等。具体运作中,有些可单独运用,有些则可组合运用,应视并购双方具体情况而定。

(一)增资扩股

收购方选择增资扩股方式取得现金来收购目标公司时,最重要的是考虑现有股东对增资扩股意愿的强弱。就上市公司而言,拥有经营权的大股东可能考虑其自身认购资金来源的资金成本、小股东认购愿望的因素等。对于非上市公司,若股东的资金不足而需要由外界其他特定人士认购时,大股东可能因为担心失去对公司的控制权,宁可增加借款而不愿意进行增资扩股。

并购方通过增资扩股筹集收购资金,其优点在于可以保持或降低资产负债率,增强公司的融资能力。其缺点是:(1)可能稀释公司的每股收益,由此导致股价下降;(2)现有股东在收购后的持股比例可能下降;(3)现有股东必须与新股东一起分享利润。

(二)股权置换(换股)

股权置换是公司合并的基本特色。在企业收购活动中,收购者若将其自身的股票作为现金支付给目标公司的股东,可以通过两种方式实现:一是由买方出资收购卖方全部股权或部分股权,卖方股东取得资金后认购收购方的现金增资股,因此双方股东不需另筹资金即可实现资本集中;二是由买方收购卖方全部资产或部分资产,而由卖方股东认购买方的增资股,这样也可达到集中资本的目的。采用这种方式,对于并购方来说,可以免去现金融资的诸多麻烦,避免由于支出现金而影响企业的财务状况;可以保持公司目前的资本结构,维护公司的融资能力。但是,其存在着与增资扩股一样的弊端。

(三)金融机构信贷

金融机构信贷是企业并购资金的一个重要来源,在国外比较流行。由于这种贷款不同于一般的商业贷款,要求收购方提前向可能提供贷款的金融机构提出申请,并就各种可能出现的情况进行坦诚地磋商。即使需要保密,也需在收购初期向融资机构提出融资要求,因为这种贷款与一般的商业贷款相比金额大、偿债期长、风险高,故需较长的商讨时间。这种方式与前述两种方式相比,优点是:融资成本比较低;可以发挥杠杆效应,增加每股收益;速度比较快,而且不会稀释现有股东的控制权。但是其必然提高并购方的资产负债率,增加公司的财务风险。

(四)卖方融资(推迟支付)

卖方融资是指并购方在进行并购中推迟支付部分或全部款项。这是在国外因某公司或企业获利不佳,卖方急于脱手的情况下,新产生的有利于收购者的支付方式,其与通常的"分期付款方式"相类似。不过,这要求收购方需要有比较好的经营计划,否则,被并购方一般不会向收购方提供这种融资上的便利条件。这种方式对卖方的好处在于因为付款分期支付,税负自然也分段支付,使其享有税负延后的好处,而且还可要求收购方支付较高的利息。通常这种方式适合于善意收购。

(五)杠杆收购

杠杆收购(leverage buy-out,LBO)是指收购方为筹集收购所需资金,大量向银行或金融机构借债,或发行高利率、高风险债券,这些债务的安全性以目标公司的资产或将来的现金流入作担保。实质上,杠杆收购是收购公司主要通过借债来获得目标公司的产权,而且从后者的现金流量中偿还负债的一种收购方式。

与其他的并购融资方式相比较,杠杆收购有如下基本特征:(1)收购公司用以收购的自有资金远远少于收购总资金,两者之间的比例一般仅为 10%～20%;(2)收购公司的绝大部分收购资金系借债而来,贷款方可能是金融机构、信托基金、个人,甚至可能是目标公司的股东;(3)收购公司用以偿付贷款的款项主要来自目标公司的资产或现金流量,即目标公司将支付其自身的售价;(4)收购公司除投资非常有限的资金外,不负担进一步投资的义务,即贷出收购资金的债权人只能向目标公司求偿。实际上,贷款方通常要求以目标公司的资产做担保,以确保优先受偿地位。杠杆收购在提高财务效益的同时,也带来了比较高的风险。这种收购的大部分资金依赖于债务,需要按期支付债息,沉重的债息偿还负担可能令收购公司不堪重负而被压垮。收购后,公司只有经过重组,提高经营效益与偿债能力,并使资产收益率和股权回报率有所增长,并购活动才算真正成功。

第三节　股份制改组

根据我国《股份制企业试点办法》和《公司法》的规定,我国企业实行股份制主要有两条途径:一是新组建股份制企业;二是将现有企业有选择地改造为股份制公司。将原国有企业、集体企业、私营企业经过分立、合并等方式,对股权、资产和组织结构进行合理划分、重新组合与设置,改组为股份有限公司或有限责任公司,统称为企业的股份制改组。其中,由于国有企业改组为股份制企业具有涉及面广、程序复杂等特点,在一段时期内是我国实现股份制的主要形式。

一、股份制改组的目的

长期以来,我国企业基本上是单一的所有制结构,产权不明、政企不分、管理不规范给企业改革的进一步发展带来了很大的障碍。通过股份制改组,按照现代企业制度的基本原则重塑企业制度,是我国企业改革的核心,也是经济体制改革的重点。实践证明,原国有、集体企业改组为股份制企业,对我国国民经济发展具有积极意义;对企业而言,也可显著提高其财务效益。具体表现在如下几个方面:

(一)政企分开

通过股份制改组,可以使国有企业的经营职能和社会职能相分离,摆脱国家机关在经营管理上的直接干预,使企业真正处于独立的商品经营者地位。

(二)转换经营机制

股份制改组有助于使企业从传统计划经济体制下转轨到市场经济体制下,通过建立现代企业制度成为具有自主经营、自负盈亏、自我约束与成长机制的商品生产者,以适应新的市场经济环境。

(三)拓宽企业的融资渠道

通过发行股票能够在短时期内把分散在社会上的闲散资金集中起来,迅速为企业提供大量的长期资金,并有利于降低企业的资产负债率,改善企业资本结构,降低企业财务风险。

(四)规范企业的运行体制

经过股份制改组,可以减少企业内部的管理层次,优化内部劳动组合,加强内部管理,提高企业的运营效率。

(五)有利于生产要素的合理流动,实现社会资源的优化配置

股份制改组后,企业立权可在资本市场上自由流动,实现社会资源的优化配置。股份制改组尽管具有以上各项功能,但并非"一改就灵",也绝不仅仅是集资与分红,对企业制度的重大创新才是股份制改组的本质之所在。否则,离开这种制度内涵、制度本质,简单追求股份制的融资功能或对企业的表面化包装,只会使股份制改组流于形式。所以,国有企业进行股份制改组一定要从企业自身的实际情况出发,慎重行事,重在规范。

二、股份制改组的程序

(一)确定设立股份制企业

股份制企业的设立,包括改组设立和组建设立两种形式。前者是针对原国有企业改组为股份制企业进行的;后者是针对国家新投资创办股份制企业而言的。改组设立,一般应在企业职代会和领导人决定的基础上,征得主管部门或当地政府的同意。组建设立,一般应由发起人达成协议,其中国家投资建设的新建、扩建项目实行股份制的,应由有权审批建设项目的计划部门进行审批。

(二)成立筹备机构

原国有企业改组为股份制企业和以国家投资为主组建的股份制企业,要经国有资产管理部门审批同意,原改组企业负责人及有关各方组成筹委会或发起人组织,负责公司设立过程中的改组方案设计、起草公司章程、申请报批、资产清查核估、募股、进行筹建登记、召集创立大会等工作。

(三)制定实施方案

包括设计公司改组设立方式,起草公司设立申请报告,进行设立公司的可行性研究并编写可行性研究报告,制定公司章程等。设立股份有限公司时,还需要起草招股说明书等。

（四）清产核资与资产评估

企业无论改组为何种股份制企业,都需要先清查企业现有的资产,清理债权、债务,界定原有企业产权。在此基础上,委托具有资格的资产评估机构进行评估,并由注册会计师验资。

（五）申请报批

股份有限公司由其筹委会或委托一个发起人,有限责任公司由全体股东确定一名股东,按规定程序办理申请报批手续。公司被批准设立后,还须到工商行政机关办理筹建登记手续。

（六）认购和募集股份

经审批,公司获准成立后,即开始认购和募集股份。有限责任公司股本总额由股东一次认足。现金出资的应一次性全额存入公司临时账户,实物和无形资产入股的需进行资产评估,办理产权转移手续。缴入的出资额应由注册会计师验资并出具验资证明。股份有限公司的发起人需按规定数额和出资比例认购股份,公开发行股票的还需向国家指定机构办理审批手续。

（七）召开创立大会

股份有限公司股份缴足后,即由筹委会或发起人在规定时间内通知全体股东,并在代表 2/3 以上股份的认股人（或委托代理人）参加会议时召开创立大会,听取和审查发起人关于设立公司的报告,通过和确认公司章程,选举公司董事会和监事会。董事会一经选出,筹委会即自行解散。

（八）登记注册

有限责任公司在政府授权部门批准后,由接受委托的股东依法向公司所在地工商行政管理机关申请登记注册。股份有限公司在召开创立大会后,由董事会向当地工商行政管理机关申请登记注册。在申请登记前,国家股（含国有法人股）代表应先到国有资产管理部门办理产权登记。公司经工商部门核准登记,领取《企业法人营业执照》后即告正式成立。

三、国有企业改制上市的基本模式

国有企业改制上市的模式,是指按照企业改组的具体形式对被改组企业的改组内容、程序设计的大体框架。企业改制上市模式的选定是关系企业股份制改组及股票发行的重要工作。通过对国有企业上市实例的分析和总结,国有企业上市改制主要有六种典型的模式。

（一）"原整体续存"改组模式

这种改组模式是指将被改组企业的全部资产投入到股份有限公司,以之为股本,再增资扩股,发行股票和上市的一种改组模式。按照该模式进行改组,企业的组织结构在原企业组织结构的基础之上,由原有管理体制转换为适应上市的股份有限公司的管理体制。如图 9-1 所示。

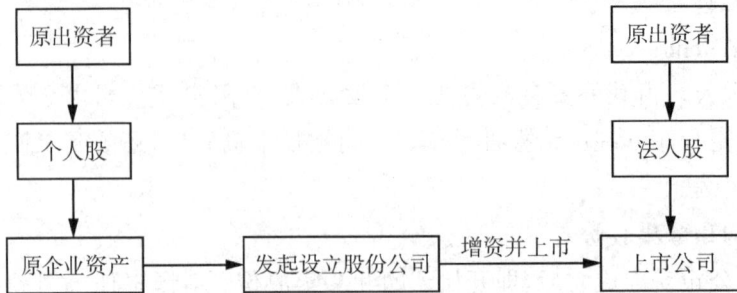

图 9-1　"原整体续存"改组模式图

"原整体续存"改组模式的优点在于:(1)可以整体包装上市,一般不存在对部分资产的剥离,重组的程序简单、时间短、效率高、成本低;(2)原企业的资产与负债及其他生产要素在改组之后不会发生重大变动;(3)改组成立后的股份公司关联交易比较少,有利于日后上市公司的信息披露。其缺点是:(1)适用范围很小,不适于较大规模企业集团的改组;(2)不利于企业在改组过程中获取剥离所能产生的效益;(3)不利于企业裁减(或剥离)冗员。而且这种方式下,很难对股份公司进行实质性改造,往往管理人员还是原有企业的一套人马,换汤不换药,原来管理中存在的弊端会继续延续到股份公司。从实践情况看,这种方式比较适合于新建的,而且非生产系统的资产比较少的企业。

(二)"一分为二"改组模式(或称"并列分解"改组模式)

这种改组模式是对原有企业进行横向的"一分为二"处理的改组模式。具体方法是:将被改组企业的专业生产及其管理系统与原企业的其他部门(主要是应由社会负担的部门)相分离,并分别以之为基础成立两个(或多个)独立的法人单位,直属于原企业的所有者,原企业的法人地位不复存在;之后,再将专业生产及其管理系统改为股份有限公司,并以之为依托增资扩股并上市。其改组示意图如图 9-2 所示。

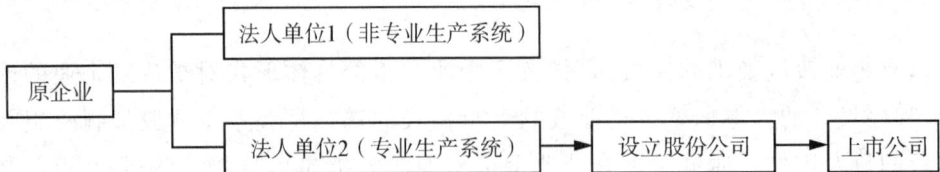

图 9-2　"一分为二"改组模式图

"一分为二"改组模式的优点在于：(1)通过剥离非上市部分，可全面优化上市主体的业务系统，有利于上市公司日后提高竞争力；(2)使非上市部分，尤其是"企业办社会"的实体逐步按照市场经济的规律走向市场；(3)优化管理层次，有利于提高上市公司的管理效率。但是这种模式也存在明显不足：(1)由于需要剥离部分资产和人员，而且判断某些部门是否应该剥离通常具有一定难度，因此改组时各种协调工作的难度比较大，很容易造成矛盾；(2)这种剥离将表现为不同实体(主要是上市部分与非上市部分)职工的既得利益和潜在利益上的差别，容易使职工对改组产生抵触情绪；(3)改组后成立的股份公司往往与被剥离出去的实体存在较多的关联交易。

(三)主体重组模式(又称为"串联分解"改组模式)

主体重组模式或"串联分解"改组模式是对原有企业进行纵向的分解与处理，构造出一对"母子公司的体系"。上边设立一个"母公司"(总公司、控股公司)；下边为一个或几个子公司，其中一个为"股份公司"。实践中，通常的做法是将主要的行政管理力量、辅助工厂、社会负担等部分放在上边的"母公司"或其他子公司中，而把生产主体部分即核心生产系统放入股份公司之中，并以股份公司为基础增资扩股与上市。如图 9-3 所示。

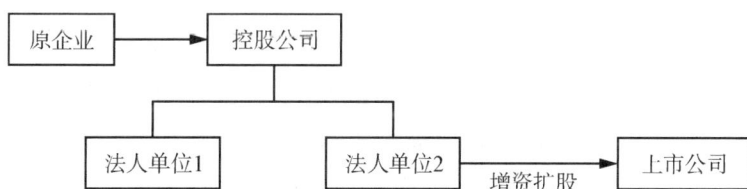

图 9-3　主体重组模式图

主体重组模式与前述"一分为二"模式的区别在于："一分为二"模式下，原主体不复存在，而是完全分解成两个独立的法人单位；而"主体重组"模式下，原主体还存在，只是变成了母公司或控股公司。主体重组模式具有"一分为二"改组模式的基本优点。除此以外，集团公司(总公司)与上市公司的经营者相互重合，改组前原企业拥有的一些权力和利益仍然存在。而且上市公司的红利交给集团公司或控股公司，有利于集团公司从整个集团利益的角度来运作经营。这种模式特别有利于上市主体的负债改组和削减冗员，使上市公司得以有效筹资或将一定数量的负债转移到控股公司，提高上市公司的运行效率。除与"一分为二"改组模式的缺点一致外，这种模式下关联交易会更加复杂，上市后的信息披露因此也更为复杂和麻烦。另外，由于集团内各方面错综复杂的关系和领导者兼职(控股公司的领导者经常兼任股份公司的领导者)，很可能导致上市公司的管理体制不规范，难以摆脱原有体制束缚。

(四)"合并整体"改组模式

"合并整体"改组模式是指以投入被改组企业的全部资产并吸收其他权益人作为

共同发起人而设立股份有限公司,然后再增资扩股、发行股票并上市的一种改组模式。这种改组模式可以发生在公司上市之前,也可以发生在公司上市以后;可以发生在上市公司之间、非上市公司之间,也可以发生在上市公司与非上市公司之间。如果这些公司横向相关,即生产同种或同类产品,合并将有助于取得规模效益;如果这些公司纵向相关,即产品或业务处于上下游,合并则有助于降低交易费用,提高资本收益率。该模式关键在于选择合适的合并对象,一般来说合并对象应具有现实或潜在的较好经济效益。其示意图如图9-4。

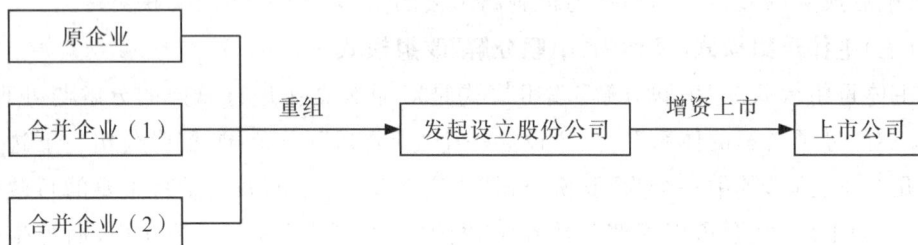

图9-4 "合并整体"改组模式图

"合并整体"改组模式基本上具有前述"原整体续存"改组模式的优点。同时,它还有利于增强上市公司的竞争力,因为合并对象一般都与上市主体有密切关系,如权益关系、产品关系、债务关系以及合并后提高竞争力的共同目的等,合并之后的上市公司能够更好地进行内部优化组合以提高规模经济效益;按照"合并整体"改组模式设立的股份有限公司增加了股本;企业按照"合并整体"改组模式进行改组可使原企业的体制框架、内部管理制度以及人员结构等方面发生较大的变化,从而有利于上市公司按照新的方式运行。这种模式也存在"原整体续存"改组模式的主要缺点。另外,合并吸收中需要很多协调工作,而合并各方在管理、经营上还存在整合的问题,导致改组成本较高。

合并整体重组模式还有一种变型方式。这种方式下,几个企业先合并成一个控股公司,然后控股公司再把一方面资产改组成股份公司,并以此为基础,进行增资扩股和上市。其图示如图9-5。

这种改组模式的优点是在进行重组上市的同时,可以进行战略性的合并,以便形成强大的集团公司。但是,缺点是合并时难度很大,成功率比较低。

(五)"买壳上市"改组模式

非上市公司或企业通过购买上市公司的股权并实现控股后,可以达到间接上市甚至直接上市的目的。这就是"买壳上市"改组模式。买壳方式的本质是股权的转换,这种转换既可以通过股票二级市场实现,也可以通过内部协议转让来实现。在实践中,买壳方式一般发生在无关联的企业之间。该种方式的优点在于技术操作上相

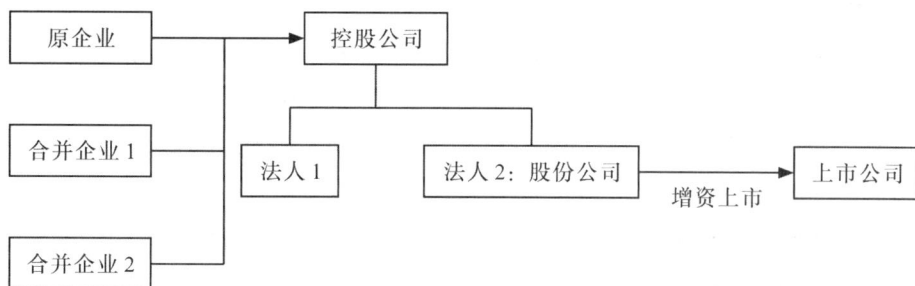

图 9-5　"合并整体"改组模式变型图

对简单,可以绕开许多行政法规障碍。买壳上市的公司通过引入新的大股东注入优质资产,拓展更有发展前景的新项目、新产品,可实现经营结构与经济效益的改观。其缺点在于资金耗用量大,即壳资源的成本比较高,尤其在我国目前情况下更是如此。

(六)资产注入、股权置换改组模式

政府部门、行业协会、集团的母公司将其所属企业的资产或权益注入拟上市公司或已上市公司,使其资产质量、股本水平、收益能力等符合上市要求。与此类似的是资产置换。资产置换是指两个企业(公司)为调整资产结构、突出各自的主营业务,或出于特定的目的而相互置换资产的重组方式。在我国现阶段,它主要是母公司与其控股上市公司之间的资产置换,表现为母公司的优质资产与上市公司的劣质资产之间的置换。这种资产置换的目的在于:一是取得配股资格,或获取较高的配股价;二是免予摘牌;三是调整生产结构,改变公司的经营战略,提高资产运作的效率。

四、股份制改组中的财务问题

企业股份制改组涉及企业组织结构变更、债务重组、资产评估与分割及内部管理制度创新等诸多方面,是一项涉及面广、难度大,而且极其敏感和特殊的工作。在改组中,应特别关注以下几个方面财务问题:

(一)清产核资与产权界定问题

股份制改组前,必须先进行清产核资工作。企业应认真清查现有资产并重新造册,清理债权债务,收回到期债权,偿还到期债务。在清产核资基础上合理界定企业原有产权。理论上,原企业所有资产均归所有权人所有。但由于历史原因,我国国有企业的产权界定在实践中是一个比较棘手的问题,在理论上、法律上也有待于进一步探讨。如许多国有企业的劳动服务公司、子弟学校等可能注册为集体所有制,改制时却可能作为企业投资兴办的下属子公司处理。类似的产权问题都必须在股份制改组过程中加以明确并人格化。

(二)资产剥离问题

资产重组是对原企业资产的重新组合和配置,同时也涉及对原企业负债的划分和承担问题。整体改组的企业,其全部资产和负债均由改组后的股份有限公司承担,不存在资产和负债的划分问题。但若以分立或合并方式改组,原企业存续的,则涉及资产和负债的划分问题。

国有企业股改上市不能是全部资产都转为股本,必须进行资产剥离,以部分优质资产为发起股份。资产的剥离应遵守以下四项要求:(1)主业突出。资产的剥离要有形成拳头产业或产品的意识,使企业主营业务突出。这意味着非主营业务系统及其资产需要剥离出去。(2)避免同业竞争与规范关联交易。改制企业一般都有全资或控股子公司,这些子公司大都同原企业或存续企业之间存在同业竞争和关联交易。上市前的资产剥离应尽可能做到同业全剥,即生产同一产品的资产要尽量剥离,使将来上市公司的产品与控股公司的产品有别。处理关联交易包括两类工作:一是明确各类关联交易之间的具体关系;二是制定有关的法律文件。按照避免同业竞争的原则,在资产重组时,同一产品的生产与经营系统要归属到一个公司内,不要分属不同的公司。(3)利润适当原则。剥离时需要剥离出去多少资产,必须考虑利润因素。法规要求股票发行价格取决于企业发行当年摊薄后的每股预测利润。于是,每股税后利润多少,在很大程度上关系到股票发行价格。一般应根据利润总量剥离资产,保持每股税后利润在适当水平。(4)系统设计原则。即要求以系统思想设计企业股份制改组方案,其内容包括:公司资产折股、股权设置、股权结构、股权管理、机构设置的方案;企业分立或合并的方案;原企业与公司的关系及相关问题处理的方案;债权债务处理的方案;非经营性资产剥离及管理的方案;离退休人员、富余人员处置的方案等。

(三)资产评估问题

资产评估是股份制改组的必经程序,企业应聘请具有法定资格的资产评估机构对资产进行全面评估,重新确定企业资产的价值。凡涉及国有资产的,在评估前还要向国有资产管理部门申请评估立项,获准立项后才能展开评估工作。国有资产的评估结果需报国有资产管理部门确认,非国有资产的评估结果需由其所有权人确认。

(四)债务安排问题

在股份制改组实践中,被改组企业债权债务的划分一般由原企业与改组后的股份制公司签订协议书,以明确各自享有或承担的债权债务。由于债务划分涉及债权人的利益,因此事先必须征得债权人的同意,在与债权人达成有关债务安排的协议之前,企业改组不能进行。原企业与新改组成立的股份公司在分担债务时,通常要遵守两个基本原则:一是债务跟着资产走,即凡是靠借款建造的资产,资产进入股份公司,那么其相应的债务也要归入股份公司;二是债务适当原则,我国规定上市公司的资产负债率不能高于70%,这表明股份公司只能承担适当的债务,资产负债率不能太高。

(五)改组上市公司的模拟会计报表编制与审计

改组上市公司的模拟会计报表,是指以改组后公司母体会计核算资料为基础,依据企业改组方案、改组后公司的组织结构、经营方式、会计政策等,假设公司在三年前即已存在,对会计报表进行会计调整并重新编制的改组后公司在前三年(及最近一期)可能形成的会计报表。根据《股票发行与交易管理条例》规定,改组上市公司的上市招股说明书必须包括"经会计师事务所审计的公司近三年或成立以来的财务报告"。由于改组上市公司组建期通常不足三年,改组前后组织结构及适用会计准则(制度)的变化将导致会计报表口径不一致。根据一贯性原则,改组上市公司须基于相同的会计主体假设、会计政策等,对会计报表进行会计调整。经过调整形成的模拟会计报表,一方面较之母体会计报表,能增强报告期内改组上市公司会计信息的可比性、决策相关性,有助于投资者正确了解公司的历史盈利状况并预测未来盈利趋势。但另一方面,在对会计报表进行会计调整的过程中,改组上市公司也存在着操纵利润、粉饰报表的动机与可能,从而很可能降低模拟会计报表的真实性、可靠性。因此,对模拟会计报表进行审计是十分必要的。

(六)制度创新问题

股份制改组后,企业应严格规范法人治理结构,规范股东大会、董事会、经理层和监事会的一切法定权利,合理划分权力机构、决策机构、执行机构、监管机构的职责和权力。董事会必须由股东大会选任或罢免,董事长必须由董事会选任和罢免,总经理必须由董事会聘任或解聘,其他任何机构都无权干涉,凡干涉者要承担法律责任。股东大会和董事会应按法定的要求和程序举行,企业重大决策需经股东大会决议通过,企业重大经营决策需经董事会决议通过。董事长和总经理分设,不能一人身兼两职。在股份制的条件下,职工与企业之间是一种契约关系。工会作为劳企双方的劳方代表,只能就企业与劳动者之间契约关系的有关事项,通过与企业交涉、谈判和提出诉讼等方式维护劳动者权益。

第四节 控股公司的组建

一、控股公司及其特征

(一)控股公司的定义

控股公司最早出现于 1889 年,它是指拥有其他公司达到决定性表决权的股份,而行使控制权或从事经营的公司。控股公司不但拥有子公司在财务上的控制权,而且拥有经营上的控制权,并对重要人员的任命和大政方针的确定拥有决定权,甚至可以直接派人去经营管理。控股公司也称为母子公司。拥有其他公司的股份并能够实际控制其营业活动的公司称为母公司(或总公司);资产全部或部分地归母公司拥有,但经济上和法律上都相对母公司而独立的公司称为子公司(或附属公司)。随着控制权的延伸还有孙公司,即由子公司所控制的公司等。

(二)控股公司的财务特征

从财务上讲,控股公司具有如下基本特征:

1.产权关系复杂化

控股公司通常采用产权经营形式。它不同于一般直接从事商品生产的企业,也不是简单的产品协作关系或企业间的合作关系,而主要是通过控股形式,形成以产权关系为纽带的企业集团。而且不同类型的控股公司可以采取不同的持股方式,既有垂直持股方式,也有环状的相互持股(或交换股份)方式,还有环状持股与垂直持股混合的方式。由此而使控股公司内部的产权关系十分复杂。

2.财务主体多元化

控股公司的一个重要特点是母公司与被控股的子公司之间在法律上彼此独立,并以资本的结合为基础而产生控制与被控制机制。这正是控股公司与事业部机制的重大区别。事业部机制是大公司所采取的高度分权的体制,各事业部一般无法人资格。而控股公司中各子公司作为独立法人,都是利润管理中心或投资管理中心,是更为彻底的分权化单位,具有独立的经营管理机构并独自负有利润责任,拥有独立筹资能力,形成"公司内的公司"。所以控股公司本身就意味着多个财务管理主体,合并会计报表成为必然。

3.财务决策多层次化

控股公司中,母公司作为核心企业,与其下属各级子公司分别处于不同的管理层次,各自的财务决策权力、内容大小也各不相同,导致控股公司内部财务决策的多层次化。因此控股公司在牢牢确立母公司主导地位的基础上,必须充分考虑不同产业、地区、管理层次的企业的不同情况,合理处理集权与分权的关系,从而最大限度地减少内部矛盾,真正调动集团各层次成员企业的积极性和创造性,保证集团发展规划和经营战略的顺利实施。

4.投资领域多元化

控股公司凭借其财力雄厚的条件,普遍采用多元化投资经营战略,注重产品的系列化和产业的多元化,通过进入市场经济的多个领域,在增强其竞争发展能力的同时,提高了抵御不同市场风险的能力,从而可以加速整个集团的资本扩张与资产增值速度。

5.母公司职能双重化

在控股公司这样一个以产权关系为纽带的企业集团中,母公司作为整个集团发展目标的制定与实施的组织者、指挥者,其职能不再仅仅局限于其自身简单的商品经营。它更为重要的职能在于通过控股等多种方式,以股权关系为基础从事企业的资本经营和管理,推动其下属各子公司的商品经营,使整个控股公司能够作为一个有机整体有效地协调运营并迅速扩张,实现利润最大化的目标。

6.关联交易经常化

关联交易是指在关联方之间发生的转移资源和义务的事项。通常,控股公司内部的母子公司之间、同时被母公司控制的子公司、合营企业、联营企业之间等都会或多或少地出现关联交易。倘若这些关联交易能够以市价作为交易的定价原则,则不会对交易双方产生异常的影响。但事实上不少关联交易采取协议定价原则,交易价格高低在一定程度上取决于控股公司的需要,使利润得以在各公司之间转移。也就是说,对关联交易的利用已经成为控股公司实现其发展战略与经营策略的必备手段。

二、控股公司的类型

控股公司作为一种母子公司体制,形式多样,形成了企业的系列化结合。

(一)纯粹性控股公司与混合性控股公司

根据所从事的活动内容,控股公司可分为纯粹控股公司和混合控股公司。纯粹控股公司设立的目的只是掌握子公司的股份,控制其股权,然后利用控股权影响股东大会和董事会,支配被控股公司的重大决策和生产经营活动,而其本身并不直接从事生产经营活动。各种投资公司就属此类。混合控股公司则指既从事股权控制,又从事某种实际业务经营的公司。一方面,它掌握子公司的控制权,支配其生产经营活动,使被控股公司的业务活动有利于控股公司自身营业活动的发展,如多元化经营、跨地区乃至跨国经营等;另一方面,它又直接从事某种实际的生产经营活动。这两种类型的控股公司在我国都存在,尤其以后一种形式者居多。

(二)子公司的分类

以上是对控股公司的分类,实际上,被控股的子公司也有多种形式:

1.全资控股子公司,简称全资子公司,指母公司持有该公司100%的股份,通常由母公司全资设立。

2.优势控股子公司,即母公司持有该公司50%～100%的股份。

对上述两类控股子公司,母公司均拥有绝对的控制权,子公司禁止持有母公司的股票,并且其经营范围不能超出母公司的经营范围。

3.质量参股子公司,指其25%～50%的股权被另一家企业所拥有,并受其影响和制约的公司。质量参股子公司可拥有母公司的股票,但不能相应拥有其股东大会的表决权。子公司的主要经营范围应与该持股公司相同。

4.任意参股子公司,指母公司持股比例低于5%的子公司。这类公司是母公司为了业务或技术协作而参股经营的,其生产经营范围与母公司相同或相关。

(三)直接控股公司与间接控股公司

在母子公司体制中,相对于被直接控制股权的子公司而言,母公司就是直接控股公司,即母子公司间是一级垂直控制关系,中间不再有其他中介公司。如果母公司所属的控股子公司再对其他公司控股,则对这些孙公司、曾孙公司等而言,母公司即为间接控股公司。次级控股公司是通过上一级控股公司(母公司)注入的法人资产持有其他公司一定数量的股票,并对其实施控制的公司。次级控股公司一般为专业集团公司和地区集团公司等,它的建立有利于减少上一级控股公司的管理幅度,加强对下属企业的经营控制和管理。

(四)国家控股公司

国家控股公司是国家管理国有资产的组织形式之一,是国家出资并授权的国有企业。它是政府机构和企业之间的媒介,是国家为了以较少的资本金控制较多、较大的企业资本,并执行管理众多国有企业的职能或实现政府某一政策目标而组建的经济组织。按照其职能、作用及形成原因的不同,国家控股公司一般分为三种形式:

1.管理型国家控股公司

这类公司主要是作为政府与企业中间的媒介,执行管理众多国家参与企业的职能。其主要职能是:审查和批准公司的重大决策;对国有资产进行产权管理;决定企业人事的任免及其报酬、福利等。

2.投资型国家控股公司

这类公司是政府为实现其某一政策目标而建立的。其目的是通过购买企业的产权或股权、提供信贷等方式,支持经济效益差但由于特殊原因又必须由国家支持的企业,或经过企业的产权转让重组实现政府的其他政策目标。

3.经营型国家控股公司

这类公司通常是某些天然垄断性行业或公共性行业的总公司,其设立通常由国家专门的行政法令批准。它们一方面要管理本行业中的子公司,另一方面也可以向其他有利可图的行业发展。

三、控股公司的组建方式

控股公司的组建方式有多种多样,但是一般来说有如下三种常见类型:

1.体内分立方式

这种方式下,原企业把自己产业链条中的某些部分分立出去,组建成一个独立的子公司,而原企业则变成为控股公司。如,某摩托车企业,可以把其中的发动机生产系统分立出去成立一个发动机制造公司,作为自己的子公司,而摩托车企业则转变成母公司或控股公司。通过这种方式,企业可以通过控制权的转让而吸收一部分外部资金和投资者,是企业进行扩张时的常见方法。

2.体外并购方式

这种方式下,又有两种具体方法:一是通过收购或兼并形式,购买一家企业使其成为自己的子公司,而自己则转变为控股公司;二是在二级市场上收购某家公司的股票,当持有股份达到一定比例成为第一大股东时,被收购的公司就成为自己的子公司,使自己则成为控股公司。

3.行政性改组方式

这种方式下,控股公司的形成是通过国家有关部门的撮合以行政手段实现的。该方式只适合于国有企业的改组。

四、控股公司的财务运作

1.充分发挥资金杠杆作用,规避财务风险

一般地讲,公司的负债能力由其自有资本、还款可能性和提供的担保决定。但控股公司在负债能力上具有杠杆效应,这杠杆效应产生于控股使企业规模日益庞大,并形成一个金字塔式的控制体系。层层连锁控股使其可依据同样的资本取得更多的借款,从而提高负债的可能,对其控制的资产和收益发挥很大的杠杆作用。假设某处于金字塔底层的数家孙公司共有 8 000 万元的资产,负债和股权投资各为 4 000 万元。处于子公司地位的控股公司可以把孙公司的股票作为其公司资产,形成 2 000 万元股本加负债 2 000 万元的资本结构。而拥有子公司股票的母公司可以用 1 000 万元股本加负债 1 000 万元形成自己的资本结构。这样母公司就以 1 000 万元资本控制了 8 000 万元的营业资产。只要孙公司赚钱,并能向控股公司缴付股利,所有控股公司都有利可得。但控股公司的负债率很高(7 000 ÷ 8 000 = 87.5%),而其他公司仅为 50%,从而加大了控股公司亏损和不能偿还到期债务的可能性。

控股公司早在 20 世纪 20 年代就被人们用作资金杠杆。随着附属企业层次的增加,处于顶层的母公司(控股公司)的负债率非常高,其综合负债率将远远高于单个公司的资产负债率。此外,这种高比率的综合负债会使控股公司层次上利润的微小降低在整个公司系统产生连锁反应。

显然,控股公司财务管理的重要任务之一就是对这种资金杠杆作用的利用以及对由此出现的风险进行防范。控股公司财务管理还必须正确处理好经营风险与财务风险的关系,做好事前控制与规划,及时掌握资本市场信息,充分利用现代企业的财务手段,抓住时机,适时调整和控制资本结构,确保公司资本结构与市场和国家产业政策相吻合。

2.落实控股公司的控制权

控股公司欲对下属公司的财务与经营决策发挥控制作用,就必须拥有相应的权限并保证落实,如:(1)最高主管的任命权和财务总监的委派。居于控股地位的母公司,可以自己派人担任子公司最高主管或财务总监,在得到少数股东认同后共同管理公司;(2)对重大财务事项的审批权;(3)业务控制权。控股体制的形成,不仅涉及利润的分享,更涉及产品形象和产销等的控制。许多国外公司就是通过持股方式,输入其产品,借助已有的品牌或营销渠道,推出自己的产品,低成本地实现异地产销网的建设;(4)财务预算、决算的审核权;(5)财务经营信息反馈权与内部审计监督权。

3.协调控股公司的财务政策

与控股公司内部不同层次的财务决策相适应,母子公司之间的财务政策也需要相互协调。(1)投资决策权的协调。一般来说,战略性投资的决策权必须由母公司掌握,而操作性和日常性的投资决策则可由各子公司自行做出,并确保与集团战略性投资决策的一致性。(2)筹资决策权的协调。由于子公司做出的大部分筹资决策都能影响到母公司的利益,例如银行可能要求母公司为子公司的借款项目提供担保,因此必须制定一个筹资政策来保证控股公司资金需求和资金来源的协调性。(3)成本费用与收益分配政策的协调,包括折旧与摊销政策、存货计价与成本结转方法、利润分配政策的统一或协调。

4.调控控股公司内各公司的资金流动

控股公司的财务管理应发挥内部资本市场的作用,注重其内部资金的管理,提高内部资金使用效率,降低资金使用成本,做好内部资金有效融通的工作。由于各子公司具有法律上的独立性,就需要解决各公司间资本流动问题以及采用什么样的方式才能保证各公司间的资金循环问题。一般的方式有两种,即商业方式(转移价格)和财务方式(股息分配、贷款、资本增加)。商业方式主要涉及关联交易;财务方式则主要涉及控股公司利用财务公司或内部结算中心向子公司发放内部贷款、控股公司的子公司之间相互贷款等业务。

5.谋划与实施控股公司的资本经营活动

控股公司根据其发展战略的需要,灵活地运用兼并、收购、分立、出售、托管、改组、上市、清算等形式,通过"以大吃小""以多控少""以小吃大""以少控多"等方法快速实现资本的集中、集聚、扩张、收缩和撤退。这种资本经营的权利只能由控股公司而不能由其子公司掌握。

五、控股公司的优缺点

(一)控股公司的优点

与专业化单一性的公司相比,控股公司具有如下明显的优点:

1.可以控制更多的社会资源

采用控股方式,企业只需购入其他公司 50％、10％甚至 5％的股票就可获取其控制权,掌握被控制公司的 50％、90％甚至 95％的资源,从而达到强化自身优势地位的目的。而如果采用合并等方式,尽管也可以达到增强竞争实力、扩大企业规模的目的,但要么以取消原企业为代价,要么需要付出巨额资金,在企业资金有限时只能望洋兴叹。相比而言,控股方式则是一种非常廉价的扩张方法。

2.节约企业整合的交易费用

控股与并购不同,它并不伴随组织的融合。为支配、控制一个公司只需购买所需股份即可,当事人容易在相对平静的状态下达成协议,从而可以避免并购过程中时常发生的与公司债权人、工会、少数股东等的纠纷。即使在难以达成协议时,也可以通过证券市场买进其股份以单方面促成结合关系,而不需要征求股东的意见。所以,控股公司可以大大节约为达成结合关系而与对方谈判、交涉等的交易费用。

3.分散集团整体经营风险

由于控股公司系统中母公司与各子公司都是独立经营的法人企业,所以当某一个企业发生的灾难性亏损时,不会作为负债传递给其他企业,而子公司获利的好处母公司能够得到;而且倘若附属公司的经营业绩恶化,母公司还可以卖出股份而转嫁其经营责任。与事业部组织相比,控股公司承担的风险较小,发生亏损等不利事件时不会拖累全体,且撤退更为容易。

4.防止组织一体化的损失

企业合并中的组织融合过程极易发生人际摩擦,并且随着组织规模过分扩大,特别是机构过于庞大时,内部控制和管理上多会发生非效率现象,即企业的组织成本增加。而控股公司中的股份持有可以在一定程度上防止这种损失,提高组织的运行效率。

5.防止企业被并购

从中小型企业的角度考虑,保护自己免遭大企业吞并的手段之一就是成为某大企业或集团的子公司、伙伴公司,从而既保证其一定的独立性,又有较为稳定的经营业务。

6.获取规模经济的效益

控股公司中各企业能获取原材料、零部件的稳定供应或得到较为优惠的供应价格,可减少竞争对手并获得较高的商誉,而且子公司由专业人员管理,效率更高。

7.法律和税收方面的利益

一方面,由于所得税实行超额累进制,母子公司独立核算、分散上报应税所得可以降低适用税率,减少纳税负担。另一方面,建立控股公司还可以逃避法律责任,如回避公司章程规定条款,避免有关行政法规的限制,以及隐匿财产等。

(二)控股公司的弊端

控股公司在存在上述优点的同时,其本身也存在着如下缺点:

1.控股公司的经营信条、战略计划、方针等难以彻底地向子公司渗透、贯彻

母子公司完全以资本结合为主,以投资收益率、盈利状况等为评价指标,在经营和管理上的渗透力并不太强,因此在战略思想的贯彻中有时难以达成一致。

2.公司难以充分利用控股公司的专业职能作用

控股公司和子公司都是独立的核算单位,除了董事兼任外,母公司的各职能部门并不为子公司服务。子公司也需设立股东大会、董事会等公司机构,使管理成本提高。

3.统筹协调困难

控股公司中资金分散管理,资金周转、拆借的效率低,难以实现集团式的统筹管理。控股公司的投资协调也比较困难;子公司的投资有时不受总部的直接控制,子公司的利润被用于其自身的投资,因而较难从公司全局的未来利益出发,利用子公司的利润进行长期投资。同时,子公司之间协调往往也比较差。

第五节　企业兼并中的防御策略

在并购市场上,每个企业既可能是收购方,更可能成为其他企业的收购对象。攻与防永远是对立统一的关系。目前越来越多的公司从自身利益出发,在投资银行等外部顾问机构的帮助下,开始重视采用各种积极有效的防御性措施来进行反收购,以抵制来自其他公司的敌意并购。

一、反收购的经济手段

反收购时可以运用的经济手段主要有四大类:提高收购者的收购成本、降低收购者的收购收益或增加收购者的风险、收购收购者、适时修改公司章程。

(一)提高收购者的收购成本

1.资产重估

在现行的财务会计中,资产通常采用历史成本来估价。普通的通货膨胀,使历史

成本往往低于资产的实际价值。多年来，许多公司定期对其资产进行重新评估，并把结果编入资产负债表，提高了净资产的账面价值。由于收购价格与账面价值有内在联系，因此提高账面价值会在一定程度上抬高收购价，抑制收购动机。

2.股份回购

公司在受到收购威胁时可以回购股份，其基本形式有两种：一是公司将可用的现金分配给股东，这种分配不是支付红利，而是购回股票；二是换股，即发行公司债、特别股或其组合以回收股票，通过减少在外流通股数以抬高股价，迫使收购者提高每股收购价。但此法对目标企业颇危险，因负债比例提高，财务风险将会增加。

3.寻找"白衣骑士"（white knight）

"白衣骑士"是指目标企业为免遭敌意收购而自己寻找的善意收购者。公司在遭到收购威胁时，为不使本企业落入恶意收购者手中，可选择与其关系密切的有实力的公司，以更优惠的条件达成善意收购。一般来讲，如果收购者出价较低，目标企业被"白衣骑士"拯救的希望就大；若买方公司提供了很高的收购价格，则"白衣骑士"的成本提高，目标公司获救的机会相应减少。

4.金色降落伞

公司一旦被收购，目标企业的高层管理者将可能遭到撤换。金色降落伞则是一种补偿协议，它规定在目标公司被收购的情况下，高层管理人员无论是主动还是被迫离开公司，都可以领到一笔巨额的安置费。与之相似，还有针对低层雇员的"银色降落伞"。但金色降落伞策略的弊病也是显而易见的，因为支付给管理层的巨额补偿反而有可能诱导管理层低价将企业出售。

(二)降低收购者的收购收益或增加收购者的风险

1."皇冠上的珍珠"对策

从资产价值、盈利能力和发展前景诸方面衡量，在混合公司内经营最好的企业或子公司被喻为"皇冠上的珍珠"。这类公司通常会诱发其他公司的收购企图，成为兼并的目标。目标企业为保全其子公司，可将"皇上的珍珠"这类经营好的子公司卖掉，从而达到反收购的目的。作为替代方法，也可把"皇冠上的珍珠"抵押出去。

2."毒丸计划"

"毒丸计划"包括"负债毒丸计划"和"人员毒丸计划"两种。前者是指目标公司在收购威胁下大量增加自身负债，降低企业被收购的吸引力。例如，发行债券并约定公司股权发生大规模转移时，债券持有人可要求立刻兑付，从而使收购公司在收购后立即面临巨额现金支出，降低其收购兴趣。"人员毒丸计划"的基本方法则是公司的绝大部分高级管理人员共同签署协议，在公司被以不公平价格收购，并且这些人中有一人在收购后被降职或革职时，则全部管理人员将集体辞职。这一策略不仅保护了目标公司股东的利益，而且会使收购方慎重考虑收购后更换管理层对公司带来的巨大影响。企业的管理层阵容越强大、越精干,实施这一策略的效果将越明显。当管理层的价值对收购方无足轻重时,"人员毒丸计划"也就收效甚微了。

3."焦土战术"

这是公司在遇到收购袭击而无力反击时,所采取的一种两败俱伤的做法。例如,将公司中引起收购者兴趣的资产出售,使收购者的意图难以实现;或是增加大量与经营无关的资产,大大提高公司的负债,使收购者因考虑收购后严重的负债问题而放弃收购。

(三)收购收购者

其又称为"帕克门"战略。这是作为收购对象的目标企业为挫败收购者的企图而采用的一种战略,即目标企业威胁进行反收购,并开始购买收购者的普通股,以达到保卫自己的目的。例如,甲公司不顾乙公司意愿而展开收购,则乙公司也开始购买甲公司的股份,以挫败甲公司的收购企图。

(四)适时修改公司章程

这是公司对潜在收购者或诈骗者所采取的预防措施。反收购条款的实施、直接或间接提高收购成本、董事会改选的规定,都可使收购方望而却步。常用的反收购公司章程包括董事会轮选制、超级多数条款、公平价格条款等。

1.董事会轮选制

董事会轮选制使公司每年只能改选很小比例的董事。即使收购方已经取得了多数控股权,也难以在短时间内改组公司董事会、委任管理层,实现对公司董事会的控制,从而进一步阻止其操纵目标公司的行为。

2.超级多数条款

通常情况下所有公司的章程都需要规定修改章程或重大事项(如公司的清盘、并购、资产的租赁)所需投票权的比例。而超级多数条款则规定公司被收购必须取得2/3或80%的投票权,有时甚至会高达95%。这样,若公司管理层和员工持有公司相当数量的股票,那么即使收购方控制了剩余的全部股票,收购也难以完成。

3.公平价格条款

公平价格条款规定收购方必须向少数股东支付目标公司股票的公平价格。所谓公平价格,通常是以目标公司股票的市盈率作为衡量标准,而市盈率的确定是以公司的历史数据并结合行业数据为基础的。

二、反收购的法律手段

诉讼策略是目标公司在并购防御中经常使用的策略。诉讼通常包括:逼迫收购方提高收购价以免被起诉;避免收购方先发制人,提起诉讼,延缓收购时间,以便另寻白衣骑士;在心理上重振目标公司管理层的士气。

诉讼策略的第一步往往是目标公司请求法院禁止收购继续进行。于是,收购方必须首先给出充足的理由证明目标公司的指控不成立,否则不能继续增加目标公司的股票。这就使目标公司有机会采取有效措施进一步抵御被收购。不论诉讼成立与否,都为目标公司争取到时间,这是该策略被广为采用的主要原因。

目标公司提起诉讼的理由通常有三条。第一,反垄断。部分收购可能使收购方获得某一行业的垄断或接近垄断地位,目标公司可以此作为诉讼理由;第二,披露不充分。目标公司认定收购方未按有关法律规定向公众及时、充分或准确地披露信息等。第三,犯罪。除非有十分确凿的证据,否则目标公司难以以此为由提起诉讼。

反收购防御手段层出不穷,除经济、法律手段以外,还可利用政治等手段,如迁移注册地,增加收购难度等。以上种种反并购策略各具特色,各有千秋,很难断定哪种更为奏效。但有一点是可以肯定的,企业应该根据并购双方的力量对比和并购初衷选用一种策略或几种策略的结合。

🔲 案例分析

中远(上海)置业发展有限公司买壳上市案例

释义:

除非特别说明,本案例中所引用的简称做如下解释:

中远集团:中国远洋运输(集团)总公司

中远置业:中远(上海)置业发展有限公司

众城实业:上海众城实业股份有限公司

中远发展:中远发展股份有限公司

陆家嘴公司:上海陆家嘴金融贸易区开发股份有限公司

中房上海:中房上海房地产开发总公司

上海国际信托:上海国际信托投资公司

上海建行:中国建设银行上海市分行第二营业部

中远太平洋:中远太平洋有限公司

中远国际:中远国际有限公司

亚商:上海亚洲商务投资咨询公司

1997年5月27日,中远集团旗下的中远置业以协议的方式受让了占众城实业总股本28.7%的发起人法人股,成为该上市公司的第一大股东;1997年10月,中远置业在对众城实业资产重组工作已经取得明显绩效的基础上,进一步协议受让了占众城实业总股本39.67%的发起人法人股,这样中远置业便以68.37%的股权持有量成为该公司的绝对控股方。

中远—众城资产重组案例是上海房地产业的第一起"买壳上市"案,亦是近年来中国资本市场上比较精彩和具有影响力的经典力作之一,其全面的思考方法、紧凑的收购程序和老练的运营手段很值得借鉴。

一、收购前各方的股权结构和基本背景

（一）中远集团

中远集团是 1993 年组建的一家以中国远洋运输公司为核心母体的世界级特大型集团公司,在我国 56 家特大型国有集团公司中排名第五,总资产达 1500 多亿元人民币,以航运业为核心业务。公司拥有船只 600 多艘,载重量 1 700 万吨,世界排名第三;集装箱箱位总量居世界第四;散货船队运输能力排名世界第一。

中远集团在中国快速增长的经济和对外贸易下,取得过辉煌的成就,但海运市场的日益对外开放,使企业面临激烈的竞争。为了适应市场的变化,中远集团提出了"下海、登陆、上天"的多元化发展战略,将公司从航运业向综合物流、多式联运企业方向发展。集团在香港成功收购了中远太平洋和中远国际两家上市公司,将业务发展到建筑、房地产、基建、工业能源、贸易等方面,已成为我国一个集多种业务于一体的跨国家、跨地区、跨行业、多层次、多元化经营的大型综合企业集团。

为增强企业的发展潜力,分散企业的经营风险,中远集团将在贸易、金融、工业、房地产等陆上产业的发展上花大力气,并把房地产作为集团多元化发展的重点之一,有计划地实施"九五"期间在房地产投资 60 亿元的发展方案。

（二）中远置业

中远置业是中远集团于 1997 年 3 月 27 日成立的大型控股公司,作为此次收购的主体。公司注册资本为 3.2 亿元,为了符合《公司法》中对外投资不能超过其净资产50%的规定,中远集团依靠自身的规模实力,通过资本运营迅速将其净资产提高到8.2亿元以上。

公司主要从事实业投资、资产经营、房地产开发、国内贸易这四种业务。其主要股东及持股比例为:

股东	持股比例(%)
上海远洋运输公司	60
中远集团	30
中远房地产开发公司	10

（三）众城实业

众城实业是 1991 年 10 月 28 日由陆家嘴公司等四家企业发起设立的,在浦东地区成立的第一批股份制企业之一。于同年发行人民币普通股,1993 年 4 月 7 日在上海证券交易所持牌上市。

众城实业总股本 16 843.68 万股,其中法人股 12 307.68 万股,流通股 3 024 万股,转配股 1 512 万股。法人股持股情况如下：

持股人	持股数（万股）	占总股本比例（%）
陆家嘴公司	3 868.14	22.97
上海国际信托	2 813.18	16.70
上海建行	2 813.18	16.70
中房上海	2 813.18	16.70

众城实业是一家以房地产开发为主，集餐饮、娱乐、商贸于一体的实业公司。其在房地产和实业的投资结构比较单一，主要集中在开发高档涉外办公楼、外销房和大型娱乐场所。由于 1994 年以来我国房地产业不景气导致的市场疲软以及一些投资决策失误，使外销房销售困难，经营业绩连续大幅度滑坡，见下表：

财务指标	1993 年	1994 年	1995 年	1996 年
每股收益（元）	0.74	0.49	0.16	0.0055
净资产收益率（%）	45.25	29.48	7.99	0.28

1994 年到 1996 年两年间，资产沉淀达两亿多。仅仅依靠自身实力盘活存量资产、重振企业雄风已是不可能。

二、收购战略及收购过程的实施

（一）中远集团收购众城实业的目的——战略性"登陆"

中远集团这次收购行动是其战略布局的重要一步，最主要的目的是在上海抢占"桥头堡"，为其业务转至上海并进行扩张做好准备。

众城实业地处上海陆家嘴金融贸易区，对中远集团抢滩上海，落脚浦东具有战略意义。上海不仅是国际贸易和金融中心，而且还日益成为国际航运中心。近年来上海港国际集装箱运输发展迅速，连续 7 年业务增长 25% 以上，加上在 1996 年试运行国际集装箱转运业务后，已有七八家境外班轮公司明确表示将把其他港口的第三国转运业务转移到上海港来。国际集装箱转运业务加上日后浦东跨国公司的进一步发展壮大，将极大地促进上海港集装箱吞吐量的快速增长，上海将成为国际集装箱运输的"枢纽"。另外，上海作为我国最大的港口城市，建成航运中心，不仅会使集装箱的运输量迅速增长，而且还会带动与此相关的仓储业。

在上海国际航运中心地位日益突现以及竞争对手纷纷抢滩的情况下，中远集团自然不甘落后。一方面，将资本市场的支撑点和通道建立在上海，可以作为其他陆上产业的基地；另一方面，中远集团在长江中下游的仓储业务的发展也需要在上海成立一个地区指挥总部，作为以后在上海开展货运、仓储业务的基地。所以，在上海建立"桥头堡"便成为中远集团战略部署的重要一环。而且事实上，交通部已基本决定将中远集团集装箱总部迁至上海,所以中远集团的意图已十分明显。

(二)选择众城实业为收购目标的原因

目前能够成为壳的公司大多数是经营陷入困境,主营业务较弱的公司。如何在这类绩差公司中选壳是很关键的。从本案例来看,选择众城实业为收购目标有以下原因:

1.规模适中,结构相对集中

众城实业总股本为 16 843.68 万股,规模适中,利于收购。

对于大宗国有法人股协议转让而言,众城实业的股权相对集中,便于协议收购时减少谈判对手和费用,减少转让的难度。

2.符合中远集团的发展目标

众城实业属房地产类上市公司,与中远集团陆上产业发展规划——"九五"期间在房地产投资 60 亿元的发展目标相符。若收购成功,则可以有效地探索以房地产业外部增长为突破口的新型增长道路。

3.具有独特的区位优势

众城实业地处上海浦东陆家嘴金融贸易开发区繁华地段,是上海市政府在 90 年代初,为加快开发和开放浦东建设步伐而组建的股份制企业之一。公司所有资产集中分布在浦东新区的陆家嘴地区和外高桥保税区,因此,它具有巨大的升值潜力。

4.可以享受优惠政策

在上海浦东陆家嘴金融贸易开发区注册并持牌上市的公司只有两家,它们是陆家嘴公司和众城实业。因此,众城实业可以享受浦东新区的众多优惠政策,例如:享受 15% 的企业所得税;按投资项目和行业不同程度地享受减免税,甚至退税的优惠政策等等。这些优惠政策既有利于中远集团在这一地区的发展,又可以通过今后对该上市公司注资及资产重组,扩大集团内企业间接分享这些优惠政策,提高集团整体经济效益和市场竞争力。

5.资产质量相对良好

资产质量除了一般所指的盈利性和变现性外,还应包括对资产的有效需求和人员的数量。对被收购方的资产有效需求是收购方的重要动力。中远集团愿意以大大高出每股净资产的价格收购资产变现能力不是很好、社会公众股筹集潜力不是很大的众城实业,是因为中远集团对众城实业在陆家嘴资产的有效需求。其中,取得众城实业建在浦东的众城大厦,就为中远集团总部迁往上海打下了物质基础。大厦价值 2 亿元,若是重新建造至少要花 3 亿元,整个收购花了也不过 4 亿元。对其而言,收购成本与其所获得的资产相差不大。另外,众城实业较少的人员可以减少收购方的重组成本。

众城实业的资产主要由三幢高档商住楼及三大地块共 15 000 平方米的土地储备

组成,另外还有五家全资子公司(涉及餐饮、娱乐、贸易等)。从总体而言,众城实业作为房地产公司,其资产质量及经营的连续性好于工业、商业乃至综合类行业的上市公司。因为导致房地产公司亏损或微利的直接原因是所建造的房产滞销,一时难以套现。在接管众城实业后,从利用集团公司优势和加大市场销售力量入手,对其原有资产存量进行大规模重组,便可取得事半功倍的效果。

6.便于进行资产重组

首先,尽管众城实业从 1994 年起业绩大滑坡,但公司的资产负债率一直保持在较低的水平,如 1996 年公司资产负债率仅为 26.91%,这在绩差类上市公司中是较为少见的。较低的资产负债率为收购方利用"杠杆"效应举债创造了良好条件。

其次,公司资产流动性极佳,如 1996 年流动比率高达 2.72,显示出强的短期偿债能力。资产流动性强对收购方而言具有很大的吸引力,因为收购方在进行资产整合时可以采取较有魄力的处置方法,不必过度担心财务上的流动性风险。

再次,众城实业资产结构单一、人员较少,这是国内其他"壳"公司难以同时具备的优点,便于进行资产重组。收购时公司房产存量为 2.5 亿元,公司人员(包括子公司经理助理以上)共 60 余人,不存在社会富余人员和承担老职工社会医疗保障等问题,从而有利于开展切实有效的资产重组和公司重整工作,在短时间内实质性地改善公司的经营业绩,恢复其市场融资的能力。

7.可以切实可行地提高中远集团在中国资本市场上的知名度

通过精心设计的"买壳"行动,国内证券市场有关各大媒体用了大量篇幅报道,各方专家就此展开各种形式的讨论,使得中远集团的知名度在国内资本市场上提高了许多。从国际著名跨国公司的经验看,这种扎根于证券市场上的无形资产是一笔极其宝贵的财富。

(三)众城实业各法人转让股权的动因

1.上海国际信托和上海建行转让股权的动因

上海国际信托和上海建行均为金融机构,对资产的流动性要求高,但众城实业由于外销房销售困难,存货居高不下,资金沉淀严重,在中央银行强调规范"金融风险"的背景下,将沉淀多年的发起人法人股套现以提高资产的流动性,减少呆账坏账的比例是较明智的做法;另外,对众城实业的投资收益也低于贷款收益,将其转让是有利可图的。

2.陆家嘴公司和中房上海转让股权的动因

(1)众城实业现有的主业与这两家公司的主业重复,使得这两家公司难以将主要精力和资源投入众城实业。

(2)房地产公司对现金的需求量很大,对他们来讲,将沉淀多年的发起人法人股套现可以获利。大笔现金用于其他项目开发,这无疑是一种理智的选择。

（3）一方面众城实业经营业绩大幅滑坡，1996 年公司每股收益仅为 0.0055 元，其投资收益远低于同期银行贷款利息；另一方面，中远置业第二次受让股权价格为 3.79 元/股，高于众城实业每股净资产，比第一次受让股权价格高出 0.79 元/股。因此转让股权对其而言是有利可图的。

（4）中远置业入主众城实业后，在管理和制订新的经营计划方面体现出明显的效率和能力，因此转让股权也是对众城实业全体股东利益负责的。

（四）买壳上市及资产重组过程

1.准备阶段：1996 年年底—1997 年

中远集团特别聘请亚商为此次收购的财务顾问。

在亚商找出国内几家合适目标公司的基础上，中远集团与其共同对这些目标公司进行严格的分析、论证，并与目标企业的管理层进行初步接触，在向上海有关政府部门咨询意见后，经过仔细的比较分析，选定众城实业为本次的收购对象。

2.收购阶段：1997 年 4 月—1997 年 10 月

中远置业、上海建行及上海国际信托三方在进行了多次谈判后于 5 月 27 日签署协议，中远置业一次性受让众城实业发起人国有法人股共 4 834.4265 万股（占总股本的28.7%），每股转让价为 3 元（每股净资产为 1.98 元），总共耗资 1.45 亿元。7 月 17 日，众城实业召开第三届第五次董事会，改选、调整了董事、监事和总经理，中远集团总经济师李建红当选董事长，纪委书记王富田当选监事长。8 月 18 日，众城实业召开临时股东大会，至此，中远置业以众城实业第一大股东的地位取得实际控制权和经营权。

中远置业入主众城实业董事会后，在亚商的协助下制订出周密、切实可行的资产重组方案和对众城实业中长期业绩及股本增长规划方案。经过两个多月的动作，众城实业的经营状况明显改善，股票价格也有较大幅度的上涨。在这种情况下，中远置业做出增持众城股份的决定。因为众城实业经营状况已好转，第二次股权收购的成本也相应高于首次收购的成本，经过多次谈判，中远置业、陆家嘴公司和中房上海在 1997 年 10 月签署协议，中远置业一次性受让众城实业发起人国有法人股共 6 681.412 万股，每股转让价格为3.79 元，共耗资 2.53 亿元。至此，中远置业以 68.37% 的众城实业股份持有量成为绝对控股方。

3.资产重组与企业重整：1997 年 7 月—1997 年年底

10—11 月间，中远集团着重为众城实业剥离劣质资产。针对各亏损子公司的行业、资产质量、主要症状等，在中远集团内部精心挑选一些可以胜任"对症下药"职能的骨干企业分别接管整治众城外高桥发展有限公司、众城大酒家、众城俱乐部和众城超市公司，让其甩掉包袱，轻装上阵，启动快速发展的"马达"。

12 月 5 日，众城实业召开临时股东大会，决议更名为"中远发展股份有限公司"，在原来经营范围基础上增添资产经营和国内贸易等新业务，公司改属综合类上市公司。

通过资产重组,中远发展有了彻底的变化,1997 年每股收益为 0.48 元,大大高于 1996 年的 0.0055 元,1998 年中期每股收益又达到 0.256 元;1997 年净资产收益率为 23.78%,小大大高于 1996 年的 0.28%,买壳上市终于获得了成功。

三、收购后对各方的影响

(一)对众城实业的影响

1.被收购后的股权结构(如下表)

持股人	持股数(万股)	占总股本比例(%)
中远置业	11 515.8385	68.37
上海国际信托、上海建行	791.9335	4.70
陆家嘴公司、中房上海	0	0

2.收购后的财务状况

1997 年年末,公司财务状况颇为良好,流动比率为 3.43,速动比率为 1.88,应收账款周转率为 60.67,存货周转为 0.66,这种水平在房地产类上市公司中属上乘。资产负债率为 0.39,较期初虽有削弱,但依然处于安全范围内。

3.收购后的全面资产重组行动给众城实业带来的根本改变

中远集团为众城实业剥离劣质资产后,将在盘活存量资产及注入集团优质资产等方面对众城实业展开全面的资产重组行动。

(1)盘活存量资产将是在年内有限时间内提高众城实业业绩的关键

中远集团会利用其在海外的窗口吸引外资和利用自身在海外的分支机构购买部分房产,盘活存量资产。这种重组举措,不但可以提高众城实业的经营业绩,也可以有效地改善企业的资产结构和财务状况。

(2)注入集团优质资产将直接影响到众城实业以后的定位和发展

中远集团会将其自身优质的、具有国民经济主导产业性质的项目和资产注入众城实业,使其以后的产业由货运、仓储、国际贸易和房地产构成,成为中远集团在上海利用资本市场发展陆上产业的"旗舰"。因此,众城实业会在较短的时间内迅速成为一家业绩优良、管理先进、从事国民经济主导产业及相关产业的上市公司,市场形象和地位将会随资产重组计划的逐渐实施而焕然一新,并将展示出不可限量的广阔发展前景。

由此可见,众城实业的组织架构、激励机制、主业定位、资产运作等方面会在中远集团的资产重组中得到明显的优化。

(二)"买壳上市"对中远集团陆上产业发展的影响

此次"买壳上市"行动是中远集团实施"登陆"战略的重要步骤之一,是集团内部的结构调整、探索集团发展新途径的重要组成部分。此次行动对中远集团陆上产业

的发展具有以下几方面的影响:

1.有利于通过资本经营方式,加快国内陆上产业的发展

与国内其他大多数企业一样,中远集团陆上产业在过去几年间都沿袭了传统的内部增长方式,即依靠企业自身的内部资金积累,通过简单的投入产出,再投入再产出,逐步扩大企业自身规模。但在市场经济高速发展的今天,这种内部增长方式已越来越难以适应企业发展的需要,只有利用兼并、收购、控股等外部增长方式,才可以在短时间内通过资本积累,迅速实现企业自身发展的升级。这种发展方式越来越为国内有识之士所认识,亦是欧美发达国家大型企业发展轨迹的真正体现。发达国家企业兼并收购浪潮迄今仍风起云涌、高潮迭起,充分证明了这种增长方式的生命力。但在国内,利用这种外部增长方式谋求自身发展的企业尚不多,尽早尝试和实际运用无疑更具创造意义,它有助于抢占国内市场份额,提高市场竞争力。

2.有利于通过资产重组方式,盘活集团内部存量资产,壮大陆上产业发展规模

中远集团此次"买壳上市"的主要目的是通过注资—套现—再注资—再套现的反复操作,逐步盘活、套现集团国内陆上产业的存量资产,推进集团资产证券化进程,从而实现陆上产业的再发展、再升级。另外,通过这种市场方式,将现代股份制企业的运行机制和模式,逐渐引入集团陆上产业企业中,有计划、有目的地改组、改造现有企业,按市场经济要求建立现代企业制度,适应新时期社会主义市场经济发展的需要。

3.有助于扩大集团在国内市场的融资能力,为集团国内产业的发展提供资金支持

大家知道,企业利用资本市场的一个最重要的目的,是要利用证券市场的直接融资功能,从市场中获取资金,为企业发展提供源源不断的资金支持。这一点也是收购众城实业的最主要目的之一。事实上,在中远置业入主众城实业以来,以国内外主要商业银行和投资银行为代表的金融界已经向新生的众城实业提供了强大的资金支持。随着众城实业业绩的不断提高和股本的迅速扩张,为中远集团陆上产业发展提供资金支持的作用便会更加明显。

不过,这些意义和影响会受到众城实业经营业绩、股本结构、国家政策限制等因素的影响,难以在短时间内得到淋漓尽致的体现;另外,从市场上获取资金的能力也会受到一定的限制。但可以肯定的是,以众城实业日后的融资功能以及对中远集团陆上产业企业运行机制、模式的市场化改造功能,必定大大促进集团国内陆上产业的发展。此外,值得注意的一点是,党的十五大召开以后,国内证券市场的发展潜力和机遇可能是国外所难以比拟的。因此,在国内证券市场上"抢滩"成功,不仅具有重要的历史意义,还意味着中远集团已紧紧跟上了国内证券市场的发展步伐。

四、评析及借鉴

中远置业对众城实业的收购是典型的协议收购。在收购过程中,利用中介机构的人才优势和地理、社会基础,使之在方案的设计和各种关系的协调方面发挥巨大的

作用,值得许多意愿买壳上市的公司参考。另外,此收购案例还有以下几点值得我们借鉴:

(一)选择"买壳"为建立桥头堡的方式

中远置业入主众城实业带有其战略性布局、业务扩张、利用证券市场筹资、扩大名气和优化内部资源等目的,其中发展业务和抢占市场尤为重要。所以在建立桥头堡时采用"买壳"而不是"造壳"。因为造壳虽然筹集了资金,但需要自己在上海申请土地建造大楼,这种方式涉及的审批程序多,工期长,投入大,不能解决中远集团迅速在浦东登陆,实现其战略目标的目的。而"买壳"是在证券市场上购买一家上市公司,不但可以迅速建立桥头堡(此次收购行动从最终确定目标公司到股权转让成交公告,前后历时仅两个月,为集团公司加快国内陆上产业的发展速度,赢得了宝贵的时间),又可以得到一只壳,在重组后源源不断地筹集资金,可谓一箭双雕。

(二)从相对控股到绝对控股——美妙的"二部曲"

从买壳技巧来说,中远置业对众城实业的股权收购分两步走,手法相当高明。第一步相对控股,取得上市公司的控制权,可以实施重组和企业整合,为下一步绝对控股打下基础。相对控股可进可退,为中远集团留有重新选择的余地。绝对控股则是本着"十五大"关于发展资本市场、搞好国有企业的精神指导和在中国经济现状适合资产重组的大背景下,加上众城实业业绩好转带来的股价盘升压力,不及时增持股权,收购成本将会继续加大。绝对控股不仅可以多分享上市公司创造的高收益,而且与之合并报表,可以对中远置业产生积极的影响,更重要的是绝对控股有利于提高中远置业在中远发展中决策和实施的效率。

首先,收购28.7%的股权所花费的1.45亿元是实际控壳成本,用1.45亿元的资金控制住一个拥有数幢待售高档写字楼、公寓,总股本1.68亿股,流通市值达25亿元,资产负债率不到30%的房地产类上市公司(因为国家严格限制房地产类公司上市,所以房地产类上市公司的"壳"犹显珍贵),可谓合算。随着众城实业业绩和市场形象的改善,持股比例越高就可以从中分得越多的综合收益,因此中远置业做了增持股份的战略决策。虽然第二次收购价格略有提高,但若与中远集团的整体登陆战略和众城实业的良好发展前景对比,此次收购的成本并不算高。另外,中远置业增持股份的用意可能还不仅仅是多持股,还可能是为了理顺股东结构,为日后更加有效地落实重组计划打下基础。根据国际惯例,若企业重组实施顺利,大股东完全有可能再主动引进理想的战略合作伙伴,共图大计。这样的话,到了再向新的战略伙伴转让股权时,转让价就肯定不是这个水平了。

(三)市场资源得到了优化配置和高效利用

虽然企业兼并收购在国际上都是与金融界的有效支持联系在一起的,但我国金融体系还不具备这一条件,因此在我国的收购控股行动中,一般认为所需资金主要靠收购方自己解决。但是中远—众城案例发生后,金融市场的积极反应却大大超过预期。有十多家境内外大银行和金融机构主动前来联系提供资金支持的可能性;招商银行、工商银行上海市分行、浦东发展银行等主要银行已不同程度实际承诺了以基准利率提供贷款,并且有意长期支持中远集团在资本市场上的收购兼并和资产重组工作。通过一个购并项目有效地动员和重新配置资金资源,不仅对中远—众城资产重组产生了积极的效应,还为我国大型国有金融机构有效使用金融资源开辟了一个新的领域,相信这一领域会具有巨大的生命力。

(四)股权重组中实现体制创新

中远集团在股权重组的同时,着重挖掘体制创新潜力,在实践过程中,得到了可喜的成果。

一般认为,股份制企业具有国有企业体制上所缺乏的活力和竞争力,但在中远置业入主众城实业,并对这家上市公司的状况进行深入分析后,发现如果股份制企业的股权结构不理想,领导班子的管理能力不强,同样会出现经营状况差、战斗力低下的问题。因此,中远置业针对这种状况,通过分析比较,发现国有企业在几十年的运行中,对干部事业心和品德的要求、规章制度的制定等都值得我们借鉴和推广。基于这样的认识,中远集团一方面派入众城实业的领导班子引入了国有企业的规章制度和人事约束等优势因素。另一方面,中远集团发扬了众城实业作为上市公司的体制优势,即规范的财务管理和审计,透明的重大决策信息披露制度,对股东权益和市场的负责,服从证券市场的监管,以及按劳分配、奖惩明确的管理原则等等。

国有企业和上市公司两方面优势相结合,必然形成一种体制创新,不但使众城实业的面貌焕然一新,员工感受强烈,也为公司下一步腾飞奠定了良好的体制基础。

(五)本项目财务可行性的实现大大增加

由于本项目得到社会和市场资源的有效支持,因此,在运作之初定下的财务测算指标都有可能得到圆满完成。另外,在众城实业具备了国民经济主导产业相关概念和中远集团陆上产业核心业务的概念后,争取政府管理部门政策支持的可能性便会大大增加。一旦众城实业能够增发 A 股或提早恢复配股资格,中远集团为控股和资产动作所投入的资金有望在两年之内全部回收。

第十章　收缩战略的资本经营

🔆 学习目的

　　本章主要介绍收缩战略的意义、企业实行收缩战略时采用的主要方式和手段。通过学习，需要了解企业实施收缩战略的原因，掌握资产剥离、公司分立、股票回购以及自愿清算等各种收缩战略的实行方式，尤其对资产剥离和公司分立这些常用手段要非常熟悉。

第一节　收缩战略的意义

一、公司紧缩的定义

　　公司紧缩是相对于公司重组中的公司扩张而提出的概念，它指对公司的股本或资产进行重组从而缩减主营业务范围或缩小公司规模的各种资本运作的技巧和方法。公司紧缩技术通常包括资产剥离（divestiture）、公司分立（spin-off）、股份回购（stock repurchase）、定向股和自愿清算（voluntary liquidation）等。

　　与兼并、收购等扩张性战略相比，人们对公司紧缩战略的关注程度比较低，对企业如何进行主动性的经营业务或资产规模的缩减缺乏研究。直至近几年，一些具有战略眼光的企业才开始自觉地对公司的业务进行梳理，收缩战线，并且取得了明显的成就。现在，公司紧缩已经引起了理论界和企业界的高度重视。

　　公司紧缩的定义有以下几个要点：（1）公司紧缩是公司资本经营领域的两大基础重组类型（或方向）之一，其与并购等公司扩张形成了公司资本经营的完整范畴；（2）公司紧缩的对象既可以是某项资产，也可以是公司的一个部门、子公司、分公司等；（3）公司紧缩的判断标准是看重组后的结果是否缩减了主营业务范围或缩小了公司规模,如果通过资本运作能实现其中一个结果,就可以认为这一资本经营行为是公司紧缩;(4)公司紧缩是站在母公司的角度来研究的,如果原来由母公司直接经营的许多业务通过资本经营而变为由另外一支专业的管理团队来经营,母公司只对该业务单位拥有股东权利,这种情形被认为是对母公司经营业务的紧缩。

公司紧缩是针对公司的总规模或主营业务范围而进行重组,它与目前在国内理论界刚刚流行起来的"企业再造"不同。"企业再造"重点研究的是在企业主营业务范围不变的情况下,如何通过对内部业务流程和经营方式进行改造从而提高工作效率。

二、公司紧缩的理论基础

(一)企业的纵向边界理论

企业(以生产型企业为例)一般都存在着一个由原料采购到产品生产、再到产品销售的作业流程,这一流程被称为纵向链条。

对于上游企业提供的原材料、下游企业提供的产品销售或其他专业性服务(如法律、咨询等等),企业都面临着两种选择:一是自己生产;二是向其他厂商购买。如果选择自己生产,企业可能采用的一种措施是收购这些处于上下游位置的企业,使之成为本企业生产经营的一部分。这种发展策略就是前面章节所讲的"纵向并购"或"纵向一体化"。这种策略下,一个显著的优点是原材料供应、产品销售包括其他专业性服务成为企业内部之间的交易(通常表现为母公司与子公司或分公司的交易)即经济交易内部化,从而节省交易费用,提高生产经营的效率。

但是,上述纵向一体化有一个边界。如果企业突破这个边界,就会出现"大而全、小而全"所具有的种种弊端,从而降低企业的整体经营效率。在经济学上,这个边界主要取决于自我生产成本与外部采购成本之间的比较。如果自我生产的成本低于外部采购的成本,这说明企业能够从纵向一体化中获利,因为企业还没有达到边界。如果自我生产成本大于外部采购的成本,则说明企业已经突破了应有的纵向边界,出现了负效应,此时,企业就应该采用公司紧缩战略,把这些产品或劳务的生产分离出去。这时候,公司紧缩就成为企业发展战略的最佳选择。

(二)企业的横向边界理论

企业的横向边界是指企业提供产品或服务的数量和种类。而企业的横向边界主要与规模经济和范围经济有关。研究横向边界,实际上就是研究这两个既密切相关又互有区别的问题。

1.规模经济

经济学的基础理论对规模经济有简单的解释。当产品的单位平均成本 AC 随着产量增加而下降时,就能实现规模经济。这是因为当平均成本随着产量增加而递减时,边际成本 MC(也就是增加 1 单位产出而增加的成本)一定小于平均成本,说明企业可以在产量的扩张中实现经济效益。即:

MC＜AC——规模经济;

MC＝AC——规模报酬不变;

MC＞AC——规模不经济。

从理论上讲,规模效应之所以存在,主要归因于两个原因:一是随着产量增加,固定成本被稀释;二是由于"学习曲线"的存在,使得生产效率随着产量增加而提高,从而相对地降低了生产成本。

2.范围经济

范围经济主要涉及企业生产经营的品种界限。理论上讲,如果把两条或多条产品生产线组合在一家企业内部组织生产,其生产成本低于分别由不同企业生产这些产品的成本,这种现象就称为范围经济。用简单的数学公式表示:

假设 C 为成本,A 与 B 是两种不同的产品,则范围经济意味着:

$$C(A+B)<C(A)+C(B)$$

范围经济,实际上就是人们所讲的"协同效应"。范围经济的产生主要来自企业内部各业务单位对一些资源(如研究开发活动、管理费用、市场推广、公司无形资产等)的共享。这些资源共享显然可以带来生产成本的相对节约。

3.规模不经济和范围不经济

企业在横向扩张中也存在着一个边界。在这个边界之内,规模的扩张或范围的增加可以给企业带来一定的经济效益。但是,如果超出这个边界,企业就可能出现"大企业病",从而使企业的整体经济效益下降。这时候就必须采用紧缩战略,使企业的规模或范围重新回到合理的边界之内。

三、公司紧缩在国外的发展概况

20 世纪七八十年代,公司紧缩技术在西方兴起的一个重要原因是对 60 年代以来形成的混合兼并浪潮的反思。60 年代西方企业界盛行多元化发展思路,认为多元化经营可以有效地分散投资风险,发掘新的市场机会,稳定企业的现金流量,增强企业的竞争能力。于是各大公司纷纷把并购作为主要的扩张手段。由于一些国家制定了反垄断法,限制企业进行横向兼并或纵向兼并,所以从 60 年代到 90 年代所发生的一些大的兼并案例大多是混合兼并,即跨行业兼并。实践表明,这些混合兼并的公司在日后的发展中遇到了很大的困难,特别是因为高层管理人员对非本专业的业务领域缺乏管理经验,指挥不当,致使许多被并入的公司出现亏损,拖累了公司的整体盈利水平。这时一些企业开始认真反思,并有计划地放弃一些与本行业联系不甚紧密的业务和资产。

1995 年可以说是大企业分化最剧烈的一年。如 1995 年 ITT 公司的分立提案获得股东大会批准,斯普林特(Sprint)公司将其业务分解出来,另外成立一家价值达 30 亿美元的独立公司;奥尔斯泰特保险公司从西尔斯-罗巴克(Sears Roebuck)公司中独立出来,等。美国一家调查公司的统计资料表明,仅 1995 年 1 月至 9 月,美国就有 53 家企业宣布进行业务紧缩,涉及的金额达几百亿美元。英国的一项调查结果显示,公司的紧缩和公司收购通常紧密结合在一起的。在 1998—1993 年,收购案例的平均价值是紧缩案例平均价值的两倍,但是 1993 年的时候,公司紧缩的价值已和公司收购价值相差无几。

四、公司扩张与公司紧缩之间的关系

公司扩张与公司紧缩具有密切的相关性。在企业的兼并与收购过程中,收购方有时只是想购买目标公司里的某些资产,但是由于某些原因却不得不购买整个公司。这种情况下,收购方在完成收购后,通常会采用紧缩的方式对目标公司的资产进行梳理,清除与其发展战略无关的资产。即先并购(扩张),后剥离(紧缩),二者交替使用。

企业扩张与企业紧缩之间的关系主要体现在如下几个方面:

(一)购并和紧缩都是重新配置企业经济资源的重要手段

企业并购是资本的扩张行为,它通过不同企业之间生产要素的重新配置,使资产组合更加合理,进而最大限度地发挥经济资源的使用效率。而企业紧缩则是资本的收缩行为,它通过同一企业内部生产要素分化和重新组合进而提高企业经济资源的配置效率。一个企业的紧缩一般会伴随着另外一个企业的并购,因此,企业紧缩也被称为逆向并购。

(二)并购与紧缩的动机是一致的,都是为了追求企业利益最大化及提高企业的运作效率

并购与紧缩都是调整企业业务结构的重要方式。通过并购方式把符合市场需求的目标企业及其产品吸收进企业,或者通过分拆方式把不符合企业发展战略和市场需要的部门或产品剥离出企业,都可以使企业的产品结构和市场的需求结构调整到一致,进而实现对业务结构进行调整的目的。但是,两者在采取的手段方面仍有一定的区别。企业并购一般是通过跨企业之间的重组,实现增值的效果,即企业并购的目的是实现购并后的总体效益大于并购前的效果;而企业紧缩则是通过同一企业内部的重组,将企业一分为二(也可能分拆为多个),实现 $1+1>2$ 的效果,即企业紧缩的目的是实现分拆后的两个或多个独立企业的效益之和大于分拆前的企业总体效益之和。

(三)并购与紧缩是辩证统一的关系

一方面,企业并购通常会引起企业紧缩。这是因为:横向并购虽然可以降低成本,实现规模效应,但是当企业规模的扩大导致规模不经济时,必然引起企业的紧缩;纵向并购虽然可以通过市场交易内部化而节约交易费用,但随着并购可能引起企业管理半径加大,造成企业管理费用增加,当管理费用大于交易费用时,也必然需要通过企业紧缩使之外部市场化,从而降低管理费用;混合并购虽然可以分散企业的经营风险,但是当企业通过并购而进入不熟悉的领域时,反而可能使企业的经营风险加大,此时也需要通过企业紧缩以降低企业的整体风险。另一方面,企业紧缩是企业并购的基础,是为了实现更大规模的企业扩张。这是因为:通过紧缩,企业可以剥离出不符合企业发展战略的业务或部门,轻装上阵;通过紧缩,可以以退为进,将主要资源和精力用于发展核心业务,增强核心竞争力;通过紧缩,可以弥补企业并购时的决策错误,将其造成的损失降至最低限度。当企业紧缩带来的效应达到一定程度时,便为企业开展大规模的并购性扩张提供了坚实的基础。

分久必合,合久必分。这是事物发展的一般规律。企业的发展也不例外。从表面上看,公司紧缩仅是企业内部各项经济资源的分化和重新组合,但从本质上来看,企业经济资源的分化和重新组合必然伴随着企业组织结构、人事结构、产品结构的调整,最终是通过企业战略、市场、组织、人事、技术以及产品的调整进而提高企业资源的配置质量,充分发挥经济资源的最大使用效能,从而提高企业的整体运行效率。因此,公司紧缩是一种以退为进的发展策略。大的企业管理机构臃肿、制度简单划一、组织成本较大,对外部环境变化不甚灵敏,容易造成决策滞后、效率降低。退的目的是更快的前进。公司紧缩之后,随着企业管理水平的提高、主导产品的培育成熟、核心能力的增强,可以使企业在更加坚实的基础上快速发展。因此,公司紧缩并不是企业经营失败的表现,而是企业进一步发展的基础和前奏。

在我国国有经济战略性重组、改组的过程中,公司紧缩可以更加有效地提高国有经济的运行效率和国有经济资源的组合质量。因此大力提倡公司紧缩,对于我国国有经济而言更具有积极的现实意义。

五、公司紧缩的一般性原因

公司紧缩是一系列资本运作方法的总称。这些资本运作手段各自有不同的特点和适用条件,每一种方法都有一些独特的存在理由。这些理由或原因总括来说,主要有以下几个方面:

(一)管理层追求"主业清晰"

几乎所有的公司在解释公司收缩的原因时都会提到追求主业清晰这一因素。与综合性或多元化公司相比,各种投资机构通常都极力推崇主业清晰的上市公司。在1996年摩根(JP Morgan)公司的一份研究报告中,认为公司业务过于分散会导致公司的价值被掩盖。其原因是:(1)管理众多分散的业务需要更多的高层管理人员;(2)多元化经营使公司本身很难被客观地分析研究;(3)公司研究人员一般只对一个公司的初始主要业务有深入研究,对其多元经营的其他领域很难有准确的评价。

一般当公司管理人员集中于其所擅长的专业领域时,他们能做得很好。即使是最有天赋的管理人员,在进入一个新的业务领域时,他在以前的成功经验中所积累起来的种种技巧和知识往往并不适用于新的业务领域。

(二)获得一个公平的市场价格

对于一个组织结构和资产结构复杂的公司,投资者一般很难获得对该公司大部分资产的完全正确、及时的信息。从另一个角度看,在这种公司中一些资产的真实价值被掩盖住了。近年来,市场对"主业清晰"公司的偏好也反映出信息传递的完整性和准确性对投资者进行投资决策时所具有的重要影响。比如,一个石油行业的分析师常常会错误评估一个石油公司下属的房地产、化学或钢铁企业的价值。而公司分立技术的应用则可以使得原来业务复杂的公司主业变得清晰突出。通过紧缩,公司将其下属其他行业的子公司独立出来,单独面对市场,这样可以使母公司和被独立出来的子公司的资产都可以在市场上得到相对较为准确的、公平的价值评估和分析。如罗伯特·艾伦(Robert Allen)——美国著名的 AT&T 公司的董事长,在评论公司当时实行大规模分立的动机时说:"AT&T 的真实价值在分立前被市场严重低估了,因为投资者对一个混业经营的大公司的经营战略难以看得清楚。在分立后,AT&T 将成为电信领域内最大的单一业务运营商。现在投资者就可以很容易理解我们的业务了。"

公司分立之所以增加公司的价值,主要原因是它能减少市场中对公司下属不同类型业务部门的业绩和经营情况进行分析时所存在的信息不对称情况。美国学者经过研究发现,与单一经营的同行业竞争者相比,大多数实行公司分立的企业在分立前均存在较严重的信息不对称情形。而这种信息不对称,使得公司的价值无法被投资者和分析师所认识。

公司紧缩可以提高公司股票的市价,已经被许多学者和投资银行经过长期的研究和实践所证实。理论上讲,公司紧缩导致股价上升的原因主要有以下三方面:

(1)公司在紧缩前,市场会低估该企业的价值,而紧缩则给了市场一个改正错误和重新评价公司价值的机会。

(2)股票市场更加喜欢"主业清晰"的公司。

(3)公司紧缩使被分立出的公司业务清晰,容易受到追求"业务协同效应"的收购企业的注意,从而容易因成为被收购对象而使股价上升。

公司紧缩导致股票价格上升的一个比较典型的案例是美国埃斯马克(Esmak)公司对其非消费品生产部门的剥离。埃斯马克公司是一个拥有快餐、消费品生产和石油生产等多种业务的国际企业集团,但是在多数投资者印象中它却仅仅是一个快餐和消费品生产企业,消费者忽视了该公司所拥有的大量有价值的石油储备。这些石油储备在公司的资产负债表上仅以较低的价值反映出来,该公司的股票价格因此被市场严重低估了。公司管理人员经过研究后认为,目前公司的状况可能会造成被其他公司接管的危险,因此决定将其拥有的包括石油生产在内的非消费品生产部门出售给美孚石油公司,由此获得了 11 亿美元的现金收入,公司股票的市场价格也因此从 19 美元上升到 45 美元。

(三)满足公司的现金需求

公司有时需要大量现金来满足主营业务扩张或减轻债务负担的需要,而通过借贷和发行股票的方式来筹集资金可能会面临一系列的障碍,此时通过出售公司部分非核心或非相关业务的方式来筹集所需要的资金,不失为一种有效的选择。尤其在杠杆收购中,收购方为了偿还收购过程中借入的巨额债务,通常需要出售部分被收购公司的资产或业务系统来满足对现金流的需求。例如,美国的 KKR 公司在 1985 年出资 62 亿美元收购了比邱雷斯消费品集团公司,这在当时是一宗金额最大的杠杆收购案例。在 62 亿美元的收购资金中,KKR 公司通过发行债券筹集了 25 亿美元,其余的绝大部分资金则来源于银行贷款。KKR 公司的债券融资在两年内不需要偿还本金,而在此之前,可以通过公司经营中产生的现金流和资产出售的方式来偿还大量的债务。在通过杠杆收购使比邱雷斯公司转为私人控股公司之后,该公司相继出售了化妆品生产线、牛奶制品生产线、冷藏仓库网络等业务,总共筹集了 37.5 亿美元的资金,从而满足了并购对现金的需要。又如,大陆伊利诺伊公司是美国最大的银行控股公司之一,由于轻率地向一些石油公司和发展中国家提供贷款,该公司曾面临破产的威胁。在此情况下,大陆伊利诺伊公司采用剥离的方式出售了一些能够盈利的部门,如租赁和信用卡业务,以便筹集资金来弥补坏账损失和满足储户提取存款的需要。在这一案例中,大陆伊利诺伊公司出售资产是为了获得足够的现金,使得公司能够继续存活下去。

(四)减轻债务负担

企业紧缩的原因有时可能是迫于债务偿还的压力。如,汉森(Hanson)公司在 1994 年决定把其在美国的业务分立出去,主要原因是为了减轻公司的债务负担。在公司分立前,汉森公司把 14 亿美元的债务先转移到美国的子公司——西尔斯·罗巴克公司。1994 年,该子公司从汉森公司中分立出去,这次分立减轻了汉森公司高达 520 亿美元的巨额债务负担。

(五)满足经营环境和公司战略目标改变的需要

任何一个公司都是在一个动态的环境中经营的,经济发展和技术进步是经济环境变化的主要原因。一个公司为了适应经营环境的变化,经营方向和战略目标也要随之做出必要的调整和改变,而公司紧缩则是实现这一改变的有效手段。例如,古尔德公司是一个主要从事电力设备制造和电子产品生产的公司,为了适应电子技术迅速发展的需要,公司决定将经营重点由原来的电力设备制造转向电子产品生产领域。为此,该公司在数年的时间里,先后出售了所有的技术水平一般的电力设备制造部门,并用所获得的资金大量收购拥有先进技术的电子产品的生产企业,从而在短期时间内大幅度提高了该公司电子产品的生产技术水平。另外,一个公司也可以采用紧缩的方式从一个竞争激烈的市场中退出来。例如,国际收割机公司最近在一些产品的市场上遇到了强大的竞争,就目前该公司的生产率水平、研究开发能力而言,很难在竞争中取胜,因此,该公司管理人员决定从这些产品市场中退出,并将这些业务部门出售给一家规模较大、有较强融资能力的公司,从而避免了公司在激烈的市场竞争中可能造成的经济损失。

(六)反并购的考虑

管理层对恶意收购的恐惧是公司紧缩的重要原因之一。20 世纪 80 年代,世界资本市场上出现两个显著的变化:一是杠杆收购十分盛行,一些小企业借此收购资产超过其数倍的大企业,如 1985 年,销售额仅为 3 亿美元的零售业公司普雷德以发行债券的方式筹资 17.6 亿美元,收购年销售额高达 24 亿美元的雷夫隆公司;二是股票持有者越来越从个人集中到大的机构投资者手中,这种变化使得股票持有者的资金实力增强,从而引起很多恶意收购事件。

在面对恶意收购时,目标公司管理层通常会采用资产剥离、公司分立等方式进行公司紧缩,从而阻止收购方的意图得以实现。如英美烟草公司是世界五大烟草公司之一,1986 年,有三家公司共同组成一个收购团体对该公司发动了恶意收购,并把这个收购作为拆散英美烟草公司的前奏。在要约收购过程中,英美烟草公司为了进行反收购,开始进行一系列的收缩计划,先后把一批零售企业、造纸厂和其他各种类型的企业分立或出售出去,从而成功地阻止了收购方的收购意图。同时,随着公司收缩计划的实施,这些被拆出的公司都兴旺起来,其股价也都有了不同程度的上涨。

(七)甩掉经营亏损业务的包袱,扭转公司经营困境

在生产经营过程中,有时随着环境的变化,公司中的某些业务可能对公司的长远发展已经没有益处,或者会阻碍公司获得良好收益,这时候就应该把这些不赚钱的或亏损的业务系统从现有公司中剥离或分立出去,以便减轻总公司的负担。

这表明,利润水平低或正在产生亏损以及达不到初期利润增长预期的子公司或部门,往往成为公司紧缩的首选目标。公司之所以这么做,是为了避免这些不良资产可能拖累整个公司。例如,沃尔玛公司是美国著名的零售业集团公司,该公司曾经有一些分店出现经营亏损,影响了整个集团公司的利润增长。为了不使公司继续受到影响,该公司决定对这些亏损商店进行紧缩,先后自愿清算了其拥有的 336 个亏损和微利的商店。尽管这一措施使得公司当年的销售额几乎下降了 30%(在清算前,这些商店拥有每年 72 亿美元的销售额),但是该公司首席执行官仍然认为,这对于公司的未来发展是有利的。

(八)政策法规的限制因素

世界很多国家为了鼓励充分竞争,都制定了反垄断法案,强制性要求大公司进行解体或紧缩。这是大公司尤其是在行业中居于垄断地位的公司进行紧缩的重要原因。从时机上看,政府的这种强制性干预经常出现在大规模的兼并与收购项目完成之后。如 AT&T 公司作为一个控股集团公司已经存在一百多年,是美国电信业中最大的公司。该公司最兴盛时除在全国各地拥有 22 个地方营业公司以外,还拥有一家规模巨大的制造业公司(西方电气公司)、一所著名的电子研究机构(贝尔试验室)和一个巨大的长途通信网络系统(作为母公司的一个部门)。美国最高法院和美国司法部在 1982 年根据"反托拉斯法"对该公司提起诉讼,要求公司进行改组。后来根据达成的改组协议,该公司放弃了对全国 22 个地方营业公司的所有权,仅保留西方电气公司、贝尔试验室和长途电信业务。同样的情况也曾发生在杜邦公司。20 世纪 50 年代,美国司法部门根据"反托拉斯法"曾对杜邦公司进行起诉,要求杜邦公司剥离其拥有的通用汽车公司的股权。

(九)管理效率因素

管理效率因素主要有两方面。一方面,公司把与主营业务无关的资产进行剥离,通常是因为公司管理层管理一个业务很复杂的公司时效率低下,甚至是最好的管理人员在所管资产业务和规模膨胀时,所得到的收益回报也呈递减趋势。因为一些特殊行业中的管理通常需要懂得一些特殊的业务知识和技巧,而公司管理层难以面面俱到成为多行业的专家。另一方面,当子公司的经营业绩、发展目标与母公司不一致时,比如母公司已进入成熟发展时期而子公司则处于高速增长阶段,或母公司是开拓型的而子公司则非常保守,这样整个公司的管理效率就会很低。这时候就需要通过公司分立等紧缩方式将子公司分离出去,这样对母公司和子公司的发展可能都有好处。

(十)税收优惠或管制方面的考虑

不同国家出于调节经济的需要制定了不同的税收政策。例如在美国,自然资源特权信托和不动产投资信托公司如果把投资收益 90% 分配给股东,公司就无须交纳所得税。因此,综合性公司若将其经营房地产的部门独立出来,就有可能享受税收方面的减免。所以,母公司可以进行合法避税并且给分立出的子公司的股东带来利益,而他们最初也正是母公司的股东。

如果子公司从事受管制行业的经营,而母公司从事不受管制行业的经营,则一方面母公司常常会受到管制性检查的"连累";另一方面,如果管制当局在评级时以母公司的利润为依据,受管制的子公司可能会因与盈利的母公司的联系而处于不利地位。而如果让子公司独立出来,既可以使从事不受管制行业经营的母公司不再受到有关规章的约束与审查,又可使子公司得以有更多的机会发展。

(十一)消除负协同效应

有时,一个公司的某些业务对实现公司整体战略目标来说可能是不重要的,或者说这些业务不适合于公司的其他业务发展,这时就会产生所谓的负协同效应,即 $2+2<4$。在这种情况下,尽快地剥离掉这些不适宜的业务,对整个公司的发展来说可能是一个较好的选择。因为这时候紧缩的效果可能是 $4-1>4$。例如,收购一家公司常常是为了增加它与本公司之间的业务协同效应,但是要真正实现这种协同效应往往是很困难的事情。国外的有关研究表明,在全部的兼并和和收购业务中,有 50% 以上最后没有实现预期的收购目标,其中许多在收购后的若干年内又不得不剥离掉。造成这一情况的原因,可能是收购过程中管理人员的判断失误,也可能是两个公司在经营方式、文化以及价值观念方面差异过大,使得预定的整合和重组计划难以实现。

这方面一个比较典型的例子是美国艾勒吉斯(Allegis)公司和赫尔兹(Hertsz)汽车租赁公司、希尔顿国际宾馆公司之间的整合案例。艾吉斯公司在 20 世纪 80 年代曾经出巨资高价收购了赫尔慈汽车租赁公司和希尔顿国际宾馆公司,希望能使这两家公司和自己的主要业务系统——联合航空公司一起产生旅游业领域内的"业务协同效应"。但是,遗憾的是公司期待的这一美好局面一直没有出现,股价开始回落。这时,来自纽约的投资公司康斯顿(Coniston)合伙公司对艾勒吉斯公司发动了恶意收购,其收购的理由就是认为艾勒吉斯公司的资产分拆后单独运营的价值要远大于其目前合并的价值。在这种压力下,艾勒吉斯公司被迫卖掉了赫尔兹汽车租赁公司和希尔顿宾馆。

很多学者的研究结果表明,通过分立可以提高母公司的主业清晰度,以及减少母公司与被分立的子公司之间的"负业务协同效应"。希特(Hite)和欧文斯(Owers)通过对公司实行分立的原因进行分类研究后发现,凡是基于主营业务清晰、减少"负协同效应"的公司分立,公司的股价在分立消息发布前 50 天到消息发布日之间的涨幅是最大的。

(十二)财富转移因素

财富转移一说认为,在公司分立过程中,企业的原有资产和负债都被重新组合分配,财富将从债权人向股东发生一定程度的转移,即股东获利,债权人受损。美国学者帕里诺(Parrino)在 1997 年对莫瑞特公司的分立案例进行研究后发现,分立不但减少了莫瑞特公司现有债务的可供抵押的资产,而且使债权人对公司现金流的控制明显减弱。因此,这一分立行为使该公司的股价大幅上升但却使其债券迅速贬值。

第二节　资产剥离

剥离,并非公司经营失败的标志,它也可能是公司战略的合理选择,属于与扩张战略对应的收缩战略。公司通过剥离的方式把不适于公司长期战略、没有成长潜力或影响公司整体业务发展的子公司、部门或产品生产线分离出去,可以使公司的资源集中于经营重点,从而更加具有竞争力。同时,资产剥离还可使公司资产获得更有效的配置,提高公司资产的质量和资本的市场价值。

一、资产剥离的含义

(一)资产剥离的含义

资产剥离是指公司将现有部分子公司、部门、产品生产线、固定资产等出售给其他的公司,并取得现金、有价证券或其他与之相当的回报。在典型的资产剥离中,购买者是一家已经存在的企业,因此不会产生新的法律实体。对购买者而言,其实际上只是并购了一家公司或买入了一些资产。

资产剥离表面上看是资产的一进一出,是对等交易,公司资产总量并没有减少。其对公司的紧缩作用主要表现在业务规模的减缩上。例如,公司如果想脱离或减少电视机行业的业务,就可以把生产电视机的子公司、部门、生产线或其他与电视机生产相关的所有固定资产与辅助设备等都卖给其他的公司。这样一来,虽然公司的资产并没有减少,但是其在电视机行业中的业务却减少了甚至没有了。因此,资产剥离与普通的资产买卖的区别就在于,资产剥离背后所体现的是企业对生产业务结构和资产配置的重新调整。

资产剥离与并购之间存在一定的联系。如,并购企业可在并购完成之后出售被收购企业的资产或业务,以获取现金回报;可通过资产剥离来纠正以前草率的甚至是错误的收购活动;在受到收购威胁时,还可能会剥离掉所谓的"皇冠上的珍珠"以抵制收购方收购意图。

(二)资产剥离的特点

与公司紧缩的其他方式相比较,资产剥离具有如下特点:

1.资产剥离是简单的公司紧缩的手段,不涉及公司股本的变化。按照有关规定,公司股本的变动需要得到股东大会和债权人的同意,因此,凡是涉及股本变化的,往往需要复杂的手续,耗时比较长。而资产剥离只是母公司出售其一部分资产,公司管理层可以自主决定,一般情况下不需要征得股东大会和债权人的同意。因此,资产剥离操作起来比较方便、快捷。正是由于这个特点,资产剥离常常成为一些公司进行利润包装时的工具。

2.资产剥离的适用对象比较广泛。在公司紧缩中,其他方式一般是针对子公司进行的,而资产剥离则既可以用于对机器设备、厂房、无形资产等的剥离,也可以用于子公司、分公司等的剥离,因此,是公司紧缩时应用最广的一种手段。

3.资产剥离可以直接带来大量的现金收入。在公司紧缩中,公司分立一般没有现金流量的变化。股票回购不但不能使现金流入增加,反而会使现金流出。而资产剥离则可以直接带来大量的现金收入,因而在这方面具有比较大的吸引力。这也是一些公司选择资产剥离进行公司紧缩的重要原因。

4.资产剥离的方式比较灵活。在资产剥离时,既可以出售给公司外的机构和个人,又可以出售给公司内部的管理层或职工,非常灵活。目前出售给管理层已经变得越来越普遍。

二、资产剥离的类型

根据不同的分类标准,资产剥离可以划分为不同的类型。

(一)按照剥离是否符合公司的意愿划分

按是否符合公司的意愿,资产剥离可以划分为自愿剥离和非自愿或强迫剥离。自愿剥离,是指公司管理人员认为剥离有利于提高公司的竞争力和资本的市场价值而主动进行的资产剥离。而非自愿或强迫性资产剥离,则是指政府主管部门或司法机构依据反垄断法等法律法规,迫使公司剥离其部分资产或业务。

(二)按照剥离中所出售资产的形式划分

按照所出售资产的形式,资产剥离可以划分为出售资产、出售生产线、出售子公司、清算等形式。出售资产,指仅出售公司的部分场地、设备等固定资产;出售生产线,指将与生产某种产品相关的全套机器设备等出售给其他公司;出售子公司,指将独立、持续经营的子公司整体出售给其他公司,其剥离方案中不仅包括产品生产线,而且还包括相关的职能部门与职能人员;清算是指将公司或其业务部门的全部资产零碎地而不是作为整体出售,并将所取得的现金分配给股东。若出售公司资产的所得超过其所发行证券的市场价值,清算可能是对证券持有人最为有利的资产处理方式。

(三)按照交易方身份不同划分

资产剥离按出售的交易方身份不同,主要有出售给非关联方、管理层收购和职工收购三种。出售给非关联方,指原股东退出有关行业领域的经营,将剥离的资产出售给与本公司不存在关联的其他企业。管理层收购,指公司管理人员自己买入被剥离资产并经营管理。这种方式有利于管理人员摆脱过去的盲目指挥和过多限制,全权、全力经营好属于自己的资产。对于出售企业而言,把资产出售给自己的经理层要比卖给同业竞争对手更为安全。职工收购,其典型方式是职工持股计划(cmployee stock ownership plans,简称 ESOP)。企业首先建立壳公司,由壳公司发起组织 ESOP,在母公司担保下以实行 ESOP 为由申请贷款,用以向母公司购买欲剥离的股份。壳公司运营剥离资产,并以经营利润支付 ESOP,使之可偿还贷款。最后,贷款全部偿清后,由 ESOP 将由其保管的股份转至公司员工的个人账户。

三、资产剥离的交易结构

资产剥离,通俗地讲就是变卖资产或家当。其交易过程中,都会涉及资产卖方(资产剥离方)和买方(资产收购方)两方。通常的交易内容是:资产剥离方向资产接受方让渡实物资产或股票,同时从资产接受方那里得到现金或其他形式的回报。这样一来,交易结果是剥离方让出实物资产或股权,收到现金;而接受方让出现金而收到实物资产或拥有股权。这一过程如图 10-1 所示。

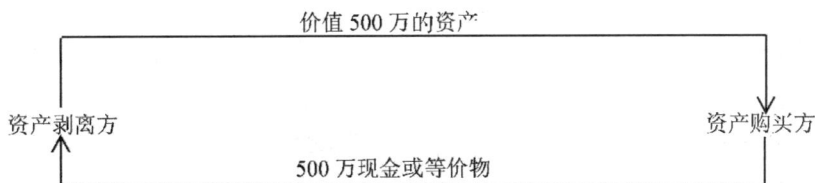

图 10-1 资产剥离的交易结构

在资产剥离的会计处理中,如果剥离的是子公司,通常应将收到的现金与长期投资的账面价值之差额确认为投资收益。如果被剥离的是某项资产或生产线,应将之视为资产处理看待,并根据情况确认资产处置收益或损失。但是,不管怎样,企业在资产剥离后必定会影响其当年的损益。

四、资产剥离的特殊形式——资产置换

资产置换是指一家企业将自己的部分或全部资产与另一家企业的资产进行置换。这一交易可以理解为公司在剥离资产的同时获得了收购方以资产形式给予的回报,相当于日常生活中所说的"易货交易"。显然,资产置换是一种特殊形式的资产剥离,其与普通资产剥离的区别在于:普通意义上的资产剥离通常是借助于现金交易完成的,即收购方支出现金,出售方收到现金;资产置换则不一定需要借助于现金,很多情况下是通过易货交易直接完成的。例如,假设有两家企业 A 和 B,A 企业的主要经

营业务是生产纸制品,同时经营房地产业务;B公司主要经营房地产,同时经营纸制品。现在,两家公司为了使各自的主营业务清晰化,可以进行相互的资产置换。具体方案可以有两个:一是A公司用自己的房地产业务方面的资产置换B公司的纸制品系统的资产;二是A公司用自己的纸制品业务上的资产置换B公司的房地产业务系统中的资产。在前一种资产置换下,A公司在资产置换完成后,变成了一家纯粹的纸制品生产企业,B公司则变成一家纯粹的房地产企业;在第二种置换方式下,资产置换完成后,A公司成为纯粹的房地产企业,B公司则成为纯粹的纸制品生产企业。

在实际经营过程中,资产置换既可能是等价的,也可能是不等价的。尤其在关联方之间的资产置换,很多情况下可能是不等价的。这时候,资产置换将对双方的损益产生一定的影响,由此也可能成为企业之间进行资产转移的一种手段。

在我国还有一种极端的资产置换形式,即整体性资产置换。这在国外并不多见,但是在我国已经有成功的先例。如"上房集团整体置换嘉丰股份"就是这方面的成功案例。

五、资产剥离的具体操作程序

资产剥离的实际操作有两个关键环节:一是找到合适的买家;二是要以合适的价格成交。因此,资产剥离对市场的依赖性非常强,如果没有一个发达的资产交易市场或者企业对市场的利用不够熟练,都会给资产剥离增加困难。一般来说,在资产剥离中,主要应该注意如下几个方面的工作:

(一)充分披露信息,找出"卖点"

在资产剥离中,要尽可能提供信息,让收购方对企业准备剥离的资产有一个比较全面的了解。具体来说:

1.提供全面描述企业的市场及经营情况的资料,把欲剥离资产的"卖点"充分地展现出来。

2.提供准备剥离资产的完整资料和数据,对于可以公开的财务报表也应该予以披露和公开。

3.让潜在的收购者有机会接触公司的经营层并了解情况。

4.保证每个潜在收购者可以得到相同的信息。

(二)聘请财务顾问

1.聘请财务顾问的必要性

资产剥离尤其是金额较大的资产剥离有必要聘请财务顾问。通常聘请财务顾问具有如下好处:(1)财务顾问对资产剥离具有比较丰富的操作经验;(2)财务顾问对行业和市场情况比较了解;(3)财务顾问的社会资源、渠道、在金融及各行业中的网络,可以使企业容易接触到高素质的买家;(4)财务顾问在财务分析和公司价值评估方面具有专业特长;(5)财务顾问对法律和政策的理解比较透彻;(6)财务顾问具有丰富的谈判技巧;(7)财务顾问对资产剥离的各种交易形式比较熟悉。

2.聘请财务顾问时需要注意的问题

企业在确定聘请财务顾问时,需要搞清楚如下问题:(1)企业是否必须需要财务顾问的帮助?如果没有财务顾问,公司能否顺利地独立完成交易?(2)是否在交易的每个环节都需要财务顾问?(3)是聘请大的财务顾问还是聘请小的财务顾问?

3.聘请合适的财务顾问

在选择财务顾问时,要选择具有实际操作经验的财务顾问,以及信誉比较好的财务顾问。

(三)找到合适的买家

作为资产剥离方,一旦做出剥离某项资产的确定,就需要尽可能快地找到买家。这一过程中需要注意如下问题:

1.减少与不适合买家的谈判时间,节省精力和开支。

2.减少公司机密消息外泄的程度。谈判必然伴随着公司内部信息的外泄,因此,买家找得越快,越可以控制信息的外泄程度。

3.企业在和买家谈判时,不可避免地会向对方提供一些内部资料。但是这时候应该要求对方保守秘密。因为一旦这些信息对外泄露,可能导致如下后果:公司的顾客和合作者拒绝再与公司开展业务;严重影响职工的积极性和信心。

(四)竞拍和谈判

在资产剥离时应尽可能避免只有一个买家的情况。如果这种情况出现,将使企业处于非常不利的境地。在实际中,通常的情况是一个卖家、多个买家。对于这种"一对多"的局面,可能的解决方法是:公平性竞拍和多方谈判。在此基础上确定最终的买家。

1.有控制性的竞拍

这是在广泛接触可能买主的情况下,通过询价和报价过程,以封闭式投标进行的销售方式。这种方式通常适用于存在大量买主,而且泄露公司意图对公司影响并不重要的情况。其特点是有个竞争性的环境,而且成交迅速。

2.分别连续谈判

这种方式是从众多买家中选择1～2家最可能的买主,然后进行一对一的谈判。谈判过程中可以向对方提供最机密的资料和信息。该种方式比较适合于保密性非常重要的一些资产剥离,如子公司的出售等。其优点是过程比较机密,可以把资产剥离带来的不利影响降到最低,而且终止过程也比较简单。其缺点是比较耗时,同时也无法在各个买家之间做出全面的比较。

3.同时多方谈判

同时多方谈判是指暗地里少量接触潜在买家,通过相互询价和报价,确定买卖意向,然后通过封闭式投标来确定买家的一种销售方式。这种方式的特点是同时与3家感兴趣的买主进行不公开的协商,包括提供机密信息并就货币与非货币条款进行谈判。其优点是引入了竞争机制,过程的保密程度高,可以把剥离对内部职工的影响降到最低限度。这种方式的缺点是竞争范围有限,而且谈判时花费的时间和精力比较大。

六、对管理层的资产剥离——管理层收购(MBO)

管理层收购(management buy-out,简称MBO)是近期在国内逐渐流行起来的一种资产剥离方式。所谓管理层收购是指目标公司的管理层利用借贷所融资的资本购买本公司的股份,从而改变本公司的所有权结构、控制权结构和资产结构,进而达到重组本公司的目的并获得预期收益的一种资产剥离方式。MBO其实只是资产剥离的一种形式,其特点就在于作为资产剥离中的买家不是旁人,而是原公司的管理层。

七、资产剥离对企业价值的影响分析

(一)资产剥离的宣布期效应

国外有关实证研究显示:(1)如果以资产剥离公告宣布日后两日的超常收益率计算,卖方公司股东的超额收益率一般为1%~2%,但买方公司的股东却不一定能取得超额收益;(2)如果卖方在最初的资产剥离公告中不宣布出售价格,则对卖方公司的股票价格没有重大影响。若卖方公司宣布出售价格,对其股价的影响则取决于公司的售出比例,该比例用宣布的出售价格与宣布期前一个月最后一天的股票价格之比来衡量:当售出比例低于10%时,不会对股价产生重大影响;以后随着出售比例的增加,卖方的平均超常收益也将增加;(3)不同的资产剥离形式会对卖方公司股票产生不同的超额收益率。一般情况下,资产剥离出售的超额收益率为1%~2%。

(二)资产剥离对企业持续经营价值影响的原因分析

西方财务理论研究提出许多观点用以解释企业资产剥离导致持续经营下企业价值提高的原因。这些论点主要包括:

1.投资者"主业突出"偏好学说

20世纪60年代到90年代初,全球企业界盛行多元化发展思路,认为多元化经营可以有效地分散投资风险,发掘新的市场机会。实践表明,很多跨行业经营的企业在日后发展中遇到了很大困难,特别是高层管理人员对非本行业的业务领域缺乏经验,盲目扩张,拖累了集团企业整体盈利水平。作为认真反思的结果,许多企业开始有计划地放弃一些与本行业联系不紧密、不符合公司长远发展战略、缺乏一定成长潜力的业务和资产,收缩业务战线,培植主导产业和关联度强的产品群,加强公司的市场竞争力。而投资者也开始将被分拆公司的业务放在其母公司整体业务结构中进行考察,并偏好于"主业突出"的公司。所以,公司分拆一般会得到市场的普遍认同,带来公司股票价格的上涨。据美国证券资料公司的数据显示,在 AT&T 宣布"一分为三"的消息后,其股价迅速上涨 11%。又据 1983 年美国者学者 Hiteowers 和 Rogers 的调查资料显示,有 6 家房地产公司宣布将其下属房地产公司的资产分拆掉,但市场对此几乎没有反应;而另有 20 家工业企业宣布分拆其房地产的子公司时,在两天内股价平均上涨 9.1%。这反映出投资者已经知道把分拆公司的业务放在其母公司整体业务结构中进行考察。

2.管理效率学说

由于公司管理层能力有限,不可能在所有业务方面都经营得十分出色。最优秀的企业家在其企业经营范围扩展到一定程度时,也会遇到企业效益下滑的尴尬局面。因此,企业资产剥离时通常宣称是将不适应企业主营业务发展的部分加以分离,以使企业的经营重点集中于主营业务领域。对于综合性公司来说,由于财务上的统一核算与合并财务报表,个别部门的业绩往往无法体现,因此难以实现利益与责任的统一。当部门目标与公司总体目标发生冲突时问题将更为严重。这对发扬奋发向上的企业精神十分不利。而若将个别部门分离出来成为独立的公司,使公司的股价直接与其经营管理相关,则有利于公司激励机制的建立。

3.债权人的潜在损失学说

这种学说认为,资产剥离的公司股东财富的增加来源于公司债权人的隐性损失。资产剥离减少了债权的担保程度,使债权的风险上升,相应减少了债权的价值,而股东却因此得到了潜在的好处。因此,在实际经济生活中,许多债务契约附有股利限制(限制股票股利,包括公司分立)和资产处置的限制(限制资产出售)。

八、资产剥离在我国上市公司中的运用情况

资产剥离已经成为我国上市公司进行资产重组的一种重要手段。这些公司在运用资产剥离时具有如下一些特点。

(一)资产剥离与负债剥离经常一起进行

我国上市公司资产剥离最常见的情况是,上市公司对其掌握的资产进行评估后,将一部分不良资产进行剥离(一般是剥离给自己的母公司),由母公司进行一定的资产整合和处理后,再由上市公司按照一定的价格回购。这种资产剥离方式的特点是:

(1)不良资产与负债一同剥离;(2)剥离时可以按照零价格转让,有可以按照协议价格转让;(3)资产在剥离后,上市公司通常又以一个比较低的价格回购;(4)资产剥离的真实意图经常是为了剥离自己的负债。

(二)资产剥离时通常采用重置成本法

虽然资产评估的方法有多种,但是目前我国上市公司的资产剥离中普遍采用重置成本法。上市公司采用重置成本法的一个重要原因是,这一方法注重被评估资产的单项的价值,而对公司的未来盈利能力没有考虑。因为在我国上市公司中,被剥离的资产大都是经营不善、业绩较差即盈利能力不强的资产,因此如果采用国际上比较通行的收益现值法,可能使资产评估的价值很低。

(三)法人股的转让通常采用竞拍方式

法人股是指由国营或民营法人机构持有的股份。在我国,上市公司法人股的转让有两种方式:协议转让和拍卖。协议转让是买卖双方私下地谈判转让价格,其最大问题是缺乏透明度,无论是买家还是卖家都可能存在着"暗箱操作"问题。而且买卖双方需要花费大量的时间和精力。拍卖则是在市场上公开、自由地交易。拍卖时可以委托专门的机构在规定的时间和地点,按照一定的章程和原则来进行。

相对而言,竞拍的优点主要在于:

1.具有公开、公平和公正性。所有的投资者即参加竞买人都有相同的机会。

2.安全性。在法人股拍卖活动较多,并成为一种正常交易活动的情况下,能保持资本市场的稳健运作,法人股易手不会引起大的社会动荡。

3.方便、快捷。通过竞拍进行法人股的转让,可以大大减少甚至杜绝协议转让中的"寻租"行为和信息不对称性问题,从而提高交易效率,减少交易成本。

第三节　公司分立

一、公司分立及其主要形式

(一)公司分立的含义

公司分立是与公司合并相反的概念,指原有的一个公司分成两个或两个以上独立公司的法律行为。借助这种手段可以把不要的公司剥离出去。

(二)标准的公司分立

标准的公司分立是指母公司将其在某个子公司中所拥有的股份,按照母公司股东在母公司中的持股比例分配给现有母公司的股东,从而在法律上和组织上将子公司的经营从母公司中分离出去。这样分离后,会形成一个与母公司有着相同股东和持股结构的新公司。在分立过程中,不存在股权和控制权向母公司和其股东之外的第三方转移的情况。因为现有股东对母公司和分立出来的子公司同样保持着他们的权利。

需要说明的是,这里的子公司既可以是原来就存在的子公司,也可以是为了分立考虑而临时组建的子公司。

(三)公司分立的衍生形式

除标准的公司分立外,公司分立还存在多种形式的变化。其中主要有换股分立和解散分立两种。

1.换股分立

指母公司把其在子公司中拥有的股份分配给母公司的一些股东(而不是全部母公司的股东)以便交换其在母公司中的股份。在换股分立中,两个公司的所有权结构发生了变化,换股分立后母公司的股东可能不再对子公司拥有间接的控制权。在现实生活中,换股分立不像标准的公司分立那样经常发生,因为它需要一部分母公司的股东愿意放弃其在母公司中拥有的股份,而转向投资于子公司。实际上换股分立也可以看作是一种股份回购。即母公司以下属子公司的股份向部分股东回收自己的股份。在标准分立方式下,母公司的股本没有变化;而在换股分立方式下,母公司的股本将会减少。

2.解散分立

又称新设分立,指一个公司将其全部财产分割,解散原公司,并分别归入两个或两个以上新公司的行为。在解散分立中,原公司的财产按照各个新成立的公司的性质、宗旨、业务范围进行重新分配组合。同时原公司解散,债权、债务由新设立的公司分别承受。新设分立是以原有公司的法人资格消灭为前提,成立新公司。

二、公司分立的优缺点

(一)公司分立的优点

1.公司分立可以激发管理人员的经营积极性;

2.公司分立有助于稳定和提高公司的股价;

3.公司分立可以得到税收优惠。

公司分立对公司和股东都是免税的,而资产剥离则可能带来巨大的税收负担。公司在资产剥离中得到的任何收益都需要纳税,而在公司分立中由于通常情况下不存在现金交易,因此一般不需要纳税。但是,公司和股东又都可以在公司分立过程中得到利益。

(二)公司分立的缺点

公司分立的缺点主要体现在如下三个方面：

1.公司分立只不过是资产的契约性转移，通常情况下并不能使公司的经营管理发生根本性改变与提高。虽然随着公司分立，公司的股票价格提高了，但是这种提高只是市场预期改变的结果，并不是其经营业绩改善的结果。

2.公司分立可能使规模化经营所带来的成本节约效应消失。公司分立后，一方面被放弃的公司需要设立必要的职能管理部门，增加管理人员，从而引起管理费用的增加；另一方面对存续的公司来说，随着业务缩小，单位产品分担的管理费用也会随之增加。除非公司对管理机构和管理人员进行裁减。

3.公司分立的手续比较复杂。与资产剥离相比较，公司分立涉及的法律复杂，如果被放弃部分不是独立核算的子公司，还必须首先把它从母公司中分离出来，为此要设立新的法人实体，要把资产和负债在母公司与新的法人实体之间进行分摊等。这些都是比较棘手的问题，会消耗管理者相当多的精力和时间。

第四节　股份回购

一、股份回购及其动因

股份回购是指公司将自己发行在外的股份进行回收的一种行为。作为公司紧缩的一种手段，它与资产剥离、公司分立的区别在于，股份回购不是针对公司某项资产或某些业务进行的紧缩，其目的也不是使公司经营业务清晰化。股份回购的"紧缩"表现在其缩小了公司的股本与资产规模。这种行为在上市公司中之所以特别普遍，主要基于如下动因：

(一)巩固现有控股权或转移公司控股权

许多股份公司的大股东为了保证其所代表股份公司的控股权不被改变，往往采取直接或间接的方式回购自己的股份，即公司直接以自身名义或通过自己的关联公司购回自己的股份。有些股份公司的法定代表人并非公司最大股东的代表者，在实际中，这些法定代表人为了保证不改变在公司中的地位，也为了能在公司中实现自己的意志，往往采取回购股份的方式来分散或削弱原控股股东的控股权，以实现原控股权的转移。

(二)提高每股收益

在财务上，每股收益指标是以流通在外的股份数作为计算基础的。不少股份公司为了自身形象、上市需求和投资人渴望高回报等原因,采取股份回购并库存自身股份的方式来操纵每股收益指标,以减少实际应支付红利的股份数量。

(三)稳定或提高公司股价

过低的股价会降低人们对公司的信心,使消费者对公司的产品产生怀疑,削弱公司出售产品、开拓市场的能力,使公司难以从证券市场上进一步融资,对公司经营造成不良影响。在这种情况下,公司回购股票可以支撑股价,有利于促使投资者重新关心公司的运营情况,恢复消费者对公司产品的信任,公司也有了进一步配股融资的可能性。因此,公司在其股价过低时回购股票是维护公司形象的有力途径。此外,在按照市价发行的股票市场,为使市价发行的新股能顺利地被投资者吸收,上市公司也经常在二级市场进行股票回购,以稳定交易和提高股价。

(四)改善资本结构

任何企业的发展都会经历上升期、成熟期和衰退期。在上升期,企业内部融资不足,往往通过发行股票融资,大大加快资本的形成。但当产业进入衰退期后,公司资金较为充裕,却由于行业进入衰退期而不愿扩大投资。这部分剩余资金若无适当的投资项目,只能作为银行存款或购买短期证券,影响公司的净资产收益率。这时,通过股份回购可以减少公司资本规模,借此改善公司的资本结构,还可提高每股收益。

(五)反收购策略

股份回购在国外常被用作重要的反收购策略。因为股票回购可以提高公司股价,减少流通在外的股份,使收购方的收购难度增加。但由于回购的股票无表决权,回购后收购方的持股比例也会上升,因此公司需将回购股份再卖给稳定的股东,才能起到反收购的作用。

二、股票回购的负面作用

世界各国法律为保护债权人利益、维护证券市场的交易秩序,大都对股票回购作出了较具体的规定。这是因为股份回购存在如下弊端:

公司回购其股票,除无偿收回以外,都无异于股东退股和公司资本的减少。而公司资本的减少则从根本上动摇公司的资本基础,削弱对公司债权人的财产保障。

股份回购使公司持有自己的股票,成为自己的股东,公司的法律地位与股东的法律地位出现同一,公司与股东之间的法律关系发生混淆,这便背离了公司与股东原本具有的法律含义。

上市公司回购本公司股票,容易导致其利用内幕消息进行炒作,或对一系列财务报表指标进行人为操纵,从而加剧公司行为的非规范化,使投资者蒙受损失。

股票回购的负面作用是显而易见的,但也并不是不可避免的。对上市公司回购股份的条件做出严格规定,则可抑制其负面作用,发挥其积极作用。

三、股票回购的财务分析

公司回购股票将引起股价的变化,这种变化来自两个方面:首先,股票回购后,公司的每股净资产值将发生变化。假设净资产收益率和市盈率都不变,股票的净资产值与股价应存在常数关系,即净资产倍数不变,因此,股价将随每股净资产值的变化而相应变化。但是该变化的方向是不确定的。其次,由于公司回购行为的影响及投资者对此的心理预期,将促使市场看好该公司股票并带来其股价的上升。这种影响一般总是向上的。

例 10-1

假设某公司股本为 8 000 万股,全部为可流通股,每股净资产值为 5 元,并假定公司的市盈率不变。现分别分析下列三种情况下股票回购对公司财务指标产生的影响。

情况一:股票价格低于每股净资产。假设该股票市价为 4 元,若回购股票 20% 即 1 600 万股流通股,回购后,公司净资产值为 33 600 万元(8 000×5－1 600×4),回购后的总股本为 6 400 万股,则每股净资产上升为 5.25 元,这将引起股价上升。

情况二:股票价格高于每股净资产。假设该股票市价为 6 元,若回购股票 20% 即 1 600 万股流通股,回购后,公司净资产值为 30 400 万元(8 000×5－1 600×6),回购后的总股本为 6 400 万股,则每股净资产降为 4.75 元,比原每股净资产 5 元降低了 0.25 元,将引起公司股价下跌。

情况三:股票价格等于每股净资产。假设该股票市价为 5 元,若股票回购 20% 即 1 600 万股流通股,回购后,公司净资产值为 32 000 万元(8 000×5－1 600×5),回购后的总股本为 6 400 万股,则每股净资产为 5 元,与原每股净资产数值一致,对公司股价不会产生多大影响。

分析显示,在某些情况下回购股票会降低公司每股净资产,损害公司股东(指回购后的剩余股东)的利益。因此,股票回购主要作为股市大跌时稳定股价、增强投资者信心的手段,或作为反收购战中消耗公司剩余资金的“焦土战术”。因此,若非为了应付非常状况,一般无须进行股票回购。

四、各国对股票回购的法律规定

(一)美国的有关规定

美国原则上允许进行股票回购,因此在美国企业中股份回购的现象非常普遍。

美国企业进行股份回购的目的主要有：(1)稳定与提高本公司的股价；(2)回购股票以用于奖励有成就的经营人员。必须说明，只有在公司为了维护现行的经营方针，维护本公司利益而争夺控制权时，回购本公司的股票才是合法的。

(二)德国的有关规定

德国法律原则上禁止企业买卖自己的股票，但是允许在下列情况下回收 10% 以内的本公司的股票。这些情况是：(1)避免重大损失；(2)向从业人员提供时；(3)基于减资而注销资本；(4)股票继承等

(三)日本的有关规定

日本原则上也是禁止买卖本公司的股票。其规定允许收购本公司股票的情形是：(1)为注销股票而收购时；(2)企业合并时；(3)在接受以物抵债时等

(四)我国的有关规定

我国原则上不允许股票回购。我国《公司法》规定，公司不得收购本公司的股票，但为减少公司资本、与持有本公司股票的其他公司合并、将股份用于股权激励、将股份用于债转股者除外。公司收购本公司股票后，依照法律、行政法规办理变更登记并公告，公司不得利用股票回购进行内幕交易、操纵市场等。

第五节　自愿清算

一、清算及其种类

清算是指结束一个公司"生命"的过程。公司清算有两个基本类型——自愿清算和强制性清算。自愿清算是由公司股东主动发起的清算，而强制性清算则是由法院强迫企业进行的清算。后者又称为"破产清算"。

人们一般熟悉的"清算"概念是和"破产"紧密相关的。但自愿清算与破产则关系不大，为了对这两个概念有比较清晰的认识，下面先把破产清算的基本内容概要阐述一下，然后再对自愿清算进行详细分析。

(一)破产清算

破产是指在债务人不能清偿到期债务时，为使全体债权人取得公平受偿的机会，由法院依照破产法的规定强制取得债务人的财产并按债权受偿的先后顺序，按比例分配给债权人的一种执行程序。因此，破产是一种由法律严格规范的经济状态。任何企业都不能自行宣布破产。

破产清算从狭义看，仅指企业被宣告破产以后进行的清算；从广义上看还包括破

产申请、和解整顿两个部分。我国企业破产法采用的是广义的破产概念。

一般企业在被债权人申请破产后,法院会给其一个"整顿"期,给企业最后一个重振河山的机会。如果整顿期满,企业仍不能按期如数清偿债权,法院则宣告该企业破产,对外发布对该企业进行破产清算的公告,至此该企业便进入了破产清算程序。

破产清算的主要内容包括:

1.宣告破产。由法院裁定并宣告。

2.组建清算组。在宣告后 5 日内成立。其成员由法院从企业上级主管部门、政府财政部门及其他有关部门和专业机构中选定。

3.清算组接管破产企业。

4.处理善后事宜。由清算组负责。

5.编制破产财产分配方案。

6.偿还债务。

7.报告清算工作。由清算组定期向法院报告。

8.提请终结破产程序。破产财产清算完毕后,清算组应提请法院终结破产程序,解散清算组,至此破产清算工作全部结束。

9.办理注销登记。

10.追究破产责任。

11.追回非法处分的财产。

上述破产清算程序中,只有前面第 1~9 条是必须的,其他程序并不是每个企业的破产都必须经历的。如第 10 条只针对国有企业,而民营企业的破产通常没有这个程序。另外,第 11 条从内容上看已属破产清算程序以外的工作,但又与破产清算密切相关,实际上是破产清算工作的继续。严格地说,只有到第 11 条程序结束,才真正完成了全部的破产清算。

(二)自愿清算

企业自愿清算的前提是企业要解散(解体)。从解散到企业的最终消失有一个过程,这一过程即是自愿清算过程。企业清算必须以企业解散为前提,但并非所有解散的企业都必须经过清算程序。

在美国,自愿清算又可进一步分为有偿债能力的自愿清算和无偿债能力的自愿清算。

1.有偿债能力的自愿清算

这种清算是指企业本身具有偿债能力,按照常理本不应清算,但是由于考虑到企业经营前景不佳,为了避免进一步的损失,由企业自动提出清算,结束经营。在这种清算情况下,公司首先需要召开股东大会,同意对公司进行清算并确定清算人,然后公司董事会发布准备偿还所有债务的公告。公告中一般宣布:公司董事会在全面研究的基础上决定公司将在不超过 12 个月的期限内偿还所有债务。在股东大会表决是否进行清算时,至少要有 75％的投票权同意才行。

2.无偿债能力的自愿清算

这种清算和有偿债能力的自愿清算一样,也是由股东大会投票表决进行自愿清算,但它要多一个程序,即公司的债权人要介入到清算中,债权人要听取公司董事会对其经营失败的解释,并决定清算人的任免。

相对于强制性清算而言,这种清算方式可以使公司董事会的责任相对减少很多。因此,当公司不具备清偿债务能力时,董事会往往会优先考虑主动清算。

另外,在这种清算模式下,公司一般不具备偿还所有债务的能力。清算人的职责就是要尽可能地使现有资产以最合适的价格变现,管理公司在清算期间内的事务,以及合理地分配清算资产。

需要说明的是,在中国,这种无偿债能力的自愿清算必须转到法院,并且按破产清算的程序执行。这一点与美国有所不同。

自愿清算,按照性质来讲是一种最为彻底的资产处理方式,因此也可以说是资产剥离中的一种类型。目前自愿清算案例在美国的发生频率越来越高,据统计从 1989 年至 2000 年,美国企业中每月平均有 40～60 家企业进行自愿清算。这说明自愿清算已成为当今美国企业实现紧缩的重要手段之一。

二、企业自愿清算的原因

企业进行自愿清算的原因有客观与主观两个方面。

(一)客观原因

1.营业期满解散。

2.公司出现意外情况(如董事会重要人员死亡或企业遭受重大自然灾害而不能恢复正常营业时等),可由股东大会讨论决定解散。

3.因与其他企业合并或自己分立而解散。

(二)主观原因

任何一个企业集团在开展多项业务时,不可能每个子公司都运作得很成功。每个企业在设立之初都会有一个经营目标,当管理层经过努力经营了一段时间后,发现该企业的前景与预定目标相差很大,按照现实条件无法达到既定目标时,就应该考虑放弃该公司。从理论上讲,如果清算比继续经营一家不成功的企业在更大程度上使价值得以保存时,公司应考虑主动申请清算,即自愿清算。

当一家公司业绩不佳且公司股票长期处于极度低迷状态时,公司的市盈率指标会很低,这时就容易发生自愿清算。但是,被清算公司的管理层往往不愿意实施这一方案,因为这将导致其失业等风险。因此,他们有时宁愿把公司整体出售给某一个公司,也不愿让公司清算分给许多单位。但对公司本身来说,自愿清算往往要比整体出售给某一方收益更大。基姆和斯卡茨伯格经过研究后认为,自愿清算时可能会有多个购买者,而在兼并中一般只有一个买家,所以自愿清算可以使卖出企业将资产转移给能够实现其最高价值的购买者。

三、自愿清算与破产清算的对比

同破产清算一样,自愿清算也是在企业解散过程中进行的,都要进行债权债务的清理、偿还债务、处分财产、注销企业登记等。但由于两者属于不同性质的清算,某些方面还存在着较大的差异,为了更全面、更系统地了解和把握自愿清算,现将自愿清算与破产清算的区别概括如下:

(一)清算原因不同

破产清算的根本原因在于企业经营管理不善造成严重亏损,不能清偿到期债务,由债权人申请获得法院批准后进行清算。而自愿清算的原因却有很多,但是无论哪种原因,在自愿清算方式下,清算的申请人都是企业自己而不是债权人。

(二)清算程序不同

破产清算程序是以《破产法》为依据的,必须依靠法定程序逐步展开。而自愿清算程序主要依据《公司法》进行,由企业宣告解散开始,到企业注销登记结束。

(三)清算成员不同

在破产清算中,清算组成员由人民法院从有关部门和人员中选定,包括财政、审计、税务、物价、劳动、人事、工商行政管理部门、企业上级主管部门等,还可以聘请一些专业技术人员,如注册会计师、律师、财产估价人员及公证人员等。而在自愿清算中,清算组的组成可以有四种可能:(1)有限责任公司的清算组由股东组成;(2)股份有限公司的清算组由股东大会确定其人选;(3)国有独资企业由企业主管部门确定清算组成员;(4)逾期(宣告解散15日以上,这种情况较少见)未组建清算组的,债权人可以申请法院指定有关人员组成清算组。可见,破产清算的清算组织只能由法院从破产企业与债权人以外的第三人中选任;自愿清算的清算组主要由清算企业自身担任。

(四)财产处理不同

破产清算的结果一般是资不抵债,清算财产必须分清担保财产、取回财产、抵消财产、破产财产,以便公平合理地偿还债务,财产一般应全额变现。而自愿清算只能是资大于债(如果资不抵债将转入破产清算),因而财产除分清担保财产、取回财产外,其他财产可并入一般财产,不存在不足额清偿债务的问题,财产也不一定全额变现。剩余财产应该在企业所有者之间进行分配。

(五)清算监督不同

破产清算的监督人主要是人民法院与债权人会议,监督内容是清算组工作的合法性、有效性,目的是维护债权人的合法权益。自愿清算的监督人是企业董事会、股东大会或职工代表大会、企业上级主管部门等,监督人中没有债权人会议,人民法院也不干涉企业的清算事宜。总的看来,破产清算的监督更加严密,强制性更大一些。

四、自愿清算的主要程序及在中国的应用

(一)自愿清算的主要程序

自愿清算是以《公司法》为主要依据的,由企业宣告解散时开始,至注销企业登记时终结。其主要过程有:

1.宣告解散

当企业出现解散事宜时,应由企业通过报纸、电视台等新闻媒介予以公告。以公司为例,首先由董事长将解散提议交股东大会通过,然后由企业法人代表将签署过的解散意向书交有关政府部门审批,最后由政府部门颁发企业解散证书。

2.组建清算组

根据中国公司法规定,企业解散后,应在 15 日内组建清算组,全权处理具体清算事宜。

3.催报债权

清算组应当自成立之日 10 日内通知企业债权人,并在 60 日内在报纸上至少公告三次,注明债权申报时间。债权人自接到通知书之日起 30 日内,未接到通知书的自第一次公告之日起 90 日内,应向清算组申报债权,说明债权金额,是否有财产担保,债权形成日和到期日以及债权证明材料。清算组接到债权人申报的债权后,应一一进行详细登记。逾期未申报债权的,视为自动放弃的债权。

4.清理财产

清算组在催报债权的同时,应认真组织人力进行详细的财产清查,核实各项债权债务,及时解决有争议的债权债务问题,盘点各项存货,重新登记各项长期资产,分清他人暂存财产与存入他人财产,编造财产清单和资产负债表。如果发现企业财产不足以清偿债务时,应向法院宣告破产。法院受理并宣告该企业破产后,清算组应将有关清算事务移交给法院组建的清算组,按破产清算程序处理,以保护债权人的合法权利。

5.了结未了事宜

企业在清算期间,对于尚未履行的合同、未加工完的在产品及半成品,清算组有

权做出是否继续履行合同的决定,其原则是以增大企业财产为前提。对于与未了结事宜无关的经营活动,清算组无权干涉。

6.清偿债务

同《破产法》一样,《公司法》对债务的清偿顺序也依次为:先拨付清算费用,然后偿还应付职工工资和劳动保险费、应交税款、其他债务。其中企业如有欠付的有财产担保的债务,可在清算程序外依担保财产予以偿还,担保财产价款超过担保债务部分应及时收回并入清算财产,担保债务清偿不足部分并入其他债务。

7.分配剩余财产

企业偿还上述各项债务后的剩余财产,有限责任公司按股东出资比例分配,股份有限公司按股东持股比例分配,独资企业则直接交付该企业所有者。

8.编报清算报告

企业财产处分完毕,即意味着清算工作进入尾声,要向有关部门或机构(有限责任公司为股东会;股份有限公司为股东大会;国有独资企业为政府主管部门)编报清算报告,全面反映清算过程及结果,包括清算费用表、财产变现表、债务清偿表、剩余财产分配表以及清算损益表。

9.注销企业登记

清算报告经有关部门或机构确认后,报送公司登记机关,申请注销公司登记,公告公司终止。如果不申请注销公司登记,则由公司登记机关吊销其营业执照,并公告终止。

(二)自愿清算在中国的应用情况

在所有的公司紧缩技术中,自愿清算可以说是在中国有着最完整的相关法律规定但却是被最少执行的。其主要原因是:

1.母公司管理者的"面子"问题

中国的企业管理者通常好"大"喜"功",企业规模越大,脸上越有光。对于一个企业高层领导来说,敢于承认自己的投资决策失误,及时在下属子公司并未陷入资不抵债之时就自愿清算,无疑需要很大的勇气。更重要的是,这种清算就是向社会公开承认了自己的投资或管理失败,企业高层管理者会觉得这样做"颜面扫地",以至有畏惧心理。相比之下,采用剥离出售的方式会对母公司高层的"面子"有所保留。

2.清算公司管理者的"位子"问题

对实行自愿清算的管理层来说,自愿清算意味着企业的彻底消失,摆在他们面前一个很现实的问题就是他们也将随普通员工一起"下岗"另寻出路。这使得他们将失去现有的待遇,从而在心理上拒绝清算计划。

3.银行的"业绩"问题

企业要清算,作为主要债权人的银行不一定会支持。虽然在自愿清算的情况下,所有债权人的债务可以得到清偿,但对于主管该项目贷款的银行的相关负责人而言,这笔贷款项目是失败的,对其业绩考核无疑有负面影响。因此,如果出现这种情况,银行也可能阻止企业的自愿清算行为。

4.产权不清的问题

中国许多企业在进行自愿清算时遇到的一个最大难题就是产权不清。尤其是一些集体所有制企业和乡镇企业的产权更不清晰。在产权不清的情况下,企业自愿清算时在清偿完所有债务后的剩余资产就无法公平、合理地分配。

5.社会保障制度不健全的问题

一个健全的社会保障制度是自愿清算得以成功进行的重要基础与条件。因为在清算后,企业的所有员工将一下子涌向社会。这时如果没有相应的社会保障制度使这些员工安定下来,清算很有可能引发一些社会动荡问题。这是当地政府最不愿看到的局面。

6.企业间担保关系混乱的问题

中国的企业贷款的常见形式是担保贷款,于是企业间互为担保的现象就非常普遍。一个企业的清算势必会引起其他两家或更多企业的关联担保问题。比如一家企业已经为另一家企业的一笔三年长期贷款提供担保,那么当这家企业自愿清算时,另一家企业的贷款就面临担保失效的问题。在这种情况下,另一家企业要么另寻担保方,要么千方百计阻止为自己担保的企业进行自愿清算。

7.破产财产变现难的问题

企业的财产在面临清算时基本上以固定资产或应收账款等形式存在,流动性强的现金或有价证券在资产中的比例很小。这样,虽然企业的资产账面上是可以偿还所有债务的,但实际上资产变现的过程很难进行。这里的原因很多,如中介机构的实力、拍卖机制的不完善以及信息网络不发达等。

思考题

1.公司为什么要进行紧缩?

2.公司扩张与公司紧缩的关系如何?

3.什么是资产剥离? 有哪些类型?

4.什么是管理层收购?

5.什么是公司分立? 有哪些形式?

6.公司为什么进行股份回购? 我国有什么规定?

7.企业为什么进行自愿清算? 其程序如何?

第十一章 **国际财务管理**

💡 **学习目的**

本章主要介绍涉外经营过程中的财务管理问题。其内容有汇率及其风险控制、跨国营运资本管理、国际融资以及国际投资等。通过学习,需要了解和掌握汇率的种类,汇率风险的形成与控制方法,如何进行国际性融资和投资,如何进行国际资本运作和管理等。

第一节　经济全球化与国际财务管理

21 世纪是世界经济一体化和全球化的时代。如果把时间倒退到 150 年前,当时人们无论是工作或是生活所使用的物品,其生产地点一般不会超过方圆 100 公里。然而在今天,由于国际化分工、运输工具和信息科技的发展,当你读这本书的时候,你可能正坐在一张自巴西进口的椅子上,使用着丹麦进口的书桌,头顶上是一盏来自意大利的灯,桌子上放着台湾组装的电脑,你戴的手表可能是瑞士或日本进口的,你的鞋子可能是美国生产的,而你品尝着的咖啡则是来自南美或非洲。这就是今天的经济现实:一个经济全球化的时代。而且随着经济全球一体化的加深,这种情况还会进一步发展,世界会变得越来越小,每个国家的人民都可以从经济全球化中获得质优价廉的产品,从中得到愉悦和享受。

国际经济贸易的发展,使企业财务管理工作面对着一个新的决策环境——国际因素。同时也给财务管理带来了一些新问题,如:在哪里能得到最便宜的资金?在哪里生产新产品成本最低?在哪里投资能赚取更多的利润?在哪里销售产品能得到税收优惠?企业的主要竞争对手来自哪个国家?等。这些问题的答案一般都会涉及外国。因此,在今天,如果企业想要成功,就必须在决策时有国际眼光,要能够适应国际市场竞争的需要,而不能仅仅局限于一国之内。

在国内,竞争压力通常使得国内企业只能获得正常的收益。而企业到国外投资的动机,则主要是为了获得超额收益,当然在可获得超额收益的国家也可能同时存在着壁垒。虽然大多数企业到国外投资的动机是将产品或服务打入国外市场,但有些公司也可能存在着其他方面的追求。如一些公司投资国外是为了提高生产率,因为有些国家能够提供较低的劳动成本以及其他低成本的生产要素,所以公司经常会选择那些经营成本比较低的国家作为产品生产基地。尤其是劳动密集型行业更是如此。目前,玩具、电子工业等正向发展中国家进行产业转移,就是这方面的最好例证。另外,一些公司对外投资可能是为了获得必需的原材料,如石油公司和采矿公司正是为了这个目的而投资国外的。

国际经济发展是双向的。一般来说,发达国家通过产业转移和产品市场的拓展而获利,发展中国家也可以在国际经济一体化中得到技术、资金、管理等方面的提升。如我国的公司在国外上市无疑就是一条颇有诱惑力的融资渠道,像中国南方航空股份有限公司在这方面就尝到了胜利的甜果。而中国的 IT 产业进军美国,对于获得国际一流水平的管理能力同样意义重大。此外,中国彩电业的崛起以及目前手机行业的培育也是这方面的很好例证。所有上述追求的因素——市场、产品设备、原材料、资金、技术、管理水平等,都是公司进行国际化经营以获得高于国内超额收益的动力源。

企业的国际化经营必然带来财务管理的国际化。国际财务管理就是根据国际企业的特点及理财环境,来组织国际企业的财务活动,处理国际企业的财务关系。

国际财务管理与仅限于一国之内的财务管理(通常意义的财务管理)相比较,其特点是涉及因素多,地域更加广泛。如英特尔公司的技术在美国,产地可能在马来西亚,而市场则面向全球。因此,该公司的财务管理肯定要比某一个只在所在国家内部生产经营的小公司考虑更多的国际因素。通常情况下,国际企业的生产经营活动涉及多个国家,不同国家的政治、经济、金融、税收、法律、文化等环境都有很大的差别。这样,跨国财务管理不仅范围更广泛,而且情况更复杂。各国的汇率变化、外汇管制、资金市场状况、通货膨胀率的高低、利率水平、税收的轻重等,都会对国际企业的利润水平发生直接影响。所以,国际企业财务经理在进行财务决策时,不仅要考虑宗主国的情况,还要关注国际形势以及其他国家的状况。一方面,环境的复杂化带来的是风险的多样化。一家中国公司直接投资于非洲某国家,将有可能面临外汇风险、政治风险、法律风险、民族风险、战争风险等新的风险。但是,另一方面,国际企业在经营和财务管理上也拥有比国内企业更多可以选择的机会。例如,从利率低的国家融资,向利率高的国家投资;在劳动力和原材料价格低廉的国家建厂,就地生产、销售,获取更多的利润。国际企业既可以利用公司所在国的资金,也可以利用子公司东道国的资金,还可以向国际金融机构和国际金融市场融资,以调整资本结构,降低资金成本。

同时,通过全球范围内对外直接投资,使原材料的供应、主要产品的生产与销售呈多元化分布,既可以利用东道国的资源优势,又可以利用各国在税收、进出口贸易管制等方面的差异来选择投资组合,从而更好地减少利润的波动。

总之,经济全球化、环境的复杂化、风险的多样化既给财务管理带来新的挑战,也为国际企业的财务经理提供了施展才华的机会和广阔的用武之地。

第二节 汇率风险及其管理

一、外汇

为了购买他国产品或服务,或者到他国投资,公司或者个人必须购买其商业往来国家的货币,这就涉及国际汇兑。外汇就是国际汇兑的简称。按照国际货币基金组织(IMF)对外汇的解释,外汇是"货币行政当局(中央银行、货币机构、外汇平准基金和财政部),以银行存款、财政部库券、长短期政府证券形式所拥有的在国际收支逆差时可以使用的债权"。而中国《外汇管理条例》对外汇的解释则是指:(1)国外货币,包括钞票、铸币等;(2)外币有价证券,包括政府公债、国库券、公司债券、股票、息票等;(3)外币支付凭证,包括票据、银行存款凭证、邮政储蓄凭证;(4)其他外汇资金。

根据外汇可否自由兑换,通常将外汇分成自由外汇和记账外汇两类。自由外汇又称现汇,无须经货币发行国批准,可以在国际金融市场上自由兑换成任何一种外国货币使用,也可以作为支付手段用于对第三国支付。如美元(US＄)、英镑(￡)、法国法郎(FF)、德国马克(DM)、日元(J￥)、欧元(Euro)等均属自由外汇。记账外汇又称协定外汇或非自由外汇,未经货币发行国外汇管理当局的批准,不能自由转换为其他国家的货币。记账外汇在国际结算中只能根据协定在两国间使用,可以节省双方的自由外汇。

二、汇率

汇率(rate of exchange),是两种不同货币之间的比价,即一国货币用另一国货币单位表示的价格。汇率是关系各国货币制度、结清国际间债权债务的关键。由于折算的标准不同,相应出现了直接标价法和间接标价法两种标价方法。

直接标价法是以一定单位的外国货币(可以是 1 个单位外国货币,也可以是 100或 1 000 个单位外国货币)为标准折算成一定数额的本国货币来表示的汇率。例如

US＄100∶RMB￥827.91,对人民币来说,就是直接标价法,它表示 100 美元等于827.91元人民币。由于直接标价法也可表述为购买一定单位的外币应付多少本币,故这种方法又称为应付标价法。在直接标价法下,外国货币的数额固定不变,本国货币数额随汇率波动。一定单位外币折算的本币增多,就说明外币升值,本币贬值,称为外汇汇率上升;反之亦然。目前,除英国、美国外,绝大多数国家都采用直接标价法,中国外汇汇率也采用直接标价法。

间接标价法是以一定单位的本国货币为标准,折算成一定数额的外国货币来表示的汇率。例如 US＄100∶DM 181.87,对于美元来说,就是间接标价,它表示 100 美元等于181.87 德国马克,但对德国马克来说则是直接标价法。由于间接标价法可表述为出售一定单位的本国货币应收多少外币,故又称之为应收标价法。在间接标价法下,本国货币的数额固定不变,外国货币的数额随汇率而波动,一定单位本币折算的外币越多,说明本币升值,外币贬值;反之亦然。

在 1949 年至 1970 年间,世界上主要货币间的汇率是固定的,所有国家都要设定一个本国货币兑美元的平价率。以德国马克为例,1949 年平价率设定值为 4.0 德国马克兑 1 美元,实际汇率允许在这一设定值附近波动,即德国马克允许在 4.04 马克到3.96 马克兑 1 美元间波动。一个国家可以通过改变货币兑美元的平价率来对汇率作大的调整。当一国货币相对美元变得"便宜"时,这时被称为贬值。1969 年德国马克被调至 3.66 马克兑 1 美元。这是一次使马克平价上升 9.3％的调整。围绕该平价的新的波动幅度是 1 美元∶3.7030～3.6188 马克。马克变得坚挺,因为此时用较少马克便可购买 1 美元。

自 1973 年以来,浮动汇率的国际货币系统运行起来。对大多数货币来说,既没有平价率也没有货币波动幅度。大多数主要货币包括美元,都自由浮动,一切都取决于外汇市场上交易商如何看待这些货币的价值。通常,一国的相对经济实力、进出口水平、货币表现水平、国际收支差额是决定汇率的重要因素。而外汇市场上的供需状况则主要决定短期、实时汇率的波动。

三、外汇市场

外汇市场是进行外汇买卖的场所。从外汇交易额来看,世界上七大外汇市场分别为伦敦、纽约、东京、新加坡、苏黎世、香港、法兰克福外汇市场,其外汇交易额占世界外汇交易额九成以上。外汇市场提供了一种货币到另一种货币购买力转移的机制。这种市场如今并非一个像纽约证券交易所这样的实体,而是在许多银行、外汇交易商、经纪人之间通过电话、计算机连接在一起的交易网络。这一市场在三个层次上同时运行:第一层次,顾客通过他们的银行购买和出售外汇;第二层次,银行在同一金融中心向其他银行购买或出售外汇;最后一个层次,银行向其他国家金融中心的银行购买或出售外汇。例如,一个夏威夷的交易商在一家休斯敦的银行购买英镑用以支付英国的出口商。休斯敦银行可能向一家纽约银行购买这笔外汇,而纽约银行则既可以向法兰克福的银行,也可以向伦敦的银行购买英镑。由于这一市场连续不断地进行大量的买卖交易,因而货币市场通常是很有效率的。也就是说,要想在银行间买卖货币以获取差价利益是比较难的,因为不同银行报价的细微差别会很快消失。在我国,企业买卖外汇主要是通过中国银行进行的。

在外汇市场上主要有四种类型的交易:即期交易、远期交易、期货交易、期权交易。

即期交易也称为现汇交易,是指外汇买卖成交后在两个营业日内办理交割的外汇业务。即期外汇交易是按成交当日的汇率进行交割的,这一汇率称为即期汇率。对于国际企业而言,即期交易主要用于临时性支付货款,调整外汇头寸结构或者在外汇暂时闲置时用于外汇套利业务。

远期交易是指外汇买卖双方事先签订外汇买卖合同,规定双方买卖货币的种类、数量、使用的汇率以及交割的时间,到了合同规定的交割日,双方按合同规定的内容进行外汇交割的外汇业务。远期外汇合同中规定的汇率就是远期汇率,远期外汇交易合约的期限主要有 1 个月、3 个月和 9 个月。远期汇率的报价有两种形式:直接报价和掉期报价。直接报价是指外汇银行直接报出远期汇率。例如,日本银行 3 个月期美元兑日元的远期汇率为 J￥128.25：$67。而掉期报价是指外汇银行只公布即期汇率,通过远期汇差即升水、贴水、平价来表示远期汇率。在直接标价法下,远期汇率等于即期汇率加升水,或即期汇率减贴水。例如,某银行英镑对美元的即期汇率为 $1.6415：£27,同时银行公布英镑 3 个月期远期差价为 58/70。如果远期差价前一个数字小于后一个数字,则代表远期升水,即期汇率加上升水后即得到远期汇率,即远期汇率为 $1.6473：£97。[①] 目前除日本和瑞士等少数国家采用直接报价法外,大多数国家都采用掉期报价法。

外汇期货是交易双方承诺在未来某个确定的日期按事先约定的汇率交割特定标准数额外汇的合约。外汇期货交易则是交易双方在期货交易所内,通过公开叫价的拍卖方式,买卖外汇期货合约的交易。

外汇期权是一种货币买卖合约,它授予期权购买者(或持有者)在规定的日期或在此之前按照事先约定的价格购买或出售一定数量某种货币的权利。外汇期权交易则是交易双方在交易所内或场外,通过公开叫价的拍卖方式,或以电话、电传等方式

---

① 其含义是:1.6473＝1.6415＋0.0058,表示 3 个月后的买入价;1.6497＝106427＋0.0070,表示 3 个月后的卖出价。

买卖外汇期权合约的交易。

四、汇率风险暴露的类型

公司到国外投资有各种风险,除了政治风险外,还有因汇率变化而带来的风险。汇率风险是一国货币相对于另一国货币汇率的波动性而给企业带来的经济损失。按照汇率风险的性质和存在状态不同,汇率风险有折算风险、交易风险和经济风险三种形式。

(一)折算风险

折算风险也称作会计风险(accounting exposure),这种汇率风险与会计核算方法有着密切联系。为了了解其形成过程和计量方法,需要首先简要地介绍外汇业务的会计处理方法。

1.外币账户及其核算的基本程序

外币业务的记账方法一般有外币统账制和外币分账制两种核算方法。所谓外币统账制是指企业在发生外币业务时必须及时折算为记账本位币(在我国通常指人民币)记账,并以此编制会计报表。外币分账制是指企业对外币业务进行核算时按照外币原币进行记账,分别不同的外币币种核算其损益,编制各种币种的会计报表,在资产负债表日一次性地将外币会计报表折算为记账本位币表示的会计报表,并与记账本位币业务编制的会计报表进行汇总而编制整个企业一定时期的会计报表。在我国企业中,绝大多数都采用外币统账制的核算方法。

在外币统账制下,企业通常需要设置如下外币账户:外币现金、外币银行存款以及外币计算的债权债务账户(如应收账款、应付账款等)。

企业发生外币业务时,首先必须按照一定的折算汇率(业务发生时的市场汇率或者期初的市场汇率)将外币业务的外币金额折算成记账本位币的金额,按照折算后的记账本位币的金额登记有关账户;在登记有关记账本位币账户的同时,按照外币金额登记相应的外币账户。其次,在月份(或季度、年度)终了时,企业应当按照期末的市场汇率,将各外币账户的外币期末余额折算为记账本位币的金额,并将各外币账户期末余额折算成的记账本位币金额与相对应的记账本位币账户的期末余额之间的差额作为本期发生的汇兑损益即折算损益处理。

2.期末折算风险(损益)的计量

期末折算损益是企业在持有外币资产和外币负债期间,由于外币汇率变动而引起的外币资产或外币负债的价值变动而产生的损益。其中,外币性资产(外币银行存款、应收账款等)在持有期间外币汇率上升时,引起企业产生汇兑收益;在外币汇率下降时,引起企业产生汇兑损失。这是因为在外币资产既定的情况下,外币汇率上升时,外币资产可以兑换成比期初更多的记账本位币,而汇率下降则意味着只能兑换比较少的记账本位币。外币性负债在持有期间外币汇率上升时,导致汇兑损失产生;在外币汇率下降时,导致汇兑收益的产生。

期末折算损益的通用计算公式为:

$$期末汇兑损益＝外币余额×期末市场汇率－记账本位币余额$$

对外币资产账户来说,正数就是汇兑收益,负数就代表汇兑损益。而对外币性负债账户来说,其意义则正好相反。

例 11-1

某企业外汇业务采用发生时市场汇率进行折算,并按月计算汇兑损益。该企业2020 年 11 月 30 日市场汇率为 1 美元＝8.4 人民币,该日有关账户的期末余额如表11-1 所示。

表 11-1　有关账户的期末余额表

账户	外币金额(美元)	汇率	人民币金额
银行存款——美元	200 000	8.4	1 680 000
应收账款	100 000	8.4	840 000
应付账款	50 000	8.4	420 000

该企业在 12 月份发生如下外币业务(假设不考虑交易中的有关税费):

(1)12 月 5 日对外赊销产品 1 000 件,单价 200 美元,当日市场汇率为 1 美元＝8.3人民币。

(2)12 月 10 日从银行借入短期外汇借款 18 万美元,当日市场汇率为 1 美元＝8.3人民币。

(3)12 月 12 日进口原材料一批,共计 22 万美元,款项由外币存款支付,当日汇率为 1 美元＝8.3 人民币。

(4)12 月 18 日赊购原材料一批,价款总计 16 万美元,款项未付,当日汇率为 1 美元＝8.35 人民币。

(5)12 月 20 日收到 12 月 5 日赊销货款 10 万美元,当日市场汇率为 1 美元＝8.35人民币。

(6)12 月 31 日偿还借入外币 18 万美元,当日汇率为 1 美元＝8.35 人民币。

上述业务经过记账核算后,各个外币账户的外币余额和人民币余额的情况如表11-2 所示。

表 11-2 各个外币账户的外币余额和人民币余额情况表

账户	外币金额（美元）	期末汇率	人民币金额*
银行存款	80 000	8.35	680 000
应收账款	200 000	8.35	1 665 000
短期借款	0	8.35	−9 000
应付账款	210 000	8.35	1 756 000

*：该栏数字是按照每笔业务发生时的市场汇率进行折算并根据会计中的"期初余额＋本期增加数－本期减少数＝期末余额"计算出来的。其中：

680 000＝(200 000×8.4＋180 000×8.3＋10 000×8.35)－(220 000×8.3＋180 000×8.35)

1 665 000＝(100 000×8.4＋200 000×8.3)－100 000×8.35

−9 000＝180 000×8.3－180 000×8.35

1 756 000＝50 000×8.4＋160 000×8.35

按照期末汇率折算的损益计算如下：

银行存款账户损益＝80 000×8.35－680 000＝−12 000(损失)

应收账款账户损益＝200 000×8.35－1 665 000＝5 000(收益)

应付账款账户损益＝210 000×8.35－1 756 000＝−2 500(收益)

短期借款账户损益＝0×8.35－(−9 000)＝9 000(损失)

该企业 12 月末的折算损益＝5 000＋(−12 000)－(−2 500)−9 000＝−13 500(折算损失)

上述折算损失只是期末汇率与各笔业务发生时的汇率不一致所导致的结果。这种损失(或收益)都是潜在性的，因此性质上属于未实现损失(或收益)。

(二)交易风险

交易风险是由于外汇汇率波动而引起的应收资产(如应收账款)与应付债务价值的变化。具体而言，是由于交易发生日的汇率与结算日的汇率不一致而产生的。它是企业国际业务中一种最主要的汇率风险。

交易风险的主要表现：(1)以即期或延期付款为支付条件的商品或劳务的进出口，在货物装运或劳务提供后，而货款或劳务费用尚未收支这一期间，外汇汇率变化所发生的风险；(2)以外币计价和国际信贷活动，在债权债务未清偿前所存在的风险；(3)待交割的远期外汇合同的一方，在该合同到期时，由于外汇汇率变化，可能要拿出更多或较少货币去换取另一种货币的风险。

例 11-2

中国某涉外企业向美国销售一批价值 100 万美元的商品，当时的汇率为 US$1＝RMB¥8.3653，折合人民币为 836.53 万元，但实际收到货款时的汇率为 US$1＝RMB¥8.2791，折合人民币为 827.91 万元，由于交易日与结算日的汇率不同，从而使该涉外企业损失了 836.53－827.91＝8.62 万元(人民币)。

例 11-3

中国某企业 2020 年 10 月 10 日从国外进口一批原材料，以外币计价，货款为 10

万美元,进口时的汇率为 US$1=RMB¥8.30。该企业于 2003 年 12 月 10 日支付该笔货款,这时的汇率为 US$1=RMB¥8.40。由于货款欠付与支付时的汇率不同,使得该企业遭受经济损失(8.40－8.30)×100 000＝10 000 元(人民币)。

(三)经济风险

经济风险是指由于汇率变化引起企业未来营运资金流量变动,从而使企业以本国货币计量(或以某种特定货币计量)的实际价值发生不利于企业的变动。经济风险是由于营运过程中的汇率变动对企业产销数量、价格、成本等产生影响而引起的。经济风险比前两类风险更复杂,它涉及企业的财务、销售、供应、生产等诸多部门,是引起国际企业未来收益变化的一种潜在风险。经济风险分析是一种基本分析,是企业从整体上进行预测、规划和分析的一个具体过程。经济风险分析很大程度上取决于公司的预测能力,预测的准确程度将直接影响该公司在融资、销售与生产方面的战略决策。

五、汇率风险的管理

对于不同的汇率风险,在财务管理的实施过程中应该采取不同的规避方法与策略。

(一)折算风险管理

折算风险与公司暴露在汇率变动之下的外币资产与外币负债的差额即外汇净暴露额有关,净暴露越大,折算风险越大,因此折算风险管理的目标就是如何使外汇净暴露最小,即将暴露在折算风险之下的外币资产和外币负债保持相等或近似相等,就可避免或降低折算风险。因此,当企业所持有的某种外币的资产与该种外币的负债相等或相近时,汇率无论是上升还是下降,其折算损失都能被折算收益完全抵消或接近于抵消。

(二)交易风险管理

保值是涉外企业管理交易风险的核心。所谓保值是指可以部分或全面备抵外汇汇率变动风险的各种交易和行为。最常用的保值策略有:

1.远期市场保值

它是根据预期的外币应收款或应付款的货币种类、数额和日期,通过远期合同(期货合同)卖出或买进外汇,以抵补这些预期的外币应收款或应付款。一般来说,一种外币的远期卖出合同被用来抵补将来的应收款,即通过签订一项合同来预计将来某一日期得到的外币卖出,公司就消除了该项应收款的汇率变动风险;反之,条件适当的远期购买合同则可用于抵消应付款的汇率变动风险。

例 11-4

某美国公司将于 8 月 31 日支付一笔日元货款,计 62 500 000 日元。6 月 1 日该公司担心近几个月内日元将升值,决定与银行签订用美元买日元的期权合约,协议汇率为 US＄1＝100 日元,用 625 000 美元买 62 500 000 日元,期权费率为 2％,公司需要支付期权费 12 500 美元,合约到期日为 8 月 31 日。

现假定 8 月 31 日的即期汇率等于协议汇率,该公司应执行合约,进行实际交割,共支出 637 500 美元(62 500 000÷100＋12 500)。

假如到期日的汇率为 US＄1＝98 日元,即日元升值,那么该公司应执行期权合约,即只需要支付 637 500 美元就可以得到 62 500 000 日元。此时,该企业因采用期权合约而节约资金或避免汇率损失 12 755 美元(62 500 000÷98＋12 500－637 500)。

假如到期日日元贬值,那么公司可以放弃期权而以即期比较低的价格买入日元。

2.货币市场保值

就是利用货币市场上借款所产生的某种货币的相同应收款或应付款而达到回避汇率风险的目的。例如,一家美国公司承诺一年后支付 10 万法国法郎,它可以这样做:首先借入美元,再将美元按即期汇率兑换成法国法郎,并将这些法郎投资于法国货币市场工具,这些货币市场工具在一年到期后转换成的金额便可用来履行支付 10 万法国法郎的承诺。其应借入的美元数由美元与法郎的即期汇率 R 和法国货币市场工具的利率 r 来决定,公式为:

$$应借入的美元数额＝\frac{需要支付的法郎}{(1＋r)\times R}$$

假如上述美元对法郎的汇率为 US＄1＝FF4,法郎的存款年利率为 25％,那么,应该借入的美元为:

$$\frac{100\,000}{(1＋25％)\times 4}＝20\,000\ 美元$$

3.提前错后收付

企业国际经营活动中产生的各种外币应收款、应付款、债权与债务都有外汇风险,它们实现时间的提前或错后将直接影响到其风险地位。因而,企业在涉外经济活动中可广泛利用"提前错后"技巧来避免外汇风险。具体做法是:对于硬币(即预期升值的货币)债务和应付款应尽量提前支付,而对于软币(即预期贬值的货币)债务和应付款应尽量错后支付;至于债权和应收款,当预测该种货币将贬值时,应尽快收回贷款和应收款,当预测其升值时,则应逆向而行。这样就可以将汇率风险转移给交易对方。

4.货币选择

做好货币选择,优化货币选择,在汇率风险管理中十分必要。货币选择的一种方法是进行多种货币组合,就是在合同中使用两种以上的货币来计价以消除汇率变动的风险。因为用几种货币进行计价时,有的币种升值,而另一些货币则可能贬值,升值的货币和贬值的货币所带来的损益正好可以相互抵消,从而减轻或消除外汇风险。还有一种策略是在出口交易中尽量采用硬货币进行定价和结算,也可以达到规避汇率变动风险的目的。

5.平行贷款与货币互换

平行贷款是由两家国际公司达成的向对方子公司提供当地货币贷款的一种安排。这样既满足了各自子公司的资金需要,又避开了外汇风险。

货币互换是不同国家的两个公司之间达成的这样一个协议:双方按即期汇率进行两种货币的等量且期限相同的交换,并且规定在将来某一日期按固定汇率再进行反向交换。显然,它可以抵消交易风险。

(三)经济风险管理

经济风险是由于汇率变动对企业未来现金流量产生影响而引起的,这种影响反映在企业未来的原料采购、产品生产与销售、融资、投资等各个方面。由于经济风险的管理不仅涉及财务部门,而且涉及供应、生产、销售等部门,因此公司各部门必须密切配合,协调一致,共同努力,才能达到控制风险的目的。

经济风险管理主要是通过经营多元化和财务多元化策略来分散风险。具体来讲,在原材料、零部件的采购方面,应尽可能从多个国家和地区进行采购,一旦发生未预期的汇率变动,就应将原来向硬货币(升值的货币)国家购买的原材料与零部件,转向向软货币(贬值的货币)国家购买。应尽量使用多种货币结算。在生产安排上,产品式样、种类应做到多样化,以满足不同国家、不同消费者的需要。生产地点应分散,从而实现产品生产地点的最优配置,以便更好地利用国际企业在多处的子公司生产系统。在销售上,应尽可能使产品销往多个国家和地区,并尽量采用多种外币结算。在融资渠道上,应尽量从多种渠道、多个国家筹集资金,采用多种外币形式,一旦发生未预期到的汇率变动,升值货币与贬值货币可相互抵消,回避风险。在投资方向上,应选择多个国家进行投资,取得多种外币收入,从而避免单一投资方向所带来的经济风险。

第三节　跨国营运资本管理

国内企业营运资金管理的原理同样适用于国际企业,但国际企业在管理中需要考虑汇率和税收因素。对于一个在许多国家拥有子公司的跨国公司来说,最优决策是把公司看作一个整体的决策,整体最优的财务决策要凌驾于部分最优之上。如果一个子公司只做那些使自身最优的事,那么整个公司合并后可能并非最优。因此,跨国公司的营运资本管理,必须遵守整体性原则。

一、跨国公司的现金管理

国际企业现金流动的渠道多,涉及的币种也多,现金跨国界流动要受到一些限制,汇率的变动以及税收政策的差异等都给国际企业的现金管理增加了难度,但也带来了机遇。如何做到既能保证国际企业生产经营对现金的需要,又能使闲置现金降至最低,这就是国际企业现金管理的目的所在。

跨国公司一般均采用现金的集中管理策略,即设立全球性或区域性的现金管理中心,统一协调、组织各子公司现金供需。各子公司平时只需保留进行日常经营活动所需的最低现金余额,其余部分均转移至现金管理中心的账户进行统一调度和运用。现金管理中心通常是在主要金融中心或避税港国家。在中心内汇集了公司的财务专家,他们利用先进的计算机技术,通过跨国公司遍布全球的信息网络,根据各子公司的现金需求情况,做出资金的调出和调入决策。在具体方法上,各子公司要编制和报送每日的现金日报及近期现金需求结余预算信息,现金管理调度中心则根据各个子公司的现金日报编制合并现金日报,依据合并日报决定如何进行现金的调剂和调度。

例如,某跨国公司有伦敦、巴黎、纽约和东京四个子公司,该公司的现金管理中心要求各个子公司在每日营业终了时要向其报送现金日报表,报告现金余额及近5日内的现金收付预算。所有子公司的报表金额都要按照中心规定的汇率折算成统一记账的人民币。四家子公司2020年7月1日的现金日报及5日内的现金收付预算如表11-3所示。

表 11-3　现金收付预算表

单位:人民币万元

日期	伦敦子公司			巴黎子公司			纽约子公司			东京子公司		
	收	付	净额	收	付	净额	收	付	净额	收	付	净额
7.1			−100			300			350			100
7.2	400	300	100	430	150	280	240	340	−100	200	150	50
7.3	125	225	−100	460	860	−400	525	400	125	300	150	150
7.4	400	700	−300	500	270	230	500	225	275	205	405	−200
7.5	275	275	0	750	230	520	140	290	−150	300	50	250
7.6	300	100	200	450	120	330	355	300	55	200	300	−100
5日净额			−100			960			205			150

由各个子公司的现金日报表可见,2020年7月1日,该跨国公司的现金结余额为

650 万元,其中伦敦子公司现金结余为负的 100 万元,其余三家公司的现金结余都是正数。现金管理中心编制的合并现金报表如表 11-4 所示。

表 11-4　合并现金日报表

(2020 年 7 月 1 日)

单位:人民币万元

子公司	当日结余额	最低储备额	现金余额
伦敦	−100	100	−200
巴黎	300	200	100
纽约	350	100	250
东京	100	100	0
合计			150

在表 11-4 中,各个子公司的现金余额就是总公司现金管理中心应该调入或调出的现金数额。比方说,纽约子公司 7 月 1 日有 350 万元的结余额,但是其需要有 100 万元的现金储备,而且在 7 月 2 日有 100 万元的出超,因此只能调出去 150 万元。

现金管理中心还可以根据各个子公司的近期现金收支预算表,编制 5 天的现金流量预测表,如表 11-5 所示。

表 11-5　5 日现金预测表

金额:人民币万元

子公司	2 日	3 日	4 日	5 日	6 日	合计
伦敦	100	−100	−300	0	200	−100
巴黎	280	−400	230	520	330	960
纽约	−100	125	275	−150	55	205
东京	50	150	−200	250	−100	150
合计余缺	330	−225	5	620	485	1 215

由表 11-5 可知,在未来 5 日内,总公司除 7 月 3 日现金有出超外,其他几天每日都有现金结余。也就是说,在未来 5 天公司并不缺乏现金,可以考虑将 7 月 1 日的现金结余进行短期投资。

另外,国际企业内部之间因正常经济业务往来而发生大量资金结算时,为了避免跨国界的内部资金流动产生的大量成本,如兑换外币成本及交易费用、资金转移所需时间而产生的机会成本等,可由中心建立多边净额结算法来解决。中心负责收集和记录系统内各成员有关内部收支账目的详细信息,然后将这些信息进行处理,并将各种货币统一折算成同一货币,以反映各成员在一定时期的应付总额和应收总额,从而确定其净支付额或净收入额。在实行多边净额结算管理时,还要注意各国对净额支付的限制,如美国、加拿大对净额支付无任何限制;巴西绝对禁止;日本则只允许双边净额支付,不允许多边净额支付;意大利、挪威的多边净额支付需申请报批。

资金定位在跨国经营中也十分重要。有时跨国公司为了整体汇率风险和税收负担最小而将资金从 A 国子公司转移到 B 国子公司。基于跨国公司的全球战略,即使这样操作使 A 公司税负加重,但公司整体税负仍会减少。这种子公司和母公司之间的资金转移可用于特许权、费用和内部转移价格。内部转移价格是指跨国公司下属各子公司间对商品或服务索要的价格。母公司一般会从公司整体利益考虑而从货币疲软国的子公司中撤走资金,因此母公司或货币坚挺国的子公司会向货币疲软国的子公司索要更高的价格。

二、跨国公司应收账款管理

国际企业与国内企业差别较大的是流动资产管理。流动资产除了现金之外最主要的是应收账款和存货。国际企业的应收账款通常有两种情况:一种是国际企业向其外部客户赊销所形成的外部应收账款;另一种是国际企业内部各子公司之间或母公司与子公司之间内部赊销所形成的内部应收账款。对于外部应收账款的管理,其目的在于保证企业产品市场竞争力的前提下尽可能降低应收账款投资的成本,其策略多是制定合适的信用标准、信用条件、收账政策等。对于内部应收账款的管理,上述的现金管理的策略同样适用。国际企业在应收账款管理时应特别注意如下两个问题:

(一)结算币种的选择

跨国公司的销售结算可以选择出口方货币、购买方货币或第三国货币,币种选择视情况而定。一般而言,销售方愿意选择硬通货结算;而进口方愿意选择软通货结算。当贸易双方所在国货币均为软通货时,选择第三方国家货币结算。总之,在应收账软币种选择上,尽量选择对公司有利的币种。

(二)付款条件的确定

付款条件往往与结算币种选择有关。如果购货方采用软通货支付,则销售方因担心通货贬值会要求购买方尽快付款;反之,如果购货方以硬通货结算,则可以允许延长货款支付期限。

为了避免无法收回的应收账款损失,国际企业可利用政府代理的方法。政府代理是国家对出口信贷实行的一种担保制度。一个国家为了扩大本国出口,对于出口企业赊销商品时,由国家设立的代理机构出面担保,当进口商拒绝付款时,代理机构要按担保的数额给予补偿,这样出口商就可避免坏账损失。

第四节　国际融资管理

一、国际融资的特点

国际公司不仅像国内公司一样通过国内途径进行融资,它也可以利用国外的融资渠道。比如:一些国家为了吸引外商投资而为跨国公司的子公司提供低息贷款;跨国公司也会因为它的规模或其所在国货币受欢迎等原因而得到很好的信用评级;跨国公司可以从一个没有设立子公司但有着庞大而又完善资本市场的第三国得到资金;跨国公司还可以利用外部货币市场——欧洲美元、欧洲货币或亚洲美元市场进行融资。这些自由市场由于差价很小,对融资和投资都很有利。总之,跨国公司由于可选择范围广而资本成本更低,并且由于可以避免单一市场的限制而可能得到比国内公司更具有持续性的外部资金来源。

但是,跨国公司进入别国金融市场时多会受到该国政府的管制。例如,进入美国资本市场需要受 SEC 监管,进入日本市场受大藏省监管。在监管力度上,有些国家管制严格,有些则相对开放,这主要取决于公司融资时的合法居留期限。通常合法居留期限长,监管会松些,反之则比较严格。为了让外国资本市场了解自己,许多跨国公司在外国股票交易所上市自己公司的股票。

目前外部货币市场主要集中在欧洲,并且总值的 80% 是美元,故称为欧洲美元市场,它包括一个活跃的短期货币市场和一个中期货币市场。其贷款年限可高达 15 年,平均为 7~9 年。中期资本市场则由欧洲债券和银团欧洲信用贷款市场组成。欧洲债券和美国债券的区别在于一般不记名,利率浮动且较低。银团欧洲信用贷款是由一些贷款银行共同提供的大额期限贷款。这些良好的外部货币市场为跨国公司提供了便捷的融资渠道。

二、国际融资的主要形式

(一)吸收外商直接投资

采用这种融资方式是指由中外各方共同投资组建新企业或外方投资现存的中方企业。利用这种方式筹集外资,可以一举多得,既利用了外资,又可以引进先进技术与设备,还可以减少筹资风险。目前,为了吸收外资,各国都制定了一系列法律法规,鼓励外商直接投资。

(二)在境外发行有价证券

境外发行有价证券融资,是指国内企业在境外通过发行债券或股票而筹集资金的一种方式。这种方式目前比较流行,而且十分灵活,可以便捷地筹集到巨额资金。因证券的种类不同,这种方式又有如下两种形式。

1.在国际资本市场上发行债券。国际债券是指债券发行者在国际资本市场上发行的以某种外币为面值的债券。国际债券一般分为外国债券和欧洲债券两种。外国债券是指甲国政府、企业、金融机构等在乙国发行的以乙国货币为面值的债券,其特点是发行人属于一个国家,而债券的面值货币和发行市场则属于另一个国家。欧洲债券是指甲国政府、企业、金融机构在乙国发行的不以乙国货币为面值的债券,其特点是债券发行人属于一个国家,债券发行市场在另一个国家,而债券面值则使用第三国的货币。其中,债券面值以美元标示的为欧洲美元债券,以英镑标示的称为欧洲英镑债券。

2.在国际资本市场上发行股票。这是指国内的股份有限公司向境外证券交易所提出上市申请,允许在该地区公开发行股票并在该交易所挂牌交易的筹资活动。境外交易所按一定程序对公司的有关情况进行审查合格后,公司可以挂牌交易发行股票,筹集资金。目前国际证券市场主要有英国纽约、英国伦敦、日本东京、中国香港等。

(三)国际租赁

国际租赁是指跨国的租赁业务,出租人与承租人分别属于两个不同的国家。通过国际租赁,国际企业可以直接获得国外资产,较快地形成生产能力。国际租赁主要有融资租赁、经营租赁、维修租赁、杠杆租赁、售后回租和综合租赁等形式。国际租赁费往往较高,所以国际企业多要在租赁和贷款之间进行权衡。

国际租赁作为利用外资的特殊形式,具有金融和贸易结合的特点,可以发挥融资、投资和促销的三重作用。近年来,我国相继成立了一些国际租赁公司,对我国企业进行国际融资起着积极作用。目前采用国际租赁所筹资金主要用于我国纺织、轻工、机电等出口行业的技术改造,增强了我国企业的出口创汇能力。

国际租赁融资的优点在于:(1)国际企业无须大量自筹资金即可引进先进生产设备,并能迅速形成生产能力,扩大生产经营规模;(2)国际企业通过国际租赁可以得到100%的设备资金融通,并获得节税优惠,资金成本比直接购买或借贷方式低,同时筹资期限也比较长;(3)租金稳定,易于计算租赁成本,便于理财和管理,而且在物价上升的条件下,还可以抵消物价变动给企业带来的不利影响;(4)租赁融资属于表外融资,不会削弱企业的融资能力,影响企业的资信水平;(5)租赁融资手续简便,并避免设备过时的风险,有利于企业持续经营和保持竞争力。

除了上述优点,国际租赁也存在如下缺点:(1)由于租金总额大约相当于设备价款的 120%～130%,租赁费用比较高;(2)国际企业对租入设备只具有使用权而没有处置权,不能用于抵押、担保等事项;(3)由于租赁合同比较长,不能随意更改和终止,因此一定程度上也限制了企业管理上的选择权和灵活性。

(四)国际补偿贸易

国际补偿贸易,即交易的一方提供设备、技术,另一方基本上不支付现汇,而是以该设备、技术生产出来的产品或双方商定的其他商品,去偿还设备、技术的价款。它是资金信贷和商品信贷相联系的一种方式,但它又不同于传统的易货贸易,而是与生产有密切联系的经济合同形式。

(五)国际项目融资

项目融资也称为有限追索权贷款融资。它是指按照合同协定进行融资安排,借款者的还款义务和贷款者所能获得的应得收益被清楚地限定在借款者的特定资产上的一种融资方式。项目融资不同于具有无限追索权的普通贷款,它本质上就是银行承担了项目的部分风险。早在 20 世纪二三十年代,美国就出现了项目融资。当时银行向石油开发商提供生产贷款,后来这一贷款方式得以推广发展,现已涉及所有大的项目建设,如矿产开发、发电厂建设、管道铺设,应用范围遍及全球。目前,发展中国家应用项目融资多是与 BOT(build-operate-thansfer)结合在一起。BOT 是指建设—经营—转让,是近 20 年国际上出现的一种比较新颖的基础设施项目融资方式。这种方式是政府机构将某些可由外商经营的基础设施项目,如电力、隧道、地铁等,在一定时期内的经营权交给外商,由外商组建项目公司,负责项目的筹建、经营,项目公司在特许经营期内对项目有经营权,并负责偿还项目债务,获得投资回报。特许期满,外商将项目经营权无偿地交给当地政府机构。

第五节　跨国投资管理

跨国公司为了获得高额利润,分散风险,占领国际市场,获取信息,保证原材料供应或者引进先进技术和管理经验,往往要对外投资。跨国企业对外投资主要以直接投资和间接投资两种方式进行。

对外直接投资,是跨国公司在其所投资的企业中拥有足够的所有权或足够程度的控制权的投资。最初意义上的对外直接投资是指在国外建立工厂直接生产或设立商店直接销售的一种经营活动,现代意义上的对外直接投资是指在国外取得经营权的投资。对外直接投资的具体形式有:国际合作投资、国际合资投资、国际独资投资。后二者是对外直接投资的主流形式。

对外间接投资,是指投资者不直接掌握投资对象的动产或不动产的所有权,或在投资对象中没有足够的控制权的投资。间接投资一般指购买各种证券的投资。它是一国投资者将资金投资于其他国家的公司、企业或其他经济组织发行的证券上,以期在未来获取收益。这种投资既灵活方便,又可增加企业资金的流动性和变现能力,同时通过证券投资组合可以分散风险,因而在20世纪80年代以后逐渐成为对跨国企业比较有吸引力的投资方式。

对外投资,一般要对东道国的投资环境及跨国公司本身的竞争优势进行分析,在此基础上,选择适合本公司需要的投资方式,并用子公司东道国的货币按一定汇率折算成母公司所在国的货币,从子公司和母公司的角度对投资项目的经济效益进行评价。跨国公司出于共同利益的考虑,往往实行内部转移价格,以加强现金管理和减轻税负。但这种转移定价可能会扭曲某个项目的真实获利能力,并影响其他子公司的真实盈利情况,进而改变公司总体的现金流量。另外,母公司对项目收取的管理费和特许权使用费,对项目本身来讲是一种开支,但对母公司而言是一种收入。因而在对项目进行经济评价时会因两种不同的角度而得出两种不同的评价结果。这就需要在项目经济评价时增加第三个评价角度——分析项目对母公司、其他子公司所带来的间接收益和成本。然后综合三方面的评价结果,最后得出总的结论。

国际投资除了会遇到汇率风险之外,还有政治风险。政治风险源自子公司要在与母公司所在国不同的政治体系中经营业务。政权更迭一般会导致对企业尤其是外国企业政策的变更,极端情况下甚至会发生将某些企业国有化或干脆没收。这就是海外业务的政治风险。下面就是政治风险的例子:

(1)无偿没收厂房和设备;

(2)没收但以低于市价的价格予以少量补偿;

(3)不准子公司将收益转换成母公司所在国的货币,形成受困资金;

(4)税法的较大改变;

(5)东道国政府限制子公司的产品售价、工资、员工福利、人事,限制子公司向母国转移资金等;

(6)政府要求企业的总权益中必须有一定数量的该国权益,有些甚至要求国家权益必须占多数。

上述管制和政府行为给母公司的国际投资增加了风险,因此在进行海外投资决策时必须予以充分考虑。现实中,跨国公司一般不对存在(1)(2)种风险的国家进行投资;其他四种风险尚可接受,但要求投资回报足以弥补这些风险,否则跨国公司也不会对其进行投资。目前,一些私人保险公司可以提供针对各种政治风险的保险业务。这里需要注意的是,国内企业也同样面临国际政治风险。

🔲 思考题

1.什么是汇率风险？

2.汇率风险有哪些种类？如何规避这些风险？

3.跨国公司的现金管理有什么特点？其通常采用什么样的管理体制？

4.跨国公司的应收账款管理有什么特点？

5.跨国公司存货管理有什么特点？

6.跨国公司怎样进行国际融资？所采用的筹资方式有哪些？其特点是什么？

7.跨国投资有哪些优点？怎样回避国际投资中的风险？

第十二章　财务失败与重整

💡 学习目的

　　本章主要介绍财务失败与财务重整的含义、措施和方法。通过学习,需要了解财务失败的概念,预防财务失败的方法,以及在企业遇到财务困难时,如何进行财务重整、清算等各种决策。

　　对于处在复杂多变市场环境下的每个企业来说,其经营过程中存在诸多不确定因素,并不都是一贯幸运的,我们不能忽略企业经营失败的可能性。企业高层管理人员和财务经理必须防止这种可能性变成现实,当然,企业的债权人更不能忘记这个事实。

　　所谓经营失败,有两方面的含义:其一是经济失败,即当一个企业的销售收入不能抵冲其成本,或其投资盈利率小于企业的资本成本率,或企业实际收益已低于其期望的收益时,可以说该企业发生了经营失败;其二是指财务失败,即如果一个企业不能支付其现行到期的债务时,就被认为发生了财务失败,或者一个企业的负债总额超过其资产公允价值的总额,亦意味着发生了财务失败。但人们在财务管理中所提到的经营失败,常常仅指企业无能力偿还债务而发生的财务失败。

　　每个企业在其经营过程中,要明确导致企业财务失败的原因,掌握财务危机预警方法,随时考虑一旦企业出现财务困难或财务失败,如何处理企业的财务事宜,如何保护各相关主体的利益以避免破产。因此,整顿、清算财务管理问题是现代企业财务管理的重要内容。

第一节　财务失败

一、财务失败的类型及原因

(一)财务失败的类型

财务失败是指企业无法偿还到期债务的困难和危机。根据企业财务失败的程度和处理程序不同,财务失败可以分为技术性失败和破产两种。

技术性财务失败是指企业总资产的公允价值尽管等于或超过其总负债,但由于资产配置的流动性差,无法转变为足够的现金以用于偿付到期债务的财务失败。这种财务失败可能导致企业违反合约的规定,也可能涉及企业债权人和股东之间的财务重整。

技术性财务失败通常是暂时的、比较次要的财务困难,一般可以采取一定的措施加以补救,如通过协商,求得债权人让步,延长偿债期限等,从而使企业免于清算。如果补救措施无效,其经营性现金流量不足以抵偿现有到期债务时,则企业也要被迫停止经营,然后通过清算来偿还债权人的到期债务。此种情况被称为"流量破产",如图12-1 所描述。

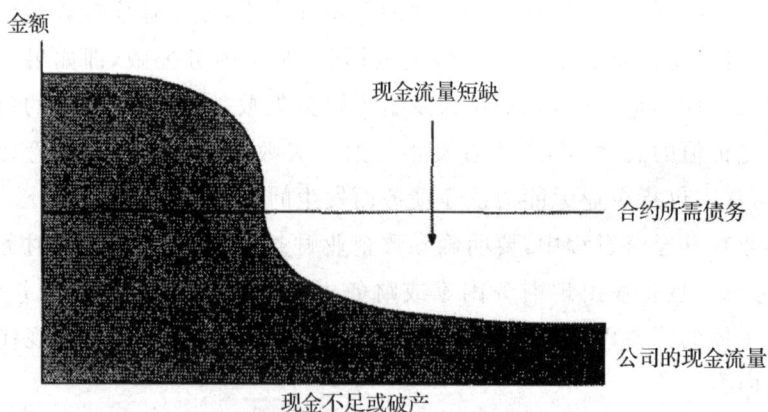

图 12-1　技术性财务失败图示

破产是指企业的全部负债超过其全部资产的公允价值,企业的所有者权益出现负数,并且企业无法筹集新的资金以偿还到期债务的一种极端的财务失败。当企业资金匮乏和信用崩溃两种情况同时出现时,企业破产便无可挽回。在这种情况下,如果债权人或债务人要求,经法院裁定,企业可按照法定程序转入破产清算。此种情况也被称为"存量破产"。当一个企业的资产价值少于其负债价值时,会出现存量破产。这也意味着企业股东权益为负值,如图 12-2 所示。

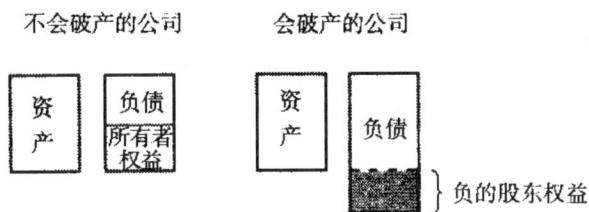

图 12-2 存量破产图示

(二)财务失败的原因

不论是技术性财务失败还是破产,财务失败的直接原因都是企业支付能力的丧失,即"无力支付其债务"或"缺少支付其债务的手段"。现实中导致企业支付能力丧失的原因很多,既有企业无法左右的政治、经济、自然等外部原因;更有企业管理无能,从而缺乏市场竞争力的内部原因。在这里,企业管理无能主要表现为企业管理当局对特定经营行业缺乏经验,或生产、销售、人事、技术等方面的管理经验不平衡,财务管理不善,致使资金周转失灵、竞争能力不足等。具体来讲,企业财务失败的原因大致可归纳为以下三种:

1.缺乏管理经验和管理才能。管理者缺乏管理经验和管理才能被认为是破产的关键原因。企业财务陷于困境很少是由于个别错误决策所致,其往往来自一系列的失误,并且这种困难是有征兆的,并逐渐加重的。例如,如果在未做市场调查和资本预算的情况下,盲目扩大生产,导致产品库存积压,同时财务人员随意向顾客提供信用,致使货款不能及时收回,两个因素加在一起,就足能使一个资金比较充裕的企业在短期内陷入财务困境,甚至导致破产。

2.经济环境的变化。经济环境的变化是破产的一个重要原因,有时它使得管理人员的主观努力付之东流,有时又使管理人员所付出的代价与成效不成比例。例如,在经济变革时期,市场竞争十分激烈,一些资金底子比较薄的企业,很可能由于销售额的下降而导致破产。

3.意外事件。意外事件一般不能由企业管理者所左右,这些事件一经发生,管理人员只好望洋兴叹。有时企业管理者虽然能预料到不测事件的发生,但由于防范费用过高而无能为力。这些事件一般包括:自然灾害、自然环境的变化、新法律的颁布、突然中止合同、战争、罢工、交通运输事故等。据有关资料显示,90%以上的财务失败应归因于企业管理当局的管理无能,而意外灾害这类不测事件致使企业财务失败的仅为 5%。表 12-1 列出了美国企业破产的主要原因。

表 12-1　美国 16794 例企业失败的原因分析

原　　因	百分比
缺乏行业经验	11.1
缺乏管理经验	12.5
管理经验不平衡	19.2
竞争能力不足	45.6
玩忽职守	0.7
欺诈行为	0.3
意外灾害	0.5
不明原因	10.1
合计	100.0

二、财务失败的预警系统及方法

(一)财务失败的预警系统

任何事物的成长总会有一个发生、发展到成熟的过程,财务失败的产生也不例外。在企业理财活动中,财务矛盾与困难是客观存在的,及时地解决矛盾、克服困难,就不会导致财务失败的产生。

企业财务失败是由于财务状况的不断恶化而造成的,并且绝大多数情况下是由于管理上的种种疏漏所致。有些问题,开始时并不很严重,但由于没有及时解决,逐渐积累,最终酿成大祸。正所谓"千里之堤,溃于蚁穴"。

企业从出现财务困难到破产清算为止,一般会有几个过程,其间一定会有许多信号产生(如图 12-3 的示意)。财务失败预警系统就是对企业的财务危机信号进行采集、分析和诊断,监测财务失败的征兆,及早采取相应措施加以防范的体系。

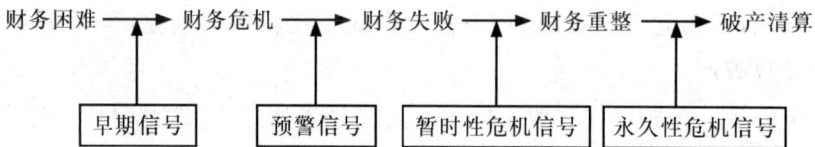

图 12-3　财务危机信号的产生

为了防范风险,避免危机,建立与健全财务失败预警系统是十分重要的。企业财务失败预警系统作为一种财务诊断工具,其灵敏度越高,就越能及早地发现问题并告知企业经营者,就越能有效防范与解决问题,回避财务危机的发生。一个有效的财务预警系统通常应具有以下三个方面的作用:

1.预知财务危机的征兆

当可能危害企业状况的关键因素出现时,财务失败预警系统能预先发出警告,提醒企业经营者及早做出准备或采取对策以减少财务损失的可能性。

2.预防财务危机发生或控制其进一步扩大

当财务危机征兆出现时,有效的财务失败预警系统不仅能预知并预告,还能及时寻找导致企业财务状况恶化的原因,使经营者知其然,更知其所以然,并通过制定有效措施,阻止财务状况进一步恶化,避免严重的财务危机真正发生。

3.避免类似财务危机再次发生

有效的财务失败预警系统不仅能及时回避现存的财务危机,而且能通过系统详细地记录其发生缘由、解决措施、处理结果,并及时提出改进建议,弥补企业现有财务管理及经营中的缺陷,避免类似事件再次发生。一个完善的财务失败预警系统,应能提供未来类似情况的前车之鉴,有助于从根本上消除隐患。

(二)财务失败的预警方法

财务失败预警的方法通常有定性分析法和定量分析法两大类。采用定性分析法所得出的结果是一种判断,而采用定量分析法则可以测得财务危机的警度数值。但是,无论定性分析法还是定量分析法,都要以财务报告分析为基础。

1.定性分析方法

财务失败预警的定性分析方法有多种,如风险分析调查法、流程图分析法、"三个月资金周转表"分析法等。其中,"四阶段症状"分析法和管理评分法比较有代表性。

(1)"四阶段症状"分析法。即把企业财务失败病症大体分为四个阶段,而且每个阶段都有其典型症状。如果企业有相应情况发生,就一定要尽快弄清病因,采取相应措施,以摆脱财务困境,恢复财务正常运作。如图 12-4 所示。

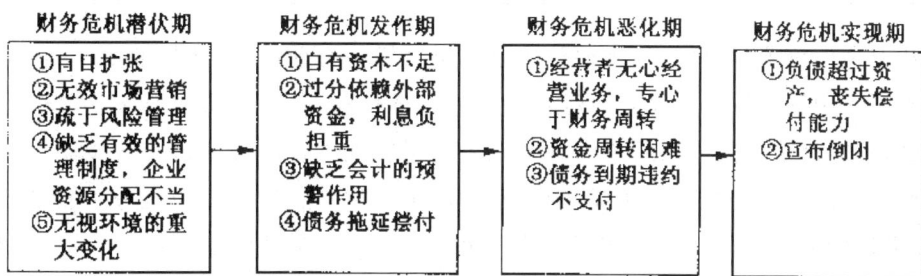

图 12-4 财务失败的四阶段症状

(2)管理评分法。美国仁翰·阿吉蒂在对企业的管理特性以及破产企业存在的缺陷进行调查中,对几种缺陷、错误和征兆进行了对比打分,还根据对破产过程产生影响的大小程度对它们作了加权处理。如表 12-2 所示。

表 12-2　管理评分表

项目		评分	表　现
缺点	管理方面	8	总经理独断专行
		4	总经理兼任董事长
		2	独断的总经理控制着被动的董事会
		2	董事会成员构成失衡
		2	财务主管能力低下
	财务方面	1	管理混乱,缺乏规章制度
		3	没有财务预算或不按预算进行控制
		3	没有现金流转计划或虽有计划但从未适时调整
		3	没有成本控制系统,对企业的成本一无所知
		15	应变能力差,过时的产品、陈旧的设备、守旧的战略
合计		43	及格　10 分
错误		15	欠债过多
		15	企业过度发展
		15	过度依赖大项目
合计		45	及格　15 分
症状		4	财务报表上显示不佳的信号
		4	总经理操纵会计账目,以掩盖企业滑坡的实际
		3	非财务反映:管理混乱、工资冻结、士气低落、人员外流
		1	晚期迹象:债权人扬言要诉讼
合计		12	
总计		100	

从上述评价项目可知,管理评分法是基于这样一个前提:企业失败源于企业的高级管理层。用管理评分法对企业经营管理进行评估时,每一项得分要么是零分,要么是满分,不容许给中间分。所给的分数就表明了管理不善的程度。分数越高,则企业的处境越差。在理想的企业中,这些分数应当为零。企业的安全得分一般小于 18分,如果评价的分数总计超过 25 分,就表明企业正面临失败的危险;如果得分总数超过 35 分,企业就处于严重的危机之中。因此,在 18～35 分之间构成企业管理的一个"黑色区域"。如果企业所得评价总分位于"黑色区域"之内,企业就必须提高警惕,迅速采取有效措施,使总分数降到 18 分以下的安全区域。

2.定量分析法

企业财务失败预警的定量分析方法很多,如比弗的立面分析、两分法检验和一元判定模型、迪肯的概率模型、埃德米特的小企业研究模型、达艾蒙德的范式确认模型等。但比较有代表性的主要是 F 预警模型和 Z 预警模型。

(1)F 预警模型

F 预警模型主要用于企业财务失败的预警分析。其 F 值的计算公式如下：

$$F=-0.1774+1.1091X_1+0.1074X_2+1.9271X_3+0.0302X_4+0.4961X_5$$

式中：$X_1=\dfrac{期末营运资本}{期末总资产}$；

$X_2=\dfrac{期末留存盈利}{期末总资产}$；

$X_3=\dfrac{税后净利＋折旧}{平均总负债}$；

$X_4=\dfrac{期末股东权益的市场价值}{期末总负债}$；

$X_5=\dfrac{税后净利＋折旧＋利息}{平均总资产}$。

通过上述公式计算的 F 值如果大于 0.0274，企业可以继续生存，反之将被预测为破产公司。

(2)Z 预警模型

该模型通过以下公式计算的 Z 值来判断企业破产的概率：

$$Z=0.012X_1+0.014X_2+0.033X_3+0.006X_4+0.999X_5$$

式中：$X_1=\dfrac{营运资本}{资产总额}$；

$X_2=\dfrac{留存收益}{资产总额}$；

$X_3=\dfrac{息税前利润}{资产总额}$；

$X_4=\dfrac{股票市价}{负债账面价值}$；

$X_5=\dfrac{销售收入}{资产总额}$。

通过上述公式计算，如果 $Z>2.99$，则企业破产的概率低；如果 $Z<1.81$，则企业破产的概率高；若 Z 值介于 1.81～2.99 之间，则属于未知区域，较难估计企业破产的可能性，应结合其他方法具体分析。

第二节　企业破产

一、破产界限与意义

当企业资产不能抵偿债务,亦无债务展期、和解、重整的可能性时,企业实际上已破产。从法律上来理解,破产有两层含义:其一便是资不抵债时发生的实际意义上的破产,即债务人因负债超过资产,不能清偿到期债务时发生的一种状况;其二是指债务人因不能清偿到期债务而被法院依法宣告破产。此时债务人资产可能低于负债,也可能等于或超过负债。因为对债务人的破产宣告是依法律上确定的标准进行的,所以这种破产又称法律意义上的破产。于是,可能出现债务人资产虽然超过负债却困于无法获得足够的现金或以债权人同意的其他方式偿还到期债务,不得不破产的情况。

所谓破产界限,即法院据以宣告债务人破产的法律标准。在国际上又通称为法律破产原因。在破产立法上,对破产界限有两种规定方式:一种是列举方式,即在法律中规定若干种表明债务人丧失清偿能力的具体行为,凡实施行为之一者便认定达到破产界限;另一种方式是概括方式,即对破产界限作抽象性的规定,它着眼于破产发生的一般性原因,而不是具体行为。通常有三种概括:(1)不能清偿或无力支付;(2)债务超过资产;(3)停止支付。我国和世界上大多数国家均采用概括方式来规定企业破产的界限。我国于 1986 年 12 月 2 日通过的《企业破产法》指出,企业因经营管理不善造成严重亏损,不能清偿到期债务的,依法宣告破产。

在理解法定企业破产界限时应注意:(1)到期债务不能偿还,除指不能以现金偿还外,还包括不能以债权人指定的其他方式偿还,或没有足够的财产做担保,也没有良好的信誉可以借到新债来偿还到期债务。如果债务人能及时筹措到新的资金来偿还到期债务,即使债务人的债务已超过了资产,也不能认定已经破产。(2)不能清偿债务,通常是指债务人对全部或部分主要债务在可以预见的一定时间内持续不能清偿,而不是因资金周转一时不灵而暂时停止支付。(3)我国只对因经营管理不善造成严重亏损的企业,在不能清偿到期债务时才予以宣告破产。而因其他原因导致不能清偿债务时,不能采用破产方式解决。世界许多国家不管企业亏损来自何方,只要不能清偿到期债务便可依法宣告破产。

企业破产制度是商品经济发展的一个必不可少的重要调节机制,对维护商品经济的有序发展,促进社会经济的高速增长,及时清理债权债务,具有重要意义。企业破产制度可以迅速了结债权、债务,保护债权人、债务人的合法权益,维持社会经济的有序运转;通过终止经营不善企业的营业,能有效防止更大浪费的发生,提高社会经济效益;有利于淘汰落后的生产方式和经营方式,有效实现优胜劣汰的商品经济原则;有利于鼓励竞争。

二、企业清算

企业清算是在企业解体过程中,为保护债权人、企业所有者等利益相关者的合法权益,依法对企业财产、债务等进行清理、变卖,以终止其经营活动,并依法取消其法人资格的行为。

(一)清算的种类

1.企业清算按其原因可分为解散清算和破产清算

企业解散清算的原因主要有:公司章程规定的营业期限届满或公司章程规定的其他解散事由出现(如经营目的已达到而不需继续经营,或目的无法达到且公司无发展前途等);公司的股东大会决定解散;企业合并或者分立需要解散;公司违反纪律、规章或者从事其他危害社会公众利益的活动而被依法撤销;发生严重亏损,或投资方不履行协议合同、章程规定的义务,或因外部经营环境变化而无法继续经营。

破产清算是因经营管理不善造成严重亏损,不能偿还到期债务而进行的清算。其情形有二:一是企业的负债总额大于资产总额,企业事实上已不能支付到期债务;二是企业的资产总额大于负债总额,但因缺少偿付到期债务的现金资产,迫使其变卖其他资产而导致企业生产经营活动中断,被迫依法宣告破产。

2.依据清算是否自行开始,可以分为普通清算和特别清算

普通清算是指公司自行开始,在法院一般监督下进行的清算。特别清算是指公司依法院的命令开始,并且自始至终都在法院的严格监督之下进行的清算。

对普通清算与特别清算,公司并无统一实行的权利。公司解散后,应立即进行普通清算。在普通清算过程中,当有下列情形之一发生时,法院方可命令公司实行特别清算:第一,当公司实行普通清算遇到显著障碍时。例如,公司的利害关系人人数众多,或公司的债权债务关系极为复杂,这时法院依债权人或股东或清算人的请求,或依职权命令实行特别清算。第二,当公司负债超过资产有不实之嫌疑时,即形式上公司负债超过资产,但实际上是否真正超过尚有嫌疑。例如,公司债务数额并非真实,或公司债权数额并非确实,或会计账面上所记载的资产价值较市场价低,所以清算人不宜贸然请求宣告公司破产,应请求进行特别清算,这时法院依清算人的请求或依职权命令实行特别清算。

按法律规定,法院和债权人通常不直接干预企业的清算。特别清算则是指不能

由企业自行组织,而由法院出面直接干预并进行监督的清算。如果企业不能清偿到期债务,企业存在资产不足以清偿到期债务的嫌疑,企业无力自行组织清算工作,企业董事会对清算事务达不成一致意见,或者由债权人、股东、董事会中的任何一方申请等情况发生,就应采用特别清算程序。我国企业的破产清算列为特别清算,有的国家则将破产清算单列一类:在普通清算中,清算人一旦发现企业的清算资产不足清偿全部债务,清算人有责任立即向人民法院申请宣告企业破产,清算工作则由普通清算程序进入特别清算程序。

(二)清算程序

1.确定清算人或成立清算组。根据《公司法》的有关规定,公司应在公布解散的15天之内成立清算小组,有限责任公司的清算组由股东组成,股份有限公司的清算组则由股东大会确定其人选。逾期不成立清算组的,由法院根据债权人的指定成立清算组。清算组的职权包括:清理公司财产;编制资产负债表及其财产清单;通知或者公告债权人;处理与清算有关的公司未了结的业务;清缴所欠税款;清理债权、债务;处理公司清偿债务后的剩余财产;代表公司参与民事诉讼活动。

2.债权人进行债权登记。在清算组成立或者聘请受托人的一定期限内通知债权人,债权人则应在规定的期限内对其债权享有财产担保或无财产担保进行申报,并提供证明材料,以便清算组对受托人进行债权登记。

3.清理公司财产,编制资产负债表及财产清单,在这过程中,如果发现公司资不抵债的,应向法院申请破产。

4.在对公司资产进行估价的基础上,制定清算方案。清算方案包括清算的程序和步骤,财产定价方法和估价结果,债权收回和财产变卖的具体方案,债务的清偿顺序、剩余财产的分配以及对公司遗留问题的处理等。

5.执行清算方案。具体包括:

(1)清算财产的范围及作价。清算财产包括宣布清算时企业的全部财产以及清算期间取得的资产,清算财产的作价一般以账面净值为依据,也可以重估价值或者变现收入等为依据。

(2)确定清算损益。企业清算中发生的财产盘盈、财产变价净收入、因债权人原因确实无法归还的债务以及清算期间的经营收益等,作为清算收益;发生的财产盘亏、确实无法收回的债权以及清算期间的经营损失等,作为清算损失;发生的清算费用要优先从现有财产中支付;清算终了,清算收益大于清算损失、清算费用的部分,依法交纳所得税。

(3)债务清偿及其顺序。有限责任公司和股份有限公司,其清偿债务的最高还欠能力为其注册资本额(如果企业的实际资本额低于注册资本额的,应补足)。企业财产支付清算费用后,按照下列顺序清偿债务:应付未付的职工工资、劳动保险等、应缴未缴国家的税金、尚未偿付的债务。同一顺序不足清偿的,按照比例清偿。

（4）分配剩余财产。企业清偿债务后剩余财产的分配原则,一般应按照合同、章程的有关条款处理,充分体现公平、对等、照顾各方利益的精神。其中,有限责任公司,除公司章程另有规定者外,按投资各方出资比例分配;股份有限公司,按照优先股股份面值对优先股股东进行优先分配,剩余部分按照普通股股东的股份比例进行分配;国有企业,其剩余财产要上缴财政。

6.办理清算的法律手续。企业清算结束,应编制清算后资产负债表、损益表,经企业董事会或职工代表大会批准后宣布清算工作正式结束。其后,清算机构提出的清算报告连同清算期间内收支报表和各种财务账册,经中国注册会计师查证验收签字后,一并报主管财政机关,并向工商行政管理部门办理公司注销手续,向税务部门注销税务登记。

第三节　财务重整

财务重整是指对陷入财务危机,但仍有转机和重建价值的企业根据一定程序进行重新整顿,使公司得以维持和复兴的做法。这是对已经达到破产界限企业所采用的抢救措施。通过这种抢救,濒临破产企业中的一部分,甚至大部分能够重新振作起来,摆脱破产厄运,走上继续发展之路。

设置重整制度,对债权人、濒临破产企业和整个社会经济都有重要意义:重整有望使濒临破产企业复苏,能减少债权人和股东的损失;对已达到破产界限的企业来说,重整给企业背水一战、争取生存的最后机会;对整个社会而言,能尽量减少社会财富的损失和因破产而转为失业人口的数量。

财务重整按是否通过法律程序分为非正式财务重整和正式财务重整两种。

(一)非正式财务重整

当企业只是面临暂时性的财务危机时,债权人通常更愿意直接同企业联系,帮助企业恢复和重新建立较坚实的财务基础,以避免因进入正式法律程序而发生的庞大费用和冗长的诉讼时间。

1.债务展期与债务和解

所谓债务展期,即推迟到期债务要求付款的日期;而债务和解则是债权人自愿同意减少债务人的债务,包括同意减少债务人偿还的本金数额,或同意降低利息率,或同意将一部分债权转化为股权,或将上述几种选择混合使用。

在企业经营过程发生财务困难时,有时债务的延期或到期债务的减免都会为财务发生困难的企业赢得时间,调整财务结构,避免破产。而且债务展期与债务和解,均属非正式的挽救措施,是债务人与债权人之间达成的协议,既方便又简捷,因此,当企业发生财务困难时,首先想到的便是债务展期与债务和解。

债务展期与债务和解作为挽救企业经营失败的两种方法,都在于使企业继续经营并避免法律费用。虽然由于债务展期或债务和解,会使债权人暂时无法收取账款而发生一些损失,但是,一旦债务人从困境中恢复过来,债权人不仅能如数收取账款,还能给企业带来长远效益。因此,债务展期与债务和解方法在实际工作中普遍存在。

当企业经营失败发生困难,拟采用债务展期或债务和解措施来渡过难关时,首先由企业即债务人向当地负责金融、财务调整的管理部门提出申请,由该管理部门安排,召开由企业和其债权人参加的会议;其次,债权人任命一个由1~5人组成的委员会,负责调查企业的资产、负债情况,并制定出债权调整计划,就债权的展期或债务的和解做出具体安排;最后,召开债权、债务人会议,对委员会提出的债务展期、债务和解,或债务展期与和解兼而有之的财务安排进行商讨并取得一致意见,达成最终协议,以便债权人、债务人共同遵循。

一般而言,债权人同意债务展期或债务和解,表明债权人对债务人很有信心,相信债务人能够走出财务困境并有益于债权人。然而,在债务展期或债务和解后等待还款的这段其间内,由于企业经营的不确定性,随时会发生新的问题而导致债权人的利益受到损害。因此,为了对债务人实施控制,保护债权人利益,在实施债务展期或债务和解后,债权人通常还要采取下列措施:(1)坚持实行某种资产的转让或由第三者代管;(2)要求债务企业股东转让其股票证书到一个第三者代管账户,直至根据展期协议还清欠款为止;(3)债务企业的所有支票应由债权人委员会会签,以得到以现金、抵押贷款或应收账款等形式的保证。

2.准改组

准改组不需要法院参与,也不解散企业,此外,也不改变债权人的利益,只要征得债权人和股东同意,不立即向债权人支付债务和向股东派发股利,便可有效地实施准改组。在公司长期发生严重亏损,留存收益出现巨额赤字,而且资产的账面价值严重不符合实际时,如果撤换管理部门负责人,实施新的经营方针,则可望在将来扭亏为盈。为此,企业便可通过减资来消除大量亏损,并采取一些旨在使将来成功经营的措施。例如:企业可以出售多余的固定资产;对有些固定资产或其他长期资产进行重新估计,并以较低的公允价格反映;为资产、负债和所有者权益建立新的基础,以减少计入将来期间的折旧费用和摊销费用等。

准改组的财务处理方法:(1)由于固定资产等项目的账面价值已不符合其持续经营价值,原始成本基础显然已不可能产生切合实际的会计报表,有关的资产应重新计价,调低的数额应冲减留存收益;(2)股东权益(甚至负债)应重新计价,将留存收益的红字调整为零;(3)准改组要经债权人和股东批准,通常由法院监督,以确保有关各方的利益,避免法律纠纷。同时要按《公司法》的规定,公告有关的债权人。(4)在改组当年的财务报表中,应当充分披露准改组的程序和影响,并在此后的 3～10 年内,加注说明留存收益的积累日期。

非正式财务重整可以为债务人和债权人双方带来一定的好处:(1)这种做法避免了履行正式手续所需发生的大量费用,所需要的律师、会计师的人数也比履行正式手续要少得多,使重整费用降至最低点;(2)非正式重整可以减少重整所需的时间,使企业在较短时间内重新进入正常经营的状态,避免因冗长的正式程序使企业迟迟不能进行正常经营而造成企业资产闲置和资金回收推迟等浪费现象;(3)非正式重整使谈判有更大的灵活性,有时更易达成协议。

非正式财务重整也存在着一些弊端,主要表现为:当债权人人数很多时,可能难以达成一致的协议;没有法院的正式参与可能影响到协议的严肃性等。

(二)正式财务重整

《破产法》中建立的重整制度,允许企业在破产时进行重整,但需经过法院裁定,因此涉及正式的法律程序。企业在其正常的经营活动中,有时会由于企业自身的经营条件或者企业外部环境的各种原因无法如期偿还债务而陷入暂时的财务困难,这时,便可以通过与其债权人协商达成协议后,按照法定的程序对企业进行重整。企业财务重整是通过一定的法律程序改变企业的资本结构,合理地解决其所欠债权人的债务,以便企业摆脱所面临的财务困难并继续经营。

正式财务重整是将上述非正式重整的做法按照规范化的方式进行。它是在法院受理债权人申请破产案件的一定时期内,经债务人及其委托人申请,与债权人会议达成和解协议,对企业进行整顿、重组的一种制度。在正式重整中,法院起着重要的作用,特别是要对拟议中的公司重整计划的公正性和可行性做出判断。

为保护原有企业债权人的利益,在公司重整期间,公司股东会和董事会的权力被终止,应由法院指定受托人接管债务企业并处理改组事务。受托人的职责是:记录收到债务企业的资产;编制债权人名册、资产负债清单和财产状况表;向法院提供债务企业财产及其管理情况的信息;审查债权人债权要求的合理性;编制改组计划;向法院提交所需的受托责任报告。

依照规定,在法院批准重组之后不久,应成立债权人会议,所有债权人均为债权人会议成员。其主要职责是:审查有关债权的证明材料,确认债权有无财产担保,讨论通过改组计划,保护债权人的利益,确保债务企业的财产不致流失。债务人的法定代表必须列席债权人会议,回答债权人的询问。我国还规定有工会代表参加债权人会议。

1.财务重整的基本程序

(1)向法院提出重组申请。在向法院申请企业重组时,必须阐明对企业实施重组的必要性,以及不采用非正式重整的原因。同时要满足如下条件:企业发生财务危机或者在债务到期时企业无法偿还;企业有三个或者三个以上债权人的债权合计数达到规定的数额。如果企业重组的申请符合有关规定,法院将批准重组申请。

(2)法院任命债权人委员会。债权人委员会的权限与职责是:挑选并委托若干律师、注册会计师或者其他中介机构作为其代表履行职责;就企业财产的管理情况向受托人和债务人提出质询;对企业的经营活动、企业的财产及债务状况等进行调查,了解企业希望继续经营的程度以及其他任何与制定重组计划有关的问题,在此基础上,制订企业的继续经营计划呈交法院;参与重组计划的制定,并就所制订的重组计划提出建议提交给法院;如果事先法院没有任命受托人,还应向法院提出任命受托人的要求等。

(3)制订企业重整计划。重整计划,既可能改变企业债权人的法定的或者契约限定的权利,也可能改变企业股东的权益,无财产担保的债权人则往往选择以牺牲其部分债权为代价而收回部分现金。经法院批准的重整计划,对企业本身、全体债权人及全体股东均有约束力。

重整计划要对公司现有债权、股权的清理和变更做出安排,重整公司资本结构,提出未来的经营方案与实施办法。一般来讲,制订重整计划需要包括下述四项内容:

第一,估算重整企业的价值。这是非常困难的一步,通常采用的方法是收益现值法:首先,估算公司未来的销售额;其次,分析公司未来的经营环境,以便预测公司未来的收益与现金流量;再次,确定用于未来现金流量贴现的贴现率;最后,用确定的贴现率对未来公司的现金流入量贴现,以估算出公司的价值。

第二,调整公司的资本结构,削减公司的债务负担和利息支出,为公司继续经营创造一个合理的财务状况。为达到这一目的,需要对某些债务展期,将某些债务转换为其他证券(如收益债券、优先股甚至普通股等)。

第三,公司新的资本结构确定之后,用新的证券替换旧的证券,实现公司资本结构的转换。要做到这一点,需要将公司各类债权人和权益所有者按照收益索取权的优先级别分类统计,同一级别的债权人或权益所有者在进行资本结构调整时享有相同的待遇,一般来讲,在优先级别在前的债权人或权益所有者得到妥善安排之后,优先级别在后的债权人或权益所有者才能得到安置。

第四,重整计划通常还包括以下措施:其一,如果公司现有管理人员不称职,则对公司管理人员进行调整,选择有能力的管理人员替代原有管理人员对公司进行管理,补充聘用新的经理和董事;其二,对公司存货及其他有关资产进行分析,对那些已经贬值的存货及其他资产的价值进行调整,以确定公司资产的当前价值,这也是重整公司资本结构,重新安排公司债权和股权的基础;其三,改进公司的生产、营销、广告等各项工作,改善经营管理方法,提高企业各个环节、各个职能部门之间的有效运转和

协调配合,提高公司的工作效率;其四,必要时还需要制订新产品开发计划和设备更
新计划,以提高生产能力。

(4)执行企业重整计划。即按照重整计划所列示的措施逐项予以落实,包括整顿
原有企业、联合新的企业,其间还应随时将整顿情况报告债权人会议,以便债权人及
时了解企业重整情况。

(5)经法院认定宣告终止重整。终止重整通常发生于:①企业经过重整后,能按
协议及时偿还债务,法院宣告终止重整;②重整期满,不能按协议清偿债务,法院宣告
破产清算而终止重整;③重整期间,不履行重整计划,欺骗债权人利益,致使财务状况
继续恶化,法院终止企业重整,宣告其破产清算。

2.重整的财务决策

企业濒临破产时,便面临一项财务决策,即是通过清算而使企业解体,或者是通
过重整而生存下去。这项财务决策的正确与否,直接关系到企业的生死存亡,故必须
慎重进行。

(1)要进行企业重整价值与清算价值之比较。重整价值是指企业通过整顿、重整
后所恢复的价值及未来收益,包括先进设备的安装、过时存货的处理,以及对经营管
理所作的种种改进等。而清算价值则指依企业使用的资本资产专门化程度所确定的
价值,包括该资产的变现价值,以及在清算过程中所发生的资产清理费用及法律费
用。如果财务重整能为企业带来收益,收支相抵后,所得大于所失并能抵消企业的连
年亏损额,便可作为财务重整优先考虑的条件;反之,则不应列在重整范围之内,以免
使债权人遭受更大的损失。通常,重整价值要大于清算价值。

(2)法院或债权人对企业重整的认可是以重整计划是否具备公平性和可行性为
依据的。公平性是指在企业重整过程中,对所有的债权人一视同仁,按照法律和财产
合同规定的先后顺序,对各债权人的求偿权予以确认,不能违背法律。可行性指重整
应具备的相应条件,主要包括债权人与债务人两方面。为了使重整可行,债务人一般
应具备如下条件:一是必须具有良好的道德信誉,在整个重整过程中,债务人不能欺
骗债权人,如非法变卖企业财产及私自挪用,损害债权人利益等;二是债务人能提供
详细的整顿重整计划,以表明其有足够的把握使重整成功;三是债务人所处的经营环
境有利于债务人摆脱困境,取得成功。为了使重整可行,必须经债权人会议讨论通过
同意重整,并愿意帮助债务人重建财务基础。一项重整是否可行,其基本测试标准是
重整后所产生的收益能否补偿为获得收益而发生的全部费用。

📦 案例分析

1.经营状况分析:某一企业生产经营中面临着财务困难,亏损非常严重。该企业
2020 年的损益表(表 12-3)和 2020 年 12 月 31 日资产负债表(表 12-4)如下。

表 12-3 损益表(简表)

2020 年度   单位:千元

项　目	金　额
产品销售收入	200 000
销售成本与管理费用	182 000
财务费用(利息费)	20 000
营业利润	-2 000

表 12-4 资产负债表

2020 年 12 月 31 日   单位:千元

资产	金额	负债	金额
货币资金	2 000	短期借款	100 000
应收账款	37 000	应付账款	80 000
其他应收账款	6 000	其他应付款	10 000
存货	37 000	应付工资	700
待摊费用	5 000	预提费用	15 000
待处理损失	23 700	长期借款	100 000
长期投资	2 000	实收资本	15 000
固定资产	137 000	未分配利润	-60 000
递延资产	11 000		
合　计	260 700	合　计	260 700

从表中可以看出,企业资产负债率为 $\dfrac{305\ 700}{260\ 700}=117.2\%$,企业资不抵债金额达
4 500(千元)。而从损益表可以发现,该企业一年利息费高达 2 000 万元,是造成企业
亏损的主要原因。

2.债务重整过程和手段

(1)进行资产评估、损失挂账处理,以及债务和债权的清查工作。具体来说:转销
坏账 7 000 千元,转销无法收回的其他应收款 1 000 千元,转销存货变价损失 7 000 千
元,转销待摊费用 5 000 千元、待处理损失 23 700 千元和递延资产 11 000 千元。上述
会计处理为:

```
借:未分配利润                              54 700
    贷:应收账款                                      7 000
        其他应收款                                    1 000
        存货                                          7 000
        待摊费用                                      5 000
        待处理损失                                   23 700
        递延资产                                     11 000
```

对于负债项目,经过与债权人协商,转销应付账款 10 000,其他应付款 5 000,预提费用 15 000。其会计处理为:

借:应付账款　　　　　　　　　　　　　　　　　　　　　　　　　10 000
　　其他应付款　　　　　　　　　　　　　　　　　　　　　　　　　5 000
　　预提费用　　　　　　　　　　　　　　　　　　　　　　　　　　15 000
　　贷:未分配利润　　　　　　　　　　　　　　　　　　　　　　　　　　　30 000

上述亏损挂账和各种债权、债务处理后,编制的变现式资产负债表如表 12-5。

表 12-5　变现式资产负债表

单位:千元

资产	金额	负债	金额
货币资金	2 000	短期投资	100 000
应收账款	30 000	应付账款	70 000
其他应收款	5 000	其他应付款	5 000
存货	30 000	应付工资	700
长期投资	2 000	长期借款	100 000
固定资产	137 000	实收资本	15 000
		未分配利润	−84 700
合计	206 000	合计	206 000

(2)债务重组:除应付工资外,所有债务减免 5%;然后,将短期借款的 50% 和全部长期借款转换为股本。重组后的资产负债表见表 12-6。

表 12-6　资产负债表(重组后)

单位:千元

资产	金额	负债	金额
货币资金	2 000	短期借款	47 500
应收账款	30 000	应付账款	66 500
其他应收款	5 000	其他应付款	4 750
存货	30 000	应付工资	700
长期投资	2 000	所有者权益	86 550
固定资产	137 000	其中:实收资本	171250
		未分配利润	−84 700
合计	206 000	合计	206 000

3.债务重整的效果:

经过债务重组后,该企业的资产负债率由 117.2% 下降为 58%,转为正常。如果企业的销售收入和销售成本仍维持原有金额不变,则由于企业的负债减少 15 625 万元,将节省大笔的利息费用。若仍按 10% 计算利息,利息费用将节约 1 562.5 万元,企业可以实现利润 13 625 千元。详情见表 12-7。

表 12-7　损益表(债务重组后)

单位:千元

项　目	金　额
产品销售收入	200 000
销售成本、管理费用	182 000
财务费用(利息费用)	4 375
营业利润	13 625

讨论提示:(1)该企业的债务重整有什么特点?(2)该企业的债务重整有什么借鉴之处?

附录

资金时间价值系数表

附表一　复利终值系数表

期数	1%	2%	3%	4%	5%	6%	7%	8%	9%	10%
1	1.0100	1.0200	1.0300	1.0400	1.0500	1.0600	1.0700	1.0800	1.0900	1.1000
2	1.0201	1.0404	1.0609	1.0816	1.1025	1.1236	1.1449	1.1664	1.1881	1.2100
3	1.0303	1.0612	1.0927	1.1249	1.1576	1.1910	1.2250	1.2597	1.2950	1.3310
4	1.0406	1.0824	1.1255	1.1699	1.2155	1.2625	1.3108	1.3605	1.4116	1.4641
5	1.0510	1.1041	1.1593	1.2167	1.2763	1.3382	1.4026	1.4693	1.5386	1.6105
6	1.0615	1.1262	1.1941	1.2653	1.3401	1.4185	1.5007	1.5809	1.6771	1.7716
7	1.0721	1.1487	1.2299	1.3159	1.4071	1.5036	1.6058	1.7138	1.8280	1.9487
8	1.0829	1.1717	1.2668	1.3686	1.4775	1.5938	1.7182	1.8509	1.9926	2.1436
9	1.0937	1.1951	1.3048	1.4233	1.5513	1.6895	1.8385	1.9990	2.1719	2.3579
10	1.1046	1.2190	1.3439	1.4802	1.6289	1.7908	1.9672	2.1589	2.3674	2.5937
11	1.1157	1.2434	1.3842	1.5395	1.7103	1.8983	2.1049	2.3316	2.5804	2.8531
12	1.1268	1.2682	1.4258	1.6010	1.7959	2.0122	2.2522	2.5182	2.8127	3.1384
13	1.1381	1.2936	1.4685	1.6651	1.8856	2.1329	2.4098	2.7196	3.0658	3.4523
14	1.1495	1.3195	1.5126	1.7317	1.9799	2.2609	2.5785	2.9372	3.3417	3.7975
15	1.1610	1.3459	1.5580	1.8009	2.0789	2.3966	2.7590	3.1722	3.6425	4.1772
16	1.1726	1.3728	1.6047	1.8730	2.1829	2.5404	2.9522	3.4259	3.9703	4.5950
17	1.1843	1.4002	1.6528	1.9479	2.2920	2.6928	3.1588	3.7000	4.3276	5.0545
18	1.1961	1.4282	1.7024	2.0258	2.4066	2.8543	3.3799	3.9960	4.7171	5.5599
19	1.2081	1.4568	1.7535	2.1068	2.5270	3.0256	3.6165	4.3157	5.1417	6.1159
20	1.2202	1.4859	1.8061	2.1911	2.6533	3.2071	3.8697	4.6610	5.6044	6.7275
21	1.2324	1.5157	1.8603	2.2788	2.7860	3.3996	4.1406	5.0338	6.1088	7.4002
22	1.2447	1.5460	1.9161	2.3699	2.9253	3.6035	4.4304	5.4365	6.6586	8.1403
23	1.2572	1.5769	1.9736	2.4647	3.0715	3.8197	4.7405	5.8715	7.2579	8.2543
24	1.2697	1.6084	2.0328	2.5633	3.2251	4.0489	5.0724	6.3412	7.9111	9.8497
25	1.2824	1.6406	2.0938	2.6658	3.3864	4.2919	5.4274	6.8485	8.6231	10.835
26	1.2953	1.6734	2.1566	2.7725	3.5557	4.5494	5.8074	7.3964	9.3992	11.918
27	1.3082	1.7069	2.2213	2.8834	3.7335	4.8823	6.2139	7.9881	10.245	13.110
28	1.3213	1.7410	2.2879	2.9987	3.9201	5.1117	6.6488	8.6271	11.167	14.421
29	1.3345	1.7758	2.3566	3.1187	4.1161	5.4184	7.1143	9.3173	12.172	15.863
30	1.3478	1.8114	2.4273	3.2434	4.3219	5.7435	7.6123	10.063	13.268	17.449
40	1.4889	2.2080	3.2620	4.8010	7.0400	10.286	14.794	21.725	31.408	45.259
50	1.6446	2.6916	4.3839	7.1067	11.467	18.420	29.457	46.902	74.358	117.39
60	1.8167	3.2810	5.8916	10.520	18.679	32.988	57.946	101.26	176.03	304.48

续表

期数	12％	14％	15％	16％	18％	20％	24％	28％	32％	36％
1	1.1200	1.1400	1.1500	1.1600	1.1800	1.2000	1.2400	1.2800	1.3200	1.3600
2	1.2544	1.2996	1.3225	1.3456	1.3924	1.4400	1.5376	1.6384	1.7424	1.8496
3	1.4049	1.4815	1.5209	1.5609	1.6430	1.7280	1.9066	2.0872	2.3000	2.5155
4	1.5735	1.6890	1.7490	1.8106	1.9388	2.0736	2.3642	2.6844	3.0360	3.4210
5	1.7623	1.9254	2.0114	2.1003	2.2878	2.4883	2.9316	3.4360	4.0075	4.6526
6	1.9738	2.1950	2.3131	2.4364	2.6996	2.9860	3.6352	4.3980	5.2899	6.3275
7	2.2107	2.5023	2.6600	2.8262	3.1855	3.5832	4.5077	5.6295	6.9826	8.6054
8	2.4760	2.8526	3.0590	3.2784	3.7589	4.2998	5.5895	7.2058	9.2170	11.703
9	2.7731	3.2519	3.5179	3.8030	4.4355	5.1598	6.9310	9.2234	12.166	15.917
10	3.1058	3.7072	4.0456	4.4114	5.2338	6.1917	8.5944	11.806	16.060	21.647
11	3.4785	4.2262	4.6524	5.1173	6.1759	7.4301	10.657	15.112	21.199	29.439
12	3.8960	4.8179	5.3503	5.9360	7.2876	8.9161	13.215	19.343	27.983	40.037
13	4.3635	5.4924	6.1528	6.8858	8.5994	10.699	16.386	24.759	36.937	54.451
14	4.8871	6.2613	7.0757	7.9875	10.147	12.839	20.319	31.691	48.757	74.053
15	5.4736	7.1379	8.1371	9.2655	11.974	15.407	25.196	40.565	64.359	100.71
16	6.1304	8.1372	9.3576	10.748	14.129	18.488	31.243	51.923	84.954	136.97
17	6.8660	9.2765	10.761	12.468	16.672	22.186	38.741	66.461	112.14	186..28
18	7.6900	10.575	12.375	14.463	19.673	26.623	48.039	86.071	148.02	253.34
19	8.6128	12.056	14.232	16.777	23.214	31.948	59.568	108.89	195.39	344.54
20	9.6463	13.743	16.367	19.461	27.393	38.338	73.864	139.38	257.92	468.57
21	10.804	15.668	18.822	22.574	32.324	46.005	91.592	178.41	340.45	637.26
22	12.100	17.861	21.645	26.186	38.142	55.206	113.57	228.36	449.39	866.67
23	13.552	20.362	24.891	30.376	45.008	66.247	140.83	292.30	593.20	1178.7
24	15.179	23.212	28.625	35.236	53.109	79.497	174.63	374.14	783.02	1603.0
25	17.000	26.462	32.919	40.874	62.669	95.396	216.54	478.90	1033.6	2180.1
26	19.040	30.167	37.857	47.414	73.949	114.48	268.51	613.00	1364.3	2964.9
27	21.325	34.390	43.535	55.000	87.260	137.37	332.95	784.64	1800.9	4032.3
28	23.884	39.204	50.066	63.800	102.97	164.84	412.86	1004.3	2377.2	5483.9
29	26.750	44.693	57.575	74.009	121.50	197.81	511.95	1285.6	3137.9	7458.1
30	29.960	50.950	66.212	85.850	143.37	237.38	634.82	1645.5	4142.1	10143.
40	93.051	188.83	267.86	378.72	750.38	1469.8	5455.9	19427	66520.1	*
50	289.00	700.23	1083.7	1670.7	3927.4	9100.4	46890	*	*	*
60	897.60	2595.9	4384.0	7370.2	20555.	56348.	*	*	*	*

*＞ 99999

附表二　复利现值系数表

期数	1%	2%	3%	4%	5%	6%	7%	8%	9%	10%
1	.9901	.9804	.9709	.9615	.9524	.9434	.9346	.9259	.9174	.9091
2	.9803	.9712	.9426	.9246	.9070	.8900	.8734	.8573	.8417	.8264
3	.9706	.9423	.9151	.8890	.8638	.8396	.8163	.7938	.7722	.7513
4	.9610	.9238	.8885	.8548	.8227	.7921	.7629	.7350	.7084	.6830
5	.9515	.9057	.8626	.8219	.7835	.7473	.7130	.6806	.6499	.6209
6	.9420	.8880	.8375	.7903	.7462	.7050	.6663	.6302	.5963	.5645
7	.9327	.8606	.8131	.7599	.7107	.6651	.6227	.5835	.5470	.5132
8	.9235	.8535	.7874	.7307	.6768	.6274	.5820	.5403	.5019	.4665
9	.9143	.8368	.7664	.7026	.6446	.5919	.5439	.5002	.4604	.4241
10	.9053	.8203	.7441	.6756	.6139	.5584	.5083	.4632	.4224	.3855
11	.8963	.8043	.7224	.6496	.5847	.5268	.4751	.4289	.3875	.3505
12	.8874	.7885	.7014	.6246	.5568	.4970	.4440	.3971	.3555	.3186
13	.8787	.7730	.6810	.6006	.5303	.4688	.4150	.3677	.3262	.2897
14	.8700	.7579	.6611	.5775	.5051	.4423	.3878	.3405	.2992	.2633
15	.8613	.7430	.6419	.5553	.4810	.4173	.3624	.3152	.2745	.2394
16	.8528	.7284	.6232	.5339	.4581	.3936	.3387	.2919	.2519	.2176
17	.8444	.7142	.6050	.5134	.4363	.3714	.3166	.2703	.2311	.1978
18	.8360	.7002	.5874	.4936	.4155	.3503	.2959	.2502	.2120	.1799
19	.8277	.6864	.5703	.4746	.3957	.3305	.2765	.2317	.1945	.1635
20	.8195	.6730	.5537	.4564	.3769	.3118	.2584	.2145	.1784	.1486
21	.8114	.6598	.5375	.4388	.3589	.2942	.2415	.1987	.1637	.1351
22	.8034	.6468	.5219	.4220	.3418	.2775	.2257	.1839	.1502	.1228
23	.7954	.6342	.5067	.4057	.3256	.2618	.2109	.1703	.1378	.1117
24	.7876	.6217	.4919	.3901	.3101	.2470	.1971	.1577	.1264	.1015
25	.7798	.6095	.4776	.3751	.2953	.2330	.1842	.1460	.1160	.0923
26	.7720	.5976	.4637	.3604	.2812	.2198	.1722	.1352	.1064	.0839
27	.7644	.5859	.4502	.3468	.2678	.2074	.1609	.1252	.0976	.0763
28	.7568	.5744	.4371	.3335	.2551	.1956	.1504	.1159	.0895	.0693
29	.7493	.5631	.4243	.3207	.2429	.1846	.1406	.1073	.0822	.0630
30	.7419	.5521	.4120	.3083	.2314	.1741	.1314	.0994	.0754	.0573
35	.7059	.5000	.3554	.2534	.1813	.1301	.0937	.0676	.0490	.0356
40	.6717	.4529	.3066	.2083	.1420	.0972	.0668	.0460	.0318	.0221
45	.6491	.4102	.2644	.1712	.1113	.0727	.0476	.0313	.0207	.0137
50	.6080	.3715	.2281	.1407	.0872	.0543	.0339	.0213	.0134	.0085
55	.5785	.3365	.1968	.1157	.0683	.0406	.0242	.0145	.0087	.0053

续表

期数	12%	14%	15%	16%	18%	20%	24%	28%	32%	36%
1	.8929	.8772	.8696	.8621	.8475	.8333	.8065	.7813	.7576	.7353
2	.7972	.7695	.7561	.7432	.7182	.6944	.6504	.6104	.5739	.5407
3	.7118	.6750	.6575	.6407	.6086	.5787	.5245	.4768	.4348	.3975
4	.6355	.5921	.5718	.5523	.5158	.4823	.4230	.3725	.3294	.2923
5	.5674	.5194	.4972	.4762	.4371	.4019	.3411	.2910	.2495	.2149
6	.5066	.4556	.4323	.4104	.3704	.3349	.2751	.2274	.1890	.1580
7	.4523	.3996	.3759	.3538	.3139	.2791	.2218	.1776	.1432	.1162
8	.4039	.3506	.3269	.3050	.2660	.2326	.1789	.1388	.1085	.0854
9	.3606	.3075	.2843	.2630	.2255	.1938	.1443	.1084	.0822	.0628
10	.3220	.2697	.2472	.2267	.1911	.1615	.1164	.0847	.0623	.0462
11	.2875	.2366	.2149	.1954	.1619	.1346	.0938	.0662	.0472	.0340
12	.2567	.2076	.1869	.1685	.1373	.1122	.0557	.0517	.0357	.0250
13	.2292	.1821	.1625	.1452	.1163	.0935	.0610	.0404	.0271	.0184
14	.2046	.1597	.1413	.1252	.0985	.0779	.0492	.0316	.0205	.0135
15	.1827	.1401	.1229	.1079	.0835	.0649	.0397	.0247	.0155	.0099
16	.1631	.1229	.1069	.0980	.0709	.0541	.0320	.0193	.0118	.0073
17	.1456	.1078	.0929	.0802	.0600	.0451	.0259	.0150	.0089	.0054
18	.1300	.0946	.0808	.0691	.0508	.0376	.0208	.0118	.0068	.0039
19	.1161	.0829	.0703	.0596	.0431	.0313	.0168	.0092	.0051	.0029
20	.1037	.0728	.0611	.0514	.0365	.0261	.0135	.0072	.0039	.0021
21	.0926	.0638	.0531	.0443	.0309	.0217	.0109	.0056	.0029	.0016
22	.0826	.0560	.0462	.0382	.0262	.0181	.0088	.0044	.0022	.0012
23	.0738	.0491	.0402	.0329	.0222	.0151	.0071	.0034	.0017	.0008
24	.0659	.0431	.0349	.0284	.0188	.0126	.0057	.0027	.0013	.0006
25	.0588	.0378	.0304	.0245	.0160	.0105	.0046	.0021	.0010	.0005
26	.0525	.0331	.0264	.0211	.0135	.0087	.0037	.0016	.0007	.0003
27	.0469	.0291	.0230	.0182	.0115	.0073	.0030	.0013	.0006	.0002
28	.0419	.0255	.0200	.0157	.0097	.0061	.0024	.0010	.0004	.0002
29	.0374	.0224	.0174	.0135	.0082	.0051	.0020	.0008	.0003	.0001
30	.0334	.0196	.0151	.0116	.0070	.0042	.0016	.0006	.0002	.0001
35	.0189	.0102	.0075	.0055	.0030	.0017	.0005	.0002	.0001	*
40	.0107	.0053	.0037	.0026	.0013	.0007	.0002	.0001	*	*
45	.0061	.0027	.0019	.0013	.0006	.0003	.0001	*	*	*
50	.0035	.0014	.0009	.0006	.0003	.0001	*	*	*	*
55	.0020	.0007	.0005	.0003	.0001	*	*	*	*	*
*〈	.0001									

附表三　年金终值系数表

期数	1%	2%	3%	4%	5%	6%	7%	8%	9%	10%
1	1.0000	1.0000	1.0000	1.0000	1.0000	1.0000	1.0000	1.0000	1.0000	1.0000
2	2.0100	2.0200	2.0300	2.0400	2.0500	2.0600	2.0700	2.0800	2.0900	2.1000
3	3.0301	3.0604	3.0909	3.1216	3.1525	3.1836	3.2149	3.2464	3.2781	3.3100
4	4.0604	4.1216	4.1836	4.2465	4.3101	4.3746	4.4399	4.5061	4.5731	4.6410
5	5.1010	5.2040	5.3091	5.4163	5.5256	5.6371	5.7507	5.8666	5.9847	6.1051
6	6.1520	6.3081	6.4684	6.6330	6.8019	6.9753	7.1533	7.3359	7.5233	7.7156
7	7.2135	7.4343	7.6625	7.8983	8.1420	8.3938	8.6540	8.9228	9.2004	9.4872
8	8.2857	8.5830	8.8923	9.2142	9.5491	9.8975	10.260	10.637	11.028	11.436
9	9.3685	9.7546	10.159	10.583	11.027	11.491	11.978	12.488	13.021	13.579
10	10.462	10.950	11.464	12.006	12.578	13.181	13.816	14.487	15.193	15.937
11	11.567	12.169	12.808	13.486	14.207	14.972	15.784	16.645	17.560	18.531
12	12.683	13.412	14.192	15.026	15.917	16.870	17.888	18.977	20.141	21.384
13	13.809	14.680	15.618	16.627	17.713	18.882	20.141	21.495	22.953	24.523
14	14.947	15.974	17.086	18.292	19.599	21.015	22.550	24.214	26.019	27.975
15	16.097	17.293	18.599	20.024	21.579	23.276	25.129	27.152	29.361	31.772
16	17.258	18.639	20.157	21.825	23.657	25.673	27.888	30.324	33.003	35.950
17	18.430	20.012	21.762	23.698	25.840	28.213	30.840	33.750	36.974	40.545
18	19.615	21.412	23.414	25.645	28.132	30.906	33.999	37.450	41.301	45.599
19	20.811	22.841	25.117	27.671	30.539	33.760	37.379	41.446	46.018	51.159
20	22.019	24.297	26.870	29.778	33.066	36.786	40.995	45.752	51.160	57.275
21	23.239	25.783	28.676	31.969	35.719	39.993	44.865	50.423	56.765	64.002
22	24.472	27.299	30.537	34.248	38.505	43.392	49.006	55.457	62.873	71.403
23	25.716	28.845	32.453	36.618	41.430	46.996	53.436	60.883	69.532	79.543
24	26.973	30.422	34.426	39.083	44.502	50.816	58.177	66.765	76.790	88.497
25	28.243	32.030	36.459	41.646	47.727	54.863	63.249	73.106	84.701	98.347
26	29.526	33.671	38.553	44.312	51.113	59.156	68.676	79.954	93.324	109.18
27	30.821	35.344	40.710	47.084	54.669	63.706	74.484	87.351	102.72	121.10
28	32.129	37.051	42.931	49.968	58.403	68.528	80.698	95.339	112.97	134.21
29	33.450	38.792	45.219	52.966	62.323	73.640	87.347	103.97	124.14	148.63
30	34.785	40.568	47.575	56.085	66.439	79.058	94.461	113.28	136.31	164.49
40	48.886	60.402	75.401	95.026	120.80	154.76	199.64	259.06	337.88	442.59
50	64.463	84.579	112.80	152.67	209.35	290.34	406.53	573.77	815.08	1163.9
60	81.670	114.05	163.05	237.99	353.58	533.13	813.52	1253.2	1944.8	3034.8

续表

期数	12%	14%	15%	16%	18%	20%	24%	28%	32%	36%
1	1.0000	1.0000	1.0000	1.0000	1.0000	1.0000	1.0000	1.0000	1.0000	1.0000
2	2.1200	2.1400	2.1500	2.1600	2.1800	2.2000	2.2400	2.2800	2.3200	2.3600
3	3.3744	3.4396	3.4725	3.5056	3.5724	3.6400	3.7776	3.9184	3.0624	3.2096
4	4.7793	4.9211	4.9934	5.0665	5.2154	5.3680	5.6842	6.0156	6.3624	6.7251
5	6.3528	6.6101	6.7424	6.8771	7.1542	7.4416	8.0484	8.6999	9.3983	10.146
6	8.1152	8.5355	8.7537	8.9775	9.4420	9.9299	10.980	12.136	13.406	14.799
7	10.089	10.730	11.067	11.414	12.142	12.916	14.615	16.534	18.696	21.126
8	12.300	13.233	13.727	14.240	15.327	16.499	19.123	22.163	25.678	29.732
9	14.776	16.085	16.786	17.519	19.086	20.799	24.712	29.369	34.895	41.435
10	17.549	19.337	20.304	21.321	23.521	25.959.	31.643	38.593	47.062	57.352
11	20.655	23.045	24.349	25.733	28.755	32.150	40.238	50.398	63.122	78.998
12	24.133	27.271	29.002	30.850	34.931	39.581	50.895	65.510	84.320	108.44
13	28.029	32.089	34.352	36.786	42.219	48.497	64.110	84.853	112.30	148.47
14	32.393	37.581	40.505	43.672	50.818	59.196	80.496	109.61	149.24	202.93
15	37.280	43.842	47.580	51.660	60.965	72.035	100.82	141.30	198.00	276.98
16	42.753	50.980	55.717	60.925	72.939	87.442	126.01	181.87	262.36	377.69
17	48.884	59.118	65.075	71.673	87.068	105.93	157.25	233.79	347.31	514.66
18	55.750	68.394	75.836	84.141	103.74	128.12	195.99	300.25	459.45	770.94
19	63.440	78.969	88.212	98.603	123.41	154.74	244.03	385.32	607.47	954.28
20	72.052	91.025	102.44	115.38	146.63	186.69	303.60	494.21	802.86	1298.8
21	81.699	104.77	118.81	134.84	174.02	225.03	377.46	633.59	1060.8	1767.4
22	92.503	120.44	137.63	157.41	206.34	271.03	469.06	812.00	1401.2	2404.7
23	104.60	138.30	159.28	183.60	244.49	326.24	582.63	1040.4	1850.6	3271.3
24	118.16	158.66	184.17	213.98	289.49	392.48	723.46	1332.7	2443.8	4450.0
25	133.33	181.87	212.79	249.21	342.60	471.98	898.09	1706.8	3226.8	6053.0
26	150.33	208.33	245.71	290.09	405.27	567.38	1114.6	2185.7	4260.4	8233.1
27	169.37	238.50	283.57	337.50	479.22	681.85	1383.1	2798.7	5624.8	11198.0
28	190.70	272.89	327.10	392.50	566.48	819.22	1716.1	3583.3	7425.7	15230.3
29	214.58	312.09	377.17	456.30	669.45	984.07	2129.0	4587.7	9802.9	20714.2
30	241.33	356.79	434.75	530.31	790.95	1181.9	2640.9	5873.2	12941.	28172.3
40	767.09	1342.0	1779.1	2360.8	4163.2	7343.2	22728.8	69377.5	*	*
50	2400.0	4994.5	7217.7	10436.	21813.	45497.	*	*	*	*
60	7471.6	18535.	29220.	46058.	*	*	*	*	*	*
*>	99999									

附表四 年金现值系数表

期数	1%	2%	3%	4%	5%	6%	7%	8%	9%
1	0.9901	0.9804	0.9709	0.9615	0.9524	0.9434	0.9346	0.9259	0.9174
2	1.9704	1.9416	1.9135	1.8861	1.8594	1.8334	1.8080	1.7833	1.7591
3	2.9410	2.8839	2.8286	2.7751	2.7232	2.6730	2.6243	2.5771	2.5313
4	3.9020	3.8077	3.7171	3.6299	3.5460	3.4651	3.3872	3.3121	3.2397
5	4.8534	4.7135	4.5797	4.4518	4.3295	4.2124	4.1002	3.9927	3.8897
6	5.7955	5.6014	5.4172	5.2421	5.0757	4.9173	4.7665	4.6229	4.4859
7	6.7282	6.4720	6.2303	6.0021	5.7864	5.5824	5.3893	5.2064	5.0330
8	7.6517	7.3255	7.0197	6.7327	6.4632	6.2098	5.9713	5.7466	5.5348
9	8.5660	8.1622	7.7861	7.4353	7.1078	6.8017	6.5152	6.2469	5.9952
10	9.4713	8.9826	8.5302	8.1109	7.7217	7..3601	7.0236	6.7101	6.4177
11	10.3676	9.7868	9.2526	8.7605	8.3064	7.8869	7.4987	7.1390	6.8052
12	11.2551	10.5753	9.9540	9.3851	8.8633	8.3838	7.9427	7.5361	7.1607
13	12.1337	11.3484	10.6350	9.9856	9.3936	8.8527	8.3577	7.9038	7.4869
14	13.0037	12.1062	11.2961	10.5631	9.8986	9.2950	8.7455	8.2442	7.7862
15	13.8651	12.8493	11.9379	11.1184	10.3797	9.7122	9.1079	8.5595	8..0607
16	14.7179	13.5777	12.5611	11.6523	10.8378	10.1059	9.4466	8.8514	8.3126
17	15.5623	14.2919	13.1661	12.1657	11.2741	10.4773	9.7632	9.1216	8.5436
18	16.3983	14.9920	13.7535	12.6896	11.6896	10.8276	10.0591	9.3719	8.7556
19	17.2260	15.6785	14.3238	13.1339	12.0853	11.1581	10.3356	9.6036	8.9601
20	18.0456	16.3514	14.8775	13.5903	12.4622	11.4699	10.5940	9.8181	9.1285
21	18.8570	17.0112	15.4150	14.0292	12.8212	11.7641	10.8355	10.0168	9.2922
22	19.6604	17.6580	15.9369	14.4511	13.4886	12.3034	11.0612	10.2007	9.4424
23	20.4558	18.2922	16.4436	14.8568	13.4886	12.3034	11.2722	10.3711	9.5802
24	21.2434	18.9139	16.9355	15.2470	13.7986	12.5504	11.4693	10.5288	9.7066
25	22.0232	19.5235	17.4131	15.6221	14.0939	12.7834	11.6536	10.6748	9.8226
26	22.7952	20.1210	17.8768	15.9828	14.3752	13.0032	11.8258	10.8100	9.9290
27	23.5596	20.7059	18.3270	16.3296	14.6430	13.2105	11.9867	10.9352	10.0266
28	24.3164	21.2813	18.7641	16.6631	14.8981	13.4062	12.1371	11.0511	10.1161
29	25.0658	21.8444	19.1885	16.9837	15.1411	13.5907	12.2777	11.1584	10.1983
30	25.8077	22.3965	19.6004	17.2920	15.3725	13.7648	12.4090	11.2578	10.2737
35	29.4086	24.9986	21.4872	18.6646	16.3742	14.4982	12.9477	11.6546	10.5668
40	32.8347	27.3555	23.1148	19.7928	17.1591	15.0463	13.3317	11.9246	10.7574
45	36.0945	29.4902	24.5187	20.7200	17.7741	15.4558	13.6055	12.1084	10.8812
50	39.1961	31.4236	25.7298	21.4822	18.2559	15.7619	13.8007	12.2335	10.9617
55	42.1472	33.1748	26.7744	22.1086	18.6335	15.9905	13.9399	12.3186	11.0140

续表

期数	10%	12%	14%	15%	16%	18%	20%	24%	28%	32%
1	0.9091	0.8929	0.8772	0.8696	0.8621	0.8475	0.8333	0.8065	0.7813	0.7576
2	1.7355	1.6901	1.6467	1.6257	1.6052	1.5656	1.5278	1.4568	1.3916	1.3315
3	2.4869	2.4018	2.3216	2.2832	2.2459	2.1743	2.1065	1.9813	1.8684	1.7663
4	3.1699	3.0373	2.9137	2.8550	2.7982	2.6901	2.5887	2.4043	2.2410	2.0957
5	3.7908	3.6048	3.4331	3.3522	3.2743	3.1272	2.9906	2.7454	2.5320	2.3452
6	4.3553	4.1114	3.8887	3.7845	3.6847	3.4976	3.3255	3.0205	2.7594	2.5342
7	4.8684	4.5638	4.2882	4.1604	4.0386	3.8115	3.6046	3.2423	2.9370	2.6775
8	5.3349	4.9676	4.6389	4.4873	4.3436	4.0776	3.8372	3.4212	3.0758	2.7860
9	5.7590	5.3282	4.9464	4.7716	4.6065	4.3030	4.0310	3.5655	3.1842	2.8681
10	6.1446	5.6502	5.2161	5.0188	4.8332	4.4941	4.1925	3.6819	3.2689	2.9304
11	6.4951	5.9377	5.4527	5.2337	5.0286	4.6560	4.3271	3.7757	3.3351	2.9776
12	6.8137	6.1944	5.6603	5.4206	5.1971	4.7932	4.4392	3.8514	3.3868	3.0133
13	7.1034	6.4235	5.8424	5.5831	5.3423	4.9095	4.5327	3.9124	3.4272	3.0404
14	7.3667	6.6282	6.0021	5.7245	5.4675	5.0081	4.6106	3.9616	3.4587	3.0609
15	7.6061	6.8109	6.1422	5.8474	5.5755	5.0916	4.6755	4.0013	3.4834	3.0764
16	7.8237	6.9740	6.2651	5.9542	5.6685	5.1624	4.7296	4.0333	3.5026	3.0882
17	8.0216	7.1196	6.3729	6.0472	5.7487	5.2223	4.7746	4.0591	3.5177	3.0971
18	8.0216	7.2497	6.4674	6.1280	5.8178	5.2732	4.8122	4.0799	3.5294	3.1039
19	8.3649	7.3658	6.5504	6.1982	5.8775	5.3162	4.8435	4.0967	3.5386	3.1090
20	8.5136	7.4694	6.6231	6.2593	5.9288	5.3527	4.8696	4.1103	3.5458	3.1129
21	8.6487	7.5620	6.6870	6.3125	5.9731	5.3837	4.8913	4.1212	3.5514	3.1158
22	8.7715	7.6446	6.7429	6.3587	6.0113	5.4099	4.9094	4.1300	3.5558	3.1180
23	8.8832	7.7184	6.7921	6.3988	6.0442	5.3421	4.9245	4.1371	3.5592	3.1197
24	8.9847	7.7843	6.8351	6.4338	6.0726	5.4509	4.9371	4.1428	3.5619	3.1210
25	9.0770	7.8431	6.8729	6.4641	6.0971	5.4669	4.9476	4.1474	3.5640	3.1220
26	9.1609	7.8957	6.9061	6.4906	6.1182	5.4804	4.9563	4.1511	3.5656	3.1227
27	9.2372	7.9426	6.9352	6.5135	6.1364	5.4919	4.9636	4.1542	3.5669	3.1233
28	9.3066	7.9844	6.9607	6.5335	6.1520	5.5016	4.9697	4.1566	3.5679	3.1237
29	9.3696	8.0218	6.9830	6.5509	6.1656	5.5098	4.9747	4.1585	3.5687	3.1240
30	9.4269	8.0552	7.0027	6.5660	6.1772	5.5166	4.9789	4.1601	3.5693	3.1242
35	9.6442	8.1755	7.0700	6.6166	6.2153	5.5386	4.9915	4.1644	3.5708	3.1248
40	9.7791	8.2438	7.1050	6.6418	6.2335	5.5482	4.9966	4.1659	3.5712	3.1250
45	9.8628	8.2825	7.1232	6.6543	6.2421	5.5523	4.9986	4.1664	3.5714	3.1250
50	9.9148	8.3045	7.1327	6.6605	6.2463	5.5541	4.9995	4.1666	3.5714	3.1250
55	9.9471	8.3170	7.1376	6.6636	6.2482	5.5549	4.9998	4.1666	3.5714	3.1250